Dr. James Gavin

Welcher Sport für wen?

Für Mary und Paddy
– deren irisches Lachen mir viel Freude schenkt,

Dick McDonald
– der mir immer zur Seite steht,

und Selina
– die mir immer wieder Kraft gibt.

Dr. James Gavin

Welcher Sport für wen?

Mehr Spaß und Lebensfreude durch Ihren typgerechten Sport

BLV

CIP-Titelaufnahme der Deutschen Bibliothek

Gavin, James:
Welcher Sport für wen?: Mehr Spaß und Lebensfreude durch Ihren typgerechten Sport/James Gavin. [Übers.: Susanne Müller]. – München; Wien; Zürich: BLV, 1989
Einheitssacht.: Body moves – the psychology of exercise <dt.>
ISBN 3-405-13634-2

BLV Verlagsgesellschaft mbH
München Wien Zürich
8000 München 40

Titel der amerikanischen Originalausgabe:
Body Moves – The Psychology of Exercise

erschienen bei Stackpole Books, Harrisburg/PA

Übersetzung: Susanne Müller

Satz: Typodata, München
Computergrafik: Polytext GmbH, München
Druck und Bindung: Pustet, Regensburg

Printed in Germany ISBN 3-405-13634-2

Inhalt

Veränderungen an Körper und Persönlichkeit

Ist Ihnen das schon einmal aufgefallen?

»Ich würde niemals mit dem Joggen anfangen! Jogger müssen doch verrückt sein.« Für manche Menschen ist es schwer vorstellbar, sich aktiv einem Bewegungstraining zu widmen. Es scheint ihnen einfach nicht zu liegen. Egal, wie populär die eine oder andere sportliche Aktivität ist oder wie sehr sie sich gesellschaftlich verpflichtet fühlen, auch zu joggen, Aerobic zu machen oder Wassersport zu betreiben, tun sie nichts dergleichen, »weil es einfach nichts für sie ist«.

Wir können sogar noch weiter gehen und sagen, daß manche Menschen einfach nicht an Sinn und Zweck jeglicher Art von sportlicher Betätigung glauben. Wie W. C. Fields einmal sagte: »Wenn ich den Drang fühle, Sport zu treiben, lege ich mich einfach hin und warte, bis der Anfall vorüber ist.« Es ist selbstverständlich, daß nicht jeder die gleiche Einstellung zu körperlicher Aktivität hat. Es gibt nun einmal Menschen, die Sport ablehnen, Menschen, die Sport treiben, weil es ihnen guttut, und Menschen, die sportliche Betätigung wirklich genießen. Wir können eigentlich noch eine Gruppe hinzufügen, nämlich die derjenigen, die ihr Bewegungstraining wie besessen betreiben: Der Begriff »Fitneß-Fanatiker« gehört mittlerweile in die Reihe moderner psychologischer Probleme.

Man kann sich fragen, ob manche Menschen deshalb Fitneß-Fanatiker sind, weil sie durch ein Fitneß-Gen biologisch gepolt sind, in der Mittagszeit zu joggen oder mit Begeisterung Gewichte zu heben. Dieser Gen-Theorie steht natürlich die Theorie gegenüber, daß der Mensch von seiner Umwelt geprägt wird, d.h. wenn Eltern und Freunde Jogger sind, wird man mit ziemlicher Sicherheit auch zum Jogger werden.

Ohne den Gesichtspunkt von Erbmasse und Umwelt außer acht zu lassen, sollten wir einmal eine andere Möglichkeit in Betracht ziehen, nämlich daß jeder Mensch an einer bestimmten Sportart Gefallen finden kann und sie ihm wirklich guttut, vorausgesetzt, er findet die für ihn richtige. Es ist jedoch schwer festzustellen, für wen was richtig ist. Kurz gesagt, wir brauchen einen Anhaltspunkt, um zu verstehen, warum es Sportarten und Fitneßübungen gibt, die für uns genau richtig sind und wiederum einige andere uns psychisch schaden können. Aber zuerst wollen wir einen Abstecher in die Fitneß-Szene von heute machen.

Umgangssprachliche Definitionen

Ganz alltägliche Redewendungen bergen eine Menge gesunden Menschenverstands, was Sport und Persönlichkeit angeht. Wir kennen Bemerkungen über arrogante Body-Builder, introvertierte Schwimmer, perfektionistische Ballettänzer, aggressive Fußballspieler und besessene Läufer. Handelt es sich hierbei lediglich um Stereotype oder liegt in diesen Behauptungen doch etwas Wahrheit?

Der Mensch will sich nicht kategorisieren lassen. Natürlich sind die Personen, die eine bestimmte Sportart ausüben, keine genetisch einheitlichen Wesen. Wenn dem so wäre, würde es zwischen diesen Sportlern weder in physischer noch in psychischer Hinsicht Unterschiede geben.

Warum aber stimmen wir diesen Stereotypen zu? Warum stimmen wir so schnell zu, wenn von jemanden behauptet wird, er würde wie ein Schwimmer aussehen? Und auf die eigene Person bezogen: Warum begeistern wir uns für die eine Sportart mehr als für die andere? Oder warum suchen einige von uns die Gesellschaft bestimmter Sportler und meiden andere? Seien Sie mal ehrlich: Wer von uns würde gern zugeben, daß er am liebsten einen Catcher oder Kegler als Freund hätte?

Ein Körnchen Wahrheit

In Studien über Vorurteile und Stereotype haben Psychologen herausgefunden, daß wir gerne Stereotype aufstellen und andere diesen zustimmen, weil ein Körnchen Wahrheit darin liegt. Wenn also Ihr Freund sagt, daß Ballettänzer Perfektionisten oder Gewichtheber Narzißten seien, werden Sie wahrscheinlich zustimmen. Sie haben womöglich über eine perfektionistische Ballerina gelesen oder kennen sogar eine. Vielleicht haben Sie auch schon einen Body-Builder in einem Fitneß-Studio gesehen, wie er vor der Spiegelwand steht, seine Muskeln spielen läßt und sich selbst anhimmelt.

Genausogut kennen Sie vielleicht einige Personen, die nicht diesem Stereotyp entsprechen. Sie bemerken vielleicht die Tendenz, alles zu verallgemeinern. Dennoch ist Ihnen bewußt, daß es in Ihrem sozialen Umfeld – im Büro oder am Wohnort – die Tennisspieler, die Aerobic-Fanatiker, die Läufer, die Fitneß-Enthusiasten, die Golfer und sogar die Kegler gibt. Bis zu einem gewissen Grad fühlen Sie sich der einen Clique mehr verbunden als der anderen – oder Sie gehören sogar der einen oder anderen an.

Wenn wir eine Fitneß-Aktivität betreiben, muß man sich wohl oder übel in die Kategorie einordnen lassen, in die auch all die anderen eingeordnet werden. Aber dann müssen wir uns fragen: »Warum habe ich diese Art Bewegungstraining ausgesucht und nicht irgendeine andere?«
Viele Antworten sind möglich: Ich mache Aerobic, weil das in meinen Zeitplan paßt. Mein Chef spielt Squash, also wollte ich es auch einmal probieren. Mein Mann joggt seit Jahren und ich beschloß, auch mitzumachen. Ich wollte schon immer so einen Körper wie Arnold Schwarzenegger haben. Trotz dieser Beweggründe liegt in all den Stereotypen ein Körnchen Wahrheit, das alle Jogger, Gewichteheber, Squashspieler, Tänzer und Kegler in einen Topf wirft.

Gleich und gleich ...

Ein weiterer psychologischer Grundsatz hilft uns, die Stereotype, die wir über Sportler und Fitneß-Freaks in unseren Köpfen haben, zu rechtfertigen. Er besagt ganz einfach, daß sich Ähnlichkeiten anziehen oder salopp ausgedrückt: »Gleich und gleich gesellt sich gern«. Das heißt, daß Menschen, deren Persönlichkeitsstruktur Ähnlichkeiten aufweist, gern miteinander ihre Zeit verbringen.
Manchmal sind die Ähnlichkeiten nicht ganz offensichtlich. Wir wissen, daß wir uns zu Leuten hingezogen fühlen, die gleiche Interessen haben oder sogar ähnlich aussehen, aber weniger oberflächlich betrachtet, können wir feststellen, daß wir uns zu unseren Freunden auch aus psychologischen Gründen hingezogen fühlen. Das soll einer anderen Begründung für Freundschaften, nämlich dem Prinzip »Gegensätze ziehen sich an«, nichts nehmen. Aber es scheint so zu sein, daß die Gleichheits-Hypothese öfter zum Tragen kommt. Wir fühlen uns mehr durch Ähnlichkeiten zu anderen hingezogen als durch Unterschiede.
Gehen wir zurück in den Umkleideraum und sehen wir uns einmal näher an, wie wir unserem Umfeld ähneln. Es gibt natürlich eine ganze Anzahl verschiedener Körpertypen und Persönlichkeiten, die auf unseren Straßen joggen. Und geht man in einen Fitneß-Club, so sieht man eine ganze Reihe verschiedener Körpergrößen und -formen. Sogar auf dem Tennisplatz oder im Schwimmbad findet man keinen einheitlichen Typ, sondern Statur und Persönlichkeit sind recht unterschiedlich.
Diese Unterschiede in der körperlichen Statur schwinden jedoch mehr und mehr, wenn wir vom Anfänger zum Fortgeschrittenen gehen. Es gibt kaum einen Läufer im Boston-Marathon, den man ernsthaft als korpulent bezeichnen könnte. Und auf eine »Dolly Parton«-Figur werden wir im klassischen Ballett nur schwer treffen. Das heißt nicht, daß kleine Menschen nicht Basketball spielen oder daß ein Leptosom (dünner Typ) ein Fußballfeld meidet, aber es bedeutet, daß es eine Art Selektionsprozeß in Zusammenhang mit den körperlichen Veränderungen gibt, die durch die jeweilige Sportart hervorgerufen werden.
Zwei Fragen ergeben sich aus der Diskussion des Gleichheitsprinzips: Warum beginnt jemand mit einer bestimmten Sportart und warum bleibt er dabei? Die Antworten auf diese Fragen stellen neue Bereiche der Sport- und Trainingspsychologie in den Vordergrund. Eine dritte Frage ist aber weitaus entscheidender:

Wie verändert uns eine bestimmte Sportart? Wir müssen uns Gedanken darüber machen, mit welcher Art von Veränderungen wir rechnen müssen, wenn wir über längere Zeit eine bestimmte Sportart oder Fitneßtraining ausüben.
Die Frage, wie wir von unseren sportlichen Aktivitäten beeinflußt werden, hat eine enorme Bedeutung für die Gleichheits-These. Es würde bedeuten, daß wir uns *durch* unsere sportlichen Tätigkeiten ähnlicher werden – ungeachtet der Tatsache, ob wir diese Änderungen beabsichtigt haben oder ob sie vollkommen ungewollt sind. Wie kann das geschehen?

Die offene Frage

Zumindest wissen wir, daß strenges Training unsere körperliche Erscheinung verändert. Wir verlieren Gewicht, die Muskulatur wird stärker ausgeprägt und die Proportionen ändern sich. Aber was ist, wenn wir durch Training auch unsere Persönlichkeit ändern? Das würde schon arge Bedenken verursachen. Körperliche Veränderungen können wir immerhin sehen, aber wie steht es mit den seelischen?
Die in diesem Buch behandelten Veränderungen gehen über das hinaus, was wir im allgemeinen von einem Fitneßtraining erwarten. Wir brauchen uns nur das Trainingsprogramm von Marathonläufern anzusehen, um festzustellen, daß sie von allen Sportlern den niedrigsten Prozentsatz an Körperfett haben. Heißt das, wir sollten zu Marathonläufern werden, wenn wir weniger Körperfett haben möchten? Manch einer würde jetzt ja sagen, ohne zu bedenken, welche Auswirkungen es auf die Psyche eines Menschen hat, in der Woche ein Trainingspensum von 160 km absolvieren zu müssen. (Andere wiederum empfehlen natürlich stattdessen eine operative Absaugung des Fettgewebes.)
Was wäre, wenn wir beabsichtigen, bestimmte Persönlichkeitsmerkmale zu verstärken? Gibt es Tabellen, aus denen wir ablesen können, welche Auswirkungen ein Training auf die Persönlichkeit hat? Wenn man z.B. etwas mehr Durchsetzungsvermögen bekommen möchte, gibt es eine Liste mit den entsprechenden Sportarten? Leider nein. Wären denn andererseits solche Listen möglich? Mit absoluter Sicherheit ja! Wenn Sie dieses Buch zu Ende gelesen haben, verfügen Sie über eine Art Tabelle, die Ihnen die Art der Änderung der Persönlichkeitsstruktur aufzeigt und Ihnen Antwort auf viele damit verbundene Fragen gibt. Zuerst einmal wollen wir uns intensiver mit einer sportlichen Betätigung – einer Aerobic-Gruppe – beschäftigen, um einen Einblick in die Persönlichkeitsänderungen durch sportliche Betätigung zu erhalten.

Zur Veranschaulichung

Wenn man in eine Aerobic-Gruppe kommt, kann man feststellen, daß es in bezug auf Figur, Alter und Geschlecht große Unterschiede gibt. Alle haben gemein, daß

sie sich mehr oder weniger regelmäßig Zeit für eine bestimmte Erfahrung nehmen. Diese Erfahrung läßt sich analysieren und schon haben wir den ersten Anhaltspunkt zur Erforschung der Fitneß-Persönlichkeit.
Aerobic-Gruppen unterscheiden sich auch im Stil voneinander. Einige der Aerobic-Lehrer legen größeren Wert auf den tänzerischen Aspekt als auf gymnastische Übungen. Manche sehen die Sache ganz locker, während andere mehr Druck ausüben. Wenn Sie an einigen solcher Aerobic-Kurse teilgenommen haben oder sogar welche im Fernsehen beobachtet haben, können Sie das folgende sicher gut nachempfinden.
Sie betreten einen Raum voller Spiegel, so daß Sie sich immer selbst beobachten können – und auch jene anderen, auf die es Ihnen ankommt –, während Sie trainieren. Sie sehen die Lautsprecher, die in wenigen Minuten nonstop Pop-Rock von sich geben werden. Langsam treffen alle anderen Teilnehmer des Aerobic-Kurses ein. Einige tragen Gymnastikanzüge, Beinwärmer, Gymnastikhosen und Schweißbänder in grellen, aufeinander abgestimmten Farben. Andere kommen in ganz weiten, legeren Jogging-Anzügen. Die Aerobic-Lehrerin betritt den Raum. Sie ist etwa 1,60 m groß, von mittlerer Statur, nicht viel älter als 23 Jahre und hat ganz offensichtlich eine großartige Figur. Es ist kaum zu ertragen. Die Musik setzt ein, und während der Aufwärmphase stellen Sie fest, wie steif und hölzern Sie sich bewegen. Ihr Körper funktioniert einfach nicht so wie Sie möchten. Sie versuchen, mitzuhalten und einen Moment lang fürchten Sie, jeder könnte Sie bei Ihren ungeschickten Versuchen, die ersten Übungen zu absolvieren, beobachten.
Bald beginnt der Aerobic-Teil des Kurses – Auf- und Abspringen, den Körper nach vorne und hinten beugen, nach den Seiten, immer in der Hoffnung, nicht plötzlich mit jemandem zusammenzustoßen oder von jemanden bei diesen spastischen Bewegungen beobachtet zu werden. Einige haben schon aufgegeben. Steht doch tatsächlich eine Dame mittleren Alters genau vor Ihrer Nase herum, was es noch schwerer macht, die Kursleiterin zu sehen. Andere drehen jetzt richtig auf. Die Kursleiterin feuert die Gruppe mit Rufen und Schreien an. Dann fängt man an, in die Hände zu klatschen: apathische Bewegungen und jeder klatscht im Takt – außer Ihnen, natürlich. Jetzt wird der Puls überprüft. Sie wissen, daß Sie noch am Leben sind – das Gesicht ist knallrot, Sie schwitzen enorm und sind vollkommen außer Atem! Warum sollen Sie Ihren Puls prüfen? Die Abkühlphase beginnt gerade zu dem Zeitpunkt, wo Sie glauben, gleich dahinzuschmelzen. Sie machten gerade 15 Wiederholungen von Rumpfbeugen, unzählige Grätschen und was sonst immer. Sie stellen fest, daß der Boden um sie herum einer Schweißlache gleicht. Verstohlen wischen Sie sich den Schweiß mit einem Handtuch ab.
Während des Kurses wird kaum gesprochen. Gegen Ende erholen sich die Teilnehmer langsam wieder. Lautes Klatschen und es ist vorbei. Während die eine Gruppe den Raum verläßt, trifft schon die nächste ein. Jetzt herrscht eine eher solidarische Atmosphäre. Man fühlt sich, als gehöre man zu einer Gruppe Überlebender irgendeines Unglücks. Sie fühlen sich gut – Sie haben es geschafft. Sie stürzen ins Bad, um sich zu vergewissern, ob sich Ihre Figur verändert hat. Leider hat sie das nicht, Sie müssen also weitermachen – und immer weiter und weiter.
So viel zum Thema Aerobic-Anfänger. Wie sieht es bei den Fortgeschrittenen

aus? Wenn Sie erst einmal so weit sind, daß Sie sich das Recht erworben haben, einen einteiligen Gymnastikanzug und farblich aufeinander abgestimmte Beinwärmer zu tragen, ist schon alles zur Routine geworden. Sie kennen die Aufwärmphase auswendig, die Aerobic-Übungen sind monoton. Während der Abkühlphase schlafen Sie beinah ein. Aber Sie nehmen weiterhin teil. Es ist ein einzigartiges soziales Erlebnis, obwohl jeder in seiner eigenen Welt versunken zu sein scheint während der Übungen. Trotz der schwungvollen Art und der enthusiastischen Stimme, mit der die Kursleiterin die Teilnehmer anheizt, fehlt irgendetwas. Verstohlene Blicke wandern durch den Raum – heimlich wird Kontakt gesucht. Man ist allein in einer großen Menge. Aber die Bewegung tut gut und optisch sieht alles gut aus, besonders wenn alle zusammenarbeiten. Die Musik hilft einem, die Alltagssorgen zu vergessen, und man hat sich mit einigen der regelmäßigen Teilnehmer ein wenig angefreundet.

Die Analyse

Um Aerobic zu analysieren, müssen wir über die übliche Betrachtungsweise einer Sportart hinausgehen. Wir können mit einfachen Beobachtungen beginnen. Wir wissen z.B., daß Aerobic ein Gruppensport ist, dennoch gibt es so gut wie keine Interaktion zwischen den Teilnehmern. Im Gegensatz zu Basketball: Während des ganzen Spiels tauschen sich die Spieler aktiv verbal und körperlich aus. Bei Aerobic spricht nur die Lehrerin, und ihre Kommunikation besteht zum größten Teil aus anfeuernden Rufen und Anweisungen. Es gibt eine andere Art Kommunikation (kurzer Blickkontakt, zeitweiliges Aneinanderrempeln, Schmerzschreie), die aber nicht zum eigentlichen Sport gehört.

Aerobic ist voll auf den Lehrer ausgerichtet. Die Teilnehmer führen ihre Handlungen passiv aus. Sie brauchen keinerlei Entscheidungen zu treffen, außer der, weiterzumachen. Daher ist Aerobic wenig dazu geeignet, Führungseigenschaften oder Entscheidungsfreudigkeit zu fördern.

Die meiste Zeit kämpft man mit sich selbst. Es gibt keinen Preis für den höchsten Sprung, das lauteste Stöhnen oder den farblich am besten abgestimmten Anzug. Aber das bedeutet nicht, daß kein Wettbewerb zwischen den Teilnehmern herrscht. An den Kursen nehmen Leute unterschiedlichster Persönlichkeitsstruktur teil. Wenn man ehrgeizig ist, findet man immer Möglichkeiten, sich mit anderen zu vergleichen und zu versuchen, sie zu übertrumpfen. Dennoch fördern Aerobic-Kurse nicht gerade den Ehrgeiz. Wenn überhaupt etwas, so benötigt man Kooperationsbereitschaft.

Auf welche Art beansprucht ein Aerobic-Kurs die Psyche? Zu Beginn muß man sich auf die Bewegungen konzentrieren; volle Aufmerksamkeit ist vonnöten. Die Übungen wechseln ständig, d.h. man muß sich auf die Kursleiterin konzentrieren. Die Konzentration eines Anhängers auf einen Führer bedingt passive Akzeptanz der Anweisungen. Im fortgeschritteneren Stadium werden die Übungen mehr und mehr zur Routine, der Körper wird zwar beansprucht, aber der Geist kaum noch. Warum ist das wichtig? Wenn man zu Beginn geistesabwesend ist, bleibt man im Kopf weiterhin mit seinen Problemen auch während des

Kurses beschäftigt. So kommt es dazu, daß zwar der Körper entspannen kann, nicht aber der Geist.

Das läßt sich am deutlichsten am Beispiel von Basketball und Laufen zeigen. Stellen Sie sich vor, Frau Jogger läuft jeden Tag dieselbe Strecke. Sie legt den Vorwärtsgang ihres Körpers ein und läßt ihren Gedanken freien Lauf. Vielleicht nutzt sie die Zeit, um über Probleme nachzudenken oder ihren Feierabend einzuteilen. Frau Basketball-Spielerin bekommt ihr Körpertraining durch ein paar freundschaftliche Spiele pro Woche. Sie muß den Ball und andere Spieler im Auge haben. Jede Unaufmerksamkeit kann zu einem schlechten Spiel führen oder, was noch schlimmer wäre, dazu, daß sie durch einen verpatzten Wurf einen Schlag auf den Kopf bekommt. Wird eine solche Aufmerksamkeit verlangt, kann man nicht über andere Dinge nachdenken oder Probleme wälzen.

Aerobic hört sich vielleicht wie ein Vergnügen an, ist aber alles andere als das. Man muß sich nur einmal den ernsten Gesichtsausdruck der Teilnehmer ansehen und einem wird klar, daß es sich hierbei nicht um das Erlebnis freier, ungezwungener Bewegungen handelt. Stellen Sie sich einmal vor, wie Kinder auf einer Wiese tollen, Purzelbäume schlagen und hüpfen, so wie es ihnen gerade einfällt und dann denken Sie an die vorprogrammierten Aerobic-Übungen. Begriffe wie kreativ oder ausdrucksvoll fallen einem nun wohl kaum ein.

Wie steht es mit dem Bewegungsstil? Flexibilität und Kooperation sind für Aerobic vonnöten. Die Bewegungen können mehr oder weniger gestylt sein wie beim Jazz-Dance. Anders als beim Gewichtstraining reicht Muskelkraft für einen Aerobic-Kurs nicht aus. Stattdessen versucht man, sich mit einer Grazilität zu bewegen, die man früher nicht zu besitzen glaubte.

Während es noch viele Kriterien gibt, anhand derer wir dieses Fitneßtraining oder andere analysieren könnten, konzentrieren wir uns auf das augenfälligste Kriterium: Aerobic ist eine Gruppenaktivität, die von geringen sozialen Beziehungen geprägt ist und wenig interaktionäre Fähigkeiten verlangt. Man braucht nicht aggressiv zu handeln. Man kann sogar sagen, es handle sich dabei um eine emotionell passive Betätigung. Jemand, der im täglichen Leben durchsetzungsfähiger werden möchte, darf sich von Aerobic nichts versprechen. Allenfalls in bezug auf Kooperation und Durchhaltevermögen, aber nicht in bezug auf Kampfgeist. Konzentration und geistige Beanspruchung durch Aerobic gehen von relativ hohen Anforderungen zu Beginn zu ziemlich mäßiger geistiger Beanspruchung nach ein paar Wochen oder einem Monat über. Nach einer gewissen Zeit regelmäßiger Ausübung beansprucht Aerobic den Geist immer weniger. Die sich ständig wiederholenden Bewegungsabläufe erfordern etwas Beweglichkeit und sogar Grazilität. Daher kann man Aerobic in Anlehnung an Stereotype als eher weibliche Sportart denn als männliche bezeichnen, aber auch, daß Aerobic-Kurse mehr ernst und beherrscht als spontan und zwanglos sind.

Diese kurze Analyse eines Fitneßtrainings hat hoffentlich Ihre Vorstellungen von Training erweitert – wie man es psychologisch untersuchen kann und welches Potential für die persönliche Entwicklung es bergen kann. Es gibt noch andere Wege, eine Aerobic-Gruppe zu analysieren, aber dazu benötigt man Kenntnisse, die erst in den folgenden Kapiteln vermittelt werden sollen. Nach der Feststellung, daß Bewegungstraining sowohl psychische als auch physische Bedeutung hat, wollen wir uns mit der Frage der Veränderungen beschäftigen. Das heißt, was können wir von Bewegungstraining erwarten?

Was verändert sich?

Wer Aerobic betreibt, joggt oder irgendein anderes Fitneßtraining durchführt, ist periodischen Veränderungen unterworfen. Gewöhnlich treten diese Veränderungen in Form von Gewichtsverlust oder -verlagerung, vermehrter Muskelbildung oder verbesserter Herz-Kreislauf-Funktion auf. Selten jedoch fragt sich jemand, welche psychischen Änderungen sich vollziehen könnten.
Wir wissen, daß Aerobic positive Auswirkungen auf die körperliche Kondition hat. Aber welche psychischen Änderungen werden durch Bewegungstraining begünstigt? Und hat jedes Fitneßtraining dieselben Auswirkungen auf das Wohlbefinden des einzelnen? Auf diese Fragen gibt es bislang nur vage Antworten wie etwa: »Ich fühle mich einfach besser, wenn ich etwas für meine Fitneß tue.« Was bedeutet das im Klartext? Kann uns jede Sportart dieses Wohlgefühl vermitteln? Geraten wir in den gleichen euphorischen Zustand, wenn wir 8 km gejoggt sind oder Gewichtstraining gemacht haben? Setzt eine Yoga-Stunde dieselben Aggressionen frei wie ein Tennisspiel?
Kommt es darauf an, was wir machen oder was wir damit erreichen? Treibt uns die Freude an der Bewegung oder die Gewichtsabnahme beim Joggen vorwärts? Jeder von uns hat schon einmal die schmerzverzerrten Gesichter von Athleten gesehen. Wir kennen das Aufschreien der Gewichteheber und die Grimassen der Marathonläufer. Sogar auf dem Gesicht einer Ballerina kann man Anspannung feststellen, während sie durch das Studio schwebt. Und wir kennen Leute, die sagen: »Ich mache das, weil ich mich hinterher so gut fühle.« Aber was ist währenddessen?
Viele Sportfanatiker mögen das, was sie tun. Sie genießen den Wettkampf in einem guten Tennisspiel. Sie lieben die Adrenalinstöße in einem schnellen Rennen. Sie sind von den schwungvollen Bewegungen beim Tanzen fasziniert. Sie genießen das Gefühl des Wassers, wenn sie ihre Runden schwimmen. Es wird also wohl nicht nur Schmerz, Schweiß und Masochismus sein – mancher findet richtig Gefallen an der Aktivität!
Dennoch bleibt es bei dem Gefühl des Wohlbefindens – während oder nach der Ausübung. Aber es ist schwer durch Vergleiche des Wohlbefindens der einen oder anderen Person herauszufinden, ob uns die eine Sportart guttut oder die andere besser wäre.
Das Problem ist kompliziert, denn Veränderungen zeigen sich nur langsam. Nicht nur, daß die Pfunde äußerst langsam schwinden, auch die psychischen Veränderungen vollziehen sich so langsam, daß uns zum Zeitpunkt, wo wir uns verändert haben, gar nicht mehr bewußt ist, wie wir früher waren. Ähnlich ist es mit dem Radfahren: Wenn wir es einmal können, können wir uns gar nicht mehr vorstellen, wie es war, als wir es noch nicht konnten.
Ein weiteres Problem liegt darin, daß wir nicht wissen, wo wir nach Veränderungen suchen sollen. Wenn wir trainieren, erwarten wir körperliche Veränderungen, suchen sie aber nicht in unserer Persönlichkeit. Im Gegensatz dazu lassen sich körperliche Erfolge messen, etwa wenn wir auf die Waage steigen, in den Spiegel schauen oder den Puls messen. Für die Psyche haben wir normalerweise keine Maßstäbe parat.
Natürlich kann man Persönlichkeitsänderungen ohne Tests feststellen. Wir

können Freunde, Verwandte oder Arbeitskollegen fragen. Abgesehen von der Möglichkeit, daß man uns mehr erzählen könnte, als wir hören wollen oder uns Dinge sagt, nach denen wir nicht gefragt haben, nimmt unsere Umwelt in den meisten Fällen nur geringe Änderungen wahr, wie etwa »Du scheinst ruhiger zu sein« oder »Du strahlst viel mehr Energie aus«. Solche Aussagen helfen allerdings wenig bei der Feststellung wesentlicher Änderungen.
Aber es finden umfangreiche psychische Änderungen statt, wenn man trainiert. Man muß nur wissen, wo man suchen muß und welche Fragen man sich stellen muß.

Das Kausalitäts-Prinzip

Bei all diesen Gedanken über Veränderungen haben wir einen wichtigen Punkt außer acht gelassen. Woher wissen wir, daß diese schwer zu definierenden Veränderungen durch das Training hervorgerufen werden? Vielleicht sucht sich jeder Athlet die zu seiner Persönlichkeit passende Sportart. Ein harter Geschäftsmann wird ganz bestimmt nicht Ballett tanzen wollen. Aber wir wollen realistisch bleiben!
Die Feststellung psychischer Veränderungen ist umfassender, als sich auf die Waage zu stellen. Aus den verschiedensten Gründen beginnen Menschen mit den unterschiedlichsten Persönlichkeiten mit einem Fitneßtraining. Während der eine sehr extrovertiert ist, ist der andere enorm schüchtern. Ein Querschnitt durch die Menschen, die eine bestimmte Sportart betreiben, liefert kein sicheres Ergebnis, was der Persönlichkeit und was dem Training zuzuschreiben ist. Daher ist es also schwierig, »Sporttypen« herauszufinden. Führt man heute nachmittag einen Persönlichkeitstest in Gold's Fitneß-Center durch, so weiß man immer noch nicht, welche Persönlichkeitsstrukturen vor Aufnahme des Fitneßtrainings vorlagen und inwiefern sie sich geändert haben. Um diese Veränderungen zu begreifen, müssen wir sie individuell betrachten – wer war ich, als ich mit dem Training begann, und wer bin ich heute?
Zur Veranschaulichung der Problemstellung stelle man sich zwei Personen vor, die mit Karate anfangen. Bill ist eine ruhige, fast schüchterne Person ohne Muskelkraft und Körperbeherrschung, sehr zielstrebig und emotionell reserviert. Vance dagegen ist überaus aggressiv, ein Muskelpaket, unorganisiert und emotionsgeladen. Was wird aus ihnen durch Karate? Gutes Karate-Training fördert die Muskelkraft und Körperbeherrschung, Selbstbeherrschung, Durchsetzungsvermögen (statt Aggressivität), ein gesundes Maß an Selbstbewußtsein und -vertrauen und Konzentrationsfähigkeit.
Vance und Bill nehmen das Training mit unterschiedlichen Persönlichkeitsstrukturen und aus verschiedenen Gründen auf. Obwohl das Karate-Training Auswirkungen haben wird, ist es unrealistisch, davon auszugehen, daß sich die beiden Persönlichkeiten je gleichen werden. Andererseits wird Bill durch Karate durchsetzungsfähiger und selbstbewußter als auch stärker werden und mehr Körperbeherrschung aufweisen. Vance hingegen wird wahrscheinlich etwas zurückhaltender werden und nicht mehr so impulsiv reagieren.

Solche Veränderungen geschehen nicht über Nacht. Man wird sogar kaum etwas bemerken, bevor Bill und Vance nicht auf dem Weg zum Schwarzen Gürtel sind.

Sporttypen

Fassen wir einmal die bislang diskutierten Punkte zusammen. Wir haben uns mit Fragen wie »Welche Veränderungen erwarten Sie von körperlicher Aktivität?« und »Warum hat das eine Training andere Auswirkungen als das andere?«. Wir stellten fest, daß regelmäßige Bewegung uns ein ganz allgemeines Gefühl des Wohlbefindens vermittelt, aber wir wollen uns mit noch anderen Veränderungen beschäftigen. Ziehen wir z.B. einmal folgende Punkte in Betracht:

- Geselligkeit
- Sicherheit oder Aggressivität
- Ehrgeiz und Kooperationsfähigkeit
- Dominanz gegen Unterwürfigkeit
- Führungsqualitäten
- Entscheidungsfähigkeit
- Problemlösungsfähigkeit
- Kreativität
- Elan oder Motivation
- zwischenmenschliche Aufmerksamkeit
- Flexibilität gegen Unnachgiebigkeit
- Angstschwelle
- Selbstbeherrschung gegen Impulsivität

Wir haben gesehen, wie einige dieser Punkte schon in der Analyse von Aerobic betrachtet wurden. Es gibt wahrscheinlich noch mehr Veränderungen, die durch Sport und Training auftreten, aber die obige Liste ist mehr als ausreichend für den Anfang.

Was ist an diesen Punkten so wichtig? Wenn wir an Sportausübung und Trainingsprogramme denken, fühlen die meisten von uns eine Neigung oder Abneigung gegenüber den einzelnen Aktivitäten. Die Gründe liegen in obiger Liste. Manchmal erscheint uns eine Sportart zu aggressiv oder anspruchsvoll. Manche Sportarten, wie Wasserballett z.B., verlangen Körperbeherrschung und Koordinationsvermögen, wohingegen andere impulsiver sind. Oder wir verabscheuen Wettkampfdenken, sondern bevorzugen Sportarten, wo wir frei und ungezwungen sind.

Es stellt sich die Frage, ob wir unsere Persönlichkeit tatsächlich dadurch ändern können, wie wir unseren Körper bewegen und trainieren. Wir wissen zumindest oberflächlich, daß man Sportarten nach psychologischen Kriterien einteilen kann, warum sollte es also nicht sinnvoll sein, sportliche Aktivitäten als Strategie

zur Persönlichkeitsveränderung einzusetzen, wie etwa Bildung, Schauspielerei, Psychotherapie und Lesen?
Wir sollten dabei eher an eine Typisierung der Sportarten anstelle der Sporttreibenden denken. In den Kommentaren über Aerobic und Karate sprachen wir schon von den psychologischen Auswirkungen. Diese Einflüsse sind ziemlich konstant, wenn auch das Ergebnis variieren kann. In einem ernährungswissenschaftlichen Kurs werden auch alle Teilnehmer mit denselben Dingen konfrontiert, aber der individuelle Lerneffekt ist unterschiedlich.
Die Annahme, daß es verschiedene Sportlertypen gibt, kollidiert mit den Komplikationen der menschlichen Natur. Individuelle Persönlichkeiten entwikkeln sich aufgrund verschiedenster Einflüsse. Daraus abzuleiten, daß sportliches Training von ausschlaggebender Bedeutung ist, ist kaum vertretbar. Aber eine ständige, regelmäßige sportliche Betätigung kann das Wesen eines Menschen sicherlich beeinflussen. Fundierte Kenntnisse über die Sportlertypen geben zumindest Anhaltspunkte, in welche Richtung man sich ändern könnte, wenn man ein bestimmtes Fitneßtraining aufnimmt.

Körpertypen

Kenntnisse über die psychologischen Auswirkungen von Sport zu haben, heißt nicht nur zu wissen, ob eine Sportart aggressiv, gesellig oder wettkampforientiert ist, sondern auch, wie diese Aktivität uns körperlich beansprucht: wie wir uns bewegen müssen und welche Muskulatur beansprucht wird. Wir haben schon festgestellt, daß manche Menschen aussehen wie Fußballspieler, Schwimmer oder eben Sportmuffel. Wieso entsteht dieser Eindruck? Es ist nicht nur die Boxernase des Preisboxers oder die nach außen gestellten Füße einer Ballerina – es ist auch die Muskelentwicklung, die sich aus der Praxis ergibt. Die massiven Oberschenkel eines Rollschuhläufers, die kurzen, kräftigen Beine eines Langstreckenläufers oder der muskulöse Oberkörper und die Arme eines Turners sind natürliche Konsequenzen. Es ist kein Zufall, daß ein Wettkampfschwimmer ein bißchen wie ein umgedrehtes Dreieck aussieht oder daß Gewichteheber aussehen wie anatomische Muskelpakete.
Muskelbildung basiert auf der Tatsache, daß jeder Muskel eine bestimmte Aufgabe hat. Einige Muskeln strecken ein Glied, andere beugen es. Einige bewegen die Gliedmaße vom Körper weg (Abduktion), andere ziehen sie an den Körper (Adduktion), einige Muskeln strecken den Oberkörper, andere beugen ihn. Muskeln befinden sich auch in und um die Bereiche herum, wo lebenswichtige Organe liegen.
Durch die Muskeln können wir uns grazil und leicht bewegen. Wir charakterisieren die Muskulatur als drahtig, massig, unausgeprägt oder schwach. Die Interaktionen mit der Umwelt werden teilweise durch die Muskelkraft und -flexibilität bestimmt. Von jemandem mit schlecht entwickelter, schwacher Beinmuskulatur erwarten wir kaum, daß er sofort einen großen Sprung macht oder im Notfall 1,5 km rennen kann. Andererseits würden wir ein Muskelpaket nicht darum bitten, unsere wertvollen Schmuckstücke abzustauben. Diese Darstellungen

erscheinen vielleicht extrem oder sogar vorurteilhaft, aber unsere Muskulatur behindert oder begünstigt uns bei der Ausübung bestimmter Tätigkeiten.
Wenn man bedenkt, wozu bestimmte Muskeln gebraucht werden – heben, stoßen, laufen, strecken, nehmen oder festhalten – können wir uns langsam in die »Psychologie« der Muskulatur hineindenken. Übertragen wir diese Erkenntnisse einmal auf den Sport. Was glauben Sie, passiert, wenn eine bestimmte Sportart nur Ihre Fähigkeit entwickelt, sich schnell vorwärts zu bewegen (wie Laufen)? Könnte es sein, daß das Potential für verschiedene psychische Reaktionen, wie etwa Selbstsicherheit oder Aggressivität, noch gefördert wird, wohingegen andere, wie Geduld oder Zurückhaltung, seltener auftreten?
Wenn Sie das für verrückt halten, lesen Sie den folgenden Bericht eines besessenen Läufers:
Eines schönen Tages im letzten Frühjahr hatte ich einen besonders guten Lauf... Ich hatte gerade etwa 22,5 km zurückgelegt und machte mich daran, eine einspurige Brücke zu überqueren, als plötzlich ein großer Betonmischer um die Ecke kam.... Nicht eine Sekunde lang dachte ich daran, anzuhalten und den LKW vorbeizulassen. Ich lief einfach weiter und sagte mir: »Komm ruhig, du Hundesohn und ich werde dich zweiteilen – dann wird die ganze Straße voller Beton sein!« Der Fahrer trat auf die Bremse, schwenkte nach rechts und ich lief an ihm vorbei. So im nachhinein war das schon beängstigend, aber ich fühlte mich in dem Moment großartig. Ich habe mich seither noch öfter genauso stark und unverletzbar gefühlt, aber ich habe es nie wieder mit einem Betonmischer aufgenommen.[1]
Es ist relativ einfach zu beurteilen, wo wir stark oder unbeweglich sind, ob die Muskeln der einen Körperhälfte fester oder stärker sind als die der anderen. Daraus läßt sich nicht nur ersehen, welche Übungen die richtigen für unseren Kampf um den perfekten Körper sind, sondern auch Rückschlüsse auf eventuelle psychische Stärken und Schwächen ziehen!
Der Begriff Körpertyp hat eine lange Geschichte in der Psychologie. Vielleicht kennen Sie die Personenstudie von William Sheldon, die drei Grundtypen beschreibt: den gedrungenen, rundlichen *Pykniker,* den dünnen, langknochigen *Leptosom* und den schlanken, muskulösen *Athletiker.*[2] Diese Einteilung mitsamt ihren Varianten ist jedoch weniger hilfreich als manch andere, die spezifische psychologische Funktionen mit verschiedenen Muskeln und Körperregionen in Zusammenhang bringt. Aus diesem Grund werden wir uns in diesem Buch mehr mit der Psychologie der Muskulatur als mit den Körpertypen beschäftigen.

Bewegungstypen

Es bleibt noch eine andere Betrachtungsmöglichkeit: die Bewegungsanalyse. Die meisten von uns haben schon von der Körpersprache gehört. Verschränkte Arme bedeuten eine abweisende Haltung, ein nach rechts geneigter Kopf wird so ausgelegt, als ob man kritisch zuhöre, während der nach links geneigte Kopf bedeutet, daß man zurückhaltend ist. Entsprechend der momentanen Stim-

mung, der Einstellung zu den Anwesenden und dem Kontext nimmt man mit dem Körper die eine oder andere Haltung ein und gibt auf diese Weise verschiedene nicht-verbale Botschaften ab. Manchmal jedoch bedeuten verschränkte Arme auch einfach nur, daß einem kalt ist – und ein nach rechts oder links geneigter Kopf bedeutet nicht mehr, als daß man gerade einen steifen Nacken hat. Das veranschaulicht die Grenzen der Körpersprache und die Fehlerträchtigkeit, wenn wir annehmen, daß eine bestimmte Haltung oder Bewegung über jeden von uns immer dasselbe aussagt. Durch diese Einschränkungen werden wir vielleicht etwas skeptisch gegenüber Bewegungsanalysen.
Es gibt jedoch einige sorgfältig entwickelte Theorien, die über eine oberflächliche Analyse der Körpersprache hinausgehen in Richtung einer tiefgründigeren Entwicklung von Bewegungsmustern. Anstatt sich auf momentane Bewegungsänderungen zu konzentrieren, können wir mit diesen Theorien beständigere Muster entwickeln. Wir hören z. B. jemanden sagen: »Ich habe dich an deinem Gang erkannt.« Jeder von uns hat eine bestimmte Art zu gehen. Aber man kann uns nicht nur an unserem Gang erkennen, sondern auch an typischen Gesten, dem Tempo, in dem wir uns bewegen, und der Art, wie wir den Raum um uns herum benutzen. Manche Leute scheinen einen Raum auszufüllen, während andere sich in den Hintergrund ziehen. Es gibt Leute, die scheinen immer zu rennen. Andere machen den Eindruck von »Kommst du heut nicht, kommst du morgen«, egal in welcher Situation.

Diese typischen Gewohnheiten hängen von der Persönlichkeit ab. Zur Veranschaulichung nehmen wir ein vielzitiertes Beispiel: Man hat herausgefunden, daß der Typ A oder die zu Herzerkrankungen neigende Persönlichkeit sich direkt und abrupt mit kurzen, abgehackten Gesten, schnellen Bewegungen und in vorwärts-geneigter Haltung bewegt.[3]

Was hat das mit Persönlichkeit und Bewegungstraining zu tun? Unterschiedliche Bewegungstrainings oder Sportarten betonen bestimmte Bewegungsmerkmale. Jemand, der seit 15 Jahren klassisches Ballett trainiert, zeigt das seiner Umwelt schon in den ganz alltäglichen Bewegungen. Ebenso kann man an der Leichtigkeit und Beweglichkeit eines Menschen erkennen, daß er seit Jahren Yoga betreibt. Kurz gesagt, Sport und Bewegungstraining verändern unsere Bewegungen auf mehr oder weniger sichtbare Art und Weise. Zumindest ist man in der Lage, sich auf die eine oder andere Art zu bewegen. Je nachdem, wie stark sich unsere Bewegungsmuster durch Training verändern, vollzieht sich wahrscheinlich auch eine Änderung der Persönlichkeit.

Bedenken Sie: Bewegungstraining ist schon im Rahmen psychologischer Behandlungen eingesetzt worden, u. a. gegen Depressionen und Angstzustände. Aber es kann für jemanden, der selbstmordgefährdet ist oder unter agitierter Depression leidet, vollkommen verkehrt sein, mit dem Laufen zu beginnen.[4] Warum? Ganz einfach: Die durch Laufen verstärkten Bewegungsmuster können die Beweglichkeit der Person derart steigern, so daß der Sprung von der Brücke noch wahrscheinlicher wird. Sie bezweifeln das? Denken Sie nur an den Läufer und den Betonmischer.

Diese Punkte machen klar, daß die richtige Wahl des Bewegungstrainings von großer Wichtigkeit ist. Wenn eine Person, die zu Herzerkrankungen neigt oder Körpertyp A ist, eine Sportart betreibt, die schnelle, abrupte Bewegungen fordert, tut sie wenig dafür, die aggressive und potentiell selbstzerstörerische

Art abzuschwächen. Eine zwanghafte, einfallslose Person tut gut daran, Sportarten wie tägliches Joggen zu meiden, denn das dazugehörige Bewegungsmuster wird diese Charakterzüge noch verstärken, anstatt andere zu entwickeln. Mit Hilfe der Bewegungsanalyse können wir nicht nur unsere Persönlichkeit diagnostizieren, sondern auch die Bewegungsmuster verschiedener Sportarten und Bewegungstrainingsmethoden kategorisieren. So können wir feststellen, in welchem Maße unser Bewegungsablauf zu dem der jeweiligen Sportart paßt und kritischer betrachtet, ob wir unsere Bewegungsmuster durch verschiedene Trainingsprogramme umgestalten sollten.

Eine neue Perspektive

Der Slogan der Fitneß-Center »Fitneß ist alles« sagt alles über die Hintergründe des Fitneß-Booms. Wir sind zu einer Nation von Läufern, Body-Buildern oder wie manche sagen – Fitneß-Freaks – geworden. Es gibt nicht nur Marathonläufe, Biathlons und Ironman Triathlons, sondern auch Cross-Country Radrennen – die höchste Herausforderung an körperliche Fitneß.
Früher war Bewegung das natürliche Nebenprodukt der Arbeit, aber heute leben wir in einer Welt, wo Bewegung etwas ist, das wir uns in unserer Freizeit leisten, um unsere Muskeln zu trainieren, uns zu trimmen und für immer jung zu bleiben. Das Kuriose an dieser Fitneß-Welle ist, daß sich selten jemand Gedanken darüber macht, welche Auswirkungen Fitneßprogramme außer auf den Körper noch haben könnten. Bewegung ist etwas, das wir uns selbst zufügen. So als ob wir einen Zaubertrank zu uns nehmen würden, wollen wir Muskeln und Kurven ansetzen, um einer Idealvorstellung zu entsprechen. Und es ist ziemlich egal, was wir uns antun. Hauptsache, es bringt das gewünschte Ergebnis.
Fitneßprogramme bieten eine reiche, unberührte Quelle für die Persönlichkeits-Entwicklung. Obwohl das schon teilweise bekannt ist durch Erlebnisse wie das »Hochgefühl eines Läufers« und andere Berichte über Stimmungsänderungen durch Bewegung, sind die Auswirkungen von Fitneßtraining auf unsere Psyche bislang unterschätzt worden.
Bewußt oder unbewußt ändern wir uns durch den Sport, den wir ausüben. Das Ausmaß einer solchen Veränderung hängt davon ab, wie sehr wir uns einem Fitneßtraining verschreiben und dem jeweils enthaltenen Potential zur Änderung der physischen und psychischen Struktur.
Die Neigung, nur die Sportarten aufzunehmen, die unserer Persönlichkeit liegen, verhindert oft irgendeine Veränderung. Leute, die sozial isoliert leben, betreiben oft Sportarten, die man allein trainieren kann. Aggressive Menschen suchen sich aggressive Sportarten aus. Eine zwanghafte Persönlichkeit wendet sich einem zwanghaften Fitneßprogramm zu. Wenn wir uns eine Sportart suchen, die nicht zu unserer Persönlichkeit paßt, kann es sein, daß wir bald schon wieder aufhören.
Bewegung darf man nicht nur als Strategie zur körperlichen Veränderung sehen, sondern auch als ein Mittel zur Beeinflussung der Psyche. Wenn wir professionellen Rat bezüglich Fitneßtraining suchen, wenden wir uns an einen Kardiolo-

gen, Sportmediziner oder Fitneßtrainer. Die Idee, einen Psychologen zu Rate zu ziehen, erscheint uns abwegig, obwohl uns die Auskünfte, die wir von den »Körperspezialisten« bekommen, nur teilweise zufrieden stellen. Wir erfahren entweder, daß unser Herz kräftig genug ist, um ein Training zu beginnen oder daß wir ein Bewegungstraining in bestimmter Intensität durchführen sollten. Abgesehen davon erhalten wir aber keinerlei Hinweise darauf, welche Methode oder Sportart für uns die beste sei. Uns selbst überlassen, gehen wir den natürlichen Neigungen nach: Wir suchen uns das aus, was unsere persönlichen Angewohnheiten unterstützt.
Manchmal ist eine solche Auswahl einfach und unkompliziert. Sie verschlimmert den Zustand unserer Psyche nicht. Anderseits hat sie aber auch nicht den positiven Effekt, den man erzielen könnte. Das richtige Bewegungstraining konditioniert nicht nur unseren Körper, sondern unterstützt auch die Persönlichkeits-Entwicklung. Wir können unsere »psychophysischen« Funktionen durch neue Bewegungen ausdehnen, die unsere psychische Flexibilität und Koordination verbessern, so daß wir uns durch Muskelbildung besser behaupten oder uns sicherer durch die Welt bewegen können.
Wenn es nach der Definition richtige Trainingsmethoden gibt, muß es auch falsche geben. Es gibt Trainingsprogramme, die uns dabei unterstützen, zwanghafter, aggressiver oder introvierter zu werden – und all das geschieht, während wir in dem Glauben sind, lediglich etwas für unseren Körper zu tun. Die Redewendung »Sport bildet den Charakter« wird gewöhnlich so ausgelegt, daß Sport den guten Charakter fördert. Das ist leider nicht der Fall.
Es ist wichtig, daß wir herausfinden, welches das für uns richtige Bewegungstraining ist. Durch ehrliche Selbsteinschätzung und Kenntnisse über die versteckten psychologischen Aspekte unterschiedlicher Sportarten und Fitneßprogramme können wir erkennen, was aufbauend ist und was potentiell schädlich für uns wäre.

2

Die natürliche Wahl

Der Wunsch nach Beständigkeit

Der Mensch strebt nach Beständigkeit. Wir tun Dinge, die in unser Selbstbildnis passen. Ein aggressiver Super-Macho-Geschäftsmann, der auf dem College Fußball spielte und der mit seinen Kumpels ein paar Bierchen genießt, würde sich ziemlich unwohl fühlen in einem Gymnastikdress und Strumpfhosen in einem Ballettstudio. Das bedeutet nicht, daß so etwas noch nicht vorgekommen ist – aber es ist zugegebenermaßen äußerst selten.

Sport und Fitneßtraining sind nicht wertfrei. Jede Betätigung hat ihr eigenes Image, das uns dann zusagt, wenn es in das Bild paßt, das wir von uns selbst haben oder wie wir vielleicht sein möchten. Wir sehen darin also ein Mittel, das mehr oder weniger zu unseren Vorstellungen paßt. Unsere kulturellen Vorstellungen bestimmen, welche Sportarten für Frauen und welche für Männer sind. Obwohl die geschlechtlichen Stereotype jeglicher Grundlage entbehren, sind dennoch viele Leute der Meinung, daß Fußball ein Männersport und Ballett nur für Frauen sei. Wir wissen auch, daß manche Sportarten prestigeträchtig oder hart sind oder besondere Fähigkeiten voraussetzen. Um sich Laufschuhe anzuziehen und loszulaufen, braucht man kein besonderes Training. Kegeln hat nicht das Prestige, das den Tennissport umgibt.

Derartige Vorstellungen sind tief verwurzelt und nicht leicht zu ändern. Wir hüten uns davor, uns in Situationen zu begeben, wo wir ohne Gleichgesinnte sind oder unser Image Schaden nehmen könnte. Extrem ausgedrückt wäre das ein Zeichen für eine unbewegliche Persönlichkeit – für Engstirnigkeit. Wenn Anpassung erforderlich ist, können wir uns womöglich nicht anpassen. Wir halten an alten Verhaltensmustern fest, wenn neue gefragt sind. Wir schützen unser Ego, unser altes Selbstverständnis, wenn es an der Zeit für Veränderungen wäre.

Das kann solche Formen annehmen, daß jemand seinen alten Job, der ihm nichts mehr bedeutet, behält, bloß um von sich sagen zu können: »Ich bin kein Waschlappen, ich halte durch.« Oder wir bleiben bei den uralten Vorstellungen von der Rolle der Frau oder des Mannes, weil »es so zu sein hat«. Was Körpertraining angeht, beschränken wir uns auf unpassende Aktivitäten, die gar

nicht mehr praktikabel sind (»Oh ja, ich habe viel Bewegung an der frischen Luft ... wann immer möglich gehe ich jagen oder angeln« – und das war vor drei Jahren zum letzten Mal!) Oder noch schlimmer, wir betreiben unser Körpertraining mit demselben Eifer, mit dem wir unsere berufliche Karriere verfolgen. Das führt dazu, daß wir uns in einer weiteren Tretmühle befinden, von der wir uns abhängig machen. Das ist die negative Seite.
Positiv gesehen bedeutet das, daß einige von uns in einer Welt leben, in der es nicht viel zu verändern gibt. Man verbringt seine Tage in einer bequemen Sicherheit. Wir wissen, was wir nächste Woche, nächsten Monat, ja sogar nächstes Jahr machen werden. Man hat den Lebensstil gefunden, der einem zusagt – der Job macht Spaß, die Partnerschaft funktioniert gut, die Wohnlage gefällt einem und das Körpertraining entspricht genau den Bedürfnissen. Unter diesen Voraussetzungen verstärkt ein Trainingsprogramm nur das, was vorhanden ist. Es hat keinerlei Auswirkungen auf die Psyche, es erhöht einfach nur das körperliche Wohlbefinden und die Herz-Kreislauf-Funktion, während es die grundlegende Persönlichkeitsstruktur verstärkt.

Die Auswahl

Beständigkeit steht an erster Stelle, so daß man diesen Faktor bei der Wahl einer Sportart nicht unterschätzen darf. Andere Faktoren, wie Kosten, Verfügbarkeit und soziale Bindungen, spielen natürlich auch eine Rolle bei der Entscheidung für die eine oder andere Sportart. Wenn wir ohne den Rat von Experten und Profis sind, ganz auf uns allein gestellt, welche »natürliche Wahl« treffen wir dann – und warum? Warum werden manche Leute zu Marathonläufern oder Triathlon-Sportlern? Oder warum entscheiden sich manche Frauen für Gewichtstraining, während andere das Ballett bevorzugen? Warum wird aus dem einen ein Boxer, aus dem anderen aber ein Yoga-Meister? Diese Fragen führen uns zu dem Thema der Auswahl: Warum suchen wir uns eine bestimmte Sportart oder ein Trainingsprogramm aus dem großen Angebot heraus?
Dieses Buch beschäftigt sich auch mit der Frage, ob die persönliche Entscheidung immer die richtige ist. Für diejenigen, die keinerlei Bewegungstraining betreiben, stellt sich die Frage, ob es auch für sie ein geeignetes Fitneßtraining gibt, d.h. eines, das auch sie dazu bewegt, ihren Körper zu trainieren?
Aus den verschiedensten Gründen beschäftigen wir uns mit Fitneßtraining. Die Befriedigung, die uns Fitneßtraining geben kann, hängt weitgehend davon ab, wie gut wir unsere psychischen Bedürfnisse zufriedenstellen. Um den Auswahl-Prozeß besser durchschauen zu können, wollen wir uns im folgenden mit einigen Personen beschäftigen, die sich einem Bewegungstraining, einer Sportart oder einem Fitneßtraining widmen. Die dargestellten Fälle entsprechen der Realität, es handelt sich um Sportler und Fitneß-Freaks, die sich auf ihre Weise den Anforderungen des Lebens stellten. Wir haben es ebenso mit olympiareifen Sportlern wie mit Menschen zu tun, die sich erst zur Mitte ihres Lebens entschlossen, dem Fitneß-Boom[1] zu folgen. Verstehen Sie diese nicht als Prototypen der jeweiligen Sportart. Es wäre falsch, daraus zu schließen, daß alle Läufer

mehr oder weniger den beschriebenen Charakteren entsprechen. Es handelt sich hierbei um Studien einzelner Persönlichkeiten, die gewisse Persönlichkeitsstrukturen aufzeigen sollen und uns dabei unterstützen sollen, herauszufinden, wie diese Merkmale nicht nur die Auswahl der Sportart beeinflußten, sondern sich auch auf andere Lebensbereiche erstrecken.

Zehn Fallstudien

Bodybuilding

Jan: Jan betrat das Studio so, als ob es ihr gehörte. Sie bahnte sich ihren Weg durch das Labyrinth von Bänken, Hanteln, Trainingsmaschinen usw. und warf ihren Kameradinnen im Vorbeigehen ein Lächeln oder ein Hallo zu. Jeder nahm ihre Ankunft wahr, selbst diejenigen, die mitten in einer Übung waren. Sie hatte sich ihre Stellung im Club erobert. Als sie die Matte erreichte, wo sie mit ihren Aufwärmübungen beginnen wollte, beugte sich ein muskulöser Mann zu seinem viel weniger bemuskelten Nachbarn und sagte: »Sie steht an zweiter Stelle in den USA, dabei hat sie erst vor ein paar Jahren angefangen.« Der schmächtigere Typ murmelte etwas vor sich hin, so als ob er seine Anerkennung äußern wollte, obwohl man in Wirklichkeit gar nicht viel von Jan sehen bzw. beurteilen konnte: Ihr Körper war versteckt unter einigen Lagen von T-Shirts und Sweatern.
Es war 17.30 Uhr und sie hatte soeben das Büro verlassen. Ihr Job bot keinerlei Befriedigung, mit Ausnahme für ihren tyrannischen Chef, der daran Gefallen fand, jedes Anzeichen von Zufriedenheit bei seinen Mitarbeitern zu unterbinden. Seitdem sie mit dem Bodybuilding begonnen hatte, schien es ihrem Chef besondere Freude zu bereiten, ihr mitzuteilen, wie »grobschlächtig« sie aussehe und sie Überstunden machen zu lassen, weil er wußte, wie sehr sie sich bemühte, ihr strenges, tägliches Trainingsprogramm einzuhalten. Die US-Meisterschaft im Bodybuilding sollte in weniger als vier Wochen stattfinden, und heute war der erste Tag, wo sie einmal pünktlich ins Bodybuilding-Studio kam. Jan würde gern ihren Job aufgeben und sich voll dem Bodybuilding widmen, aber sie muß sich schließlich auch ernähren. Und Jobs sind schwer zu bekommen, selbst schlechte.
Sie fühlte sich wie eine Abhängige. Ihr ganzes Leben wurde vom Bodybuilding beherrscht. Dabei hatte alles aus einer Laune heraus begonnen. Über ein Jahr hatte sie Squash gespielt. Damit hatte sie nur begonnen, weil sie sich im Alter von 28 Jahren Sorgen um ihre Gesundheit gemacht hatte und nicht eines Tages so wie ihre Mutter die Figur einer Birne haben wollte. Ihr Bruder war ein hervorragender Squashspieler und das motivierte sie, es auch anzufangen.
Obwohl sie nicht sehr gut war, konnte sie durch ihre drahtige Figur einige Überraschungserfolge erzielen. Der größte aus ihrer Sicht war, es einigen der männlichen Spieler gründlich zeigen zu können. Sie hatte sich immer schon als ehrgeizig eingeschätzt, aber ein Sieg über einen Mann machte den Triumph noch größer. Ihr Liebesleben war eher turbulent gewesen – Partnerschaften begannen recht vielversprechend, aber schon bald zeigten sich unverkennbare

Anzeichen, daß es zum Bruch kommen würde. Und ein flaches Wasser eignet sich nicht für romantische Kopfsprünge in die Liebe.
Als sie zum ersten Mal ein Fitneß-Studio betrat, hatte sie mehr oder weniger den Männern abgeschworen, d.h. zumindest romantischen Verbindungen mit Herz. Das Studio war ein Ort, wo man überschüssige Energie loswerden konnte. Sie hatte immer Zeit zum Trainieren, wenn sie nicht gerade arbeitete, und je mehr sie trainierte, desto stärker fühlte sie sich. Aber noch etwas anderes geschah mit ihr. Sie fing an, Muskeln zu bilden. Nach etwa einem Jahr Gewichtstraining scherzte einmal ein Freund, sie solle sich doch zur »Lady Bodybuilder« ernennen lassen. Irgendetwas nahm Besitz von ihr.
Zur Schulzeit war Jan immer der Clown gewesen. Sie liebte es, vor Publikum ihre Späße zu machen und den Clown zu spielen. Sie genoß die ihr geschenkte Aufmerksamkeit, egal wo. Sie war gern gut bei dem, was sie machte. Je besser sie wurde, desto mehr Mühe gab sie sich, noch besser zu werden. Wenn sie versagte, war das der Weltuntergang für sie. Es fiel ihr äußerst schwer, sich selbst anzuspornen, wenn sie sich nur für durchschnittlich hielt. Einmal in ihrer Kindheit war sie zum Ballettunterricht gegangen, war sich dort aber so plump und ungelenkig vorgekommen, daß sie kein zweites Mal mehr hinging. Seit dem Zeitpunkt hielt sie sich nur noch an Dinge, wo sie sicher war, daß sie sie gut beherrschte.
Beim Bodybuilding fühlte sie sich so, als sei sie dazu geboren. Sehr schnell entwickelte sie Muskulatur. Schon nach ein paar Wochen wünschte sich mancher Mann beim Anblick ihres Bizeps, er hätte ein langärmeliges Hemd an. Nach Beendigung eines Übungssatzes sonnte sie sich in dem Ausdruck auf den Gesichtern der Männer, wenn sie vor einem Spiegel posierte und ihre Muskeln spielen ließ. Den Männern fiel das Kinn herunter vor Neid – oder vielleicht war es auch Lust. Aber das war egal, sie hatte sich dazu entschieden, allein zu bleiben. Sie war Herr ihres Lebens, solange sie nichts durch Liebe komplizierte und abgesehen davon war Bodybuilding ein ganz guter Ersatz für Sex. Es hatte etwas Erregendes und Sinnliches, wenn sie ihre glänzenden Muskeln im Spiegel beobachtete, besonders wenn sie sich eingeölt hatte und ihren knappen Bikini trug. Ob man es als narzißtisch oder egozentrisch betrachtet, es war einfach befriedigend für sie, ihr eigener Herr zu sein. Sie konnte sich so sehr fordern, wie sie wollte, es gab keinen, der ihr Vorschriften machte. Und sie ging ihren Weg. Sie hatte dieses Jahr schon die Bezirksmeisterschaften gewonnen, war auf Platz zwei im Staat und war auf dem besten Wege zum Finale der US-Meisterschaften. 35 Stunden die Woche verbrachte sie mit Training, und sie würde noch mehr Zeit opfern, wenn sie es sich leisten könnte. Es war mehr als Hingabe an einen Sport. Für sie war es Ersatz für so viele Dinge – einen Job, der Spaß macht; eine Partnerschaft, auf die man sich verlassen kann; vielleicht sogar für ein Selbstwertgefühl, das keine Zur-Schau-Stellung braucht. Es funktionierte und sie war glücklich. An manchen Tagen fiel ihr das Gewichtstraining schon schwer, aber das wichtigste war, daß sie sich wie zu Hause fühlte, wenn sie ins Studio ging.

Ted: Ted sah sich selbst wie eine Karikatur: der Held aus den Charles Atlas-Geschichten, den man immer ausgelacht hatte, der aber jetzt wegen seines muskulösen Körpers von den Schönheiten nur so umschwärmt wurde. Er war der typische Schwächling, der nicht sehr sportlich war und Schwierigkeiten hatte, sich selbst zu verteidigen. Er beneidete seine Freunde, die mit ihrer Körperkraft die Aufmerksamkeit auf sich zogen. Er kompensierte das, indem er sie geistig übertrumpfte. Obwohl er intelligent genug war, arbeitete er sehr hart, um ganz sicher der beste zu sein in der Schule.

Mit 22 Jahren war er nicht größer als 1,65 m und wog knappe 60 kg. Er hatte mit Jogging begonnen, aber ihm fehlte die Ausdauer dazu. Ein Freund hatte ihm vorgeschlagen, mit Gewichtstraining anzufangen – und so begann die Verwandlung.

Er war im zweiten Jahr seines Medizin-Studiums, als er sich ganz intensiv dem Gewichtstraining widmete. In diesem Jahr zeigten sich bemerkenswerte körperliche Veränderungen. Er nahm mehr als 7 Kilo zu, während er im Taillenumfang an die 3 cm abnahm. Bemerkenswerter noch war, daß seine Beliebtheit enorm anstieg. Man hatte ihn immer für ziemlich vorsichtig und engstirnig gehalten, aber auf einmal begann seine Umwelt, von ihm Notiz zu nehmen. Seine nicht gerade beeindruckende Statur hatte es ihm immer erschwert, Verabredungen zu treffen, aber was ihm an Körpergröße fehlte, machte er jetzt durch Muskeln wett.

Nachdem er fertig war mit der Ausbildung, machte er weiter mit Bodybuilding. Es tat ihm gut als Ventil für überschüssige Energie, und er war immer Herr der Lage. Er führte seine Übungen präzise und rücksichtslos durch. Er berechnete seine Nährstoffaufnahme und wußte genau, wieviel Gewicht er verlieren oder zunehmen würde entsprechend den durchgeführten Übungen.

Er hielt sich für schlimmer als einen Heroin-Abhängigen. Er mußte jeden Tag mit Gewichten trainieren, sonst fühlte er sich niedergeschlagen. Er war besessen. Fünf bis sechs Abende pro Woche verbrachte er im Studio. Er versuchte, einige aerobe Übungen in sein Programm einzuflechten, denn als Herzspezialist wußte er um die Grenzen des Gewichtstrainings. Aber es machte ihm den größten Spaß, mit Gewichten zu trainieren. Es versetzte ihn in eine Hochstimmung, und es gefiel ihm, die körperlichen Auswirkungen im Spiegel zu betrachten – im Duschraum, zu Hause und einfach überall.

Sein Vater war Arzt gewesen, und so stand seine Berufswahl ziemlich fest. Was ihn wirklich interessierte, war die Wissenschaft: die Genauigkeit und Beherrschung, die Präzision der Methodologie. Für ihn glich die Medizin eher den Künsten, es gab viele unbekannte Komponenten. Beruflich schlug er den Weg zur klinischen Forschung auf kardiologischem Gebiet ein, und im Alter von 32 Jahren hatte er sich landesweit einen guten Ruf verschafft.

Was seine Beziehungen zu Frauen anging, war er jedoch ziemlich erfolglos. Das soll nicht heißen, daß seine Beliebtheit abgenommen hätte. Ganz im Gegenteil, die Frauen schienen auf ihn zu fliegen. Es war für ihn ein leichtes, sich mit den attraktivsten Frauen der Stadt zu verabreden. Ging er in eine Bar für Singles, drehte man sich nach ihm um. Sein Problem bestand nicht darin, sich mit jemandem zu verabreden – das Problem war die Aufrechterhaltung einer Beziehung. Er empfand einfach nicht viel bei seinen Verabredungen. Oft hatte er sich gedacht, er müsse seine derzeitige Freundin aufgrund ihrer Qualitäten lieben können, aber es kam ihm so vor, als könnten solch zarte Gefühle nicht durch seine dicke Muskelschicht hindurchdringen.

Ted erinnerte sich an ein Mädchen, mit dem er während des Studiums ausging. Sie verliebte sich Hals über Kopf in ihn, aber er konnte es nicht erwidern. Er fühlte sich blockiert, er schien sich für niemanden sonst als für sich selbst interessieren zu können. Es gab viel zu viel Frauen, die sich danach sehnten, mit ihm ins Bett zu gehen. Seinem Ego blieb das nicht verborgen. Zwei Jahre lang ging es auf und ab zwischen den beiden, danach gab sie auf. Sie sagte ihm, sie sei sich vorgekommen, als versuche sie, mit dem Kopf eine Mauer zu durchbrechen. Das Leben ging weiter, Ted ging nach wie vor mit vielen Mädchen aus, aber so langsam stellte sich auch das Gefühl ein, etwas verloren zu haben. Mehr als drei Jahre nach dem Zerwürfnis gestand er sich endlich ein, verliebt gewesen zu sein, aber zum damaligen Zeitpunkt war es ihm einfach nicht bewußt gewesen.

Kommentar: Als Jan mit Bodybuilding anfing, schien es ihr zu liegen. Psychologisch und auch körperlich schien es das Richtige zu sein. Aber wovor schien sie zu flüchten, und warum? Wieso fühlte sie sich durch Bodybuilding in ihrer Persönlichkeit geschützt und gab ihr das Gefühl, weniger verletzbar zu sein? Sie ließ sich nicht gern in die Karten sehen. Sie fürchtete sich vor Situationen, die sie nicht sofort beherrschte, so wie Liebe oder Tanzen.
Ted zeigte seine Angst vor festen Verbindungen auf andere Art: Er war flatterhaft, er befriedigte sein Ego, aber er vermied jegliches Engagement. Aus psychologischer Sicht war er sehr gut dagegen gefeit, verletzt zu werden – das geht sogar so weit, daß er sich dagegen wehrte, echte Empfindungen für eine Frau aufzubringen. Zufälligerweise macht auch Ted's Körper einen gewappneten Eindruck, was aus seiner selbstgewählten Hingabe zum Bodybuilding resultiert.
Diese beiden Menschen haben sich aus sehr persönlichen Gründen mit Muskulatur gewappnet; sie haben sich auf diese Weise sicher, geschützt und bis zu einem gewissen Grad zufrieden gefühlt. Das ist nicht bei allen Bodybuildern der Fall. Ein Großteil hängt davon ab, mit welchen psychischen Voraussetzungen sie ihr Trainingsprogramm beginnen. Das soll nicht heißen, daß hier etwas verkehrt ist. Jan und Ted taten das, was in ihrer persönlichen Situation das Richtige war. Die Frage ist, ob es einen besseren Weg gibt, einen, der Jan in die Lage versetzt, eine Verbindung als weniger bedrohlich zu empfinden, und Ted ermöglicht, seine Gefühle zu erkennen, bevor es zu spät ist.

Tanzen

Pam: Pam kann sich gut daran erinnern, als sie zum ersten Mal in eine Ballettaufführung ging. Sie war erst drei Jahre alt, aber die Aufführung hinterließ einen bleibenden Eindruck. Wochenlang belagerte sie ihre Mutter, bis sie endlich zum Unterricht angemeldet wurde. Die Jahre vergingen und sie ging ihren Weg in der Welt des Tanzes; sie tanzte in einigen kleinen Aufführungen und wurde schließlich für die nationale Ballett-Gruppe ausgewählt.
Pam war ein nettes Mädchen, beliebt, aber ausschließlich mit Tanzen beschäftigt. Sie sprach von nichts anderem; Tanzen war alles, was sie wollte. Sie machte ihrer Familie keinerlei Probleme, und auf gewisse Art wurde der Ballettunterricht zum Ersatz für das Familienleben. Ihre Eltern glaubten sie gut aufgehoben, wenn sie beim Tanzen war, und machten sich keine Gedanken darüber, ihr mehr Zeit zu widmen.
Der Unterricht war anstrengend. Sie hatte einige schlechte Lehrer, die ihre

Schüler zu sehr, zu stark forderten. Schon früh lernte sie auf Spitze zu tanzen, zu früh wahrscheinlich. Sie lernte, sich zu beugen und ihren Willen ihrem Ballettlehrer unterzuordnen. Sie lernte, Schmerzen auszuhalten, die Weigerung ihres Körpers gegen höhere Sprünge oder mehr Dehnung zu übergehen – immer zu lächeln und sich auf keinen Fall die Torturen des Balletts anmerken zu lassen. Sie lernte, selbstkritisch zu sein und an sich selbst zu zweifeln, und strebte immer einen unerreichbaren Perfektionsgrad an.
Im Alter von siebzehn Jahren tanzte sie in der Juniorenklasse. Sie lernte für ihr Abitur und stand unter starkem emotionellen Druck. Nie tat sie genug, nie war sie gut genug. In gewisser Weise geschah das auch durch ihre Eltern. Sie war so gut, daß ihre Eltern sich aufregten, wenn ihre Noten einmal nicht sehr gut waren, wenn sie irgendwo einmal nicht die allerbeste war. Pam war einfach gut – sie hatte nie Probleme.
Der Zusammenbruch kam. Sie hatte drei Wochen nicht geschlafen und an einem Projekt nach dem anderen gearbeitet, hatte versucht, alles zu schaffen, alles perfekt zu machen. Sie kam ins Krankenhaus: nervöse Erschöpfungszustände.
Jahre später zeigte ihr diese Zeit, was Tanzen aus ihr gemacht hatte. Nach diesem Zusammenbruch tanzte sie weiter, aber nicht mehr profimäßig, sondern nur noch in einem Ballett-Studio in ihrem Heimatort. Ihre Lehrerin war sehr einfühlsam, warmherzig und motivierend. Aber Pam wußte, was Perfektion heißt und brauchte keinen Kritiker mehr – sie war sich selbst gegenüber kritisch genug. Sie beschäftigte sich mit den Naturwissenschaften und nach dem College nahm sie einen Job in einem Forschungslabor an. Sie war eine Perfektionistin und das war auch in ihrem Job wichtig. Nach jahrelanger Psychotherapie war es ihr gelungen, ihren Perfektionismus abzuschwächen, aber sie war immer noch sehr selbstkritisch.
Sie hielt gern an gewohnten Dingen und Menschen fest. Sie war sehr pflichtbesessen und bedauerte, daß es keine Laufbahn als Tänzerin für sie gab. Sie konnte nichts halb machen. Tanzen blieb als Bewegungs- und Körpertraining, wenn sie auch nie wieder auftreten würde. Was ihre Beziehungen angeht, so bevorzugte sie Monogamie. Mit 27 Jahren hatte sie erst drei feste Verbindungen hinter sich, abgesehen von ein paar kleinen Flirts zwischen den langfristigen Beziehungen. Ihre gegenwärtige Beziehung ist eine Metapher für ihre Erlebnisse mit dem Tanzsport. Leidenschaft, Liebe und dann eine Menge harter Arbeit – das Streben nach dem Ideal und dann die Enttäuschung, daß sie es nicht erreichen konnte. Aber sie gab nicht auf. Sie wußte, was es heißt, unglücklich zu sein, und glaubte fest, daß sie nachgiebiger, toleranter sein könne – sich selbst und denen gegenüber, die ihr nahestanden – und daß sie einsehen müsse, daß nichts im Leben perfekt sei.

Holly: Sie war wie der Präriewind, manchmal sanft, manchmal wild, immer in Bewegung, fast wie eine Naturgewalt, mit der man rechnen mußte. Mit 26 Jahren hatte Holly ihr eigenes Ballett-Studio, wo sie unterrichtete und choreographierte. Sie gab zu, daß sie keinerlei Ahnung vom Geschäft hatte, aber ihr Mann hatte ein Händchen dafür und erledigte alle geschäftlichen Dinge für sie. Sie interessierte sich nur fürs Tanzen. Das war schon so, so weit sie zurückdenken konnte. Aber erst nach ihrem 12. Geburtstag hatte sie begonnen, Unterricht zu nehmen. Zuerst ging sie in ein Ballett-Studio, aber nicht für lange. Dort ging es ihr zu streng zu, zu »steif«, denn Holly war ein freiheitsliebender Mensch. Sie verglich sich mit der legendären Isodora Duncan: endlose romantische Abenteuer, sie tanzte um die ganze Welt.

Sie trainierte Modernen Tanz. Graham, Cunningham, Limon, sie alle prägten sie, aber sie entwickelte sich auf ihre Art, kreierte ihren eigenen Stil und verflocht ihre Emotionen mit dem Tanzen. Sie war keine einfache Schülerin, aber ihre Lehrer schätzten ihren Individualismus. Sie war groß, über 1,80 m, und wenn sie über die Tanzfläche schwebte, geriet jeder andere Tänzer automatisch in den Hintergrund. Es gab nur noch Musik und Bewegung – und Holly. Sie schien keine körperliche Grenzen zu kennen – ihre Arme und Beine glitten mühelos durch Zeit und Raum. Wenn sie hochsprang, konnte man fast glauben, sie würde nie wieder den Boden berühren. Sie war überall und dann plötzlich verschwand sie – wie eine Illusion, ein Schatten auf der Bühne.

Wie sie das College absolvierte, war eines der großen Wunder dieser Welt. Sie schien es einfach nicht zu packen. Ständig waren irgendwelche Bücher verschwunden, sie vergaß ihren Stundenplan, und Klausurtermine kollidierten immer mit ihren Proben. Aber sie war schon fast eine Legende – bei Tanzaufführungen hatte es noch nie so viele Besucher gegeben. Nicht nur deshalb, weil die Hälfte aller Studenten sich in sie verliebt hatte (die andere Hälfte war zu stolz oder zu schüchtern, um sich derartige Gefühle einzugestehen), sondern auch wegen ihrer tänzerischen Ausdruckskraft und Kreativität.

Nach dem College wollte Holly sich selbständig machen. Sie wollte nach New York oder nach Paris gehen oder irgendwo anders hin. Mit 22 Jahren stand ihr die Welt offen und sie war verliebt. Sam war gutaussehend, ehrgeizig und reif. Auf ihn konnte Holly all diese nervenaufreibenden Kleinigkeiten, wie Mietzahlungen für das Studio und das Management ihrer Produktionen, abwälzen.

Aber dann schien die Welt unterzugehen: Sie wurde schwanger. Sie liebte Sam und wollte deshalb keine Abtreibung, außerdem sagte er, er wolle sich um das Baby kümmern. Sie tanzte fast bis zum Ende der Schwangerschaft weiter und genoß die neuen Erfahrungen der Körperbalance mit sich ständig ändernder Körperform. Schon ein paar Wochen nach der Geburt des Babys war sie wieder im Studio. Sam hielt sich an sein Versprechen und übernahm die tragende Elternrolle, während sie die tragende Rolle als Tänzerin in ihrer Gruppe innehatte.

Ihre Schüler liebten sie und das Unternehmen genoß bald einen außergewöhnlichen Ruf. Ihre Kreativität schien unendlich, ihre romantische Ader ließ sich nicht zähmen. Sie liebte übermäßig: Sam, ihr Baby, ihre Freunde und Schüler. Sie kannte keine Grenzen, aber die anderen Menschen schon. Sam war kein eifersüchtiger Typ, sonst wären sie nie zusammengekommen, aber er konnte nur bis zu einem gewissen Grad tolerant sein. Die Streitereien nahmen zu. Für Holly war das zuviel Alltagswelt. Es stimmte, daß sie besessen war vom Tanzen, daß sie hart gearbeitet hatte, aber es kam ihr mühelos vor und hatte nichts von Verpflichtung und Schuldigkeit an sich. Ehe und Mutterschaft bekamen bald diesen Beigeschmack.

Zu einem Zeitpunkt, als der private Druck unerträglich zu werden schien, ging die Sonne für sie wieder auf: Sie wurde an eine Bühne in New York gerufen. Sam hatte Verständnis und Holly versprach, das Baby zu besuchen, wann immer es ihr möglich war.

Kommentar: Die Tänzerinnen, Pam und Holly, zeigen fast gegensätzliche Charakterzüge. Wenn man die Unterschiede zwischen Ballett und Modernem Tanz bedenkt, ist dieser Gegensatz nicht mehr so verwunderlich. Die Bewegungsabläufe im Ballett sind eher pedantisch genau und wiederholen sich. Das Training ist sehr anstrengend und manchmal sogar schmerzhaft. Der Ballettänzer wird zum Perfektionisten, er wird selbstkritisch und hartnäckig. Moderner Tanz gestattet mehr Kreativität, mehr Variationsmöglichkeiten, mehr Freiraum für individuelle Interpretationen. Regeln sind dazu da, um gebrochen zu werden.
Es läßt sich schwer sagen, ob Pam's Zusammenbruch durch ihre Selbstkritik und ihren Perfektionismus herausgefordert wurde oder wie sehr das Tanzen diese Tendenzen verstärkte. Wir können nur die Parallelen zwischen ihrem Leben und ihrem Tanzsport feststellen.
Denken wir an Holly, so lassen sich auch hier Ähnlichkeiten zwischen ihrer Überschwenglichkeit, ihrer ungezähmten Natur und ihrer unkonventionellen Lebensart und den Elementen des von ihr geliebten Tanzes aufzeigen. Ein Zufall? Man kann sich Holly nur schwer als begeisterte Marathonläuferin vorstellen, besonders wenn man an die Opfer denkt, die diese Läufer aufbringen müssen. Was sie tat, lag ihrer Natur – es barg die Qualitäten, die sie im Leben schätzte. Haben Pam oder Holly von ihrem tänzerischen Bewegungstraining besonders profitiert oder unmäßig darunter gelitten? Das ist schwer zu sagen, aber zumindest müssen wir die Übereinstimmung in ihrem Lebensweg, ihren Wünschen und dem, was daraus wurde, beachten.

Laufen

Warren: Warren war ein Pedant. Er war bestens geeignet für seinen Job als Finanzbeamter. Alles hatte seine Ordnung, konnte zugeordnet werden. Alles ließ sich quantifizieren und tabellieren, die Resultate kamen schwarz auf weiß bzw. manchmal rot. Ihm gefiel, was er tat, und er machte es gut. Warren war immer am rechten Ort, alles schien zu stimmen.
Warren war immer schlank gewesen, ohne viel dafür tun zu müssen, aber nachdem er die 30 überschritten hatte, wurde er molliger – und er bemerkte es. Er legte viel Wert auf seine Erscheinung, wie auch auf viele andere Dinge, und er wollte nicht zulassen, daß er nicht mehr so jugendlich aussah wie zuvor. Es war an der Zeit, sich Gedanken über Fitneß zu machen. Er war nie sehr sportlich gewesen, hauptsächlich, weil er zu sehr mit anderen Dingen beschäftigt war, aber jetzt war Fitneß wichtiger. Er ging die Sache an wie alles andere in seinem Leben auch – kopfüber, aber wohlüberlegt, keine halbherzigen Sachen.
Er hatte gern das Ruder in der Hand und haßte es, von anderen abhängig zu sein. Er war aber kein Einzelgänger, er mochte Menschen, er wollte lediglich nicht auf sie angewiesen sein. Einen Termin zum Squashspielen zu suchen, schien ihm sinnlose Zeitverschwendung, obwohl die meisten seiner Kollegen begeisterte Squashspieler waren. Nach sorgfältiger Überlegung entschied er sich für Laufen. Er konnte sich den Zeitpunkt selber aussuchen und auch, wieviel er tun wollte. Er konnte sich abstoppen, seine Kilometerleistung schätzen und seine Fortschritte feststellen.

Er erkundigte sich nach Schuhwerk und kaufte sich die besten Jogging-Schuhe, die es gab. Er las alles über Aufwärmen und Abkühlen sowie über Trainingspläne für Anfänger. Er studierte die sportmedizinischen Artikel über Verletzungen beim Laufen, weil er nicht wollte, daß er sein Trainingsprogramm wegen vermeidbarer Zwischenfälle unterbrechen müßte. Innerhalb von 6 Monaten lief er 75 km in der Woche. Er ergänzte sein Laufen mit Übungen zur Straffung der Muskulatur und Gewichtstraining.

Seine Freunde glaubten, er sei ein bißchen fanatisch. Er wurde zum Experten, was Körpertraining angeht – in seinen Augen war das identisch mit Laufen. Sein Tagesablauf richtete sich nach seinen Läufen. Er stellte seine Ernährung um, da er sich seines Körpers und dessen Bedürfnissen bewußt geworden war. Er begann, wettkampfmäßig zu laufen. Zuerst war es der 8 km-Lauf, dann der 15 km-Lauf und schließlich kam der Marathon. Er war besessen vom Laufen und den Auswirkungen auf seinen Körper. Als er seine Muskelentwicklung bemerkte, berechnete er systematisch den Prozentsatz an Körperfett. Er hatte sich schon früher bewußt gekleidet, aber jetzt wählte er seine Kleidung so, daß sein Körper zur Geltung kam.

Daheim setzte er sich immer öfter mit seiner Frau Jenny wegen ihres mangelnden Körpertrainings auseinander. Nach drei Kindern war ihre Figur alles andere als ideal, und das ärgerte ihn. Er stellte ein Trainingsprogramm für sie auf, das sie genau befolgte, aber nicht, weil sie es wollte, sondern weil Warren verärgert gewesen wäre, hätte sie sich nicht daran gehalten. Nach einer gewissen Zeit sah es so aus, als würden sie sich ab und zu zwischen ihrem Training treffen. Sie liefen so gut wie nie zusammen, da er viel schneller war als sie und sein Training nicht wegen ihr zurückschrauben wollte. Laufen war eine ernste Sache, wie alles andere im Leben auch. Sogar Parties in seinem Haus waren eine ernste Angelegenheit: geplante Spiele, vorprogrammiertes Geschehen und lange Monologe von Warren über seine Lieblingsthemen.

Jenny versuchte, mit Warren Schritt zu halten, aber das war nicht möglich und eine große Lücke begann zwischen ihnen zu klaffen. Er sprach immer mehr von seinem Körper, seiner Ernährung, seinem Laufen, seinen Wettkämpfen und wechselte das Thema nur, wenn er über Jenny's mangelende Begeisterung klagte. Im Sommer war Warren gern im Schwimmbad und zeigte stolz seinen wunderbaren Körper. Jenny, die mittlerweile wieder eine gute Figur hatte, fühlte sich so minderwertig, daß sie sich oft unter großen Decken und Handtüchern versteckte.

Das Unvermeidliche kam, als Warren begann, mit einer jüngeren Frau zu trainieren, die ihn irgendwann einmal in einem Marathon geschlagen hatte. Sie besprachen Körperfett, Ernährung, Trainingspläne und Trainingszeiten und bald auch andere Dinge. Es dauerte nicht lange und Warren wandte sich ab von Jenny und wurde desinteressiert an ihr. Er hörte sogar auf, sie zu kritisieren, was sie sicherlich sehr gefreut hätte, hätte sie nicht gemerkt, warum das so war.

Es wäre nicht ganz korrekt zu sagen, daß Warren und seine neue Freundin eines schönen Tages auf und davon liefen – das würde nicht zu ihm passen. Warren überdachte die Situation, wägte die Vor- und Nachteile genau gegeneinander ab und kam zu dem logischen Schluß, daß Jenny ohne ihn besser dran wäre. Außerdem war es sinnvoller, wenn er mit jemandem zusammenlebte, der zu seinem Lebensstil paßte. Wie bei den meisten Dingen, über die Warren in seinem Leben zu entscheiden hatte, war seine Meinung, nachdem er alles durchdacht hatte, unumstößlich – um nicht zu sagen, er war ausgesprochen stur.

Phil: Phil hatte sich Prioritäten gesetzt. Was auch immer er in seinem Leben tat, es mußte genug Zeit zum Laufen bleiben. In der Schule war er Sprinter gewesen, der 200 m-Lauf seine bevorzugte Distanz. Er war nicht überragend, aber immer plaziert. Er studierte Sport und bekam einen Job als Lehrer. Im Laufe der Jahre strebte er danach, Jugendliche anzuleiten und zu beraten, denn er liebte Kinder und beschäftigte sich gern mit ihnen.
Er stellte sich ein gutes Trainingsprogramm auf. Er hatte andere Interessen, aber Laufen war seine große Leidenschaft. Er liebte besonders das Sprinten – kurz, kompakt und leistungsstark. Er führte Buch über seine Trainingsläufe und mit 30 Jahren lief er viel bessere Zeiten als zu Hochschulzeiten.
Sein Job jedoch war nicht so ganz das Richtige für ihn. Formalitäten und Verwaltungsarbeiten bestimmten seinen Tag und seine Arbeitszeit stieg entsprechend seines Alters. Die Arbeit überwucherte das Laufen. Nur deswegen hätte er nicht gekündigt, aber andere Gründe – Ort, Verpflichtungen und Grenzen des Lehrsystems – kamen noch hinzu. Er hatte wieder die Schulbank gedrückt, um seinen Magister zu machen, und hoffte, irgendwo anders hinzuziehen und dort auf privater Basis weiterzumachen. Er wußte sehr wohl, daß das nicht leicht werden würde.
Jeder hielt Phil für einen vernünftigen, ausgeglichenen Menschen. Selbst als er seinen Job kündigte, um in eine ungewisse Zukunft ohne festen Job zu gehen, erklärte ihn niemand für verrückt. Jeder wußte, er hatte einen Plan und daß es schon klappen werde. Die Vorstellung, daß seine berufliche Karriere erst nach dem Laufen kam, schien logisch. Er führte ein ordentliches Leben, hatte klare Vorstellungen und verfolgte diese konsequent. Selten handelte er impulsiv oder aus einer Laune heraus.
Phil's neuer Wohnort war in der richtigen Umgebung zum Laufen. Das Klima war trocken, und die meiste Zeit des Jahres schien die Sonne. Es dauerte eine Weile, bis sein Beratungs- und Trainingsbüro lief. Er arbeitete solange in einem Supermarkt, so daß er genug zum Leben hatte und so viel trainieren konnte, wie er wollte. Und das zählte!
Zehn Jahre später lief sein Büro bestens. Er hatte den Ruf, schnell und gut zu sein. Als Therapeut kam er direkt zur Sache, stellte einen realistischen Plan auf und arbeitete konsequent daraufhin. Er stellte keine tollen Theorien auf, denn er besaß gesunden Menschenverstand und wußte, was machbar war und was nicht, wem er helfen konnte und wem nicht. Er vergeudete nie die Zeit anderer und diese auch nicht seine.
Eines schönen Tages, als er auf der Straße trainierte, wurde er von einem Auto angefahren. Er überlebte, aber sein linkes Bein war zerschmettert, sechsfach gebrochen. Die Ärzte hatten wenig Hoffnung, daß er je wieder laufen könnte. Das verletzte Bein würde etwas kürzer sein und schlimmer noch würde der Bewegungsablauf im Knie eingeschränkt sein. Zuerst war er niedergeschlagen. Aber er wurde sein eigener Arzt. Innerhalb von Wochen hatte er seine Situation so gut im Griff, daß er seine Rehabilitation steuerte.
Phil stellte ein Programm auf. Er konsultierte die besten Sportmediziner, die es gab. Zusammen mit dem Krankenhauspersonal stellte er sich eine Physiothera-

pie zusammen. Bald schon stellte sich heraus, daß die schlimmsten Voraussagen nicht eintreffen würden. Er besaß mittlerweile mehr Bewegungsfreiheit im Knie, als ihm vorhergesagt worden war, und das nur 6 Monate nach dem Unfall. Er war immer aktiv, aber vernünftig. Er trainierte innerhalb der gesteckten Grenzen, aber er verschob diese Grenzen ständig. Schmerz war ihm nicht unbekannt. Durch Laufen hatte er gelernt, durchzuhalten über die normale Toleranzgrenze hinaus. Er wußte alles über Training, die Physiotherapie stellte für ihn nur ein anderes Trainingsprogramm dar. Die Ärzte waren beeindruckt. Nun bot er den Sportlern eine neue Art an Beratung in seinem Büro: Er beriet verletzte Sportler.
Seit 5 Jahren läuft Phil wieder: Sprints, Langstrecken, das gesamte Programm. Es war keinesfalls leicht für ihn, aber der Erholungsprozeß war typisch. Es war eine Herausforderung, er konnte sie kalkulieren und seine Fortschritte waren meßbar. Er tat es auf seine Art. Er bestimmte seine Rehabilitation so wie er sein Leben bestimmte – überlegt, vernünftig und konsequent.

Kommentar: Die Läufer, Warren und Phil, haben gewisse Ähnlichkeiten – Ordnung und Disziplin, auf gewisse Weise zwanghaft. Für beide müssen die Dinge normal laufen, einen geordneten und planbaren Ablauf haben. Das Leben und persönliche Neigungen haben zu verschiedenen Situationen geführt. Warren war die zwanghaftere Persönlichkeit und wurde von seiner körperlichen Erscheinung und seiner Ernährung besessen. Phil war diszipliniert und nutzte diese Disziplin für eine als kritisch angesehene Rehabilitation. Je nach den Umständen und Notwendigkeiten können bestimmte Charakterzüge durch Laufen verstärkt werden und sich als unerläßlich in bestimmten Situationen erweisen oder sie verschlimmern einen Zustand, den man ansonsten ausgehalten hätte.
Warren war konsequent und ging methodisch vor. Unter Streß wurde er sogar stur. Das sind keine unbedingt schlechten Charaktermerkmale. Nur unter extremem Druck geht die Perspektive verloren, und man trifft keine optimalen Entscheidungen mehr. Phil zeigte einige Tendenzen von Warren's Charakter, aber dennoch ist der Ausgang seiner Geschichte anders. Er besaß offenbar andere Charakterzüge, die ihn in die Lage versetzten, die Extreme zu beherrschen und sein Schicksal in einen persönlichen Triumph zu verwandeln.
Das Laufen war nur ein Teil ihrer Persönlichkeit. Sie betrieben ihr Training als eine Art Spiegel ihrer eigenen Persönlichkeit, aber sie besaßen noch andere Charakterzüge. Dennoch wurden durch das Laufen bestimmte Merkmale verstärkt und andere abgeschwächt – zum Guten oder Bösen!

Schwimmen

Grey: Grey hatte als Erwachsener viele Sportarten ausprobiert. Er wollte gern eine gute Figur haben. Eine Zeitlang lief er regelmäßig, lange, bevor es zur Mode wurde. Dann fuhr er Fahrrad, aber nur für kurze Zeit. Er hatte auch mit Gewichtstraining angefangen, beschäftigte sich mit Schwimmsport und machte gelegentlich Yoga. Trotz alledem schien er einfach »zum Schwimmen geschaffen« zu sein – sein Körper war lang, er besaß eine entspannte Muskulatur, ohne muskulös zu wirken. Er meinte, das käme davon, daß er jahrelang wettkampfmäßig geschwommen sei.

Grey ging erst auf der Hochschule in ein Team, obwohl er seit seiner Kindheit jeden Sommer sehr viel geschwommen war. Im Alter von 8 Jahren wäre er einmal beinahe im Ozean ertrunken, als er in einen Strudel geriet. Er prahlte damit, daß er allein in Sicherheit geschwommen sei, während sein Freund von Rettungsschwimmern gerettet werden mußte. Dieses Erlebnis hatte ihn nicht geschockt, so daß er etwa nicht mehr geschwommen wäre. Er fühlte sich geradezu hingezogen zum Wasser. Gerne erinnerte er sich daran, wie er einmal hinter seinem Vater hergeschwommen war, der mit dem Boot über ihren See ruderte. Mit 12 Jahren konnte er durch den See schwimmen, das waren immerhin mehr als 3 km.

Grey hatte ein paar gute Freunde, hielt sich aber für schüchtern und zurückhaltend. An der Schule wurde er einmal wegen seiner Größe für das Fußballteam aufgestellt, aber nachdem er einige Male beim Training gewesen war, hörte er wieder auf. Ihm lag die Aggression nicht, die zum Fußballspielen gehörte. Schwimmen war ganz anders.

Grey brachte seine Bestleistungen auf den langen Distanzen, über kurze Strekken war er nur mittelmäßig. Obwohl das Training zermürbend war, war es noch schwerer, sich für den Wettkampf zu motivieren. Er mußte sich psychisch wappnen und das war besonders hart, wenn er die Zeiten der anderen Schwimmer kannte, gegen die er anzutreten hatte. Er glaubte an sich, aber man hat viel Zeit zum Nachdenken auf 1500 m. Aus welchem Grund auch immer waren seine Leistungen im Wettkampf nie so gut wie im Training.

Er war gern im Team. Er glaubte, daß die anderen Jungen so wie er waren. Sie schienen es mit der Schule ernst zu nehmen und mit Ausnahme von ein paar Sprintern waren sie ziemlich ruhig und gelassen. Es gab keine großen Egoisten und nur wenig persönliche Schwierigkeiten innerhalb des Teams.

Der Schwimmsport war eine Flucht für Grey; er hatte große Probleme, sich mit der Realität im Leben abzufinden. Er war sich nicht sicher, was er wollte, als er heranwuchs. Deshalb tat er Dinge, von denen er glaubte, sie tun zu müssen, ohne zu wissen, ob das für ihn gut oder schlecht war. Nach dem 2. Jahr auf dem College wurde er Novize. Er wollte aber nicht Priester werden, er wollte Jesuit werden. Er gab sein Bestes, aber er schaffte es nicht. Er hielt 7 Jahre durch und gab auf, um als armer Dichter in New York's Lower East Side zu leben. Schließlich landete er in einem Lehrprogramm an der New School. Sein Gebiet war die Philosophie.

Dennoch war er sehr zielstrebig bei allem, was er anfing; er konnte aber einfach keinen Boden gewinnen. Für ihn hatte das Leben keinen Sinn. Was Beziehungen anging, so war es dasselbe. Er strebte eine tiefe, enge Beziehung zu einer Frau an, aber seine emotionelle Unbeständigkeit machte es schwer, mit ihm zu leben. Er fühlte sich äußerst verletzlich. Er brauchte mehr eine Mutter als eine Frau.

Mit 38 hatte er einen Job an einem ehemaligen Frauen-College. Die Mehrzahl der Studenten war immer noch weiblich. Er fühlte sich nicht gerade seßhaft und beständig, aber dann sagte er sich, daß das wohl nie der Fall sein werde. Ein Freund brachte ihn dazu, sich zu den Schwimm-Meisterschaften zu melden. Es kam ihm wie eine zweite Chance vor. Er liebte das Gefühl des Wassers auf der Haut, er konnte sich selbst vergessen, wenn er seine Bahnen schwamm. Es tat ihm gut und gab ihm das Gefühl von Entschlußkraft, so als ob er irgendein Ziel hätte, obwohl es nur bis ans Ende des Beckens ging, um zu wenden und von neuem bis ans andere Ende zu schwimmen.

Beth: Beth sah sich selbst als Fall für den Psychologen. Sie war eine landesweit bekannte Mittelstreckenschwimmerin, fiel in den olympischen Vorentscheidungen aus, obwohl ihre Bestzeiten sie leicht ins Team gebracht hätten. Das machte sie verrückt. Sie glaubte, sie habe sich selbst um den Sieg gebracht, was nicht so schwer ist, wenn man allein ist mit dem Wasser und der enormen Anstrengung, die man zu leisten hat. Es war schwer, sich das vorzustellen, wenn man Beth objektiv betrachtete. Sie steuerte ohne Probleme ihr Abitur an, war ein Computer-Fan und eine gute Klavierspielerin. Aber sie liebte Sicherheit und Beständigkeit. Wenn sie nicht das leistete, was sie von sich erwartete, geriet sie in Selbstzweifel.
Als sie heranwuchs, haßte sie ihren Körper. Ihre Schultern waren ihrer Meinung nach zu breit für ein Mädchen und sie beklagte sich, daß ihr Oberkörper durch das Schwimmen zu betont und der Brustkorb zu groß sei. Sie hielt sich nie für attraktiv und sogar als sie 25 war, glaubte sie, sie sehe allenfalls durchschnittlich aus. Dabei war sie eine Schönheit, nach der sich jeder umdrehte. Sie war lediglich zu selbstkritisch und schüchtern. Sie hatte viele Freunde und gab sich in der Öffentlichkeit sehr extrovertiert. Privat jedoch war sie sehr zurückhaltend. Wenn ihre Ängste sie überkamen, konnte sie keinen Menschen sehen. Sie zog sich zurück, legte den Hörer neben das Telefon und zog die Vorhänge zu. Diese Gefühle machten ihr Angst. Sie hatte keine Erklärung dafür und konnte sie nicht beherrschen.
Die olympischen Vorentscheidungen waren das Ende ihrer Laufbahn. Aber sie brauchte das Training, weil sie sich dadurch gutfühlte und es für ihre Figur wichtig war. Nach dem College machte sie Aerobic, um ihre Figur zu halten Aerobic war ideal für sie – sie brauchte keine Angst vor dem Wettkampf zu haben und es war ein gutes Muskeltraining. Manchmal war sie etwas frustriert, wenn die Lehrer zu sehr das Tänzerische betonten. Tanzen war etwas zu kreativ für ihren Geschmack, und davon fühlte sie sich bedroht.
Etwa drei Jahre blieb sie bei Aerobic und brachte es schließlich sogar dazu, zeitweise selbst Kurse zu leiten. Ihre Kurse waren die anstrengendsten in der Stadt. Sie liefen eher mechanisch ab, sie wiederholte die Übungen solange, bis die jeweilige Muskelgruppe bis zur Erschöpfung bearbeitet worden war, dann kam die nächste Muskelgruppe an die Reihe. Der Aufbau ihrer Kurse war immer gleich, nur die Intensität variierte. Ihre Kurse waren sehr beliebt bei Männern, denn sie fühlten sich wohler bei einfachen Routineübungen und vor allem in ihrer Ausdauer gefordert.
Etwa um ihren 25. Geburtstag herum fing Beth wieder an zu schwimmen, allerdings Triathlon. Und wieder bekam sie den Leistungsdruck des Wettkampfs und die Mühen und Ekstasen des Trainings zu spüren. In ihrem ersten Wettkampf wurde sie Fünfte von 110 Teilnehmern. Beim zweiten Mal wurde sie ebenso plaziert, aber beim dritten Mal ging ihre Leistung zurück und sie fürchtete, daß wieder dieses Syndrom auftrete. Am Ende der Saison hängte sie ihre Sportsachen, einschließlich Schwimmanzug an den Nagel und wandte sich wieder Aerobic zu. Hierbei bekam sie zumindest die Intensität eines Trainings,

wie sie es vom Schwimmen her gewohnt war, ohne den Leistungsdruck eines Wettkampfs. Was sie selbst überraschte, war, daß sie sich auch um die Leute in ihrer Gruppe kümmerte. Das wäre ihr beim Schwimmen nicht in den Sinn gekommen, aber hier machten die Kontakte ihr sogar Spaß.

Kommentar: Was tut der Geist, wenn man Bahn für Bahn schwimmt, sich anstrengt und der Wettkampf ist noch nicht in Sicht? Wenn man sich durch das Wasser kämpft, die Arme bleischwer werden und die Lungen vor Sauerstoffmangel schmerzen, dann muß einen etwas im Innern antreiben, weiterzumachen, kräftigere Stöße zu machen, sich mehr anzustrengen – und darauf zu hoffen, daß man sich nicht in den Bahnen verzählt hat. Das ist Leistungsschwimmen: Kampf gegen das eigene Ich. Man lernt sich selbst von einer anderen Seite kennen. Man lenkt sich mit Gedanken ab, um die Anstrengung und wieviel noch vor einem liegt zu vergessen. Manchmal fühlt man Harmonie mit dem Wasser, als ob man ein Teil davon wäre, das nächste Mal kämpft man gegen das Wasser.
Diejenigen, die zum Vergnügen schwimmen, können nichts von dem nachempfinden, aber dieses Schwimmen würden Beth und Grey nicht als Schwimmen bezeichnen. Für sie ist Schwimmen ein Ausdauertest ihrer Psyche – man verlangt immer mehr, fordert sich immer stärker und versucht, sich nicht von sich selbst unterkriegen zu lassen. Beim Schwimmen lebt man in einer kleinen, eigenen Welt, die sich von der Zeit, die man nicht schwimmt, total unterscheidet. Man sieht nicht viel, wenn man schwimmt, also schaut man ins eigene Innere.
Grey hatte lange Zeit Schwierigkeiten, sich mit der Realität abzufinden. Er hatte zwar ein beständiges Wesen, aber er lernte nie, die Dinge richtig einzuschätzen. Er fand nicht heraus, was er im Leben wollte und wie er es erreichen könnte. Er brauchte das Gefühl der Unterstützung, um sich richtig verwurzelt und seßhaft zu fühlen. Er arbeitete hart und war voller Ernst bei der Sache, aber seine Vorstellungen schienen eher vage. Er wußte nicht, was er wollte.
Beth traf es schwer, nicht zur Olympiade zu können. Sie fühlte sich als Versager, da sie nicht in der Lage gewesen war, ihren Körper so zu beherrschen, daß er die geforderte Leistung gebracht hätte. Der Leistungsdruck machte sie fertig, obwohl sie eine große Kämpferin war. Sie ging nicht gerne in sich und beschäftigte sich mit ihrer dunklen Psyche. Aber sie trainierte ihren Geist unwissentlich dazu während all der Jahre, in denen sie wettkampfmäßig schwamm. Für sie war es wie eine Erlösung, als die soziale Komponente bei Aerobic hinzukam. Sie fühlte sich wohler und glücklicher, wenn sie an ihrer Umwelt teilhaben konnte. Es war also eine kluge Entscheidung, sich in späteren Jahren von der isolierten Welt des Schwimmbeckens zu trennen.
Was wäre wohl geschehen, wenn Grey in dem Fußballteam geblieben wäre oder wenn Beth Basketball gespielt hätte? Hätte ihr Leben genauso ausgesehen, oder hätten sie sich durch die anderen Erfahrungen geändert und einen anderen Weg eingeschlagen? Wir stellen diese Frage nicht, um damit zu sagen, daß das, was sie taten, falsch war, sondern um die Vorstellung anzuregen, was aus ihnen hätte werden können, wenn sie andere sportliche Prioritäten gehabt hätten.

Squash

Will: Man wußte sofort, wenn Will im Club aufgetaucht war. Wenn er durch den Gang ging, wurde er von jedem auf seine Art begrüßt: Sticheleien, scherzhafte Bemerkungen und Lachen begrüßte den »Squash-König«. Im Umkleideraum begannen seine Partner – die früheren, momentanen und zukünftigen –mit geistreichen und flapsigen Bemerkungen das Spiel, das immer im Gang war. Was hinterher auf dem Squashplatz geschah, war nur eine Fortsetzung.
Will war mehr als nur ein erfolgreicher Börsenmakler, er war genau der Typ, den man immer um Rat fragte. Er hatte das gewisse Etwas, den Durchblick, so daß er immer das Richtige tat. So war es schon immer gewesen. Auf dem College war er eher mittelmäßig, aber das hatte nichts mit seinem Ruf zu tun. Bei ihm war immer etwas los, er hatte tausend Sachen am Laufen, hauptsächlich Geschäfte oder einen Plan, wie man aus einer langweiligen Angelegenheit eine Sensation machen konnte. Es machte Spaß, in seiner Nähe zu sein, aber man mußte mit allem rechnen. Seine Stärke war, daß er alles leicht nahm, immer »in action« war und eine Ära von Abenteuer um sich schuf.
Er war weniger ein Teamspieler als der Star einer Mannschaft. In der Schule spielte er in keinem Team mit, aber wenn ein paar Leute Basketball oder Fußball spielen wollten, war er immer dabei – und meist der erste, der gefragt wurde, ob er mitspiele. Er machte nie bei diesem »Jogging-Zirkus« mit und war stets der Meinung, daß Aerobic etwas für Schwule sei. Er liebte den Kontakt mit anderen, den Konkurrenzkampf und als Bester zu bestehen. Das soll nicht heißen, er sei ein schlechter Verlierer gewesen, er war sogar ein guter Verlierer, aber er war sich immer sicher, daß sich das Blatt bald wenden werde.
Mit 36 Jahren war Will immer noch ledig. Es gefiel ihm so. Er war nicht gerade ein Frauenheld, einfach jemand, der sich nicht gern fest binden wollte. Zu seinem Leben gehörte die Arbeit, Squash und Geselligkeit – in der Reihenfolge. Wenn er mit einer Frau ausging, war er wählerisch. Nicht, weil er nur mit den bestaussehendsten Frauen gesehen werden wollte. Es kam ihm weniger auf die äußere Erscheinung an als auf das Erlebnis, mit Frauen auszugehen, die besonders interessant waren. Er war nicht langweilig und verlangte von der Frau, mit der er sich traf, dasselbe.
Es war nicht verwunderlich, daß er Squash spielte, denn das verlangte Schnelligkeit und Kampfgeist. Der Sieg war sein persönlicher Verdienst, und er wollte seine Persönlichkeit nicht in einem Team untergehen sehen. Seinen Schläger hatte er immer bei sich, wo er auch war. Sein Sport mußte so flexibel sein wie er.

Sean: Er war das jüngste von fünf Kindern in einer Pflegefamilie. Mit 38 Jahren war er der geachtete Direktor einer Produktionsfirma, reiste viel und war lange von zu Hause weg. Er hatte zwei romantische Liebesbeziehungen hinter sich. Beide Male hatte es einfach nicht gepaßt, aber man trennte sich in Freundschaft. Er war der einzige Junggeselle in der Familie und meinte, daß es endlich an der Zeit wäre, daß auch er heirate. Er wolle gern heiraten, aber wie bei allen anderen Dingen auch war er sehr vorsichtig und wählerisch.
Sean arbeitete hart. In der Schule war er immer bei den besten 10%, und wenn man bedenkt, welche Schulen er besuchte, war das keine schlechte Leistung. An die Zeit im College erinnert er sich als an die anstrengendste seines Lebens.

Lange Nächte wurden von Wochenenden in der Bücherei gefolgt. Als er für seinen Master of Business Administration lernte, kam ihm das wie ein Ferienprogramm gegenüber früher vor. Er machte seinen MBA, während er einen Fulltime-Job hatte. 16 Jahre später arbeitete er für dieselbe Firma.
Sean rechnete nicht damit, jemals Präsident der Firma zu werden, aber wenn es dazu kommen sollte, so wäre er nicht überrascht. Er hatte nichts für Bürointrigen über, setzte sich aber mit ganzer Kraft für seine Arbeit ein. Mit den meisten Leuten kam er gut aus, er war nie zu strebsam, aber er ließ sich auch nicht übergehen. Er hielt sich selbst bis zu einem gewissen Grad für sehr anpassungsfähig. Er besaß klare Wertvorstellungen, aber wenn er lediglich zwischen einem guten Produktionsverfahren und einem anderen zu entscheiden hatte, ließ er sich beirren.
Während der Schulzeit verbrachte er die meiste Zeit mit Lernen, was er als Entschuldigung dafür benutzte, daß er keinen Sport trieb. Mit 30 Jahren ging er in ein Fitneß-Center. Es war nicht weit weg von zu Hause, und er wollte sich damit für seine Arbeit belohnen. Außerdem dachte er, dies sei ein guter Ort, um eine Frau kennenzulernen. Eine Frau in einer Bar oder Kneipe kennenzulernen, entsprach nicht seinen Vorstellungen. In dem Fitneß-Center gab es verschiedenste Angebote, aber Sean beschäftigte sich von Anfang an mit Squash. Er war ein harter Gegner. Obwohl er zu Beginn nur mittelmäßig war, spielte er sehr hart, und im Laufe der Zeit wurde er bald einer der besten Spieler im Fitneß-Center. Dann brach er sich beim Camping die Hand.
Während er den Bruch auskurierte, begann er mit Aerobic. Er hatte schon immer gern bei den Kursen zugeschaut und die Frauen beobachtet. Mittlerweile gab es auch einige Männer im Kurs, so daß er sich weniger eingeschüchtert fühlte. Er bezeichnete Aerobic als »richtig anmachend«. Der Kurs lag seiner Neigung zur Geselligkeit, und er freute sich, einige Frauen näher kennenzulernen. Squash war eine Domäne der Männer gewesen, und das Kämpferische schien die sozialen Beziehungen zu erschweren.
Wenn er auf die vier Jahre nach seinem Unfall zurückblickte, glaubt Sean, sich verändert zu haben. Er spielte immer noch viel Squash, aber er ging auch häufig zu Aerobic. Er hatte seine Veränderungen noch nicht ganz wahrgenommen, als er eines Tages gegen einen viel schwächeren Partner spielte. Normalerweise wäre er gelangweilt gewesen oder hätte seinen Gegner kurzerhand fertiggemacht, um danach mit jemand Interessanterem weiterzuspielen. Er erinnert sich, daß er weiterspielte, sein Gegner die Bälle zwar nicht bekam, er sich aber selbst herausforderte. Er wollte das Spiel nicht aufgeben, er wollte, daß es ihm und seinem Partner Spaß machte. Sie spielten gewissermaßen nach unterschiedlichen Regeln, aber es machte beiden Spaß. Wenn er darüber nachdachte, wurde ihm bewußt, was er unter der »sozialen Dimension des Sports« verstand. Wettkampf war immer dabei, aber für Sean spielten Menschen eine große Rolle. Siegen machte nur Spaß, wenn alle etwas davon hatten.
Er hatte genug Selbstvertrauen, um zu wissen, daß er im Leben zurechtkommen würde. Jeden Sieg muß man neben einer gewissen Anerkennung gegen den Preis, den man menschlich dafür zahlt, aufrechnen. Er hatte lieber einen Freund, als daß er sein Ego durch einen bedeutungslosen Erfolg aufwertete. Es verblüffte ihn selbst, daß sogar seine Einstellung zum beruflichen Aufstieg auf dieser Mischung aus sozialen und ehrgeizigen Gedanken bestand. Er hatte einen

sicheren Job, der ihn forderte und befriedigte. Er mußte nicht Präsident der Gesellschaft werden, um zufrieden zu sein. Es reichte aus, daß er seinen Job gut machte und richtige Freunde hatte.

Kommentar: Wettkampf – der Reiz eines guten Spiels, die Genugtuung des Siegs, die Frustration einer Niederlage. Squash kann die guten oder schlechten Seiten zu Tage bringen, aber es bringt sie zum Vorschein und das zählt. Aggressionen und Kampfgeist sind nicht nur erlaubt, sie sind sogar erforderlich. Für manche Menschen ist das genau richtig.
Will liebte die Herausforderung, den Rausch des Wettkampfes. Es machte ihm Spaß, sein Können mit dem eines anderen zu messen. Das war er so gewöhnt, das erwartete er von jedem Spiel. Er war recht gesellig, aber jeglicher Umgang mit ihm hatte einen gewissen Touch von Machtkampf. Das Spiel war immer im Gang. Für Sean hatte Geselligkeit eine andere Bedeutung; für ihn war es wichtig, beliebt zu sein, und nicht jeder hat freundschaftliche Gefühle, wenn er ein Spiel verloren hat. Er war aber auch ein Leistungstyp, ein hart arbeitender, ernsthafter Mann. Aber ob er arbeitete oder Squash spielte, war er sich immer der anderen bewußt, seines sozialen Umfeldes. Diese Welt bedeutete für ihn nicht (wie für Will) ein Mittel zum Zweck, für ihn war seine Umwelt als solches wichtig. Sean's Empfindsamkeit setzte ihm Grenzen. Es gab Dinge, die er nicht tun würde; es gab Erfolge, deren Preis er nicht zahlen wollte. Er wollte einen gewissen Erfolg und ein bestimmtes Maß an Geselligkeit. Bei Will sah es anders aus: Er war ein »Sieger«, jemand der, wenn die Möglichkeit bestand, an der Spitze stehen wollte. Das paßte zu ihm. Er liebte viel »action« und langweilte sich schnell, wenn alles zu vorhersehbar und überschaubar war.

Die Auswahl – und gewußt, was am besten ist

Diese zehn Fälle zeigen Menschen, die unterschiedlich abhängig sind von ihrer Hingabe (man kann auch von Besessenheit sprechen) an Körpertraining. Die meisten von uns treiben nicht so viel Sport wie die beschriebenen Personen, wir haben uns also die extremeren Fälle angeschaut. Wenn man sich mit dieser Seite des Körpertrainings beschäftigt, zeigt sich anschaulich das Zusammenwirken von Training und Persönlichkeit – einmal, wie die Persönlichkeit die Wahl der Sportart beeinflußt und zum anderen, wie der Sport die Persönlichkeit beeinflußt.
Das Konzept der »natürlichen Wahl« bedeutet, daß wir uns von verschiedenen Sportarten angesprochen fühlen, während wir andere ablehnen. Manche Sportarten sind vielleicht besonders attraktiv, weil sie nicht nur körperlich, sondern auch geistig fit machen. Das Bedürfnis nach Ordnung, Sicherheit, Beständigkeit, Aggressionsfreisetzung, sozialen Kontakten oder kreativer Entfaltungsmöglichkeit stellt nur einige der Gründe für die Wahl der einen oder anderen Sportart dar. Jede Sportart fordert uns auf eine andere Art und setzt bestimmte Verhal-

tensweisen voraus. Ob es Größe, Gewicht oder Kraft ist – oder Führungsqualitäten oder kreative Fähigkeiten – wir wissen im allgemeinen, was verlangt wird und treffen entsprechend unsere Wahl.
Bei allen zehn Fällen fällt auf, wie gut die gewählte Aktivität zur jeweiligen Persönlichkeit paßte. Wenn man generell einen Zusammenhang zwischen der Person und ihrem Sport feststellen kann, müssen wir uns fragen, ob die Wahl immer die richtige war oder ob es auch negative Auswirkungen gibt. Wurden unliebsame Charaktermerkmale eher unterdrückt oder überbetont? Das kann in dem einen oder anderen Fall deutlich werden. Man muß jedoch bedenken, daß das nicht so sehr an der sportlichen Aktivität, sondern am Wettkampf liegt. Das soll heißen, es gibt keinen schlechten Sport, lediglich schlechtes Zusammenwirken zwischen der Persönlichkeit und dem Sport.
Wenn wir ein Spiel machen könnten, in dem wir für diese Personen Sportarten aussuchen, was würden wir wählen und warum? Das werden wir in etwa in den folgenden Kapiteln tun: Wir wollen uns bewußt werden, was wir verändern würden und warum – im Hinblick auf die eigene Persönlichkeit, nicht auf die der Fallstudien.
In diesem Kapitel sind wir intuitiv an die Sache herangegangen. Wir haben die Beschreibungen verschiedener Personen mit bestimmter Hingabe an eine Sportart oder ein Fitneßtraining studiert und haben gesehen, wie ihr Leben diese Aktivität widerspiegelt. Es handelt sich dabei um normale Menschen, die im Arbeitsprozeß stehen. Jeder hat sich an seine Lebensumstände angepaßt. Die Frage, was sich ändern ließe, ist schwierig. Noch schwieriger ist, wie sich diese Personen dazu motivieren ließen, eine andere Sportart zu betreiben. Unsere Intuition sagt uns vielleicht, was falsch ist oder zumindest was besser sein könnte, aber nur mit handfesten Fakten könnten wir jemanden davon überzeugen, etwas anderes auszuprobieren. Und genau das ist das Anliegen dieses Buches: die Fakten und Argumente zu liefern und dem Leser die Mittel zur Beurteilung zu geben, was für den einen oder anderen besser wäre.

3

Der psychologische Nutzen von Körpertraining

... der gut funktionierende Mensch braucht einen gut funktionierenden Körper ... der sich selbst verwirklichende Mensch muß in einem sich selbst verwirklichenden Körper wohnen.

George Sheehan[1]

Aus psychologischer Sicht

Wie wir in den ersten beiden Kapiteln feststellen konnten, versteht man unter Körpertraining generell eine Strategie zur Beeinflussung des Körpers. Abgesehen von der alten Weisheit »Sport bildet den Charakter« haben wir nicht viel über die Psychologie des Körpertrainings gehört, bis diejenigen, die sich mit der mentalen Gesundheit befassen, die Vorteile des Fitneßtrainings untersuchten. Als diese Entwicklung erst einmal im Gange war, haben viele Fitneß-Fans entsprechend dem Zeitgeist berichtet, wie das Training ihr Leben verändert habe.

Jüngste Untersuchungen stellten heraus, daß es über 1100 Artikel über die psychischen Auswirkungen sportlicher Aktivität gibt.[2] Davon halten jedoch nur 12 (zwölf!) den Ansprüchen ernster wissenschaftlicher Untersuchungen stand! Das bedeutet, daß eine Menge von dem, was wir sogar in den seriöseren Zeitschriften über die positiven oder negativen Auswirkungen von Körpertraining lesen, wissenschaftlich nicht nachgewiesen ist.

In den meisten Fällen basiert alles auf nicht mehr als persönlichen Aussagen (wie »Laufen hat mich zu einem viel glücklicheren Menschen gemacht« oder Fallstudien von ein oder zwei Psychiatrie-Patienten, die durch Körpertraining aus den Tiefen ihrer Depression zurück ins normale Leben fanden.

Manche Wissenschaftler wiederum spötteln über Körpertraining, aber man darf das Kind nicht mit dem Bade ausschütten. Es gibt viele Hinweise, die in dieselbe Richtung deuten. Irgendein Prozeß vollzieht sich, auch wenn die einzelnen Aussagen keinen wissenschaftlichen Untersuchungen entsprechen. Aber das Interesse ist geweckt, genauere Untersuchungen werden durchgeführt und stellen eine solide Basis dar, anhand der sich die Auswirkungen sportlicher Betätigung nachweisen lassen.

Welche Auswirkungen von Körpertraining sind möglich?

Wenn wir alles glauben, was über den psychologischen Nutzen von Körpertraining geschrieben wurde, müßten wir den Sport zum Allheilmittel des 20. Jahrhunderts für alle mentalen Störungen erklären. Aufgrund von fachlichen und allgemeinen Berichten lassen sich folgende positive Auswirkungen aufzählen[3]:

Körpertraining erhöht:
- die berufliche Leistung
- Selbstsicherheit
- Selbstbewußtsein
- emotionelle Stärke
- ein Unabhängigkeitsgefühl
- Selbstbeherrschung
- gute Stimmung
- Gefühle der Hochstimmung
- Entspannung
- Beliebtheit
- sexuelle Befriedigung
- Wohlbefinden
- Lebenseinstellung
- Leistungsfähigkeit
- Intelligenz
- Gedächtnis
- Wahrnehmungsfähigkeit
- Körperbewußtsein
- Selbsteinschätzung
- Energie.

Es gibt nicht nur Berichte darüber, wie Körpertraining Positives noch verstärkt, sondern auch darüber, wie negative Verhaltensmuster abgeschwächt werden. Es gibt z. B. Hinweise auf folgende Verbesserungen[4]:

Körpertraining verringert:
- Alkoholmißbrauch
- Drogenmißbrauch
- Angstzustände
- Depressionen
- Dysmenorrhoe
- PMS (prämenstruelles Syndrom)
- Kopfschmerzen
- feindselige Gefühle
- Phobien
- Anspannung
- Psychosen
- Schlaflosigkeit
- Typ A oder herzinfarktgefährdendes Verhalten
- Streßreaktionen
- Stimmungsschwankungen, Launen
- emotionelle Erschöpfung.

Wenn das nicht ausreicht, Sie dazu zu bewegen, sich ein Paar Jogging-Schuhe zu kaufen oder in ein Fitneß-Center zu gehen, dann sind Sie ein hoffnungsloser Fall. Stimmt's? Nun, so einfach ist der Fall nun auch wieder nicht.
Es gibt nicht nur andere Wege zur Behebung oder Besserung psychischer Probleme (z. B. Meditation, Entspannungstraining, Lesen, Psychotherapie), sondern der positive Effekt ist nicht garantiert. Körpertraining kann der Gesundheit schaden. Sie werden jetzt sofort an körperliche Schäden und Verletzungen

denken, man sollte aber auch den Aspekt der mentalen Schäden nicht übersehen.
Von Leuten, die regelmäßig Sport treiben, wird oft behauptet, sie seien narzißtisch, neurotisch, gehemmt, egozentrisch, masochistisch, besessen, zwanghaft, fanatisch, hedonisch usw. Durch ihre ständige Sorge um Gewicht, Körperfett und Ernährung neigen viele zu Appetitlosigkeit. Ein Großteil leidet wahrscheinlich unter mangelndem Selbstbewußtsein, Charakterstärke und Selbstvertrauen. Sie werden oft als freudlos und sich selbst gegenüber nicht objektiv beschrieben.
Mit diesen kontroversen Feststellungen ist es leicht, jede beliebige Position gegenüber Körpertraining zu beziehen. Wir sind der Meinung, daß es viel zu bieten hat, aber auch potentielle Schädigungen. Es hängt stark davon ab, was man macht und wie.

Lücken in den wissenschaftlichen Untersuchungen

Wenn Wissenschaftler nach dem Nutzen von Körpertraining forschen, warum weisen viele ihrer Studien nichts über negative psychische Auswirkungen auf? Um diese Frage zu beantworten, muß man sich erst einmal mit den Methoden derartiger Untersuchungen befassen. Abgesehen von dem üblichen Popanz um falsche Messungen, dem Mangel an Überwachungsgruppen oder unzureichende Modellgrößen gibt es einige spezielle Probleme bei der Untersuchung von Fitneß, die zu irreführenden Ergebnissen führen können.
Wenn eine Untersuchung unerwartet negative Ergebnisse bringt, liegt es unserer Meinung nach an einem oder mehreren der folgenden Punkte:

1. Das Trainingsprogramm paßt nicht zu den psychologischen Bedürfnissen der Untersuchungsobjekte und fördert daher Störungen oder negative Charaktermerkmale.
2. Die Untersuchungsobjekte verwenden nicht genügend Zeit auf ihr Trainingsprogramm, so daß es keine psychologisch verwertbaren Ergebnisse geben kann.
3. Die Untersuchungsobjekte werden nicht richtig angeleitet, so daß ihre negativen Charaktermerkmale verstärkt statt abgeändert werden.

Der kritischste dieser drei Punkte ist wahrscheinlich der erste. Wenn das Trainingsprogramm nicht zu der Person paßt, dann ist es potentiell schädlich oder zumindest bringt es keinerlei Ergebnisse. Das liegt zum Teil an der vorherrschenden Methode der Verordnung von Bewegungstraining. Die Kriterien des American College of Sports Medicine zur Verordnung von Körpertraining basieren ausschließlich auf physiologischen Betrachtungen, nicht auf psychologischen.[6] Dazu gehören drei Faktoren: die *Intensität* des Trainings, die *Häufigkeit* der Trainingseinheiten und die *Dauer oder Länge* einer solchen Trainingseinheit. Zum Vergleich: Man kann ein 20minutiges Squashspiel aus physiologischer Sicht mit 30 Minuten Aerobic gleichsetzen. Es gibt keine

Wertung der Aktivität als solches unter psychologischen Gesichtspunkten. Solange wir uns mit Körpertraining auf diese nicht differenzierende Weise beschäftigen, werden wir immer wieder sich widersprechende Aussagen über den Nutzen bekommen. Wir müssen stärker differenzieren. Folgende Fragen müssen hinzugefügt werden:

1. Um welche Persönlichkeitsstruktur handelt es sich im vorliegenden Fall? Welche Charaktermerkmale werden durch das Körpertraining betont? Wie gut paßt das Trainingsprogramm zur Persönlichkeit der jeweiligen Person (siehe Kapitel 5)?
2. Inwiefern bringt das Trainingsprogramm körperliche Veränderungen? Wie passen diese Veränderungen/Entwicklungen zu den Bedürfnissen der Person (siehe Kapitel 6)?
3. Welche Bewegungsmuster werden von dem Trainingsprogramm verlangt? Welche psychischen Merkmale fördern sie? Wie gut passen sie zu der Art dieser Person, sich zu bewegen (siehe Kapitel 7)?

Indem wir derartige Fragen stellen, fangen wir an, den Nutzen von den Auswirkungen zu unterscheiden und lernen die Bedingungen kennen, unter denen ein Trainingsprogramm am effektivsten ist.

Man muß die Spreu vom Weizen trennen

Trotz aller Schwierigkeiten bei solchen Untersuchungen gibt es einen guten Konsens über die Resultate von Körpertraining. Konservativ betrachtet, erhalten wir eine Liste von positiven Auswirkungen, die fast so lang ist wie die vorher aufgeführte, aber man hat etwas, auf das Verlaß ist. Im nächsten Abschnitt werden wir zuverlässige Trends untersuchen. Wir werden die Bedingungen beschreiben, unter denen sich diese positiven Ergebnisse erzielen lassen und erläutern, warum. Der letzte Abschnitt dieses Kapitels wird sich mit der Zuverlässigkeit dieser Ergebnisse beschäftigen bzw. zeigen, wann Vorsicht geboten ist.

Befreien Sie sich von den Spannungen und Beklemmungen – für kurze Zeit zumindest

Was sind Beklemmungen? Die geläufigeren Begriffe sind wahrscheinlich Anspannung und Nervosität – ein unangenehmer Zustand, der sich durch Unruhe, Angst, Magenbeschwerden, feuchte Hände oder Erregungszustände bemerkbar macht. Beklemmungen sind von Furcht zu unterscheiden, denn Furcht ist die emotionelle Antwort auf etwas, das wir ganz bewußt als Bedro-

hung oder Gefahr erkennen.[7] Beklemmungszustände lassen sich nicht immer einfach auf bestimmte Gründe oder Ursachen zurückführen. Wir fühlen uns manchmal beklemmt ohne irgendeinen ersichtlichen Grund.
Psychologen unterscheiden zwischen Angst und Angstzuständen.[8] Angst fühlt man zu einem bestimmten Zeitpunkt, wohingegen Angstzustände ein anhaltender Zustand sind. Vielleicht fühlen Sie sich gerade im Moment beklemmt (Angst), aber wenn Sie fast immer Angst haben (Angstzustände), dann ist Angst eines Ihrer Charaktermerkmale. Diese beiden Angsttypen kommen nicht nur separat vor. Man kann sowohl in bestimmten Situationen Angst haben als auch unter dauernden Angstzuständen leiden oder unter Angstzuständen leiden, ohne wiederum in besonderen Situationen Angst zu haben.
Eine weitere wichtige Unterscheidung ist die zwischen kognitiver und somatischer Angst.[9] Kognitive Angst entspricht Besorgnis oder Konzentrationsmangel, wohingegen somatische Angst in Form von körperlichen Gefühlen wie körperlicher Anspannung, Kopfschmerzen, Schweißausbrüchen und erhöhtem Puls auftritt.
Warum diese Unterscheidungen? Die Untersuchungen haben gezeigt, daß Körpertraining für bestimmte Formen der Angst von Vorteil ist, für andere jedoch ohne Wirkung bleibt. Wir wollen herausfinden, woran das liegt.
Es hat sich gezeigt, daß die Angst 30 Minuten bis mehrere Stunden nach der körperlichen Betätigung abnimmt. Das bedeutet, daß Körpertraining Angst mindern kann. Es ist so wirksam wie Biofeedback und bestimmte Beruhigungsmittel. Einige Berichte zeigen langfristige Auswirkungen von Körpertraining auf Angstzustände, aber diese Ergebnisse sind leider nicht so zuverlässig wie die über temporäre Auswirkungen des Körpertrainings.[10]
Wenn man die Daten näher betrachtet, lassen sich einige Bedingungen für die angstreduzierende Wirkung von Körpertraining feststellen: Intensive Bewegungen (wie beim Laufen oder Squash) sind aussichtsreicher bei Angstbekämpfung als weniger bewegungsintensive Sportarten (wie etwa Gehen oder langsames Joggen). Die Bewegungsintensität muß ausreichen für ein andauerndes, kräftiges Atmen ohne Erschöpfungszustände. Die zweite Bedingung für die Minderung von Angst ist, daß die Trainingseinheit mindestens 20 Minuten betragen sollte, sie kann bis zu ein oder zwei Stunden betragen. Wenn Sie also eine Entspannung oder Körperlockerung anstreben, müssen Sie etwas dafür leisten.[11]
Man muß bedenken, daß die meisten Untersuchungen gezeigt haben, daß der Effekt von Körpertraining auf Angst nur von kurzer Dauer ist – von 30 Minuten bis zu 6 Stunden. Das bedeutet, daß man jeden Tag trainieren muß, um etwas davon zu bemerken. Es handelt sich bei Körpertraining nicht etwa um eine Pille, die man einmal nimmt und damit ist die Angst für immer verschwunden.
Was geschieht auf lange Sicht? Wenn man regelmäßig trainiert, läßt sich ein Abnehmen der Angst feststellen. Hört man jedoch auf, ist man wahrscheinlich wieder genau am Ausgangszustand. Wenn Sie sich für einen Angst-Typ halten, ist es ziemlich wahrscheinlich, daß regelmäßiges Aerobic Ihnen hilft, Ihre Spannungszustände und Angstgefühle in den Griff zu bekommen.
Ist Körpertraining besser geeignet als andere Methoden, um die Angst zu besiegen? Zuerst wollen wir von unseren Betrachtungen eine medikamentöse Behandlung oder Beruhigungsmittel ausschließen. Medikamente haben ihren Sinn, aber es gibt auch eine Menge von Rückschlägen, wozu negative Nebenwir-

kungen, ständig steigender Bedarf an dem Medikament und Abhängigkeit gehören.

Einige Untersuchungen haben gezeigt, daß Körpertraining genauso effektiv ist wie Ruhe, gemütliche Spaziergänge, Musikhören, Biofeedback oder Meditation. Die logische Schlußfolgerung ist, daß es hilft, weil es ablenkt oder von angstauslösenden Situationen entfernt – es ist eine Art »Aussteigen« aus unserem streßerfüllten Leben. Das ist weder eine gute noch eine schlechte Nachricht. Es besagt ganz einfach, daß Körpertraining Angst verringern kann so wie eine Reihe anderer Zeitvertreibe auch, indem man vom Streß abgelenkt wird.[12]

Hier taucht die Unterscheidung zwischen kognitiver und somatischer Angst wieder auf. Ein besonderer Vorteil von intensiven Aerobic-Übungen ist, daß die unangenehmen körperlichen Auswirkungen der Angst vermindert werden. Das kann man durch Lesen, Spazierengehen oder sogar Meditation nicht erreichen!

Im Gegensatz zur Meditation kann manches Trainingsprogramm weniger geeignet sein zur Bekämpfung von kognitiver Angst oder Sorgen. Während man läuft, kann man z.B. die ganze Zeit seinen Gedanken nachgehen und sich Sorgen machen. Wenn das Laufen beendet ist, ist der Körper entspannt, aber der Geist ist immer noch in Aufruhr. Der Geist wohnt jetzt natürlich in einem ruhigeren Körper, so daß man sich doch etwas besser fühlen wird.

Wie läßt sich sowohl kognitive als auch somatische Angst bekämpfen? Das werden wir in den folgenden Kapiteln untersuchen. Kurz gesagt, braucht man dazu ein Trainingsprogramm, das sowohl körperlich als auch geistig beanspruchend ist. Manchmal hilft schon eine Änderung des *WIE* in Ihrem Trainingsprogramm; z.B., indem Sie sich auf das konzentrieren, was Sie tun, auf die Gefühle in Ihrem Körper, indem Sie aus dem Körpertraining eine Bewegungs-Meditation machen. Einfacher noch ist es, sich Sportarten oder Fitneß-Programme auszusuchen, die sehr abwechslungsreich sind. Man muß aufpassen und wachsam sein beim Squash. Wenn man läuft oder auf einem Heimtrainer sitzt, kann man ungestört über seine Sorgen nachdenken.

Es kommt auch darauf an, *WO* man trainiert. Ein Lauf durch den Stadtverkehr ist nicht halb so effektiv wie ein Lauf durch einen ruhigen Park. Zu Hause auf einem Heimtrainer zu sitzen, kann nicht so entspannend sein, wie wenn man ins Fitneß-Center geht.

Körpertraining kann dazu beitragen, ein angstfreieres Leben zu führen, vorausgesetzt man erfüllt einige Bedingungen. Es muß regelmäßig und häufig durchgeführt werden, und man muß mehr als nur ein paar leichte oder bequeme Übungen machen, um die somatische Angst zu verringern. Das Ergebnis ist nicht dauerhaft. Sobald man aufhört, kann auch dieses wunderbare Gefühl der inneren Ruhe verschwinden. Körpertraining verringert die Angst nur für eine begrenzte Zeit, so daß an jedem Tag Körpertraining betrieben werden muß, wenn man das Gefühl der Entspannung behalten möchte. Kurz gesagt, man muß täglich viel Mühe aufbringen, um eine kurzfristige Entspannung zu erzielen. Das klingt ermutigend für diejenigen, die unter Angst leiden, aber man bedenke, daß viele Sportmediziner nicht zu einem täglichen Aerobic-Training raten, da es zur Abhängigkeit und erhöhter Verletzungsgefahr führen kann.

Mit Körpertraining gegen Stimmungstiefs

Es gibt gute Neuigkeiten, wenn man die anti-depressiven Auswirkungen von Körpertraining betrachtet. Aber zuerst einmal wollen wir den Begriff „Depression" erläutern. Jeder von uns erlebt Hochs und Tiefs, durchlebt Zeiten von Niedergeschlagenheit und düsterer Stimmung. Diese Gefühle können durch bestimmte Erlebnisse oder Vorkommnisse, wie etwa den Verlust eines Verwandten, Beziehungsprobleme, finanzielle Schwierigkeiten und andere Widrigkeiten des Lebens, hervorgerufen werden.

Nur wenn diese Gefühle von Traurigkeit und Verzweiflung lange anhalten oder wenn sie extrem stark sind, wird die Depression zu einer medizinischen Angelegenheit und der Mensch braucht fachliche Hilfe. Aus klinischer Sicht zeichnen sich Depressionen durch Symptome aus wie Schlaflosigkeit, Erschöpfungszustände, Appetitlosigkeit, geringe Selbstschätzung, Kontaktarmut, Reizbarkeit, Pessimismus, Weinen, Teilnahmslosigkeit bis hin zu Selbstmordgedanken. Sportliche Betätigung hat enorme Auswirkungen auf die Stimmung. Drastische Stimmungsverbesserungen lassen sich nicht nur bei Menschen feststellen, die unter gelegentlicher Launenhaftigkeit leiden, sondern auch bei schwierigeren Fällen klinischer Depression.

In einer der wichtigsten Untersuchungen über die anti-depressive Wirkung wird Lauftraining mit der herkömmlichen, zeitlich begrenzten Psychotherapie verglichen. Nach einem 12wöchigen Lauftraining zeigte sich bei Psychiatrie-Patienten mit Depressionen genau dieselbe Besserung wie bei Patienten, die sich einer Psychotherapie unterzogen hatten. Am beeindruckendsten ist, daß sich 12 Monate später herausstellte, daß 11 von den 12 mit Lauftraining therapierten Patienten weiterhin ohne Depressionen waren, während die Hälfte der anderen Patienten sich wieder in Behandlung begeben mußte.[14]

Es gibt so viele andere Studien über die anti-depressive Wirkung von Bewegungstraining, daß man ziemlich sicher von dieser Wirkung ausgehen kann. Aber wie beeinflußt das Körpertraining die Stimmung? Die Antworten reichen von physiologischen bis hin zu psychologischen Erklärungen.

Aus physiologischer Sicht gibt es die Theorie, daß der erhöhte Blutstrom und die Sauerstoffversorgung des Blutes das zentrale Nervensystem beeinflussen und dadurch positive Stimmungswechsel verursachen. Eine andere Theorie sagt, daß positive Stimmungsänderungen durch das Hormon Noradrenalin (von depressiven Menschen ist bekannt, daß sie einen niedrigen Noradrenalin-Spiegel haben) hervorgerufen werden. Da durch Körpertraining der Noradrenalin-Spiegel ansteigt, sieht man in diesem Hormon die Ursache für die anti-depressive Wirkung. Eine andere Hormon-Therapie besagt, daß der während starker körperlicher Anstrengung erhöte Hydrocortison-Spiegel für die gehobene Stimmung verantwortlich ist.[15]

Aerobic ist auch bekannt für gute Auswirkungen auf das Schlafverhalten und beseitigt somit gleich eines der Symptome von Depressionen, die Schlaflosigkeit. Da er besser schläft, leidet der depressive Mensch auch weniger unter chronischen Erschöpfungszuständen.[16]

Eine psychologische Theorie basiert auf der Entwicklung von Körperbeherrschung durch Körpertraining.[17] Man geht davon aus, daß der Mensch sich besser fühlt, weil er fähig ist, eine bestimmte Sportart zu betreiben. Man fühlt sich stärker durch dieses Können und daher weniger deprimiert. Damit dieser psychologische Effekt auch eintritt, muß man einige wichtige Dinge beachten, bevor man mit dem Trainingsprogramm beginnt. Erstens sollte das Programm langsam und sorgfältig gesteigert werden. Auf diese Weise wird man nicht entmutigt und verletzt sich nicht, was noch schlimmer wäre. Zweitens sollte man sich erreichbare Ziele setzen, so daß man ein gewisses Erfolgserlebnis hat, wenn man sich von einer Stufe zur nächsten steigert. So durchgeführt bietet ein Trainingsprogramm die besten Aussichten für ein gesteigertes Selbstbewußtsein und abnehmende Depressionen. Eine andere psychologische Theorie geht davon aus, daß Körpertraining bei Depressionen hilft, weil es eine Möglichkeit zur Freisetzung von Emotionen bzw. zum Abreagieren negativer Emotionen bietet.[18] Das beste Beispiel dafür ist ein Läufer, für den es nichts Schöneres gibt, als mit voller Kraft gegen einen starken Wind anzulaufen und dabei aus Leibeskräften zu schreien. Egal wie schlecht er sich vorher gefühlt hatte, er kommt nach Hause mit der Gelassenheit eines buddhistischen Mönches.

Es kann jedoch auch zuviel des Guten sein. Hochleistungssportler, sowohl Profis als auch hochqualifizierte Amateure, haben manchmal ein Gefühl der Leere, das einen wie Depression anmutet.[19] Selbst Gewohnheitssportler, die z. B. 9 bis 15 km pro Tag laufen, haben derartige Depressionsgefühle, weil sie keine Fortschritte machen, ihre Ziele nicht erreichen oder alles zur Routine geworden ist und somit monoton und unbefriedigend ist. Für diese Menschen würde ein Aufhören für eine gewisse Zeit nur eine Verstärkung der depressiven Gefühle bedeuten, denn hinzu käme dann der Verlust des physiologischen Nutzens und Entzugserscheinungen aufgrund der Gewöhnung. Eine bessere Lösung ist es, das Trainingsprogramm abwechslungsreicher zu gestalten und andere Sportarten einzubeziehen, anstatt vorübergehend auszusetzen.

Man kann von den anti-depressiven Wirkungen bei Symptomen wie Launenhaftigkeit bis hin zu leichten Fällen klinischer Depressionen ausgehen, wenn das Trainingsprogramm langsam gesteigert wird, so daß die Person auch in der Lage ist, die sportliche Aktivität eines Tages voll zu beherrschen, und wenn es nicht ins Extreme ausartet (so wie im Falle von Fitneß-Manie). Der anti-depressive Effekt stellt sich durch physiologische Veränderungen und psychologische Empfindungen, wie gesteigertes Selbstwertgefühl, freigesetzte Emotionen und Körperbeherrschung ein. Um es noch einmal zu sagen, dafür muß man etwas tun. Es kostet einige Mühen, wie z. B. auch die Beseitigung von Angst durch Körpertraining, und man muß es regelmäßig betreiben. Solange man in vernünftigem Maße trainiert, kann man sich auf den positiven Effekt bei depressiven Symptomen verlassen. Das heißt nicht, daß man nie niedergeschlagen ist oder sich deprimiert fühlt. Aber die Depression ist nicht so stark.

Körpertraining gegen Streß

Hans Selye glaubte, daß Streß ein wesentlicher Bestandteil des menschlichen Lebens sei.[20] Er sagte, Streß sei das »Gewürz« des Lebens, der normale »Verschleiß«. Streß kann positiver (Eu-Streß) und negativer Art (Dis-Streß) sein. Er definiert Streß als Ergebnis »jeglicher Anforderung, die der Mensch zu bewältigen hat«. Da wir ständig irgendetwas zu bewältigen haben, um zu überleben, haben wir tagtäglich mit Streß zu tun. Der Unterschied in bezug auf Verschleiß besteht darin, wie intensiv, wie oft und in welcher Weise wir gefordert werden (positiv oder negativ) und wieviel wir verkraften können bzw. wieviel Energie wir besitzen – was uns wieder zum Körpertraining bringt.

Immer mehr Untersuchungen zeigen die Bedeutung von Körpertraining zur Beherrschung von Streßsituationen. Nach Meinung einiger Wissenschaftler ist sportliche Betätigung sogar eines der besten Mittel zur Streßbekämpfung überhaupt. Warum?

Es gibt physiologische und psychologische Erklärungen für die positiven Auswirkungen auf die Streßbewältigung. Aus physiologischer Sicht handelt es sich bei Körpertraining im allgemeinen um aerobes oder Herz-Kreislauf-Training (Laufen, Aerobic, Squash) im Gegensatz zu anaeroben oder isometrischen Fitneßprogrammen (Gewichtstraining, Training an der Nautilus-Maschine).

Körpertraining ist eine vorbeugende Maßnahme gegen Streßerscheinungen. Die Körperfunktionen werden angeregt, das Herz wird gestärkt und der Mensch wird ganz allgemein gegen die körperlichen Auswirkungen von Streß geschützt. Die Muskulatur wird leistungsfähiger und reduziert somit die Belastung des Herzens. Unter physischem Streß wird das Herz weniger belastet, da der Körper leistungsfähiger geworden ist und der Trainingseffekt die Herzmuskulatur gestärkt hat. Dadurch findet das Herz in kürzerer Zeit zu einem normalen Rhythmus zurück. Von größerer Bedeutung ist, daß das Herz dem körperlichen Streß mit einer geringeren Erhöhung der Herzfrequenz bzw. der Herztätigkeit begegnet. Im Ruhezustand arbeitet das Herz weniger. Aufgrund der regelmäßigen aeroben Belastung sinkt die normale Herzfrequenz oder Ruhefrequenz bis auf 10 bis 30 Schläge pro Minute.[21]

Schädliche chemische Nebenprodukte der Streßbelastung können durch Körpertraining reduziert werden oder sie werden durch die erhöhte Produktion positiver Nebenprodukte kompensiert. Der Cholesterin-Spiegel des Bluts (Plasma) wird in Zusammenhang mit Herzerkrankungen gebracht, aber jüngste Studien haben gezeigt, daß es »gutes« Cholesterin (Lipoprotein-Cholesterine mit hoher Dichte) und »schlechtes« Cholesterin (Lipoprotein-Cholesterine mit geringer Dichte) gibt. Körpertraining erhöht die Produktion von gutem Cholesterin und senkt die Produktion von schlechtem Cholesterin, erhöht also die Widerstandsfähigkeit gegen Herzerkrankungen.[2]

Wir erinnern uns, daß alle Streßreaktionen eine Flucht-oder-Kampf-Reaktion sind. Das rührt von der evolutionären Funktion des Stresses als Anpassungsprozeß her, wodurch der Körper präpariert wurde für den Umgang mit lebensbedrohlichen Situationen. Obwohl viele der heutigen Streßsituationen nicht lebensbedrohlich sind, reagieren wir nichtsdestotrotz mit allen chemischen, hormonellen und anderen physiologischen Prozessen, die uns entweder fliehen oder kämpfen lassen. Unglücklicherweise sind die modernen Streßsituationen weder für die Flucht noch für den Kampf geeignet, so daß es keinen Weg zur Entladung der Körperfunktionen gibt. Wir reagieren mit erhöhter Herzfrequenz, aber der Körper bleibt unbeweglich; Hormone werden im ganzen Körper freigesetzt und zum guten Schluß fühlen wir uns nervös und unbehaglich. Was

einst für unsere Vorfahren eine Geist-Körper-Reaktion der Anpassung war, ist zu einer Art unzweckmäßigem Hochdruckkessel in einem Menschen mit psychosomatischen Störungen geworden.
Durch Körpertraining werden diese ungesunden Reaktionen vermindert und eine natürlichere Entladung der Nebenprodukte der Flucht-oder-Kampf-Reaktion ermöglicht. Selbst wenn das Fitneßtraining Stunden nach der Streßsituation stattfindet, werden die chemischen Abfallprodukte verbraucht und unser Körper befindet sich wieder im Gleichgewicht. Durch Körpertraining lernt unser Körper, sich besser mit Streß auseinanderzusetzen. Der Umfang der Streßreaktionen verringert sich, und wir erholen uns schneller von der Streßsituation.[23]
Fitneßtraining bietet ein Entkommen, ein Ausweichen der Streßsituation. Besucht man eine Fitneß-Gruppe oder macht einen Lauf durch den Park, bedeutet dies eine Abwechslung von der täglichen Routine. Es ist ein Zeitvertreib für einen selbst oder wie manche behaupten, Spielstunde für Erwachsene.[24]
Gestaltet man das Training abwechslungsreich, so kann man noch mehr Nutzen daraus ziehen. Daß das Potential des Körpertrainings oft ungenutzt ist, liegt an der Art, wie die meisten Menschen ihr Fitneßtraining angehen. Sie trennen Körper und Geist und glauben, daß sie die Vorteile des Trainings ernten, wenn ihre Herzfrequenz steigt und sie schwer atmen. Der Fehler an der Sache ist, daß die meisten weiter ihren stressigen Gedanken nachgehen, während sie trainieren, und so den Verschleiß durch Streß weitertreiben. Daher hat sich in vielen Untersuchungen gezeigt, daß Körpertraining zur Beseitigung somatischer Belastungen geeignet ist, aber nicht für kognitive. Um das ganze Potential zu nutzen, müssen wir auch unseren Geist ablenken und nicht nur unsere Herzfrequenz erhöhen. Der beste Weg zur Erlangung dieses doppelten Effektes wird in Kapitel 8 erläutert.
Fitneßtraining gilt als eines der besten Mittel zur Bekämpfung von Streß. Trotz der Fortschritte im Entspannungstraining, Biofeedback und anderen Methoden zur Bewußtseinssteuerung erzielt man mit keiner den psychologischen Effekt des Körpertrainings. Fitneßtraining bedeutet eine Reihe von Unterbrechungen oder verschiedenen Aktivitäten zur Erholung, um mit dem Streß fertig zu werden. Um das ganze Potential zu nutzen, muß man lernen, mental »einen anderen Gang einzulegen« während des Trainings. Wie wir später sehen werden, sind einige Trainingsprogramme besser dazu geeignet, einen abzulenken. Wenn man dazu neigt, während des Trainings seinen Problemen nachzuhängen, muß man sich eine Sportart suchen, die einem dabei hilft, abzuschalten.

Steigerung des Selbstbewußtseins

Der wahrscheinlich wichtigste Faktor in der Persönlichkeits-Psychologie ist, was wir von uns selbst halten – unser Selbstkonzept. Darunter versteht man auch Selbstbewußtsein oder Selbsteinschätzung.
Es ist schon so viel über Selbstkonzept geschrieben worden, daß es schwer ist, eine konkrete Definition aufzustellen. Selbstkonzept bedeutet, wie wir uns

selbst sehen und wie uns das gefällt, was wir sehen. Die Selbsteinschätzung hat viele Seiten. Es gibt Leute, die sagen: »Mit meiner Karriere bin ich zufrieden, aber gesellschaftlich bin ich ein Versager.« oder »Ich bin mit meinem Aussehen zufrieden, aber sobald ich meinen Mund aufmache, komme ich mir vor wie ein Idiot.« Das zeigt, daß Selbsteinschätzung aus vielen Komponenten besteht. Einige Psychologen vertreten die Ansicht, unser Selbstkonzept resultiere daraus, wie wir uns mit unserer Rolle als Ehegatte, Liebhaber/in, Berufstätiger, Freund oder Sportler identifizieren. Andere sagen, es handle sich dabei um ein allgemeines Gefühl von Wertigkeit auf der Grundlage unserer persönlichen Vor- und Nachteile, Fähigkeiten und Neigungen oder Erfolge und Niederlagen bzw. Anerkennung durch andere.

Wie paßt sportliche Betätigung in dieses Bild? Das Bild, das man von sich selbst hat, setzt sich aus drei Komponenten zusammen. Eine davon ist die körperliche Konstitution, die anderen sind die soziale Identität und der Charakter.[25] Körpertraining ist ein Mittel zum Zweck. Der Zweck ist eine positivere Einstellung zum Körper.

Für manche Menschen hat der Körper einen geringeren Stellenwet in dem Gesamtbild, das sie von sich haben. Aber durch den Fitneß-Boom in den 80er Jahren ist zumindest bei den meisten das Körperbewußtsein gestiegen. Die äußere Erscheinung ist nicht nur eine Frage von Ästhetik und Schönheit. Ärzte raten ihren Patienten zu Gewichtskontrolle und Fitneßtraining als vorbeugende Maßnahme gegen Erkrankungen. Andere raten zu Gewichtskontrolle und körperlicher Fitneß aus Gründen, die von der Steigerung der Lebensqualität bis hin zur ewigen Jugend und einem langen Leben reichen. Das Gute an diesem Körperbewußtsein der heutigen Zeit ist, daß sich die Bemühungen zur Erhaltung von Gesundheit und Attraktivität durch Körpertraining auch in gesteigertem Selbstbewußtsein niederschlagen.

Eine der jüngsten Untersuchungen hat gezeigt, daß körperliche Fitneß einhergeht mit höherer Selbsteinschätzung.[26)] Schon eine frühere Untersuchung fand heraus, daß die größte Auswirkung von Fitneßprogrammen zweifellos die Steigerung des Selbstwertgefühls ist.[27)] Diese Studie besagt, daß die körperlichen Veränderungen durch das Fitneßtraining das körperliche Selbstbewußtsein steigern, was wiederum die Selbstwertschätzung erhöht. Es kann als ziemlich sicher angesehen werden, daß ein gutes Fitneßtraining die Einstellung zum Körper verbessert und dies positive Auswirkungen auf das Selbstbewußtsein hat.

Ob Sie sich nun der modernen Fitneß-Manie hingeben oder nicht, Sie können sich dem Trend des Körperbewußtseins nicht entziehen. Die Gesellschaft legt großen Wert auf die körperliche Erscheinung eines Menschen. Für Ihre Bemühungen um eine bessere Erscheinung wird Ihr Selbstbewußtsein reichen Lohn durch die Anerkennung der anderen ernten. Selbst wenn man nichts von dem Fitneß-Boom hören will, kann man den Pressemitteilungen über die medizinische Bedeutung von vernünftig betriebenem Fitneßtraining nicht entgehen. Wenn man aus psychologischen oder physiologischen Gründen trainiert, bedeutet das, daß man sich Gedanken um sich selbst macht – und wenn man an sich selbst denkt, muß man sich mögen. Mit dieser Logik erklären sich die Konsequenzen des Körpertrainings auf Psyche und Körper, wodurch man sich besser fühlt, zumindest solange man sich fit hält.

Spaß, mehr Spaß und die Hochstimmung des Läufers

Wenn man einen Marathonläufer befragt, wird man mit ziemlicher Sicherheit etwas über die Hochstimmung, die Euphorie oder irgendein anderes angenehmes Gefühl während des Laufens hören. Auch der normale Sterbliche, der lediglich regelmäßig Fitneßtraining betreibt, wird von diesen Hochstimmungen während oder nach dem Training berichten können.

Was ist das für ein eigenartiges und wunderbares Gefühl? Ist es wirklich wie im Nirvana? Gerät man jedes Mal in diese Stimmung? Wieviel kostet es, d.h. wie lange muß man laufen, wieviel muß man schwitzen? Die Antworten sind unterschiedlich.

Die jüngste Erklärung basiert auf Neurochemie und besagt, daß Beta-Endorphine der Auslöser sind. Diese opiat-ähnlichen Chemikalien nehmen bei intensiver Bewegung zu und blockieren die Schmerzempfindung. Sie wirken wie körpereigenes Morphium. Die Hochstimmung eines Läufers wird auf den Anstieg an Beta-Endorphinen zurückgeführt. Der erhöhte Endorphin-Spiegel läßt sich noch bis zu zwei Stunden nach einer Anstrengung nachweisen, weswegen man auch die positive Stimmung nach dem Training damit begründet.[28]

Die Wissenschaft unterstützt diese Theorie nicht vollständig, denn im Rahmen einer Untersuchung wurde die Beta-Endorphin-Bildung durch Injektionen verhindert, aber die Sportler berichteten dennoch von Hochstimmung.[29] Eine einzige Untersuchung zerstört nicht die ganze Theorie, aber auch andere Untersuchungen stellen die Rolle der Beta-Endorphine als einzige Erklärung für die Hochstimmung in Frage. Andere Theorien basieren auf einer Art meditativem Zustand und einer damit einhergehenden Umleitung der Hirnströme, einer Veränderung der Körpertemperatur während des Trainings, dem Anstieg von Noradrenalin im Blutplasma, einem erhöhten Hydrocortison-Spiegel usw. Aber keine dieser Theorien konnte wissenschaftlichen Ansprüchen standhalten. Daher gaben einige auf, während sich andere auf einfachere Erklärungen beschränkten.

Nach der Statistik erleben etwa 10 bis 78% der Läufer eine Hochstimmung.[30] Zweifellos liegt die Wahrheit irgendwo dazwischen. Eine Studie zeigt, daß Läufer diese Euphorie mit nicht weniger als 28 verschiedenen Begriffen beschreiben, so daß man nicht von einem einheitlichen Erlebnis sprechen kann.[31] Bezeichnungen wie »Spiritismus«, »Abheben«, »ein Gefühl von Perfektionismus« oder »mühelose Bewegungen« zeigen die Unterschiede im subjektiven Empfinden der Hochstimmung. Aber es handelt sich dabei um etwas, das man näher untersuchen sollte.

Einfachere Theorien beschränken sich auf die in diesem Kapitel schon aufgeführten Punkte, wie Angstminderung, zurückgehende depressive Gefühle und gesteigertes Selbstbewußtsein. Wir müssen einen gemeinsamen Nenner für diese Beobachtungen finden. Zweifellos führen neuro-chemische, hormonelle Veränderungen zusammen mit anderen psychischen Vorgängen zu euphorischen Gefühlen. Auch das Gefühl, irgendeine Sportart zu beherrschen, auszu-

steigen oder seine Zeit spielerisch zu verbringen, und das gesteigerte Selbstwertgefühl durch das Bewußtsein, seine Figur zu verbessern, erwecken eine gute Stimmung während des Trainings.
Es ist wahrscheinlich, daß man jedes Mal dieses euphorische Gefühl bekommt, aber uns reizt die Möglichkeit, ähnlich wie bei einem Spielautomaten. Man kann nie sicher sein, wann man es erleben wird, aber es ist klar, daß man sich früher oder später während des Trainings großartig fühlen wird und das läßt uns weitermachen, treibt uns an.

Alles hat zwei Seiten

Ohne Berücksichtigung dessen, was genau die Person tut, besteht die Ansicht, daß Körpertraining einem Ängste nimmt, einen weniger depressiv macht, in euphorische Stimmung versetzt, zufriedener macht und besser mit Streß fertig werden läßt.
Halt! Da muß doch ein Haken an der Sache sein!
Sie haben recht – es gibt einen. Und deshalb ist dieses Buch so wichtig.
Fitneß-Gegner haben nicht halb so viel veröffentlicht wie die Fitneß-Befürworter. Dennoch gibt es Untersuchungen, die zeigen, daß Fitneßtraining auch negative Nebenwirkungen hat. Im folgenden finden Sie eine kurze Liste der möglichen Nachteile:[32]

Fitneßtraining kann hervorrufen/verstärken:

- zwanghaftes Verhalten
- problemmeidendes Verhalten
- Tendenzen zur Fitneß-Manie
- Ermüdungserscheinungen
- schlechte Eßgewohnheiten
- ausschließliche Gedanken über Fitneß, Ernährung und Körperbewußtsein
- übermäßigen Ehrgeiz
- Verausgabung
- Egozentrik oder Narzißmus
- masochistische Züge
- Gewalttätigkeit

Fitneßtraining kann verringern:

- das Interesse an Karriere oder Job
- Treue und Familiensinn
- Geselligkeit
- sexuelles Interesse
- Häufigkeit der sexuellen Aktivität.

Man kann argumentieren, daß nicht alle dieser potentiellen Schäden wirklich schlimm sind. Für manchen wäre es z.B. gut, wenn er sich weniger mit seiner Karriere beschäftigte, besonders wenn es sich um einen Arbeitsbesessenen handelt. Wer hat behauptet, wir müßten uns immer allen unseren Problemen stellen? Schon unsere primitiven Vorfahren wußten, daß es Augenblicke gibt, wo man sich verteidigen sollte und solche, wo man besser flieht. Vorübergehend aus einer Welt auszusteigen, die man nicht unter Kontrolle hat, ist nicht unbedingt schlecht – solange alles in Grenzen bleibt.
Man muß wissen, wann diese Grenzen erreicht sind, wann es genug ist, wann etwas gesund ist und Vorteile bringt und wann eine Lösung selbst zu einem Problem wird.

Abhängigkeiten – positive und negative

Ein häufiges Argument gegen unsere fitneßbewußte Gesellschaft ist, daß die meisten Leute regelrecht besessen werden. Sie werden abhängig und brauchen ihr tägliches Training. Hier handelt es sich um ein Dilemma nach dem Motto »Wer war zuerst da, das Huhn oder das Ei?«. Es ist oft schwer zu sagen, was zuerst da war: die abhängige Persönlichkeit oder das süchtig machende Fitneßtraining. Wie auch immer die Antwort lautet, man muß sich Gedanken machen. Die Menschen, die abhängig werden, räumen der Fitneß mehr Platz in ihrem Leben ein als den meisten anderen Dingen – Familie, Freunden, Arbeit, sogar Gesundheit. Fitneß-Süchtige bekommen regelrechte Entzugserscheinungen, wenn sie aus irgendeinem Grund an ihrem Training gehindert werden. Sie zeigen Anzeichen von Depression, Reizbarkeit und Angst. Zwischenmenschliche Beziehungen geraten in eine Krise. Es kann zu Schlafstörungen kommen. Der Appetit nimmt ab. Muskelspannungen, Muskelzuckungen und allgemeines Unwohlsein können auftreten. Daraufhin wird der Fitneß-Süchtige versuchen, wieder zu trainieren, auch wenn es aus gesellschaftlicher, gesundheitlicher oder emotioneller Sicht von Nachteil ist.[33]
Es gibt keine eindeutigen Hinweise auf Fitneß-Fanatiker, aber wer fünfmal oder häufiger pro Woche trainiert, ist wahrscheinlich betroffen. Wenn Sie so häufig trainieren und eines oder mehrere der vorgenannten Symptome an sich bemerken, wenn Sie einen Tag oder mehr aussetzen, müssen Sie über die Möglichkeit einer Abhängigkeit nachdenken.
Es kompliziert die Sache, daß Abhängigkeiten auch positiv sein können. In seinem Buch »Positive Addiction« vertritt William Glasser die Ansicht, daß bestimmte Arten regelmäßiger Tätigkeiten der Gesundheit und dem Wohlbefinden nutzen können.[34]
Was versteht man unter positiver Abhängigkeit und wie unterscheidet sie sich von einer negativen? Negative Abhängigkeiten sind eindeutig, sie schwächen uns und können uns letztendlich zerstören. Auf der anderen Seite »stärken uns positive Abhängigkeiten und machen uns zufriedener mit unserem Leben«. Durch sie »können wir unser Leben mit mehr Zuversicht, Kreativität, Zufriedenheit und normalerweise mit mehr Gesundheit« verbringen. Eine positive Abhängigkeit macht uns glücklich, ohne unser Leben zu beherrschen.

Glasser stellte sechs Kriterien auf, anhand derer sich positive von negativen Abhängigkeiten unterscheiden lassen. Sehen Sie sich diese Kriterien einmal näher an und finden Sie heraus, wo sich Ihr Fitneßtraining einordnen läßt.

Die sechs Kriterien der positiven Abhängigkeit

1. Die sportliche Aktivität wurde aus freien Stücken gewählt, zielt nicht auf einen Wettkampf ab und wird ungefähr eine Stunde pro Tag betrieben.
2. Es ist etwas, das Ihnen keine Schwierigkeiten bereitet und ohne große geistige Anstrengung erledigt werden kann.
3. Sie brauchen keinen Partner oder Mitspieler – Sie können es allein tun und tun es auch oft allein.
4. Sie glauben, es hat einen physischen, mentalen oder spirituellen Wert für Sie.
5. Sie glauben, daß Sie sich bei entsprechender Anstrengung steigern können – aber diese Steigerung muß im Rahmen Ihrer persönlichen Möglichkeiten und Fähigkeiten liegen.
6. Sie betreiben Ihren Sport ohne Selbstkritik.

Was kam dabei heraus? Hat Ihr Fitneßtraining den Abhängigkeits-Test bestanden? Bedenken Sie diese Punkte, wenn Sie die folgenden Kapitel über Persönlichkeitsmerkmale und dazu passendes Fitneßtraining lesen. Jetzt werden wir uns erst einmal mit dem Vorgang der Abhängigkeit beschäftigen.
Bevor es zum typischen Fall der Abhängigkeit kommt, nimmt eine Person ein Fitneßtraining aus gesundheitlichen oder sonstigen persönlichen Gründen auf. Die psychologischen und physiologischen Vorteile lassen den Fitneß-Fan tiefer in seine Abhängigkeit sinken. Die Person fühlt sich besser, sieht besser aus und bekommt oft das Gefühl einer gewissen Erfüllung.[35]
Wenn der Nutzen zunimmt, findet eine weitere Änderung statt. Der Anfänger bekommt Angst, daß alles umsonst war, wenn er wieder aufhört. Die Angst fördert den Abhängigkeitsprozeß, und hier liegt die Grenze zwischen positiver und negativer Abhängigkeit. Der Süchtige muß die Dosis erhöhen. Es fällt ihm immer schwerer, sein Fitneßtraining in einem gewissen Rahmen zu halten. Sein Leben dreht sich nur noch um Fitneß. Das gesellige und Freizeitverhalten ändern sich. Immer weniger Zeit wird mit der Familie verbracht. Die Ernährungsgewohnheiten werden zur Zwangsvorstellung. Der Abhängige macht sich ständig Gedanken über Gewicht und Figur. Schließlich sinken die Leistungen auf anderen Gebieten ab. Beruf und Karriere werden zweitrangig gegenüber der alles beherrschenden Fitneß. Wie ein Süchtiger braucht die Person ihren täglichen Stoff, um sich wohl zu fühlen, um ordnungsgemäß funktionieren zu können.
Es gibt Spekulationen, daß die Beta-Endorphine in dem Abhängigkeitsprozeß eine Rolle spielen.[36] Wenn sie wie Morphium wirken und eine ständig steigende Intensität des Trainings zu ihrer Produktion benötigen, kann man sich leicht

vorstellen, was passiert, wenn der Fitneß-Fanatiker nicht sein tägliches Training bekommt.

Man hat drei Merkmale negativer Abhängigkeit festgestellt. Zuerst leiden die Beziehungen zur Familie und Freunden und werden schließlich außer acht gelassen, da sich das Training auf drei oder mehr Stunden pro Tag steigert. Zweitens konzentriert sich der Abhängige nur noch auf sich selbst und äußert immer weniger Teilnahme an externen Angelegenheiten, wozu der Beruf und sogar finanzielle Verpflichtungen gehören. Drittens ist für ihn genau wie für den Drogen- oder Alkoholabhängigen von größter Wichtigkeit, daß er sich gut fühlt, selbst wenn die Erzeugung dieses guten Gefühls mentale oder physische Schäden mit sich bringt.[37]

Wenn jemand abhängig ist, treten Entzugserscheinungen auf, wenn er sein tägliches Training nicht bekommt. Gefühle von gesteigerter Angst, Depression und Reizbarkeit werden begleitet von Schlaflosigkeit, Muskelschmerzen und Ernährungsstörungen. Im Extremfall kann es zu Selbstmordgedanken kommen.[38]

Man kann sich daran orientieren, daß jemand, der über 100 km oder mehr pro Woche läuft oder in entsprechender Intensität ein anderes Fitneßtraining betreibt, mit einiger Sicherheit abhängig ist.[39] In Stunden ausgedrückt, würde das bedeuten, daß 14 oder mehr Stunden auf Fitneßtraining verwendet werden. Bedenken Sie aber, daß auch bei der positiven Abhängigkeit laut Glasser mit 1 oder mehr Stunden Training pro Tag unangenehme Entzugserscheinungen auftreten können.

Man kann die Probleme der Abhängigkeit von Fitneßtraining einfach nicht ignorieren. Wenn Sie Marathonläufer oder Triathlet sind und Ihr Leben aus Sport und Wettkampf besteht, läßt sich schwer sagen, inwiefern sich Ihr Leben von dem Lebensstil eines Karriere-Süchtigen unterscheidet. Aber beim Freizeitsportler, dessen Fitneßtraining seine Anteilnahme an Familie und Beruf verdrängt, gibt es Anlaß zur Besorgnis. Fitneß war ursprünglich ein Mittel zur Lösung von gesundheitlichen oder emotionellen Problemen, hat sich aber dann selbst in ein ernstzunehmendes Problem verwandelt. Ob man abhängig wird oder nicht, ist eine Frage der persönlichen Veranlagung und der Art des Fitneßtrainings, das man ausgewählt hat. Wenn Sie sich über Ihre Persönlichkeit und die psychischen Anforderungen der verschiedenen Sportarten im klaren sind, hilft es Ihnen, die Fallgruben des Fitneßtrainings zu umgehen.

Schlußbemerkung

Wenn man die Publikationen der Sport- und Fitneß-Experten studiert, gibt es genügend Beweise, daß man viel Nutzen erzielt, wenn man in gewissem Rahmen trainiert. Man kann davon ausgehen, daß man sich ein paar Stunden lang nach einer mittleren bis großen Anstrengung weniger ängstlich fühlt und sich in gesteigerter Stimmung befindet. Ob Sie sich weniger deprimiert oder sogar euphorisch fühlen, hängt davon ab, in welcher Ausgangsstimmung Sie sich befinden. Sie werden besser mit Streßsituationen fertig, zum einen, weil Ihr

Körper besser gewappnet ist und zum anderen, weil Sie sich mit jedem Tag, an dem Sie trainieren, eine Streßpause gönnen. Ihre Selbstwertschätzung steigt enorm durch regelmäßiges Körpertraining. Das resultiert aus dem positiveren Körperbewußtsein, aber auch aus dem Gefühl von Können und der Beherrschung einer Sportart.

Es gibt noch viele andere Vorteile des Fitneßtrainings. Der Geist wird aktiviert, die Unabhängigkeit wächst, mehr Selbstbeherrschung und gesteigerte sexuelle Befriedigung. Die Zuverlässigkeit dieser Ergebnisse ist nicht unumstritten. Auf jeden Fall lassen sich bessere Streß- und Angstbewältigung, Beseitigung von Depressionen, euphorische Stimmungen und gesteigertes Selbstbewußtsein erzielen. Diese enormen Auswirkungen kommen noch zu den gesundheitlichen Vorteilen hinzu. Was Sie sonst noch an positiven Auswirkungen Ihres Fitneßtrainings bemerken, sollten Sie einfach als zusätliche Belohnung betrachten.

4

Die üblichen Beweggründe für Fitneßtraining

Better to hunt in fields, for health unbought
Than fee the doctor for a nauseous draught.
The wise, for cure, on exercise depend;
God never made his work for man to mend.
John Dryden

Lieber bei Wind und Wetter durch den Park jagen,
als das ganze Geld in die Apotheke tragen.
Wer klug ist, der turnt, joggt und rennt,
denn Gott schuf den Mensch, nicht den Patient.

Warum sich Gedanken machen?

Das typische Argument für Fitneßtraining hat mehr mit körperlichem Wohlbefinden als der Psyche zu tun. Schon seit Jahrzehnten wird den Leuten geraten, sich aus gesundheitlichen Gründen fit zu halten. Früher gab es natürlich kaum eine Notwendigkeit, die Menschen von der Bedeutung eines Fitneßtrainings zu überzeugen. Selbst das Leben der Reichen und Berühmten beinhaltete ein gewisses Maß an körperlicher Betätigung. Heute haben alle Einkommenstrukturen den fragwürdigen Vorteil, daß sie sich während ihrer Arbeit oder Freizeit über einen langen Zeitraum kaum zu bewegen brauchen. Die Konsequenzen dieser sitzenden, untätigen Lebensweise sind oft diskutiert worden. Man ist sich einig darüber, daß man etwas Bewegung braucht, um körperlich gesund zu bleiben, aber wieviel Bewegung oder Körpertraining ist umstritten.
Dr. Henry Solomon, ein bekannter New Yorker Herzspezialist und Autor von »The Exercise Myth«[1], ist der Meinung, daß mit der Fitneß stark übertrieben wird. Er glaubt nicht nur, daß die minimale Bewegung, die wir haben, wenn wir uns vom Bett an den Frühstückstisch, zur Arbeit und wieder nach Hause bewegen, ausreicht, um den Körper funktionsfähig zu erhalten, sondern daß der heutige Fitneß-Boom unserer Gesundheit sogar schaden kann. Nach seiner Ansicht »macht Fitneß nicht gesünder. Man lebt dadurch nicht länger. Fitneß und Gesundheit sind zwei verschiedene Dinge.«
Die Meinung eines einzelnen? Nun, nicht ganz. Seine Argumente basieren auf wissenschaftlichen Untersuchungen. Leider gestattet die Sprache der Wissenschaft (»vielleicht« – »unter bestimmten Voraussetzungen« – »es kann der Fall sein, daß« – »mit dem möglichen Effekt von«) viele verschiedene Interpretatio-

nen. Ein und dieselbe Publikation kann von anderen Fitneß-Experten anders ausgelegt werden und für vorbeugende Wirkungen für die Gesundheit zitiert werden.
Die Unterscheidung, die Dr. Solomon zwischen Fitneß und Gesundheit trifft, ist allerdings von Bedeutung. Gesundheit hat mit dem Auftreten oder Nichtvorhandensein von Krankheiten oder krankhaften Zuständen des Körpers zu tun, während Fitneß die Fähigkeit ist, eine körperliche Leistung zu vollbringen. Gesundheit und Fitneß werden als unabhängig von einander gesehen. Das bedeutet, man kann fit sein, aber nicht gesund – oder gesund, aber nicht fit.

Das Argument der Gesundheit

Wir wissen, daß wir Fitneß erlangen, wenn wir trainieren, aber werden wir gleichzeitig auch gesünder? Die logische Schlußfolgerung scheint ja zu sein, wenn wir Dr. Solomon und andere einmal außer acht lassen. Das bedeutet nicht, daß wir uns aller Krankheiten entledigen, indem wir fit werden, sondern lediglich, daß wir gewissen Krankheiten besser vorbeugen können und gewisse Krankheitssymptome besser bekämpfen können, wenn wir schon krank sind.
Dr. William Haskell von der Stanford University School of Medicine faßt die Ergebnisse wie folgt zusammen:[2]

> *»Von den verschiedenen Behauptungen über die gesundheitlichen Vorteile von Fitneßtraining erscheinen die Erhaltung eines optimalen Körpergewichts oder einer optimalen Figur, die Vorbeugung gegen koronare Herzerkrankungen und die Normalisierung des Kohlenhydrat-Stoffwechsels am stärksten wissenschaftlich untermauert zu sein. Andere Auswirkungen, wie Vorbeugung gegen erhöhten Blutdruck oder Hypertonie, Erhaltung der Knochendichte (im Laufe des Alterungsprozesses geht diese verloren), Vorbeugung gegen Schmerzen im unteren Rückenbereich und eine Verbesserung des psychischen Zustandes sind möglich, aber überzeugende Daten sind bislang nicht in großem Maße vorhanden.«*

Haskell bemerkt weiterhin, daß Patienten mit bestimmten Krankheiten während ihres Fitneßtrainings eine klinische Besserung des Zustandes aufweisen. Zu diesen Krankheiten gehören Lungenerkrankungen, wie Lungenemphysem oder Bronchitis, Nierenversagen und Arthritis. Die Untersuchungen besagen jedoch nicht, daß Fitneßtraining das Auftreten dieser Krankheiten verhindern kann.

Probleme mit dem Übergewicht und der Gewichtskontrolle

Statistische Erhebungen sagen uns, daß von 225 Mio. Amerikanern etwa 50 Mio. Männer und 60 Mio. Frauen im Alter von 18 bis 79 Jahren zu dick sind und Übergewicht abbauen müßten.[3] Addieren wir dazu schätzungsweise 25 Mio. Jugendlicher[4] mit Gewichtsproblemen, so stehen wir der enormen Zahl gegenüber, daß etwa 60% der amerikanischen Bevölkerung zu dick ist. Die meisten wollen ihr Übergewicht bekämpfen, indem sie ganz extrem Kalorien sparen, was eigene Probleme aufwirft, wie viele Untersuchungen gezeigt haben.[5] Wir riskieren dabei nicht nur ein gefährliches chemisches, hormonelles und mineralisches Ungleichgewicht, sondern erreichen auch selten das Ziel solcher Radikalkuren. Das heißt nicht nur, daß der Hungernde nicht die gewünschten Kilos verliert, sondern auch, daß das Ziel, überschüssiges Fett loszuwerden und festes Körpergewebe zu behalten, wie Muskulatur und Knochen, meist nicht erreicht wird.
Schlankheitskuren mit mäßiger Kalorieneinsparung (im Gegensatz zu fast totaler) sind weniger gefährlich, und es hat sich gezeigt, daß man mit der Kombination von solch gemäßigten Abmagerungskuren und Fitneßtraining die besten Erfolge beim Abnehmen erzielt.[6] Eine Faustregel besagt, man müsse mehr Kalorien verbrennen als man zu sich nimmt. Es gibt drei gute Gründe für den Nutzen von Fitneßtraining im Rahmen der Gewichtskontrolle.[7]
Erstens kann sich ein »appetitzügelnder Effekt« einstellen, so daß man zu den Mahlzeiten weniger zu sich nimmt. Hat man kurz vor dem Essen trainiert, ist der Appetit geringer, wenn man am Tisch sitzt.
Der zweite Grund ist der »Energieverbrauch«. Die meisten wissen, daß Fitneßtraining nicht so enorm viele Kalorien verbraucht. Wenn man in einer Stunde etwa 7,5 km joggt, verbraucht man ca. 570 Kalorien. Im Vergleich dazu verbrauchen wir 100 Kalorien, wenn wir still auf einem Stuhl sitzen. Die Differenz von 470 Kalorien unterstützt zwar den Gewichtsverlust, aber nur langsam. (Ein Pfund Gewichtsverlust bedeutet etwa 3500 Kalorien.) Der verborgene Effekt ist, daß die Leute, die Fitneßtraining betreiben, sich oft energiegeladener fühlen und während des ganzen Tages mehr in Bewegung sind. Das Ergebnis: Der Kalorienverbrauch während des Tages steigt gegenüber früher an und somit ergibt sich der Gewichtsverlust.
Der dritte Grund ist der »Aufbau« des Körpers. Das Gewicht spielt gegenüber der Zusammensetzung des Körpers eine untergeordnete Rolle, wenn es um die Beurteilung der Fettleibigkeit geht. Es kommt darauf an, wieviel Fett man mit sich herumträgt und nicht wieviel man wiegt, um beurteilen zu können, ob man übergewichtig ist oder nicht. Mit den meisten Schlankheitskuren verliert man mehr magere Körpermasse (inklusive Muskeln und Knochen) als Fett. So kommt es, daß mancher immer noch übergewichtig erscheint, obwohl er sich mit einer Radikalkur so geschunden hat, daß er urlaubsreif ist. Fitneßtraining unterstützt den Abbau fetter Körpermasse, während die magere erhalten bleibt. Damit gehört man nicht nur der Minderheit (der nicht-übergewichtigen Amerikaner) an, sondern fühlt sich auch nicht mehr so schlaff und durchhängend, was dem Ego ungeheuer guttut.

Vorbeugung gegen koronare Herzerkrankungen

Koronare Herzerkrankungen sind die hauptsächlichste Form von Herz-Kreislauf-Erkrankungen in den USA und verursachen über 50% der Todesfälle durch Herz-Kreislauf-Versagen und etwa ein Drittel aller Todesfälle überhaupt.[8] Die Wissenschaftler sind überzeugt davon, daß der zugrundeliegende atherosklerotische Prozeß (Fettablagerungen in den Blutgefäßen) schon in der Kindheit beginnt und die Schwere der koronaren Herzerkrankung von solchen Faktoren wie Blutcholesterinspiegel, Blutdruck, Zigarettenkonsum, Aufnahme gesättigter Fette und Cholesterine durch die Nahrung *und* mangelnder körperlicher Bewegung abhängt.

Fitneßtraining kann die Entstehung von koronaren Herzerkrankungen unter den folgenden vier Bedingungen verhindern:[4]

1. Aufrechterhaltung oder Erhöhung der myokardialen (= den Herzmuskel betreffenden) Sauerstoffversorgung – Durch die Aufrechterhaltung oder Erhöhung der Sauerstoffversorgung des Herzmuskels kann man das Herz durch Fitneßtraining gesund erhalten.

2. Steigerung der myokardialen Funktion – Regelmäßige Bewegung erhöht die Blutmenge, die mit jedem Herzschlag durch das Herz gepumpt wird. Das sogenannte Schlagvolumen erhöht sich, wodurch das Herz sowohl während der Ruhe als auch bei Anstrengung leistungsfähiger ist.

3. Senkung der myokardialen Anstrengung und des Sauerstoffbedarfs – Aufgrund der oben genannten Auswirkung des Trainings pumpt das Herz mit jedem Schlag mehr Blut und muß daher nicht so oft schlagen, um dieselbe Blutmenge zu pumpen. Diese Senkung der Herzfrequenz bedeutet eine Arbeitserleichterung für das Herz. Das macht sich sowohl im Ruhezustand als auch während des Trainings oder der Arbeit bemerkbar.

4. Erhöhung der Stabilität des Myokards (Herzmuskels) – Obwohl nicht viel über diesen Mechanismus bekannt ist, besteht die große Wahrscheinlichkeit, daß durch Fitneßtraining die nervlichen Impulse an den Herzmuskel geregelt werden können. Dadurch kommt es zu rhythmischeren Kontraktionen und weniger Unregelmäßigkeiten im Herzschlag (Dysrhythmien).

Es gibt jedoch keine absoluten Beweise dafür, daß Fitneßtraining gegen koronare Herzerkrankungen vorbeugt. Wir begreifen langsam die Mechanismen, durch die Fitneßtraining hilfreich sein kann, aber die Frage nach der richtigen Dosierung des Trainings muß noch beantwortet werden. Die allgemeine Theorie, daß Fitneßtraining eine vernünftige, wenn nicht sogar notwendige vorbeugende Maßnahme ist, wird vom Kommittee zur Untersuchung der Zusammenhänge zwischen Fitneßtraining und kardialer Rehabilitation der American Heart Association voll unterstützt.[10] Die Mitglieder dieses Kommittees schrieben:

> *»Regelmäßige, mittlere oder gelegentliche, starke oder freizeitmäßige körperliche Aktivität kann gegen koronare Herzerkrankungen schützen und die Wahrscheinlichkeit, einen Herzinfarkt zu überleben, erhöhen.«*

Sie stellten fest, daß Fitneßtraining nicht nur zur Reduzierung der primären Risikofaktoren wie Cholesterinabnormitäten, Hypertonie und Fettleibigkeit beiträgt, sondern auch weitere Risikofaktoren wie Rauchen und emotionellen Streß positiv beeinflußt, indem ein gesünderer Lebensstil angenommen wird.

Weitere gesundheitliche Vorteile

Es gibt viele Hinweise darauf, daß die regelmäßige Teilnahme an Aerobic-Kursen vor solchen Erkrankungen wie Osteoporose (durch erhöhte Knochendichte) und dem Beginn von Diabetes bei Erwachsenen (durch verbesserten Stoffwechsel und reduzierte Körperfette) schützt. Ein weiterer gesundheitlicher Vorteil hat mehr mit der Lebensqualität als mit Erkrankungen zu tun. Diejenigen, die regelmäßig trainieren, besitzen mehr Energie und Elan im Alltag. Wie schon in Kapitel 3 beschrieben, sind die psychologischen Vorteile enorm und tragen zweifellos auch zur Erhaltung eines gesunden Körpers bei. Damit soll nicht gesagt werden, daß Leute, die kein Fitneßtraining betreiben, nicht gesund sind oder weniger vom Leben haben. Es gibt viele Wege zu Gesundheit und Zufriedenheit. Fitneßtraining ist aber ein besonders guter.

Zusammenfassung

Wenn wir alle exzessiven Behauptungen über die Vorteile von Fitneßtraining beiseite lassen, bleibt es auf jeden Fall ein sehr gutes Mittel zur Vorbeugung und Behandlung von zwei der dringlichsten Gesundheitsprobleme in Amerika (und auch bei uns): koronare Herzerkrankungen und Übergewicht. Bei mehr als der Hälfte der amerikanischen Bevölkerung, die mit Gewichtsproblemen zu tun hat, und mehr als einem Drittel der Todesfälle, die auf koronare Herzerkrankungen zurückzuführen sind, wäre es geradezu idiotisch, die Möglichkeit des Fitneßtrainings zur Gesunderhaltung außer acht zu lassen.

Die üblichen Gründe für die Verordnung von Fitneßtraining

Die aufgeführten Methoden zur Beurteilung der Fitneß sind direkt zurückzuführen auf die Sorge um Figur und koronare Herzerkrankungen. Als Präsident Dwight D. Eisenhower 1956 den Fitneß-Ausschuß ins Leben rief, geschah das, weil er sich der steigenden Zahl der jungen Amerikaner bewußt war, die nicht fit waren. Zu dieser Zeit hatte sich auch herausgestellt, daß viele Sterbefälle mit koronaren Herzerkrankungen im Zusammenhang standen.[11]

Die Fitneß-Experten nahmen sich der wachsenden Probleme von mangelnder Fitneß und koronaren Herzerkrankungen an, indem sie Methoden zur Beurteilung der Fitneß und Verbesserung der körperlichen Leistungsfähigkeit aufstellten. Außerdem versuchte man, die körperinternen Reaktionen auf Training zu erforschen. Um die inneren Körperreaktionen mit dem Fitneßtraining in Einklang zu bringen, mußten exakte Trainingsprogramme erarbeitet werden. Daraus entwickelte sich eine ziemlich mechanische und einseitige Einstellung zum Fitneßtraining.

Die Wissenschaftler konzentrierten sich auf die physiologischen Parameter wie z.B., wieviel Sauerstoff verbraucht wurde, wie schnell das Herz schlug oder wie hoch der Blutdruck war. Diese Messungen der körperlichen Leistung oder Anstrengung ließen sich am besten unter strengen Laborbedingungen durchführen, indem man die Testpersonen auf Laufbändern laufen ließ oder sie auf einem Heimtrainer Fahrrad fahren ließ.

Die im Labor erzielten Ergebnisse wurden in praktische Trainingsempfehlungen umgesetzt. Die Wissenschaftler hatten herausgefunden, daß eine bestimmte Herzfrequenz über einen bestimmten Zeitraum positive physiologische Auswirkungen hat, und rieten folglich, für einige Minuten in dieser Intensität zu trainieren, um aus dem Training Nutzen zu ziehen. Es war ihnen egal, wie dieses Ausmaß an Anstrengung erreicht wurde. Sie legten lediglich Wert darauf, daß die gewünschten physiologischen Kriterien erfüllt wurden.

Die übliche Methode, seine Herzfrequenz für einen bestimmten Zeitraum zu erhöhen, ist zu laufen. Laufen ist eine einfache Bewegung, und die allermeisten Menschen können es ohne Training. Es ist billig, man braucht nur ein Paar gute Schuhe. Bequem ist es auch – man geht einfach vor die Haustür – es sei denn, man lebt auf einem Boot.

Andere einfache Trainingsprogramme wurden empfohlen. Der Heimtrainer war in den Haushalten fast genauso häufig anzutreffen wie ein Fernseher. Seine Daseinsberechtigung bekam er durch die Trainingsphysiologie, denn die Ziele des Trainings waren nicht Vergnügen, Spaß, Freude, persönlicher Gewinn oder tolle Erlebnisse (das alles kam erst später). Die Ziele waren einzig und allein eine Erhöhung von Herzfrequenz, Sauerstoffverbrauch, Blutdruck und andere physiologische Vorgänge. Es war so, als könne man zu gesundheitlichen Zwecken für eine gewisse Zeit seinen Geist von seinem Körper trennen.

Diese Einstellung basierte auf dem Vernunftprinzip der Psychologie. Das Kernprinzip war, daß eine Person, die weiß, daß etwas für sie gut ist, aus rationalem Selbstinteresse dieses auch tun wird. Heutzutage klingt so etwas ziemlich absurd, aber die Theorie der Vernunft bildete die Basis für viele Verhaltenstheorien. Wenn diese Theorie stimmen würde, würde natürlich niemand mehr rauchen, es gäbe keinen Alkoholmißbrauch, Fettleibigkeit wäre eine Seltenheit und die Psychoanalytiker wären allesamt arbeitslos.

In dem Bestreben, die Herzfrequenz zu erhöhen, war die Art des Trainings relativ egal. Erst vor etwa 10 Jahren, als der Begriff »Fitneß-Fanatiker« zum ersten Mal in der Fachliteratur auftauchte, begann man, sich darüber Gedanken zu machen. [12] Dieses wachsende Bewußtsein wurde auch geweckt durch hohe Zahlen von Fitneß-Gegnern. Innerhalb weniger Jahre war es unwiderlegbar, daß die Theorie des vernunftmäßigen Handelns nicht stimmte. Das Erreichen physiologischer Ziele war kein ausreichender Anreiz für die meisten Personen,

selbst wenn es gut für sie wäre. Trotz dieser Erkenntnisse existiert die Theorie immer noch. Aufgrund physiologischer Überlegungen wird immer noch zu Fitneßtraining geraten. Der Psychologie und der Persönlichkeit wird allenfalls oberflächlich Aufmerksamkeit geschenkt.
Sehen wir uns einmal genauer an, nach welchen Kriterien heutzutage Fitneßtraining verordnet wird.

Sind Sie »in Form«?

Der Begriff »in Form« hat keine besondere Bedeutung.[13] Fitneß-Experten bevorzugen den Begriff »körperliche Fitneß«. Aber selbst dieser Begriff ist nicht eindeutig. Besteht man einen Test auf körperliche Fitneß, heißt das noch nicht, daß man auch gesund ist. Ein Mensch kann fit, aber trotzdem als krank eingestuft werden. Ein tragisches Beispiel für diese Unterscheidung war Jim Fixx, der Autor von »Das komplette Buch vom Laufen«[14], der außergewöhnlich fit war, aber durch eine schwere koronare Herzerkrankung überhaupt nicht gesund.
In der Praxis bedeutet das, daß die Beurteilung von Fitneß wirklich nur den Grad der Fitneß mißt und nichts über den Gesundheitszustand aussagt. Deshalb sollte man sich von seinem Arzt untersuchen lassen, bevor man ein Fitneßtraining beginnt. So weiß man Bescheid über seinen Gesundheitszustand und gibt dem Fitneß-Experten Anhaltspunkte über die besonderen Bedingungen, die berücksichtigt werden sollten. Was versteht man unter Fitneß? Reid und Thomson definieren Fitneß in ihrem Buch »Exercise Prescriptions for Fitness«[15] als »einen Grad körperlicher Leistungsfähigkeit« mit fünf wichtigen Parametern:

A. Körperzustand inklusive Größe, Gewicht und Körperfett in %
B. Haltung
C. Beweglichkeit
D. Muskelausdauer und -kraft
E. Aerobe Kapazität.

Wir werden diese Punkte einzeln betrachten, um zu erfahren, wie man gewöhnlich Fitneß beurteilt.

Körperzustand
Es gibt zwei verschiedene Messungen, auf die sich die Beurteilung der Fitneß größtenteils stützt. Die erste besteht aus anthropometrischen Messungen, wozu Größe, Gewicht und Umfang von Armen, Brust, Bauch, Hüften und Oberschenkeln zählen. Anhand dieser Zahlen bekommt man eine Vorstellung von den Körperproportionen, so daß die Trainingsvorschläge entsprechende Übungen, z.B. zur Entwicklung der Armmuskulatur oder Verringerung des Taillenumfangs, gemacht werden können.

Tabelle 4.1 Die Einteilung in Übergewicht, Normalgewicht, Idealgewicht und mager anhand des prozentualen Körperfetts

	Alter	17–19	20–29	30–39	40–49	50+
Übergewicht	M W	23+ 29+	25+ 29+	27+ 30+	32+ 31+	35+ 33+
Normalgewicht	M W	12–17 19–23	15–19 19–23	19–22 20–24	22–26 21–25	23–28 22–26
Idealgewicht	M W	7–11 14–18	9–14 14–18	15–18 14–19	16–21 15–20	17–22 16–21
mager	M W	≤6 ≤13	≤8 ≤13	≤14 ≤13	≤15 ≤14	≤16 ≤15

M = männlich, W = weiblich

Mit freundlicher Genehmigung von »Fitness and Amateur Sport Canada«

Schwieriger ist die Feststellung des prozentualen Körperfetts. Übergewicht läßt sich durch den Anteil von Körperfett am Gesamtgewicht erkennen, weniger an der Zahl der Kilos, die Sie nach den Größe-Gewichtstabellen der Lebensversicherungsgesellschaften über Ihrem Idealgewicht liegen. Körperfett besteht zum Großteil aus den nicht-metabolisierten Brennstoffen (überflüssige Kohlenhydrate, tierische Fette und Protein), die im Körper in Form von Triglyzeriden gespeichert werden.

Wieviel Körperfett darf man haben? Die Anwort hängt von Alter und Geschlecht ab. Wenn Sie sich die prozentualen Werte für Frauen und Männer der verschiedenen Altersgruppen (Tabelle 4.1) ansehen, stellen Sie fest, daß mit zunehmendem Alter ein größerer Anteil des Körpergewichts aus Fett besteht. Männer sind zu Beginn schlanker, legen aber im Laufe der Jahre sehr viel Fett an, während bei Frauen der Anstieg gleichmäßiger ist.[17]

Die aufgeführten Zahlen sind Durchschnittswerte. Sie besagen nicht, wieviel Körperfett man zum Überleben braucht. Eine Schätzung besagt, daß Männer 3% und Frauen 12% Körperfett zum Überleben und für die physiologischen Funktionen brauchen.[18] Dieser lebensnotwendige Fettspiegel ist erheblich niedriger als die Werte, die der moderne Mensch aufweist.

Wie wird Körperfett gemessen? Wenn Sie versuchen wollen, das Fett in den Muskeln, unter der Haut, im Knochenmark, in den Zellmembranen und den inneren Organen zu messen, werden Sie feststellen, daß der einfachste und beste Weg eine Schätzung ist. Es gibt keinen direkten Weg zur Messung des Körperfetts im menschlichen Körper.

Bevorzugterweise geschieht die Messung des prozentualen Körperfetts hydrostatisch (d.h. wiegen unter Wasser). Dazu wird die Person gewogen, während sie in einer Badewanne vollkommen unter Wasser getaucht ist. Es handelt sich hierbei um eine schwierige und teure Prozedur.

Eine einfachere Methode zur Schätzung des Körpergewichts ist die Messung der Hautschichten mit speziellen Instrumenten, sogenannten Tasterzirkeln. Bei diesen Messungen erfolgt an verschiedenen Stellen ein kleiner Einstich, subkutanes Fett (unter der Haut) wird entfernt und mit den Tasterzirkeln wird die

Dicke der Fettschicht gemessen. Diese Messungen werden anschließend miteinander verglichen, um den prozentualen Anteil des Körperfetts zu errechnen. Bei der in dem Buch »The Marine Corps 3X Fitness Program«[19] beschriebenen Methode nimmt man ein Maßband und ein paar Umrechnungstabellen. Hierbei handelt es sich um ein relativ einfaches Verfahren, es ist aber auch nicht so genau und man benötigt diese Umrechnungstabellen.
Wir können auch nicht mit einer einfachen Methode zur Schätzung des prozentualen Körperfetts aufwarten, aber mit dem »Körpermasse-Index« lassen sich ganz gute Schätzungen vornehmen. Man nimmt das Gewicht (in kg) und teilt es durch die Größe im Quadrat oder multipliziert es mit sich selbst (in cm). Wenn der Körpermasse-Index bei Männern über 27,2 oder bei Frauen über 26,9 liegt, geht man von Übergewicht und einem potentiellen Gesundheitsrisiko aus.[20]

Körperhaltung
Die Analyse der Körperhaltung ist ein wichtiger Bestandteil zur Beurteilung der körperlichen Fitneß, besonders wenn es um die Verordnung von Bewegungstraining geht. Leider ignorieren viele diesen Faktor.
Was versteht man unter guter Haltung? Wenn Sie sich entkleiden und mehrere Spiegel so zusammenstellen, daß Sie sich von vorne, von hinten und von der Seite betrachten können, können Sie Ihre Haltung analysieren. Nach Reid und Thomson[21] gibt es 10 Körperstellen, an denen sich die Haltung beurteilen läßt. Jede dieser Körperstellen wird benotet, die Notenskala reicht von 0 bis 10. 0 ist ungenügend, 5 ist befriedigend und 10 ist gut. Auch die Noten 2, 3, 4, 6, 7, 8 oder 9 sind möglich. Wenn Sie Ihre Haltung beurteilen, sollten Sie keine absichtlichen Veränderungen an Ihrer normalen Haltung vornehmen, z.B. nicht den Bauch einziehen oder militärisch gerade stehen. Stellen Sie sich ganz natürlich hin, die Füße ein paar Zentimeter auseinander und die Arme entspannt seitlich hängen lassen. Hier sind die 10 Körperstellen:
Kopf (Rückansicht): Ist der Kopf natürlich aufgerichtet oder hängt er zu einer Seite? Wenn er in der Mitte und aufgerichtet ist, bekommen Sie eine 10. Wenn er nach der einen oder anderen Seite hängt oder gerichtet ist, sinkt die Note entsprechend der Stärke der Abweichung vom Idealfall.
Schultern (Rückansicht): Sehen die Schultern gleich aus oder erscheint eine Seite höher als die andere? Wenn sie genau auf gleicher Höhe sind, bekommen Sie eine 10. Bei Abweichung sinkt die Note wieder entsprechend.
Rückgrat: Ist Ihr Rückgrat gerade oder gekrümmt? Wenn Sie eine gedachte Linie von den Hüften zum Nacken ziehen und dabei das Rückgrat entlangfahren, wäre diese Linie gerade? Wenn ja, bekommen Sie die Note 10. Wenn nicht, gibt es wieder entsprechend weniger Punkte.
Hüften (Rückansicht): Wenn Sie auf jeden Hüftknochen einen Finger legen, sind die Finger auf gleicher Höhe oder liegt der Finger auf der einen Seite tiefer als der auf der anderen? Wenn beide Hüftknochen auf gleicher Höhe liegen, gibt es Note 10. Wenn eine Seite tiefer als die andere ist, gibt es wieder Punkteabzug.
Füße: Stehen Ihre Füße gerade oder zeigen sie nach innen oder außen? Wenn sie gerade sind, Note 10. Wenn nicht, gibt es Punkteabzug. Bei schwachen Fußknöcheln gibt es weiteren Punkteabzug.
Hals (Seitenansicht): Ist der Hals gerade, das Kinn in senkrechter Linie zum Gesicht und der Kopf über den Schultern oder sind Hals und Kopf nach vorne

geneigt? Wenn Hals, Kinn und Kopf gerade sind, bekommen Sie Note 10. Wenn Kopf und Hals nach vorne deuten, gibt es wieder Punkteabzug.

Oberer Rücken (Seitenansicht): Das Rückgrat macht im oberen Bereich eine natürliche Biegung, so daß sich eine leichte Rundung ergibt. Wenn der Rücken oben eine leichte Rundung aufweist, gibt es Note 10. Wenn diese Krümmung so ausgeprägt ist, daß Hals und Kopf nicht in gerader Linie zum restlichen Körper aufgesetzt sind, gibt es je nach Stärke dieser Krümmung Punkteabzug (d.h. wie stark Kopf und Hals deswegen nach vorne geneigt sind).

Rumpf (Seitenansicht): Wenn Sie eine senkrechte Linie von der Schulter bis zum Bein ziehen, ist diese Linie gerade oder ist der Rumpf nach hinten geneigt? Bei gerader Linie 10 Punkte. Bei nach hinten abweichender Linie gibt es je nach Grad der Abweichung Punkteabzug.

Bauch (Seitenansicht): Wie sieht der Bauch im Spiegel aus, ohne daß Sie ihn einziehen? Ist er flach oder hängt er nach vorne? Wenn er von Natur aus flach ist, bekommen Sie 10 Punkte. Wenn er übersteht oder gar nach vorne hängt, gibt es entsprechenden Punkteabzug.

Untere Rückenhälfte (Seitenansicht): Die untere Rückenhälfte ist natürlich gebogen. Wenn Sie eine normale Biegung sehen, geben Sie sich 10 Punkte. Wenn die Biegung zu stark ausgeprägt ist und hohl, ziehen Sie Punkte ab, je nachdem, wie gekrümmt oder hohl der Rücken ist.

Wenn Sie die Punkte zusammenzählen, haben Sie das Gesamtergebnis. Die höchste Punktzahl wäre 100, die niedrigste 0. Der Fitneß-Berater rät anhand dieser Information zu entsprechenden Übungen zur Korrektur von Haltungsproblemen, z.B. zur Erlangung eines geraden Rückens oder Kräftigung der Halsmuskeln für eine aufrechte Kopfhaltung. Das ist zwar hilfreich, aber etwas kurzsichtig. Es gibt nämlich sowohl körperliche als auch psychologische Gründe für eine schlechte Haltung. Eine Änderung der Haltung hat demnach auch psychische Auswirkungen. Es ist gut zu wissen, was Haltungsprobleme bedeuten und welche Veränderungen stattfinden könnten, wenn man scheinbar harmlose gymnastische Übungen macht.

Beweglichkeit

Wenn Sie an körperliche Beweglichkeit denken, stellen Sie sich wahrscheinlich graziöse Tänzer oder im Gegenteil muskulöse Body-Builder vor. Beweglichkeit bedeutet Leichtigkeit und Bewegungsspielraum der verschiedenen Gelenke des Körpers. Sie kennen bestimmt auch jemanden, der »Gummiknochen« zu haben scheint (diese Bezeichnung soll aussagen, daß derjenige in der Lage ist, gewisse Gelenke scheinbar unendlich zu dehnen). Oder Sie bewundern Leute, die mit ihren Zehen genauso geschickt sind wie Sie mit Ihren Fingern.

Um die Beweglichkeit beurteilen zu können, müßte man die Leichtigkeit und den Bereich der Beweglichkeit aller Hauptgelenke des Körpers, wie Knöchel, Knie, Hüften, Rücken, Schulter, Arme, Handgelenke und Nacken kennen. Die Fitneß-Berater benutzen gewöhnlich nur zwei Werte zur Beurteilung der Körperbeweglichkeit:[22]

1. Die Beweglichkeit des Rumpfes: Beim »sit-and-reach«-Test sitzt die Person mit geschlossenen Beinen auf dem Boden und versucht, indem sie den Oberkörper so weit wie möglich nach vorne neigt, um bei gestreckten Beinen mit den Händen so weit wie möglich nach vorne zu reichen.

Mit einer Umrechnungstabelle kann der Fitneß-Berater sich ein genaues Bild von der Beweglichkeit machen. Wie kann man ohne diese Hilfsmittel seine Beweglichkeit beurteilen? Wenn Sie Ihre Zehen nicht berühren können, wenn Sie mit ausgestreckten Beinen auf dem Boden sitzen, ist Ihre Beweglichkeit unter dem Durchschnitt. Wenn Sie Ihre Zehen umfassen können, ist Ihre Beweglichkeit durchschnittlich. Wenn Sie den Boden vor Ihren Zehen berühren können, besitzen Sie eine gute Beweglichkeit.

2. Die Beweglichkeit der Schultern: Bei diesem Test müssen Sie versuchen, Ihre Daumen hinter Ihrem Rücken zu berühren, indem Sie einen Arm über die Schulter und den anderen Arm von unten auf den Rücken legen. Das muß zweimal gemacht werden – einmal geht die rechte Hand hinter den Kopf und dann die linke. Wenn Sie beide Male die jeweils andere Hand hinter dem Rücken fassen können, erreichen Sie 100%. Wenn Ihre Daumen bis auf etwa 10 cm aneinander kommen, ist Ihre Beweglichkeit durchschnittlich. Wenn Sie weniger schaffen, ist Ihre Beweglichkeit eher »ungenügend«.

Wie aussagefähig sind dieses Tests? Die Fitneß-Berater benutzen sie nur als Anhaltspunkt. Sie wissen, es gibt noch mehr Kriterien als diese beiden Tests. Wenn wir uns mit »Psychologie der Muskulatur« und »Bewegungsanalyse« in den folgenden Kapiteln beschäftigen, werden wir sehen, wieviele Faktoren es bei der Beurteilung der Beweglichkeit gibt.

Muskelausdauer und -kraft

Kraft und Ausdauer sind zwei verschiedene Faktoren, stehen aber miteinander in Zusammenhang. Unter Kraft versteht man, welchen Widerstand oder wieviel Gewicht man heben, stoßen oder ziehen kann. Unter Ausdauer versteht man, wie oft oder wie lange man eine bestimmte Tätigkeit ausführen kann. Bei jeder Bewegung gibt es einen Widerstand – es sei denn, man bewegt sich in der Schwerelosigkeit.[23]

Es gibt viele Standard-Tests für Kraft und Ausdauer. Für manche wird eine spezielle Ausrüstung benötigt. In diesem Abschnitt werden wir uns mit den gebräuchlichen Ausdauer-Tests beschäftigen. Die Kraft-Tests lassen wir aus, da man dazu eine besondere Ausrüstung braucht und vor allem, weil man davon ausgeht, daß Ausdauer-Tests mehr über Fitneß aussagen. Die zwei Tests sind der einminutige Hochschnell-Test und der Liegestütz-Test.

1. Der einminutige Hochschnell-Test (Situp-Test): Sie brauchen jemanden, der Sie an den Füßen festhält und die Zeit nimmt. Legen Sie sich auf den Rücken, winkeln Sie die Knie an, stellen Sie die Füße etwa 25 cm auseinander und verschränken Sie die Hände hinter dem Kopf. Nun richten Sie sich auf und gehen mit den Ellbogen an Ihre Knie (jedes Mal wieder hinlegen) und zwar so oft Sie in einer Minute können. Probieren Sie diesen Test nicht aus, wenn Sie irgendwelche Probleme mit dem Rücken haben. Die Bewertung hängt von Alter und Geschlecht ab. In Tabelle 4.2 können Sie sehen, wie oft Sie diese Übung pro Minute durchführen müssen, um gut, überdurchschnittlich, durchschnittlich, unterdurchschnittlich und ungenügend abzuschneiden.[24]

2. Liegestütz-Test: Für diesen Test gibt es keine zeitliche Begrenzung. Mit aneinander gelegten Beinen, geradem Körper, den Händen unterhalb der Schultern nach vorne zeigend aufgestützt beginnt der Liegestütz-Test damit, daß mit dem Kinn der Boden berührt wird und man sich wieder aufrichtet, indem die

Tabelle 4.2 Richtlinien für die Anzahl der Situps pro Minute

	Alter	17–19	20–29	30–39	40–49	50+
ausgezeichnet	M W	≥48 ≥42	≥43 ≥36	≥36 ≥29	≥31 ≥25	≥26 ≥19
überdurch-schnittlich	M W	42–27 36–41	37–42 31–35	31–35 24–28	26–30 20–24	22–25 12–18
durchschnittlich	M W	38–41 32–35	33–36 25–30	27–30 20–23	22–25 15–19	18–21 5–11
unterdurch-schnittlich	M W	33–37 27–31	29–32 21–24	22–26 15–19	17–21 7–14	13–17 3–4
mangelhaft	≤32 ≤26	≤28 ≤20	≤21 ≤14	≤16 ≤6	≤12 ≤2	

M = männlich, W = weiblich

Mit freundlicher Genehmigung von »Fitness and Amateur Sport Canada«

Arme gestreckt werden. Bei Frauen bilden die Knie die Achse, während Männer die Liegestützen mit gestreckten Beinen und den Füßen als Achse durchführen. In Tabelle 4.3 können Sie ersehen, wieviele Liegestütze Sie machen müssen, um sich in eine der Kategorien wie gut, überdurchschnittlich, durchschnittlich, unterdurchschnittlich und ungenügend einordnen zu können.[25]
Eine interessante Feststellung ist, daß mit zunehmendem Alter die Normen für Frauen sich denen für Männer angleichen. Das heißt, daß Frauen mit zunehmenden Alter im Vergleich zu Männern relativ stark werden.
Was ist anhand dieser Tests festgestellt worden? Vor allem haben Sie die Ausdauer bestimmter Muskelgruppen, einschließlich Arme, Brust, Rücken und Bauch, festgestellt. Es gibt über 600 Muskeln im menschlichen Körper[26], und es ist schwierig, wenn nicht unmöglich, alle zu testen.

Tabelle 4.3 Richtlinien für die Anzahl der Liegestützen (keine Zeitvorgabe)

	Alter	15–19	20–29	30–39	40–49	50+
ausgezeichnet	M W	≥39 ≥33	≥36 ≥30	≥30 ≥27	≥22 ≥24	≥21 ≥21
überdurch-schnittlich	M W	29–38 25–32	29–35 21–29	22–29 20–26	17–21 15–23	13–20 11–20
durchschnittlich	M W	23–28 18–24	22–28 15–20	17–21 13–19	13–16 11–14	10–12 7–10
unterdurch-schnittlich	M W	18–22 12–17	17–21 10–14	12–16 8–12	10–12 5–10	7– 9 2– 6
mangelhaft	M W	≤17 ≤11	≤16 ≤9	≤11 ≤7	≤9 ≤4	≤6 ≤1

M = männlich, W = weiblich

Mit freundlicher Genehmigung von »Fitness and Amateur Sport Canada«

Sind diese Tests ausreichend? Fitneß-Physiologen achten auf den Grad der Wechselbeziehung zwischen den einzelnen Muskelgruppen, um herauszufinden, welcher Test die besten Ergebnisse in bezug auf die generelle Muskelausdauer oder -kraft bringt. Leider kommt man mit nur einem Test nicht aus. Das bedeutet, daß Tests wie »Liegestütze« usw. nur begrenzte Aussagekraft haben. Man kann die Ergebnisse nicht auf alle anderen Muskeln übertragen. Aber sie helfen dem Fitneß-Berater dennoch bei der Empfehlung bestimmter Übungen. Wenn man anhand der Muskelanalyse die psychologischen Zusammenhänge erkennen möchte, muß man hinter diese Tests sehen.

Aerobe Kapazität

Es besteht kein Zweifel daran, daß Fitneß enorm von der aeroben Kapazität abhängt. Aerobe Fitneß sagt aus, wie der Körper auf intensives, Sauerstoff benötigendes Training reagiert. Aerobes (mit Sauerstoff) Training fordert das kardiovaskuläre System, da die Muskeln für ihre Arbeit mehr Sauerstoff benötigen. Sauerstoff wird vom Blut transportiert. Die Fähigkeit des Herzens, das Blut durch den Körper zu pumpen, ist der Grenzfaktor der aeroben Fitneß. Die Messung der aeroben Fitneß besagt, wieviel Sauerstoff von Herz, Lungen, Blut und dem vaskulären System an die Muskeln geliefert werden kann. Da es enorm schwierig ist, die gelieferte Sauerstoffmenge zu messen, nimmt man die Herzfrequenz als Maßeinheit.

Um die maximale Sauerstoffmenge, die die Muskeln bei ständiger, starker Belastung erhalten, zu schätzen, gibt es eine Menge Tests. In letzter Zeit sind allerdings die Tests, bei denen die Testpersonen bis an ihre Leistungsgrenze gefordert wurden, als unnötig und potentiell gefährlich kritisiert worden, besonders für Personen mit dem Risiko einer koronaren Herzerkrankung. Heute geht man mehr und mehr dazu über, die Anforderungen etwas unterhalb der Leistungsgrenze zu halten, um Herz und Lungen nicht bis an die Grenzen zu belasten.

Der 12-Minuten-Lauf: Als Beispiel für einen »Höchstleistungstest« befürwortete Dr. Kenneth Cooper, der Autor von »The Aerobics Way«[27] und Leiter des Aerobics Center in Dallas, einen 12-Minuten-Lauf. Dieser Test wurde jedoch nur bei Leuten eingesetzt, die sich seit mindestens 6 Wochen im Training befanden. Nach einer gründlichen Aufwärmphase soll die Testperson in den 12 Minuten so schnell und so weit laufen, wie sie kann. Die Person muß nach dem Lauf erschöpft sein, damit der Test gültig ist. Die in den 12 Minuten gelaufene Strecke wird mit einer Tabelle verglichen, anhand der man die aerobe Fitneß beurteilt.

Andere Tests: Es gibt Tests auf dem Laufband, auf dem Heimtrainer und eine Menge anderer unter Laborbedingungen durchgeführte Tests. Man bringt die Testperson bis zur Erschöpfung ins Schwitzen oder vielleicht auch nur zu einem geringeren Grad. Die Herzfrequenz während und nach der Belastung werden mit Tabellen verglichen, um zu erfahren, wie fit die Testperson ist.

Gibt es einen einfacheren und sicheren Weg zur Beurteilung der aeroben Fitneß? Die meisten Personen, die an Fitneß-Tests teilnehmen möchten, sollten vorher einen Arzt konsultieren. Auch das Einverständnis des Arztes ist keine Garantie dafür, daß der Test vollkommen sicher ist. Ein gewisses Risiko besteht immer, wenn man sein Herz belastet, um seine Kapazität zu erfahren. Je geringer die Belastung, wie bei den Tests unter dem Höchstleistungsniveau z. B., desto geringer das Risiko.

Der Geh-Test: Das Rockport Walking Institute hat einen Test vorgeschlagen, der keine absolute Höchstleistung fordert. Für diesen Test geht die Testperson 1,5 km so schnell sie kann; danach werden die gebrauchte Zeit und die Herzfrequenz gemessen. Einer der Vorteile ist, daß man beim Gehen die Erschöpfung in Grenzen halten kann, wodurch dieser Test sicherer als viele andere ist. In Tabelle 4.1 (s. S. 72) können Sie den Grad Ihrer Fitneß ablesen. Sie brauchen nur Ihre Ergebnisse einzutragen.

Zusammenfassung

Wir haben uns mit fünf Fitneß-Parametern beschäftigt: Körperbeschaffenheit, Haltung, Beweglichkeit, Muskelausdauer und -kraft und aerober Kapazität. Gibt es einen Weg, all diese Ergebnisse zusammenzufassen? Jedes Ergebnis beinhaltet Informationen und hat Bedeutung bei der Auswahl des Fitneßtrainings.

Der wichtigste Parameter, die aerobe Kapazität, setzt die Grenzen des Fitneßtrainings. Jedes Training richtet sich immer nach der aeroben Kapazität der jeweiligen Person. Anhand der restlichen vier Werte (Körperzustand, Haltung, Beweglichkeit und Kraft/Ausdauer) lassen sich bestimmte Übungen zur Verbesserung von Haltung, Kraft/Ausdauer und Beweglichkeit empfehlen.

Wie sieht eine solche Empfehlung aus? Nach den »Guidelines for Exercise Testing and Prescription«[28] des American College of Sport Medicine (ACSM) besteht eine solche Trainingsempfehlung aus fünf Komponenten:

1. Sportart: Unserer Ansicht nach ist das eine wichtige Frage. Die Art des Fitneßtrainings hat beträchtliche Auswirkungen auf die Psyche, besonders wenn es über einen langen Zeitraum betrieben wird. Dennoch werden sowohl in den Richtlinien des ACSM als auch in der sehr informativen »Exercise Prescription for Fitness« von Reid und Thomson alle psychologischen Faktoren außer acht gelassen.[30] Nach Meinung des ACSM ist alles gleich gut geeignet, was die kardiovaskuläre Leistung erhöht. Die folgenden Empfehlungen werden gegeben:

> *»Jede Sportart oder Bewegung ist geeignet, die große Muskelgruppen beansprucht, über einen längeren Zeitraum durchgeführt werden kann, rhythmisch und aerober Natur ist, z. B. Laufen-Joggen, Gehen-Wandern, Schwimmen, Rollschuhlaufen, Fahrradfahren, Rudern, Skilanglauf, Seilspringen und andere Ausdauersportarten.«*[31]

In »Exercise Prescription for Fitness« empfehlen die Autoren Reid und Thomson die aerobe Betätigung des Laufens. In einem der folgenden Kapitel ihres Buchs stellen sie »alternative Sportarten« in Form einer Tabelle vor, mit der man die Anzahl der Minuten, die man auf Laufen verwenden sollte, auf eine Alternative (wie Schwimmen) umrechnen kann. Der einzige Kommentar, warum eine

Tabelle 4.1 Einschätzung der aeroben Kapazität (VO_2 Max) anhand eines Geh-Tests

(Die folgende Formel basiert auf 1,6 km Gehen – so schnell wie möglich – und Messung von Zeit und Herzfrequenz während der letzten 400 m.)

Zur Berechnung von...		VO_2 MAX
Schritt 1: Addieren Sie		
a) 0,091 × Gewicht in Pfund	a)	
b) 5,955 × Geschlecht (1 = männl., 0 = weibl.)	b)	
c) Addieren Sie die Konstante 69,652	c)	69,652
	Ergebnis 1 =	
Schritt 2: Addieren Sie		
a) 0,257 × Alter in Jahren	a)	
b) 2,240 × Zeit in Minuten	b)	
c) 0,115 × Herzfrequenz 1 Min. der letzten 400 m	c)	
	Ergebnis 2 =	

Schritt 3: Subtrahieren Sie Ergebnis 2 von Ergebnis 1

	Ergebnis 1 =	
minus	Ergebnis 2 = –	
	VO_2 MAX =	

(Gemessen in Millimeter Sauerstoffverbauch pro Minute.)

Schritt 4: Um Ihren Fitneßgrad zu ermitteln, richten Sie sich nach den folgenden VO_2-MAX-Normen:

	Alter	15–19	20–29	30–39	40–49	50+
ausgezeichnet	M	≥60	≥57	≥48	≥42	≥38
	W	≥43	≥40	≥37	≥35	≥30
überdurch-schnittlich	M	58–59	52–56	46–47	40–42	36–38
	W	40–42	37–39	34–37	32–34	27–29
durchschnittlich	M	54–57	43–51	42–45	37–39	34–35
	W	37–39	35–37	31–33	26–31	25–27
unterdurch-schnittlich	M	44–53	40–42	38–41	34–37	31–33
	W	35–37	32–34	29–31	24–25	22–25
mangelhaft	M	≤43	≤40	≤37	≤33	≤30
	W	≤34	≤31	≤29	≤23	≤21

M = männlich, W = weiblich

Mit freundlicher Genehmigung von »Fitness and Amateur Sport Canada«. Die Berechnungsformel stammt von Kline et al. 29

Alternative zum Laufen gewählt werden könnte, ist, daß »Alternativen für diejenigen da sind, die nicht dem allgemeinen Trend zum Laufen folgen wollen«. Diese gleichgültige Einstellung gegenüber der Auswahl der aeroben Aktivität ist charakteristisch für die Fitneß-Experten. Man findet bestenfalls progressive Trainer, die zukünftigen Fitneß-Anhängern raten, »sich das auszusuchen, was sie mögen.« Das hört sich zwar ganz gut an, aber wissen wir immer, was für uns am besten ist?

2. Intensität des Konditionstrainings: Der zweite Teil der Empfehlung besteht aus der Intensität der aeroben Aktivität, gewöhnlich in der Herzfrequenz ausgedrückt. Die Standardformel lautet: Man nimmt 220 Herzschläge pro Minute und zieht davon das Lebensalter ab. (Beispiel: ein 40jähriger Mann erhält so 220−40 = 180 Herzschläge pro Minute). Das ist die maximale Herzfrequenz. Je nach Grad der Fitneß wird man der Person raten, so zu trainieren, daß die Herzfrequenz im Bereich von 65 bis 90% dieser maximalen Herzfrequenz liegt. (Beispiel: der 40jährige Mann mit der maximalen Herzfrequenz von 180: 180 × 65% =117 oder 180 × 90% =162). Dieser Bereich von 65 bis 90% der maximalen, dem Alter angepaßten Herzfrequenz ist der sogenannte Trainingsbereich. (Für unseren 40jährigen ist die untere Grenze des Trainingsbereichs 117 und die obere 162 Herzschläge pro Minute.)

3. Dauer des Konditionstrainings: Im allgemeinen empfiehlt man, daß die aerobe Aktivität etwa 30 Minuten andauern sollte oder im Bereich zwischen 15 und 60 Minuten liegen sollte. Je geringer der Fitneß-Grad, desto wahrscheinlicher wird ein Training mit geringer Intensität empfohlen (z.B. Gehen im Bereich von 65% der maximalen Herzfrequenz) für den Zeitraum von 30 bis 60 Minuten.

4. Häufigkeit des Trainings: Aerobe Fitneß-Aktivitäten sollten drei bis fünf Mal die Woche durchgeführt werden. Ein tägliches aerobes Training wird im allgemeinen nicht empfohlen. Manche Trainer empfehlen nicht-aerobes Training, wie etwa Gewichtstraining, an den anderen Tagen.

5. Progressionsrate: Das Trainingsprogramm, mit dem Sie anfangen, muß angepaßt werden, wenn Sie Fortschritte in punkto Fitneß erzielt haben. Sie müssen sich schneller bewegen beim aeroben Training, wenn Sie die gleiche kardiovaskuläre Intensität erreichen wollen. Viele der bekannten Bücher über Lauftraining stellen z.B. Wochenprogramme für Anfänger auf, so daß die Konditionierung schrittweise und ohne Verletzungsgefahr geschieht.

Abwandlungen

Die Fitneß-Berater halten sich hauptsächlich an Ihre physiologischen Daten, wie z.B. Herzfrequenz, Lungenvolumen und Muskelausdauer. Anhand dieser Angaben wird die aerobe Trainingsempfehlung ausgearbeitet. Es ist egal, um welches Training es sich handelt, solange die empfohlene Zeitdauer und Intensität eingehalten werden. Vielleicht empfiehlt man auch noch einige Übungen zur Erhöhung der Beweglichkeit und zur Kräftigung der Muskulatur, aber das wichtigste ist, daß die Herzfrequenz für einen bestimmten Zeitraum im »Trainingsbereich« liegt. Wenn Sie schwimmen wollen, okay. Das ist Ihnen überlassen, sofern Sie die physiologischen Anforderungen erfüllen.

Was ist mit der Psychologie?

Die meisten Trainer glauben, sie würden psychologische Gesichtspunkte einbeziehen, wenn sie einem die Wahl überlassen. Es gibt wirklich gute Gründe dafür, die Wahl jedem selbst zu überlassen. Die Aussichten sind besser, daß man bei der Sache bleibt, wenn man sie sich selbst ausgesucht hat, als wenn sie einem ohne weitere Erklärungen vorgeschrieben worden ist.

Im Rahmen des üblichen Fitneßtrainings gibt es nur wenig Ausnahmen von dieser »Egal-was-Einstellung«. Arnot und Gaines[32] erklären in ihrem spannenden Buch »Sportselection« die unterschiedlichen körperlichen Beanspruchungen in den verschiedenen Disziplinen und wie man herausfinden kann, ob einem eine bestimmte Sportart liegt bzw. ob man darin gut sein wird. Sie gehen dabei nur nach körperlichen Gesichtspunkten und ignorieren jegliche psychologischen Aspekte. Sie erläutern dem Leser die Anforderungen der jeweiligen Disziplin in bezug auf Geschicklichkeit, Herz- und Lungenfunktion und Körperbeschaffenheit. Ihr Gedanke ist, für jeden den Sport zu finden, der am besten zu den körperlichen Voraussetzungen paßt, so daß man seine körperlichen Vorzüge fördert. Das hat wenig zu tun mit einer Verbesserung oder Änderung psychischer Funktionen.

Eine andere Variante ist der in »Sportselection« ähnlich und basiert auf den Körpertypen als Grundlage für die Auswahl einer bestimmten Sportart. Grundlage ist das Werk von William Sheldon, der drei Körpertypen herausfand: den Athletiker (dünn, muskulös), den Leptosom (schlank, wenig bemuskelt) und den Pykniker (untersetzt, dickleibig). Curtis Pesman übernahm Sheldon's Modell zur Verdeutlichung, warum ein bestimmter Körpertyp für einige Sportarten besser geeignet ist als für andere. Leptosome z. B. sind besonders geeignet für Sportarten wie Fußball oder Squash, während Athletiker sich besser für Langstreckenlaufen eignen. Obwohl Sheldon die Körpertypen mit bestimmten psychologischen Kriterien in Verbindung setzt, ignoriert Pesman jegliche psychologischen Aspekte.

Was haben Sie bis jetzt gelernt?

Dies ist kein Buch, mit dem Sie Ihre Kondition oder Fitneß besser beurteilen lernen können, sondern wir wollen aufzeigen, was bei den normalen Fitneß-Tests geschieht.

Mit den vorliegenden Informationen erhalten Sie eine grobe Vorstellung davon, wie gut Sie in Form sind, obwohl wir unbedingt raten, sich in einer Klinik oder einem Fitneß-Center einem Check-up zu unterziehen.

Bei den üblichen Fitneß-Beratungen geht man davon aus, daß aerobe Übungen gut für Sie sind. Man geht davon aus, daß sie als präventive Maßnahmen gegen koronare Herzerkrankungen und gegen Übergewicht bestens geeignet sind. Da das Hauptaugenmerk hierbei auf dem körperlichen Nutzen des Trainings liegt, gelangte man zu der Ansicht, daß jede Art von Training, das bestimmte physische

Gesichtspunkte erfüllt, geeignet sei und vernachlässigte wichtige psychologische Überlegungen.

Die physiologischen Überlegungen, auf denen die Verordnung von Fitneßtraining basiert, sind gut und sollten in jedem Trainingsplan, den Sie nach Lesen dieses Buches aufstellen, auf jeden Fall Berücksichtigung finden. Das heißt, Sie sollten Ihre aerobe Kapazität herausfinden, bevor Sie mit dem Training beginnen. Sie sollten Ihr Trainingsprogramm laufend nach den ACSM-Richtlinien[34] in Hinblick auf Intensität, Dauer und Häufigkeit überprüfen.

Bevor wir uns näher mit der psychologischen Seite des Fitneßtrainings beschäftigen, wollten wir Sie mit den Grundlagen vertraut machen: nach welchen Gesichtspunkten ein Fitneßtraining normalerweise verordnet und ausgewählt wird, die Gründe dafür und die Richtlinien für die Aufstellung eines Trainingsprogramms. Bedenken Sie: was Sie für Ihre Fitneß tun, muß unter Berücksichtigung Ihrer körperlichen Grenzen geschehen. Diese Grenzen findet man am besten heraus, wenn man sich gründlich von einem Arzt oder einem anderen professionellen Fitneß-Berater testen und beraten läßt.

5

Welcher Fitneß-Typ sind Sie?

Wußten Sie schon, daß ...?

Sportpsychologie ist ziemlich neu. Erst 1986 errichtete die American Psychological Association eine Abteilung für die Mitglieder, die sich für diesen Bereich der Psychologie interessieren. Aber es gibt schon seit den 40er Jahren psychologische Studien über Sportler.

Eine der am häufigsten gestellten Fragen bezieht sich auf die Persönlichkeit von Sportlern: Sind Sportler normale Sterbliche oder sind sie eine Klasse für sich? Eine andere beliebte Frage ist, ob es sport-spezifische Persönlichkeiten gibt? Weisen Fußballspieler z.B. ganz bestimmte Persönlichkeitsmerkmale auf?

Die Antworten auf diese Fragen sind nicht einfach. Die Studien über Sportler sind nicht leicht zu interpretieren, da jeder Wissenschaftler andere Methoden verwendet. Einige machen z.B. Interviews, andere führen Messungen wie etwa den bekannten Rorschachschen Formdeuteversuch durch und wieder andere arbeiten mit objektiven Persönlichkeitsstudien. Einige Ergebnisse basieren auf Untersuchungen an olympiareifen Sportlern, andere wurden im Sportunterricht an der High School durchgeführt. Zahlreiche Studien vergleichen Sportler unterschiedlichen Niveaus miteinander, um Vergleichsmöglichkeiten zwischen Siegern und Verlierern zu finden. Die Untersuchungen erstreckten sich über mehr als vier Jahrzehnte, was die Frage aufwirft, ob die Ergebnisse der Studien mit den Sportidolen von gestern irgendwelche gültigen Aussagen liefern können für die moderne Sportlergeneration. All diese Punkte machen allgemein gültige Rückschlüsse auf die Persönlichkeiten von Sportlern unmöglich.

Trotz dieser Probleme sehen wir uns einmal an, was die Sportpsychologen und andere Wissenschaftler uns über Sportler im allgemeinen und über Sportlertypen im besonderen zu sagen haben.

Sportler im allgemeinen

Eine der ersten Untersuchungen, die zeigte, daß es Unterschiede in der Persönlichkeit bei Sportlern gibt, wurde 1941 veröffentlicht. Leichtathleten, Sportstudenten, Flugschüler und Leute, die an einem Gewichtstraining-Kurs teilnahmen, wurden untersucht. Es stellte sich heraus, daß die Leichtathleten und Flugschüler »weniger hypochondrisch« (sie beklagten sich seltener über imaginäre körperliche Leiden) und nicht so introvertiert waren wie die Gewichtheber, aber sie zeigten stärkere Symptome emotioneller Schwierigkeiten als die Sportstudenten.

Seit der Veröffentlichung dieser Studie im Jahre 1941 gab es Hunderte von Untersuchungen bei Sportschülern, Freizeitsportlern, Olympioniken und Profi-Sportlern. Die Ergebnisse der Untersuchungen der Persönlichkeitsstrukturen von Sportlern haben interessante Trends gezeigt.[3] Einige der Hauptunterschiede zwischen Sportlern und Nicht-Sportlern sind in Tabelle 5.1 aufgeführt. Es scheint viele Beweise für diese Unterschiede zu geben. Aber man muß sich fragen, warum und wieso.

Viele Wissenschaftler sind der Meinung, daß Sportler sich von Natur aus von Nicht-Sportlern unterscheiden. Das heißt, sie sind entweder schon zum Sportler geboren worden oder ihre Persönlichkeit wurde in den frühesten Kindheitsjahren entsprechend geprägt und durch die sportliche Aktivität nicht wieder geändert. Andere sind sich nicht sicher, was zuerst da war – die sportliche Betätigung (die die Persönlichkeit prägte) oder die Persönlichkeit (die die Wahl der Sportart beeinflußte). Unsere Einstellung ist eindeutig: Persönlichkeit und Sport beeinflussen einander – nicht entweder oder!

Eine andere Frage ist, ob Sportler »besser« sind als Nicht-Sportler. Die Liste in Tabelle 5.1 scheint das zu bestätigen, aber es bestehen berechtigte Zweifel. Die Ergebnisse der Untersuchungen sind nicht so eindeutig, wie es diese Liste zu sagen scheint. Einer der größten Persönlichkeits-Theoretiker unserer Zeit, Hans Eysenck, berichtete 1982, daß Sportler extrovertierter, weniger neurotisch, weniger ängstlich, selbstsicherer, ehrgeiziger und weniger gehemmt seien und einen größeren Reiz vom Leben erwarteten als Nicht-Sportler.[4] Eysenck glaubte jedoch nicht, daß diese Ergebnisse die Hypothese, daß Sport der Persönlichkeit

Tabelle 5.1 Ein Vergleich zwischen Sportlern und Nicht-Sportlern. Im Vergleich zu Nicht-Sportlern haben sich die Personen, die regelmäßig Sport treiben, erwiesen als:

mehr	weniger
extrovertiert	gehemmt
dominierend mit Führungsfähigkeit	ängstlich
selbstbewußt	zwanghaft
emotionell ausgeglichen	depressiv
aggressiv	neurotisch
sensationslüstern, abenteuerlustig	abhängig
kämpferisch	
tolerant gegenüber Unbequemlichkeit und Schmerz	
impulsiv	

gut täte, genügend untermauere. Sein Bericht stellte auch heraus, daß einige Sportler durch den Sport negative Persönlichkeitsänderungen durchmachten. Dem können wir nur zustimmen!
In einer neueren Untersuchung über Aerobic-Fans, Body-Builder und Läufer zeigte das psychologische Profil dieser Sportenthusiasten einige unschöne Seiten. Sie wurden überwiegend als freudlos empfunden, und die meisten zeigten Anzeichen von Unbeständigkeit und Minderwertigkeitsgefühlen. Die meisten von ihnen wiesen auch narzißtische Züge auf. Die Studie fand heraus, daß die Fitneß-Aktivitäten, die gerade in Mode sind, nicht unbedingt Wohlbefinden schenken, sondern egozentrische Merkmale begünstigen können.[5]
Diese Studie hat gezeigt, daß Sport sowohl eine Ausdrucksform der Persönlichkeit ist als auch ein Mittel zur Änderung der Persönlichkeitsmerkmale – negativ oder positiv, je nach Sportart!

Sportler und Training – eine detailliertere Betrachtung

Unsere Idealvorstellung wäre es, wenn sich für die verschiedenen Sportarten ein Persönlichkeitsprofil der Sportler aufstellen ließe. Es gibt viele Untersuchungen über Gewichtheber, Radfahrer, Judo-Kämpfer, Tänzer, Bogenschützen, Drachenflieger, Basketballer, Ruderer, Läufer oder Hockeyspieler, aber es ist nicht einfach, die Ergebnisse einer Gruppe mit der anderen zu vergleichen.
In einer Studie wurden die Persönlichkeitsprofile von Radfahrern und Drachenfliegern miteinander verglichen. Die Drachenflieger stellten sich als depressiver als die Radfahrer heraus.[6] Eine andere Studie stellte fest, daß Schwimmer weniger depressiv sind als Basketballer. Kann man also davon ausgehen, daß Radfahrer weniger depressiv sind als Basketballer? Nein. Kann man sagen, daß Schwimmer und Radfahrer gleich wenig depressiv sind? Nein. In den beiden Studien wurden die Depressionen auf unterschiedliche Weise gemessen. Außerdem waren die Schwimmer in der zweiten Studie Wettkampfschwimmer an einer High School, während die Radfahrer in der ersten Profi-Rennfahrer waren. Je nach den benutzten Methoden, den Testpersonen oder dem Jahr, in dem die Untersuchung durchgeführt wurde, erhält man ziemlich unterschiedliche Ergebnisse und in manchen Fällen sogar einander widersprechende. Wenn man eine Sportlergruppe mit einer anderen vergleicht, weiß man weder, inwiefern sie sich von normalen Sterblichen unterscheiden, noch wie sie in die große Gruppe aller Sportarten einzuordnen sind. Man kann nicht versuchen, die Hackordnung aufzustellen, wenn nicht alle Hühner im Stall sind!
Wir wollen das einmal näher betrachten, und zwar anhand der Schwimmer. In einer Untersuchung fand man heraus, daß Spitzenschwimmer eine dominierende Persönlichkeit haben und nur mittelmäßig extrovertiert sind.[8] Auch in einer zweiten Studie wurde die dominierende Persönlichkeit bestätigt, ebenso seien Schwimmer sehr autonom (oder selbstbestimmt) und durch Erfolge zu motivieren.[9] Eine dritte Untersuchung bei Schwimmern auf Olympia-Niveau zeigte, daß sie die einzige Gruppe von Olympia-Sportlern sind, die unterdurchschnittlich wenig Ängste hatten.[10] Im Vergleich mit Basketballern, Fußballspielern und Ringkämpfern stellten sich die Schwimmer in einer vierten Untersuchung als am wenigsten neurotisch heraus.[11] Aber dann fand eine britische Studie heraus, daß Schwimmer sehr introvertiert und neurotisch[12] seien. Wieder eine andere Studie stellte die Schwimmer als egozentrisch und egoistisch dar.[13]

Aus diesen Daten ein eindeutiges Persönlichkeitsprofil des Schwimmers zu erstellen, ist schwierig. Es gibt Widersprüche, ob Schwimmer introvertiert oder extrovertiert, neurotisch oder gut angepaßt sind. Obwohl die Mehrzahl der Informationen ein gesundes Persönlichkeitsprofil des Schwimmers zeigt, ist es dennoch nicht so einwandfrei, wie wir es gerne hätten.
Läufer sind noch schwieriger. Was ist ein Läufer? Es gibt Kurzstrecken-, Mittelstrecken- und Langstreckenläufer. Es gibt Spitzenläufer und die Freizeitsportler. Und dann gibt es auch noch die Jogger! Was sagt die Wissenschaft? Es gibt Studien, die regelmäßige Läufer als zwanghaft[14], depressiv, gehemmt[15], introvertiert[16], wortkarg, vorsichtig, besonnen und an monotone, sich wiederholende Situationen gewöhnt beschreiben.[17] Ja, Sie haben richtig geraten: Auf der anderen Seite hält man Läufer für geselliger, optimistischer[18], sexuell aktiver[19] und glaubt, daß sie sich besser im Leben zurechtfinden.[20]

Der gemeinsame Maßstab

Was wir brauchen, ist ein gemeinsamer Maßstab oder genauer gesagt, einige Maßstäbe, die Sinn ergeben! Wenn man liest, daß Läufer Hypochonder sind oder daß Gewichtheber unter Gefühlen mangelnder Männlichkeit leiden, greifen wir am besten erst einmal nach dem Wörterbuch, um herauszufinden, wovon die Autoren sprechen und fragen uns dann hinterher, wie man einen Zusammenhang zwischen Gewichtheben und Laufen findet. Man kann sich auch fragen, warum jemand bei Gewichthebern nach Gefühlen mangelnder Männlichkeit sucht oder bei Läufern hypochondrische Züge untersucht. Hatten diese Wissenschaftler persönliche Interessen verfolgt oder waren die Untersuchungen Teil einer Theorie?
Wir brauchen einen generellen Maßstab, um Sportarten und Training sinnvoll zu beschreiben, d.h. was diesen Sport oder das Training ausmacht. Außerdem müssen sich alle Fitneß-Aktivitäten mit einem Maßstab messen lassen, damit man sie miteinander vergleichen kann.
Das ist das Anliegen dieses Kapitels. Wenn Sie dieses Kapitel gelesen haben, wissen Sie, welche psychologischen Aspekte in der Welt von Sport und Training nützlich sind. Desweiteren werden Sie eine Selbsteinschätzung bezüglich dieser Aspekte vorgenommen haben.
Bevor wir uns an diese umfangreiche Aufgabe machen, müssen wir uns klar werden über das, was wir tun. Da es unser Ziel ist, die Persönlichkeit von Sportlern zu erforschen, definieren wir zu Beginn den Begriff »Persönlichkeit«.

Was versteht man unter Persönlichkeit?

Der Begriff »Persönlichkeit« ist ein Zentralthema in der Psychologie, dennoch gibt es nur wenig Einigkeit bei der Definition. Von Freud bis Fromm und Erikson bis Rogers findet man so wenig Einigkeit bei der Definition dieses Begriffs, daß man glauben könnte, die Theoretiker sprächen über vollkommen verschiedene Dinge.
Unsere Alltagssprache kennt hauptsächlich zwei Bedeutungen.[21] Erstens gibt es

Leute, die »Persönlichkeit« haben, also Personen, die Charisma haben, eine positive Ausstrahlung besitzen, die andere anzieht. Man sagt z. B. »Mann, hat die Persönlichkeit«, was bedeutet, daß sie bei ihrer Umwelt positive Reaktionen auslöst. Die zweite Definition basiert darauf, daß jeder von uns dominante Charakterzüge hat, die mehr oder weniger sein Leben bestimmen. Wir sprechen daher von Personen, die eine »aggressive Persönlichkeit«, eine »dominierende Persönlichkeit« oder eine »unterwürfige Persönlichkeit« besitzen.

Will man verstehen, inwiefern die Persönlichkeit von Sport und Training beeinflußt wird, muß man sich erst einmal auf eine praktikable Definition des Begriffs Persönlichkeit einigen. Die alltäglichen Definitionen, die im vorhergehenden Abschnitt aufgeführt wurden, sind nicht sehr hilfreich. Die erste Definition bezieht sich mehr auf die Anziehungskraft als auf Charakterzüge. Die zweite läßt nur Kategorisierungen zu, so daß man entweder aggressiv, schüchtern oder nachgiebig ist.

Sportpsychologen gehen davon aus, daß sich eine Persönlichkeit aus verschiedenen Wesensmerkmalen oder Charakterzügen zusammensetzt.[22] Diese Theorie besagt, daß jede Person mehrere oder auch weniger Charaktereigenschaften hat. Faßt man alle diese Charakterzüge zusammen, ergibt sich das Persönlichkeitsprofil einer Person. Die Anzahl der Charakterzüge ist von Theorie zu Theorie verschieden. Manchmal beschäftigen sich Sportpsychologen nur mit einigen Wesensmerkmalen der Persönlichkeit, da sie davon ausgehen, daß Sport sowieso keine Auswirkungen auf die anderen hat. Ein Psychologe kümmert sich z. B. nur um Aggression und Selbstvertrauen bei Sportlern und läßt andere Wesensmerkmale außer acht, da sie für die Studie nicht relevant sind.

Das Persönlichkeitsmodell, das wir entworfen haben, ist weder zu umfangreich noch zu eingegrenzt. Wir wollen nicht den Anschein erwecken, daß Fitneßtraining auf jeden Aspekt der Persönlichkeit Einfluß haben könnte – das wäre übertrieben. Natürlich werden auch alle anderen Aspekte beeinflußt, wenn sich ein Charaktermerkmal drastisch ändert, aber der Einfluß auf die anderen Charakterzüge ist doch nur gering.

Es wäre aber auch irreführend, wenn man sich immer nur mit einem oder zwei Charaktermerkmalen beschäftigen würde. Das wäre zu einseitig. Wie wir sehen werden, spielen viele Bereiche der Persönlichkeit eine Rolle, wenn man mit Fitneßtraining beginnt. Ginge man davon aus, daß lediglich Aspekte wie Selbstvertrauen oder Aggressivität beeinflußbar wären, würde man das Potential des Sports für die Persönlichkeitsentwicklung nicht voll ausschöpfen.

Nach diesen einführenden Überlegungen wollen wir eine Definition des Begriffs Persönlichkeit aufstellen und uns dann damit beschäftigen, welche Wesensmerkmale man im Rahmen des Fitneßtrainings »trainiert«.

Definition der Persönlichkeit

Die Persönlichkeit bedeutet die aktiven und dynamischen Interaktionen von »psycho-physischen« Dimensionen, die die persönliche Anpassung an die Umwelt bestimmen. Man kann Persönlichkeit auch in den relativ dauerhaften und beständigen Verhaltensmustern sehen, die Wahrnehmung, Lernprozeß und Anpassung bestimmen. Man kann sagen, es ist unsere Art zu leben.

Es gibt wichtige Aspekte dieser Definition. Zum einen ist die Persönlichkeit nicht passiv. Wir haben Absichten oder Ziele, die mehr oder weniger in unserem

Verhalten zum Ausdruck kommen. Dabei kann es sich um Bedürfnisse handeln, die wir befriedigen wollen, wozu u.a. Ernährung, Unterkunft, Sex, Liebe und Selbstwertgefühl gehören. Welche Bedürfnisse wir auch immer befriedigen wollen oder welche Wege unser Verhalten auch wählt, es drückt sich aktiv in unserer Persönlichkeit aus.

Persönlichkeit ist dynamisch oder interaktiv. Ein Persönlichkeitsmerkmal beeinflußt alle anderen. Man kann sich nicht nur ein Merkmal isoliert von allen anderen ansehen. Man kann nicht sagen, eine Person sei ein »Erfolgsmensch« und erwarten, daß sie exakt so ist wie alle anderen Erfolgsmenschen auch. Wie wir ein bestimmtes Wesensmerkmal bezeichnen, z.B. daß jemand erfolgreich ist, hängt davon ab, wie die anderen Wesensmerkmale aussehen und wie sie sich in dieser einzigartigen Mischung verbinden.

Mit Hilfe der Persönlichkeit kann man feststellen, wie sich die Einzelperson auf ihre persönliche Art an die Lebensumstände anpaßt. Selbst das bizarre Verhalten eines Verrückten hat eine Bedeutung und spiegelt seine Art der Anpassung an seine Lebensumstände wider. Ein aggressiver Mensch ist aus einem bestimmten Grund aggressiv. Der ursprüngliche Grund für dieses Verhalten existiert vielleicht gar nicht mehr, aber die Person behält das Verhalten bei, weil es zur Gewohnheit geworden ist.

Persönlichkeit ist dauerhaft. Sie ändert sich nicht über Nacht. Es gibt sogar Theoretiker, die sagen, sie ändere sich nach den ersten Lebensjahren nur sehr geringfügig. Andere sind optimistischer und gehen davon aus, daß sich die Persönlichkeit während des ganzen Lebens ändere, aber nur sehr, sehr langsam. Eine gewollte, bewußt herbeigeführte Änderung der Persönlichkeit ist sehr mühsam und langwierig. Das ist der Schlüssel für unsere Arbeit.

Unsere Gesellschaft bietet die Möglichkeit für Persönlichkeitsänderungen durch Erfahrung in der Dauer von einigen Stunden bis hin zu einigen Wochenenden der Selbsterfahrung. Aber so einfach ist es nicht. Wenn wir von Persönlichkeitsänderungen durch Körpertraining sprechen, wollen wir nicht sagen, daß man sein »neues Ich« erfahren kann, wenn man sich einen Monat lang dreimal pro Woche auf seinen Heimtrainer setzt. Das wäre Blödsinn.

Die Menschen widmen sich heutzutage ein Leben lang ihrem Training, und Fitneß ist ein Bestandteil des Lebens geworden. Wir glauben, daß dieses Langzeit-Training eine Menge Auswirkungen auf Körper und Psyche hat. Wenn jemand fünf Jahre seines Lebens fünfmal pro Woche gelaufen ist, weist er gewisse Wesensmerkmale in stärkerem Maße auf als andere. Das führt zu einer Änderung: langsam, fast unmerklich, aber nichtsdestotrotz auf lange Sicht von Bedeutung. Die dauerhafte Natur der Persönlichkeit ändert sich.

Ein besonderer Aspekt der Persönlichkeit ist, daß sie konsequent ist. Wir haben eine fest verankerte Vorstellung von uns selbst. Daher nehmen wir unsere Umwelt nicht unvoreingenommen wahr. Auf selektive Weise nehmen wir gewisse Informationen auf oder ignorieren sie. Gewöhnlich nehmen wir das wahr, das dazu paßt, wie wir uns sehen. Was nicht paßt, ignorieren wir. Wenn man also mit der Vorstellung aufwächst, ein Versager zu sein, nimmt man nur die Erfahrungen wahr, die das bestätigen, und ignoriert jedes Anzeichen eines Erfolgs. Man bleibt konsequent und beständig bei dieser Einstellung – sogar auf Kosten von Leistungsfähigkeit, Glück und Wohlbefinden!

Diese konsequente oder beständige Einstellung ist besonders wichtig, wenn es um die Aufstellung eines Sport- oder Trainingsprofils geht. Wir vermeiden Aktivitäten, die unser Selbstbild stören. Wenn wir uns z.B. als schüchtern und zurückhaltend sehen, halten wir uns von Geselligkeit in jeder Form fern – auch bei Sport und Training. Wenn wir uns selbst als aktiv und gesellig sehen, werden wir uns geselligen, dynamischen Aktivitäten widmen und solche meiden, die uns einsam und passiv erscheinen. Wir bauen eine Reihe von Charakteristiken im Verlauf des Lebens auf und vernachlässigen die Entwicklung anderer. Das ist das Konzept konsequenten Handelns. Es ist ein Grund, warum wir uns die Persönlichkeit einmal näher ansehen wollen in bezug auf die Verordnung von Aktivitäten, die nicht passend erscheinen (weil sie inkonsequent sind), aber helfen können, mehr Gleichgewicht im Leben zu finden.

Wir wollen die Definition der Persönlichkeit mit der Feststellung abschließen, daß Persönlichkeit auf dem Zusammenspiel von Körper und Geist basiert. Die Idee psycho-physischer Charakteristiken in der Persönlichkeits-Theorie ist nicht nur ein Thema der »aufgeklärten 80er Jahre«. Denn schon 1937 ging einer der prominentesten Persönlichkeits-Experten, Gordon Allport, bei seiner Definition der Persönlichkeit nach diesem Konzept vor. Er betonte, daß »Persönlichkeit weder ausschließlich mental noch ausschließlich physisch« gesehen werden kann. Er sagte, die Persönlichkeit beinhalte Körper und Geist, die unlösbar zu einer Einheit verbunden seien.«[23]

Die psychosozialen Handlungsdimensionen (PAD = Psychosocial Activity Dimensions)

Da wir jetzt wissen, was Persönlichkeit bedeutet, wollen wir uns die Aspekte der Persönlichkeit ansehen, die am ehesten mit Sport, Training und Fitneß zu tun haben. Aufgrund umfassenden Studiums der vorhandenen Literatur und intensiver Befragungen von Sportlern und Fitneß-Experten haben wir sieben Hauptaspekte herausgefunden. Aus zwei Gründen nennen wir sie »psychosoziale Handlungsdimensionen«. Der erste ist, daß diese Dimensionen sowohl psychologischer als auch sozialer Natur sind, daher psychosozial. Der Mensch ist nie vollkommen frei von Interaktionen mit anderen Menschen, egal ob es sich dabei um tatsächlichen Austausch oder nur um imaginären handelt. Wir funktionieren in einer sozialen Umgebung.

Das Wort Handlung benutzen wir, weil wir glauben, daß dies die Dimension ist, die am ehesten gefordert ist, wenn wir aktiv sind und Sport treiben.

Einige dieser Dimensionen sind recht umfassend, d.h. es kann mehr als nur ein Aspekt bestimmter Charaktermerkmale vorhanden sein. Andere sind enger gefaßt. Alle unterliegen der Auslegung – so ist es nun einmal mit der Beurteilung von Persönlichkeiten. Vielleicht fällt es einem schwer, auf die eine oder andere Frage präzise zu antworten, aber auch ungefähre Angaben sind ausreichend.

Wenn sie die psychosozialen Handlungsdimensionen oder PADs durchgehen, sollten Sie die Fragen unbedingt ehrlich und wohlüberlegt beantworten. Später bekommen Sie die Möglichkeit, Ihr PAD-Profil mit verschiedenen Trainingsprogrammen zu vergleichen. Die Beurteilung Ihrer Persönlichkeit ist in diesem Stadium eher allgemein – mehr die allgemeine Lebenseinstellung oder der Lebensstil. Nehmen Sie sich also etwas zum Schreiben und dann geht's los mit der Selbst-Beurteilung.

PAD 1 – gesellig/nicht gesellig

»Bill läuft liebend gern in den ruhigen Morgenstunden. Gewöhnlich ist er schon vor halb sechs auf der Straße. Selten trifft er andere Läufer und wenn, dann wird nur knapp gegrüßt und jeder läuft weiter seines Weges. Er redet nicht viel. Seine Freunde beschreiben ihn als jemanden, »der nicht viel Worte macht«, aber diese Worte sorgfältig auswählt. Als Programmierer/Analysator arbeitet er viel für sich allein und löst diffizile Probleme, wodurch er sich motiviert fühlt. Er hat nicht viel für Parties übrig, aber er liebt alte Filme und klassische Musik.«
»Sally läuft, um ihre Figur zu behalten und weil es ihr Spaß macht. Sie läuft am liebsten um die Mittagszeit, und zwar meistens mit ein oder zwei Freunden. Das ist ihre Art, Freundschaften zu pflegen oder sogar ein Geschäft durchzusprechen. Als Maklerin verbringt sie viel Zeit mit anderen Menschen und es scheint ihr wirklich Spaß zu machen. Sie ist der geborene Organisator, egal ob es sich dabei ums Geschäfts- oder Privatleben handelt. Sie interessiert sich für Kunst und findet fast immer die Zeit, trotz ihres vollen Terminkalenders einmal in der Woche in eine Galerie zu gehen.«

Bill und Sally sind beide Läufer, aber sie haben einen unterschiedlichen Trainingsstil. Bill läuft gern allein, so wie er auch alles andere am liebsten allein macht. Für Sally ist das Laufen eine gesellige Angelegenheit. Man kann gut sehen, daß bei beiden Personen ein konsequentes Handeln vorliegt. So wie sie trainieren, so leben sie auch ihr Leben. Nicht jeder von uns ist so. Manche versuchen, ihre Bedürfnisse auszugleichen, indem sie manche Dinge allein tun und andere gemeinsam mit anderen. Probleme tauchen auf, wenn man zu sehr in das eine oder andere Extrem verfällt.
Es gibt eine umgangssprachliche Bedeutung von »gesellig und nicht gesellig«. Was ist mit der PAD gesellig/nicht gesellig gemeint? Man kann es von zwei Seiten betrachten: das erste ist das angestrebte Verhalten und das zweite ist das tatsächliche Verhalten.
Machen Sie am liebsten alles allein oder mit anderen gemeinsam? Würden Sie eher allein ins Kino gehen oder mit einem Freund? Gehen Sie gern auf Parties oder würden Sie lieber einen gemütlichen Abend zu Hause verbringen? Arbeiten Sie lieber im Team mit anderen oder allein? Bei manchen Fragen würden Sie vielleicht mit »Manchmal ja und manchmal nein – das kommt darauf an« antworten. Mit einer solchen Antwort zeigen Sie ein gewisses Gleichgewicht, eine Ausgewogenheit. Die Fragen sollten also besser lauten »Wieviel Prozent

Ihrer Zeit möchten Sie lieber allein bzw. mit anderen verbringen?« Bis jetzt haben wir nur davon gesprochen, was Sie gern tun möchten. Wir haben keine Ahnung, wie es in Ihrem Leben tatsächlich aussieht, d.h. Ihr tatsächliches Verhalten ist unbekannt.

Wieviel Zeit verbringen Sie gemeinsam mit anderen bzw. allein? Diese Frage muß näher erläutert werden. Es gibt viele Möglichkeiten, allein zu sein, obwohl man mitten in einer Menschenmasse ist. Eine Person, die am Fließband arbeitet, ist sicherlich nicht allein (d.h. absolut allein, ohne Kontaktmöglichkeiten), aber

Tabelle 5.2 PAD – gesellig/nicht gesellig

Bitte machen Sie bei jeder Frage einen Kreis um den Begriff, der am ehesten auf Sie zutrifft.

meistens – ich bin die meiste Zeit so.
oft – ich bin oft oder häufig so.
manchmal – ich bin manchmal oder gelegentlich so.
selten – ich bin selten oder nie so.

1. Ich erledige am liebsten alles allein.	meistens 1	oft 2	manchmal 3	selten 4
2. Ich habe das starke Bedürfnis, mit anderen zusammen zu sein.	meistens 4	oft 3	manchmal 2	selten 1
3. Ich arbeite gern allein.	meistens 1	oft 2	manchmal 3	selten 4
4. Ich bin ängstlich, wenn ich neue Leute kennenlerne.	meistens 1	oft 2	manchmal 3	selten 4
5. Ich mag Parties und Geselligkeit.	meistens 4	oft 3	manchmal 2	selten 1
6. Ich behalte meine Gedanken und Gefühle für mich.	meistens 1	oft 2	manchmal 3	selten 1
7. Ich schließe schnell Freundschaften.	meistens 4	oft 3	manchmal 2	selten 1
8. Ich unterhalte mich mit Fremden im Bus, Flugzeug oder Zug.	meistens 4	oft 3	manchmal 2	selten 4

Ergebnis

Zählen Sie die Zahlen unter Ihrer jeweiligen Antwort zusammen und schreiben Sie die Gesamtpunktzahl an die vorgesehene Stelle. Dann ermitteln Sie die Kategorie Ihres **geselligen/ungeselligen** Verhaltens in der folgenden Liste.

Kategorie	PAD	Ergebnis
1	sehr gesellig	28–32
2	ziemlich gesellig	23–27
3	mittelmäßig	18–22
4	ziemlich ungesellig	13–17
5	äußerst ungesellig	8–12

Ihre Gesamtpunktzahl ______________ **Ihre Kategorie** ______________

es gibt keine Interaktionen. Der Schlüssel ist Interaktion. Verbringen Sie viel Zeit im Gespräch mit anderen, tauschen Sie Ihre Ansichten, Philosophien oder Erlebnisse aus? Gibt es Interaktionen zwischen Ihnen und anderen Personen auf nicht-verbale Weise oder durch Körperkontakt? Arbeiten Sie an Team-Projekten, wo einer dem anderen bei der Aufgabenerfüllung hilft? Sie können wieder mit »Kommt darauf an« oder »Manchmal« antworten. Man muß also nach der Zeit fragen, die Sie wirklich mit anderen verbringen, im Gegensatz zu der Zeit, die Sie allein sind. (Die Zeit, die Sie mit Schlaf verbringen, wird nicht mitgerechnet, es sei denn, Sie schlafen extra viel, um den Kontakt mit anderen zu vermeiden.)

Es kann eine große Differenz bestehen zwischen der Zeit, die Sie tatsächlich mit anderen verbringen und der Zeitspanne, die Sie gern mit anderen verbringen würden. Ist dieser Unterschied sehr groß, sollten Sie sich einmal Gedanken machen, wieso. Es kann gute Gründe dafür geben, daß man gern mit anderen zusammen sein möchte, aber keine Zeit dafür hat. Aber das tatsächliche Verhalten ist oft genug ein guter Anzeiger für die Bedürfnisse, die man hat, d.h. Sie sollten sich fragen, ob Sie tatsächlich ehrlich mit sich selbst sind.

Die Fragen zu PAD gesellig/nicht gesellig (Tabelle 5.2) drehen sich um eine Mischung aus Wunsch und tatsächlichem Handeln. Ihr Verhalten richtet sich nach Ihrer Einstellung zu anderen Menschen, sowohl in bezug auf das, was Sie gern täten als auch auf das, was Sie wirklich tun. Beachten Sie, daß es sich hierbei nicht um die Art der zwischenmenschlichen Beziehungen handelt, die von Wettkampf, Aggression, Macht bis hin zu Konkurrenzlosigkeit, Passivität oder Gehorsam geprägt sein können. Sie können eine Menge Zeit damit verbringen, mit anderen herumzudiskutieren oder Sie sind der beste Zuhörer auf Erden – das hat keinen Einfluß auf Ihr Ergebnis auf diesem Gebiet.

PAD 2 – spontan/beherrscht

»Michelle durchforstete alle Urlaubsangebote, bevor sie ihren Winterurlaub genau plante. Nachdem sie sich entschieden hatte, wollte sie so viel wie möglich über das Programm, die angebotenen Aktivitäten und mögliche Programmänderungen wissen. Sie überließ nichts dem Zufall. Ihre Freunde glaubten manchmal, sie müsse es gewesen sein, die das Zeit Management erfunden hat. Alles in ihrem Leben war geplant. Das reichte bis hin zu der Zeit, die sie fürs Duschen und Anziehen nach ihrem morgendlichen Aerobic-Kurs brauchte. Sie war Büroleiterin in einem Anwaltsbüro und jedermann wußte, wenn sie nicht wäre, würde der ganze Laden zusammenbrechen.« »Wally hielt sich selbst für ein Kind der 60er Jahre, aber das war nur eine bequeme Ausrede für seinen Lebensstil. Er tat alles aus dem Augenblick heraus und war bei seinen Freunden als »verrückter und unberechenbarer Typ« bekannt. Das, was er machte, machte er gut und er hatte den großen Vorteil, einen kreativen Beruf auszuüben. Seine Kollegen betrachteten seine Exzesse als eine Art künstlerische Freiheit. Unter Fitneßtraining verstand er, in einer Nacht in so vielen Discos wie möglich wild zu tanzen. Einen Tag lang zählte er sich

auch zu den Joggern, aber das war nur eine Laune. Er hatte in der Tat alles zumindest einmal ausprobiert, inklusive Fallschirmspringen.«

Wenn Sie Begriffe wie spontan und beherrscht hören, besteht die Gefahr, daß mit der Zuordnung zu der einen oder anderen Kategorie die Meinung besteht, Sie seien entweder ein Spaßvogel oder ein Langeweiler. Wenn man als beherrscht gilt, kommen Vorstellungen von einem ernstem, fast mechanisch handelnden Menschen auf, während der Begriff spontan denken läßt, es handle sich um eine zumindest gesellschaftlich wünschenswerte Eigenschaft. Das ist doch das, was die neuen Therapien und Selbstfindungs-Kurse wollen, nicht wahr? Aber so einfach ist es nicht. Nach der Beschreibung von Michelle und Wally zu urteilen, würden Sie wahrscheinlich lieber einen Abend mit einem wilden, verrückten Typen verbringen als mit einer an ein Präzisionsinstrument erinnernden Person. Aber es gibt ein Für und Wider, das wir uns näher ansehen wollen.

Spontaneität kann unter den richtigen Umständen eine gute Sache sein, sonst vermasselt sie einem ganz schön den Spaß. Wir brauchen einen gewissen Überblick. Alles nur aus dem Augenblick heraus zu entscheiden, kann ordentliche Probleme auswerfen. Michelle's vorprogrammierter Urlaub mag wie ein »no risk-no fun«-Unternehmen anmuten, aber indem wir die Dinge regeln, die sich regeln lassen, haben wir uns von einigem befreit – zumindest von den allgemeinen Sorgen.

Zwei weitere Begriffe werden mit spontan und beherrscht in Verbindung gebracht, und zwar intuitiv und analytisch. Obwohl sie einander nicht entsprechen, wollen wir sie näher betrachten als innere Seite des äußerlichen, spontanen oder beherrschten Handelns. Beherrschung resultiert oft aus vielem Nachdenken und Analysieren. Andererseits, wenn wir etwas spontan tun, dann oft deshalb, weil es »einem gerade richtig vorkommt«. Es gibt einen intuitiven sechsten Sinn beim Handeln. Manchmal hält man intuitives Handeln irrtümlich für richtig, weil man oft seinen Gefühlen eher traut als seinem Verstand (wie die Redewendung »Gehen Sie nach Ihrem Gefühl!« besagt). Wir bewundern Menschen, die intuitiv handeln, so als ob der Rest von uns ohne Intuition geboren worden wäre. Ein Beispiel dafür, wie man davon getäuscht werden kann, wenn man Spontaneität und Intuition für dasselbe hält, kann man in Arthur Conan Doyle's »Sherlock Holmes« finden. Holmes stürzte aus dem Zimmer, um einem neuen Anhaltspunkt nachzugehen. Sein Verhalten erscheint ziemlich spontan und intuitiv. Erst später wird einem klar, daß das, was einem intuitiv vorkam, aus sorgfältiger Analyse und genauen Beobachtungen resultierte. »Elementar, mein lieber Watson – eine einfache Schlußfolgerung!«

Um die Sache klarzustellen, untersuchen wir einmal Ihren Stil. Wenn Sie sich fragen, warum Sie irgendetwas in der Vergangenheit getan haben, fallen Ihnen vermutlich viele logisch-analytische Begründungen ein oder Sie sagen einfach: »Ich weiß es nicht – ich habe es einfach getan. Es kam mir richtig vor.« Spontaneität und Beherrschung haben viel damit zu tun, wie wir die Dinge tun. Eine überlegende Person verbringt viel Zeit damit, über das Für und Wider nachzudenken und kann auf Verlangen eine ganze Reihe von Begründungen für ihr Handeln oder ihre Entscheidungen geben. Diese Haltung geht oft einher mit

Tabelle 5.3 PAD – spontan/beherrscht
Bitte machen Sie bei jeder Frage einen Kreis um den Begriff, der am ehesten auf Sie zutrifft.

meistens – ich bin die meiste Zeit so.
oft – ich bin oft oder häufig so.
manchmal – ich bin manchmal oder gelegentlich so.
selten – ich bin selten oder nie so.

1. Ich tue Dinge aus dem Augenblick heraus.	meistens 1	oft 2	manchmal 3	selten 4
2. Bevor ich in etwas springe, schaue ich es mir genau an.	meistens 4	oft 3	manchmal 2	selten 1
3. Ich treffe meine Entscheidungen nach reiflicher Überlegung.	meistens 4	oft 3	manchmal 2	selten 1
4. Ich lasse mich von meinen Gefühlen leiten.	meistens 4	oft 3	manchmal 2	selten 1
5. Ich plane meinen Tagesablauf ganz genau im voraus.	meistens 4	oft 3	manchmal 2	selten 1
6. Ich handle intuitiv.	meistens 4	oft 3	manchmal 2	selten 1
7. Ich überrasche gern mit Geschenken und Besuchen.	meistens 4	oft 3	manchmal 2	selten 1
8. Ich verabscheue Änderungen an meinen Plänen in letzter Minute.	meistens 4	oft 3	manchmal 2	selten 1

Ergebnis Addieren Sie Ihre Punkte und tragen Sie Ihr Ergebnis an der vorgesehenen Stelle ein. Nun ermitteln Sie anhand der folgenden Liste, wie spontan oder beherrscht Sie sind.

Kategorie	PAD	Ergebnis
1	sehr spontan	28–32
2	ziemlich spontan	23–27
3	mittelmäßig	18–22
4	ziemlich beherrscht	13–17
5	sehr beherrscht	8–12

Ihre Gesamtpunktzahl ______________ **Ihre Kategorie** ______________

Zurückhaltung und Selbstbeherrschung, dem Gefühl, sich unter Kontrolle zu haben.
Ein spontaner Mensch ist nicht dazu geneigt, einem Begründungen oder Rechtfertigungen zu liefern. Er würde eine Sache einfach als Eingebung oder etwas, das »in den Sternen stand«, abtun. Versuchte man, solch eine Person dazu zu bringen, eine Handlungsweise kritisch zu analysieren und zu überlegen, könnte es zu einer sofortigen Kurzschlußreaktion kommen.
Wo ordnen Sie sich selbst ein? Wie stark ist Ihr Handeln bestimmt durch Beherrschung und Analyse und wie stark durch Spontaneität und Intuition (Tabelle 5.3)? Sie müssen bei der Beurteilung sehr vorsichtig sein, nicht nur,

weil Spontaneität in unserer Gesellschaft einen hohen Wert hat, sondern auch, weil viele Handlungen, die Sie als spontan einstufen, nach genauerem Hinsehen gar nicht spontan sind. Vielleicht finden Sie heraus, daß Sie jeden Tag um die gleiche Zeit die gleichen Dinge tun und was Ihnen bisher als spontan vorkam, ist in Wirklichkeit ein sehr kontrolliertes Handeln.

PAD 3 – diszipliniert/undiszipliniert

> *»Charlie geht jeden Morgen um sechs Uhr zum Training ins Schwimmbad, egal wie spät es den Abend vorher geworden ist. Er trainiert sehr hart, obwohl er weder einen Trainer hat, der ihn antreibt, noch einen netten Menschen, der mit ihm schwimmt. »Er ist eben ein harter Typ – er hat enorm viel Selbstdisziplin«, sagt seine Frau. In seinem Job ist er genauso. Er sagt seinen Kollegen, daß der Job getan werden müsse und die Arbeit nicht leichter werde, wenn man sie sich lange ansehe, bevor er sich auf eine Arbeit stürzt, die die meisten als schrecklich und langweilig bezeichnen würden. Er läßt selten eine Ausrede gelten – im Beruf, zu Hause oder bei Spiel und Sport (wenn man es so nennen kann).*
>
> *»Christie sieht sich selbst als die Person, die alles angefangen und wieder aufgehört hat. Ihr wird einfach alles schnell langweilig. Wenn etwas keine Anziehungskraft mehr besitzt, kommt es ganz schnell auf ihre Liste »Oh, das habe ich auch schon einmal gemacht«. Es ist, als ob sie erwarte, daß etwas sie wie ein Magnet anzieht. Zu ihrer Verteidigung sagt sie ihren Freunden immer: »Zumindest habe ich es versucht!« Das ist wahr. Das Problem liegt in ihrer Erwartungshaltung. Sie begibt sich irgendwo hin und sagt: »So, hier bin ich. Nun hat es mir Spaß zu machen.« Es braucht nicht erwähnt zu werden, daß ihre berufliche Laufbahn ziemlich bunt ist. Und was ihre Beziehung zu Männern angeht, da läuft alles nach dem Motto »Neue Besen kehren gut«. Wenn erst einmal der Reiz des Neuen vorüber ist…«*

Nach diesen Beispielen kommt es Ihnen vielleicht so vor, als ob wir es mit Extremfällen von Hedonismus und Stoizismus zu tun hätten. Das kann schon sein. Man kann sich fragen, ob Charlie nur deshalb gern schwierige Dinge tut, weil er auf eine perverse Art solche Dinge liebt. Und daß Christie's Verhalten einzig und allein von dem Prinzip des Vergnügens geprägt ist: Wenn es Spaß macht, tue ich es – wenn nicht, dann nicht!

Bei beiden Typen kann man die Abhängigkeit erkennen. Eine undisziplinierte Person braucht ein dickes Bankkonto oder sie muß das Glück haben, in einer Welt zu leben, die genug Motivation zu bieten hat. Es ist schwieriger, die negative Seite der disziplinierten Person zu erkennen, aber es gibt sie. Diese Person wird oft von der Härte des Lebens gebeutelt und hat Probleme, etwas mal auf die leichte Schulter zu nehmen oder einfach nur zu genießen. Das sind natürlich Extreme.

Bei den meisten von uns findet sich ein weniger übertriebenes Verhalten. Wir

Tabelle 5.4 PAD – diszipliniert/undiszipliniert

Bitte machen Sie bei jeder Frage einen Kreis um den Begriff, der am ehesten auf Sie zutrifft.

meistens – ich bin die meiste Zeit so.
oft – ich bin oft oder häufig so.
manchmal – ich bin manchmal oder gelegentlich so.
selten – ich bin selten oder nie so.

1. Ich kann mich dazu zwingen, schwierige Dinge zu tun.	meistens 1	oft 2	manchmal 3	selten 4
2. Ich kann viel Schmerz und Unangenehmes aushalten.	meistens 4	oft 3	manchmal 2	selten 1
3. Ich brauche viel Motivation, um etwas Schwieriges zu tun.	meistens 1	oft 2	manchmal 3	selten 4
4. Wenn mir etwas nicht leicht fällt, zwinge ich mich zum Weitermachen.	meistens 4	oft 3	manchmal 2	selten 1
5. Ich handel nach dem Prinzip: »Wenn es leicht ist, weitermachen – wenn nicht, aufhören.«	meistens 1	oft 2	manchmal 3	selten 4
6. Ich bin schnell entmutigt, wenn ich nicht gleich Erfolg sehe.	meistens 1	oft 2	manchmal 3	selten 4
7. Wenn ich etwas will, tue ich alles, um es zu erreichen.	meistens 4	oft 3	manchmal 2	selten 1
8. Ich belohne und motiviere mich selbst, wenn ich etwas ungern tue.	meistens 1	oft 2	manchmal 3	selten 4

Ergebnis

Addieren Sie Ihre Punkte und tragen Sie Ihr Gesamtergebnis an die vorgesehene Stelle ein. Anhand der folgenden Liste ermitteln Sie, in welcher Kategorie Sie bezüglich disziplinierten/undisziplinierten Verhaltens einzuordnen sind.

Kategorie	PAD	Ergebnis
1	sehr diszipliniert	28–32
2	ziemlich diszipliniert	23–27
3	mittelmäßig	18–22
4	ziemlich undiszipliniert	13–17
5	sehr undiszipliniert	8–12

Ihre Gesamtpunktzahl ________________ **Ihre Kategorie** ________________

brauchen einen Reiz, um uns mit einer Sache zu beschäftigen. Manchmal reicht auch ein Schulterklopfen oder soziale Unterstützung. Oder wir entscheiden, daß sich etwas lohnt und bleiben bei der Sache, egal wie schwierig sie sich gestaltet. Es gibt noch einen weiteren Aspekt der PAD diszipliniert/undiszipliniert, wie Sie sich vielleicht schon gedacht haben. So wie sich Christie nach dem Vergnügungs-Prinzip zu richten scheint, gibt es im Gegensatz dazu auch ein »Schmerz-Prinzip«. Wissenschaftler haben herausgefunden, daß Menschen unterschiedlich viel Schmerz ertragen können, besonders die Sportler. Die Wörterbuch-

Definition von Disziplin beinhaltet auch Begriffe wie Strafe und erzwungenes Verhalten. Disziplin besagt, daß man nicht nur Dinge tut, die man gern tut oder tun möchte, sondern daß man sie tut, weil man annimmt, sie seien gut für einen oder weil man etwas erreichen möchte.
Kleine Jungen sollen so erzogen werden, daß sie hart und nicht zu sensibel sind, wohingegen kleine Mädchen genau gegenteilig erzogen werden. Was in unseren ersten Lebensjahren geschieht, hängt also von diesen Klischees ab, so daß diese Schmerztoleranz eigentlich wenig mit dem Geschlecht zu tun hat. Im Laufe der Zeit lernen einige, mit schwierigen Situationen fertig zu werden, sie werden diszipliniert. Das heißt nicht, daß man eine Sache gutheißt, sondern lediglich, daß man mehr toleriert.
Wie würden Sie sich selbst einschätzen (Tabelle 5.4)? Haben Sie Probleme, sich mit Dingen abzufinden, die Sie als unangenehm oder als Versuchung empfinden? Oder tun Sie gewisse Dinge ungeachtet der damit verbundenen Probleme, ungeachtet der Schmerzen? Brauchen Sie die Unterstützung von Freunden oder brauchen Sie viel Lob und Anerkennung oder irgendwelche sensationellen Erlebnisse, damit eine Sache für Sie interessant und aufregend bleibt? Oder machen Sie etwas aus Ihrer eigenen Initiative heraus, ohne fremde Unterstützung – einfach, weil Sie es wollen mit Ihrer eigenen Willenskraft?

PAD 4 – aggressiv/nicht aggressiv

»Billy hatte die Tür praktisch schon aus dem Rahmen gerissen, als er plötzlich bemerkte, daß er vergessen hatte, den unteren Riegel zu öffnen. Das war typisch. Er ließ immer seine Kraft spielen ohne Rücksicht auf die Umstände. Seine Freunde waren schon daran gewöhnt, aber auf Fremde wirkte er erst einmal abschreckend. Er wollte nicht unbedingt etwas zerstören, es war einfach seine Art, die Dinge anzugehen. Er trat davor, wenn ein kleiner Stoß genügt hätte. Er behandelte alles mit Gewalt, wo auch eine sanftere Behandlung zum Erfolg geführt hätte. Seine Freundin führte dieses Benehmen auf zu viele Sommerferien im Fußball-Camp zurück.«
»Jeff war der typische ›nette Kerl‹, aber er kam auch ans Ziel. Er machte seinen Weg, ohne allzu fordernd zu sein, und das erstaunte die meisten Leute. Manchen kam er passiv vor. Er wehrte sich nicht, wenn er kritisiert wurde. Wenn eine Kellnerin ihm eine Tasse lauwarmen Kaffee brachte, trank er ihn, ohne sich zu beschweren. Er sagte, es machte ihm nichts aus. Es gab einen amüsanten Zwischenfall während des Superbowl 1987, als plötzlich der Fernseher aussetzte und ein Freund begann, auf ihn einzuhämmern. Für ein paar Minuten schien Jeff nachzudenken, dann ging er an den Fernseher und rüttelte an einem losen Drähtchen – und der Raum war wieder erfüllt von dem Spiel.«

Aggression ist ein oft mißverstandener Begriff. Je nach Kontext hört es sich einfach schrecklich an oder es entsteht ein ziemlich heroischer Eindruck. Wenn wir an Aggression denken, stellen wir uns eine Person vor, die gegenüber einer

Tabelle 5.5 PAD – aggressiv/nicht-aggressiv
Bitte machen Sie bei jeder Frage einen Kreis um den Begriff, der am ehesten auf Sie zutrifft.

meistens – ich bin die meiste Zeit so.
oft – ich bin oft oder häufig so.
manchmal – ich bin manchmal oder gelegentlich so.
selten – ich bin selten oder nie so.

1. Niemand rempelt mich an, ohne daß ich zurückrempele.	meistens 4	oft 3	manchmal 2	selten 1
2. Wenn ich nicht das bekomme, was mir zusteht, werde ich aggressiv.	meistens 4	oft 3	manchmal 2	selten 1
3. Ich halte mich zurück, sobald ich merke, es könnte zum Streit kommen.	meistens 1	oft 2	manchmal 3	selten 4
4. Ich muß um mein Recht kämpfen.	meistens 1	oft 2	manchmal 3	selten 4
5. Wenn ich in einem Geschäft oder Restaurant schlecht bedient werde, beschwere ich mich.	meistens 4	oft 3	manchmal 2	selten 1
6. Wenn ich im Streß bin, bin ich reizbar und verliere leicht die Nerven.	meistens 4	oft 3	manchmal 2	selten 1
7. Wenn jemand etwas tut, das mich stört, lasse ich ihn das sofort wissen.	meistens 4	oft 3	manchmal 2	selten 1
8. Wenn ich mich aufrege, zerschlage ich etwas oder knalle die Türen.	meistens 4	oft 3	manchmal 2	selten 1

Ergebnis
Addieren Sie Ihre Punkte und tragen Sie Ihr Gesamtergebnis an der vorgesehenen Stelle ein. Dann ermitteln Sie anhand der folgenden Liste, welche Kategorie auf Sie zutrifft.

Kategorie	PAD	Ergebnis
1	sehr aggressiv	28–32
2	ziemlich aggressiv	23–27
3	mittelmäßig	18–22
4	kaum aggressiv	13–17
5	überhaupt nicht aggressiv	8–12

Ihre Gesamtpunktzahl ____________ **Ihre Kategorie** ____________

anderen aggressiv ist und in diesem Kontext denken wir natürlich nicht an eine besonders freundliche Handlung.

Unter anderen Gesichtspunkten ist Aggression eine lebensnotwendige Eigenschaft, um zu überleben. Es ist eine Art Energie, die einem hilft, mit dem Leben fertig zu werden und seine Bedürfnisse zu befriedigen. Die moderne Psychologie hat einen neuen Begriff geschaffen als Ersatz für das Wort Aggression, so daß sich negative Interpretationen vermeiden lassen. Das neue Wort heißt »Durchsetzungsvermögen« und damit verbindet man einen gesellschaftlich akzeptablen Weg, das Leben zu meistern.

Wir müssen also die übertriebenen Assoziationen ablegen, indem wir zurück zum Ausgangspunkt gehen. Das Wort Aggression wird normalerweise als »eine kraftvolle Handlung, die dominieren oder beherrschen will«, definiert. Das kann man als feindselig oder zerstörerisch interpretieren, aber es bedeutet nicht zwangsläufig eine Handlung gegen einen anderen Menschen. Aggression kann sich auch äußern, indem man gegen eine Wand tritt oder Geschirr zerschmeißt. Aggression kann eine notwendige Anstrengung oder eine unnötige Kraft bedeuten. Sie kann aus Frustration resultieren, wenn es einem nicht gelingt, das zu bekommen, was man will. Manchmal ist es auch einfach die Art zu leben. Manchmal ist es eine konstruktive Reaktion, z. B. wenn es ums Überleben geht, und ein anderes Mal ist es ungerechtfertigt zerstörerisch. Eine aggressive Handlung kann dazu führen, daß man das bekommt, was man will. Aber es kann auch nur einer von vielen Wegen sein, um dieses Ziel zu erreichen.
Wie aggressiv sind Sie (Tabelle 5.5)? Wie oft versuchen Sie, durch gewaltsame Handlungen etwas zu erreichen oder zu beherrschen? Oder gehen Sie weniger aggressiv durch das Leben? Wie reagieren Sie auf Frustration? Denken Sie in Ruhe über die Dinge nach? Oder fühlen Sie eine gewisse Energie in sich, die Sie einfach freisetzen müssen? Lieben Sie Situationen, wo Sie gegen Hindernisse ankämpfen und Widerstand überwinden müssen, um dominieren zu können? Oder vermeiden Sie Situationen, die Sie nur gewaltsam meistern können?
Bevor Sie Ihre Selbstanalyse abschließen, sollten Sie sich im klaren darüber sein, daß die Definition von aggressiv als durchsetzungsfähig klar ist, nicht aber die von nicht-aggressiv. Eine nicht-aggressive Person kommt Ihnen vielleicht passiv und nachgiebig oder bequem und ruhig vor. Was dahinter steckt, ist nicht eindeutig. Die Person kann vor Angst zittern oder sich vollkommen unberührt fühlen. Im Moment müssen wir diese Mehrdeutigkeit hinnehmen und versuchen, sie aufzuklären, wenn wir die Persönlichkeitsprofile den passenden Sportarten zuordnen.

PAD 5 – kämpferisch/nicht kämpferisch

»Marilyn mußte immer das Beste haben, die Beste sein. Konkurrenzkampf war nicht ein Teil ihres Lebens, es war ihr Leben. Sie mußte immer die besten Fragen in der Schule stellen, bessere Noten bekommen, die besten Job-Angebote haben usw. Ihr Auto mußte schneller, stärker, interessanter sein und natürlich hatte sie es zu einem besseren Preis erworben. Sie konnte sich im Urlaub »erholen«, aber auch das war eine Herausforderung für sie. Sie hatte den besseren Urlaubsort, die bessere Bräune. Jemand sagte etwas, sie übertraf ihn. Sie war keine großartige Sportlerin, aber sie stellte sicher, daß sie immer besser war als ihr jeweiliger Partner. Das machte sie glücklich.«
»Harvey konnte nicht herausfinden, was mit ihm los war. Er war klug, talentiert, sah nicht schlecht aus, aber aus irgendeinem Grund war er nur eines der Arbeitstiere in einem Rechtsanwalts-Büro. Wenn sich interessante Fälle auftaten, bearbeitete jemand anderes sie. So ging es ihm immer – auf der Schule, beim Sport, sogar in der Liebe. Freunde sagten ihm, daß dies eine Welt sei, in

der man frißt oder gefressen wird. Aber da wollte er nicht mitmachen. Er war ein Teamspieler, ein Mitarbeiter. Er verabscheute den Konkurrenzkampf. Er sagte, er brauche keine Lorbeeren, er wolle einfach nur sein Bestes tun, egal ob seine Umwelt das bemerkte oder nicht.«

Konkurrenzkampf ist ein sehr beliebtes Wort, so daß es oft mit einigen anderen Begriffen verwechselt wird. Man spricht von Konkurrenzkampf in drei Arten: 1. gegen einen selbst, 2. gegen einen Leistungsstandard und 3. gegen andere. Die ersten beiden Interpretationen haben nicht sehr viel mit dem zu tun, was wir gemeinhin unter Konkurrenzkampf verstehen, sondern beziehen sich mehr auf Motivation durch Leistung oder Selbstverwirklichung. Konkurrenzkampf in der reinsten Form hat mit Rivalität zu tun, mit dem Kampf gegen eine oder mehrere andere Personen, die alle um dasselbe wetteifern. In Marilyn's Fall gab es immer jemanden, den sie übertrumpfen wollte. Es gab immer Rivalen, entweder Schulfreunde, Arbeitskollegen oder Leute, die sie im Urlaub traf. Sie wollte nicht einfach nur gut sein, sie hatte immer den Ehrgeiz, die Beste zu sein.

Konkurrenzkampf bedeutet nicht unbedingt, daß der Rivale sich dessen bewußt ist. Sie machen vielleicht aus Geselligkeit mit, während Ihr Partner nur mitspielt, um zu gewinnen und Sie zu schlagen. Ihr Anliegen ist Freundschaft, ihm geht es um den Sieg.

Bei Harvey sieht die Sache ganz anders aus. Man kann Harvey als leistungswillig bezeichnen. Er wollte immer sein Bestes geben, sowohl in der Schule als auch im Berufsleben. Aber er war kein Kämpfertyp. Er wollte sein Leben nicht von Rivalitäten bestimmen lassen. Er spielte in einem Team, so daß er keinen Zweikampf durchstehen mußte. Indem er dem Wettkampf absagte, bekam er Probleme mit seiner Umwelt. Es war ihm schleierhaft, warum er immer übergangen wurde.

Bei Ihrer Selbsteinschätzung der PAD kommt es darauf an, ob Sie mit anderen konkurrieren oder nicht. Wenn Sie sowohl den Wettkampf lieben als auch in entsprechenden Situationen aktiv kämpfen, bekommen Sie die höchste Punktzahl. Zur Veranschaulichung ein Beispiel. Stellen Sie sich vor, Sie laufen jeden Morgen alleine 8 km. Ist das Konkurrenzkampf? Noch nicht. Nun messen Sie aber jeden Morgen Ihre Zeit und versuchen, sich jede Woche zu verbessern. Ist das Konkurrenzkampf? Nein, bis jetzt handelt es sich um Ehrgeiz oder Strebsamkeit, Sie sind leistungsorientiert. Fügen wir noch einen Faktor hinzu. Sie haben einen Freund, der auch 8 km läuft und seine Zeiten mißt, und von Zeit zu Zeit erfahren Sie seine Zeiten. Sie fühlen sich entweder obenauf oder schlecht, je nachdem ob Ihre Zeiten besser sind oder nicht. Ist das Konkurrenzkampf? Was glauben Sie? Konkurrenzkampf ist Rivalität. Manchmal ist sich der Rivale des Kampfes voll bewußt, manchmal merkt er es aber gar nicht. In unserem Beispiel kann es sein, daß der andere Läufer mitmacht bei dem Wettkampf oder er bemerkt gar nicht, daß sein Freund seine Zeiten schlagen will.

Lieben Sie Wettkampf-Spiele? Oder fühlen Sie sich unwohl in Situationen, wo es Sieger und Verlierer gibt in bezug auf Talent oder eine bestimmte Fertigkeit? Kommen Sie sich vor, als ob Sie immer versuchten, besser als andere zu sein? Oder versuchen Sie immer, andere zu Kollegen und Mitarbeitern zu machen? Fließt das Adrenalin schneller und leisten Sie mehr, wenn Sie sich von jemandem

Tabelle 5.6 PAD – kämpferisch/nicht kämpferisch

Bitte machen Sie bei jeder Frage einen Kreis um den Begriff, der am ehesten auf Sie zutrifft.

meistens – ich bin die meiste Zeit so.
oft – ich bin oft oder häufig so.
manchmal – ich bin manchmal oder gelegentlich so.
selten – ich bin selten oder nie so.

1. Ich genieße den Konkurrenzkampf bei Spiel und Sport.	meistens 4	oft 3	manchmal 2	selten 1
2. Ich leiste mehr, wenn ich mit jemandem konkurriere, der gleich gut ist.	meistens 4	oft 3	manchmal 2	selten 1
3. Ich vermeide Angelegenheiten, wo es Sieger und Verlierer gibt.	meistens 1	oft 2	manchmal 3	selten 4
4. Ich bekomme Angst oder werde nervös, wenn Freunde mit mir konkurrieren wollen.	meistens 1	oft 2	manchmal 3	selten 4
5. Ich finde einen Wettkampf sehr stressig.	meistens 1	oft 2	manchmal 3	selten 4
6. Ich fordere meine Freunde gern heraus, wenn wir irgendein Gesellschaftsspiel machen.	meistens 4	oft 3	manchmal 2	selten 1
7. Konkurrenz spornt mich an.	meistens 4	oft 3	manchmal 2	selten 1
8. Ich mag es nicht, wenn Leute miteinander wetteifern, damit einer den anderen besiegen kann.	meistens 1	oft 2	manchmal 3	selten 4

Ergebnis

Addieren Sie Ihre Punkte und tragen Sie die Gesamtpunktzahl an die vorgesehene Stelle ein. Anhand der folgenden Liste ermitteln Sie, zu welcher Kategorie bezüglich kämpferischen/nicht kämpferischen Verhaltens Sie sich zählen können.

Kategorie	PAD	Ergebnis
1	sehr kämpferisch	28–32
2	ziemlich kämpferisch	23–27
3	mittelmäßig	18–22
4	kaum kämpferisch	13–17
5	überhaupt nicht kämpferisch	8–12

Ihre Gesamtpunktzahl __________ **Ihre Kategorie** __________

herausgefordert fühlen? Oder bringt ein Wettkampf Sie in einen Zwiespalt und Sie zweifeln an sich selbst?

Diese Fragen können Sie sich stellen, um herauszufinden, ob Sie ein Kämpfertyp sind. Sie können auch sagen: »Manchmal ja und manchmal nein.« Das ist möglich, aber wir bitten Sie, genau zu sein. Man hat meistens dasselbe Verhalten, egal in welcher Situation (Tabelle 5.6).

PAD 6 – konzentriert/unkonzentriert

> *»Shirley konnte sich immer nur auf eine Sache konzentrieren, d.h. wenn sie mit einer Sache beschäftigt war, war es fast unmöglich, ihre Aufmerksamkeit auf etwas anderes zu lenken. Es fiel ihr schwer, sich zu unterhalten, wenn sie Auto fuhr, besonders wenn Verkehr herrschte. Sie konnte sich so in ein Buch vertiefen, daß ihre Mutter sagte: »Das Haus könnte abbrennen, sie würde es nicht bemerken.« In vieler Hinsicht war das von Vorteil. Sie konnte das Radio oder den Fernseher ausmachen und sich absolut auf das konzentrieren, was sie gerade machte. Aber wenn sie unter Druck stand und versuchen mußte, mehr als eine Sache auf einmal zu machen, wurde sie nervös.«*
>
> *»Mel war ein Jongleur. Es machte ihm Spaß, viele Bälle auf einmal in der Luft zu jonglieren. Natürlich fiel ab und zu mal einer herunter, aber er wußte, er war immer noch besser als die meisten anderen. Seine Freunde meinten, er sei mehr als nur ein bißchen ablenkbar – er konnte sich nicht lange auf eine Sache konzentrieren. Entweder fing er an, sich zu langweilen, oder irgendetwas anderes lenkte ihn ab. Im Büro konnte man ihn an zwei Telefonen gleichzeitig sehen, seine Sekretärin legte ihm währenddessen Briefe zum Unterschreiben vor, ein Kollege saß wartend vor dem Schreibtisch und ein anderer stand im Türrahmen. Zu Hause hatte er Fernsehen, Radio und alles mögliche gleichzeitig laufen. Es schien ihm einfach so zu gefallen.«*

Jeder von uns hat eine Vorliebe für ein bestimmtes Aktionsniveau und toleriert Reize. Jeder hat seinen Stil, sich einer Aufgabe zu widmen. Manche arbeiten der Reihenfolge nach – eine Sache nach der anderen. Anderen liegt es mehr, viele Dinge gleichzeitig zu tun – alles auf einmal. Die meisten gehen den Mittelweg, manchmal wie ein Tintenfisch mit 8 Armen und manchmal nach dem Motto »Können Sie nicht sehen, daß ich beschäftigt bin?«

Shirley hatte den Vorteil, zuverlässig zu sein. Sie konnte sich sehr gut konzentrieren und ließ sich nicht ablenken. Mel seinerseits brauchte Ablenkung. Wenn die Umwelt ihm keine lieferte, schaffte er sich selbst Ablenkung. Shirley ging kaputt, wenn sie mehr als eine Sache auf einmal tun sollte, während Mel aufblühte unter diesen Bedingungen. Jeder Stil hat seine Vor- und Nachteile, jeder Stil ist gut unter gewissen Umständen und schlecht unter anderen.

Menschen, die sich nur auf eins konzentrieren können, müssen sich nicht unbedingt ändern. Das ist nur nötig, wenn die Umwelt ständig einen anderen Stil fordert, und man wenig tun kann, um sein Umfeld zu ändern. Ein Mensch muß nur jonglieren lernen oder sich schneller auf verschiedene Ablenkungen einstellen oder seine Aufmerksamkeit von einer auf die andere Sache und wieder zurück lenken können, wenn er sich in einer anspruchsvollen Umwelt besser zurechtfinden möchte.

Auch der, der sich nur für kurze Zeit auf eine Sache konzentrieren kann, bekommt Schwierigkeiten. Manchmal ist es schwer, abzuschalten. Es gibt Zeiten, wo man sich einfach konzentrieren muß oder seine Aufmerksamkeit nur

Tabelle 5.7 PAD – konzentriert/unkonzentriert
Bitte machen Sie bei jeder Frage einen Kreis um den Begriff, der am ehesten auf Sie zutrifft.

meistens – ich bin die meiste Zeit so.
oft – ich bin oft oder häufig so.
manchmal – ich bin manchmal oder gelegentlich so.
selten – ich bin selten oder nie so.

1. Ich kann mich leicht konzentrieren.	meistens 4	oft 3	manchmal 2	selten 1
2. Am liebsten mache ich eins nach dem anderen.	meistens 1	oft 2	manchmal 3	selten 4
3. Ich springe oft von einer Sache zur anderen.	meistens 1	oft 2	manchmal 3	selten 4
4. Was ich anfange, beende ich auch.	meistens 1	oft 2	manchmal 3	selten 4
5. Es fällt mir schwer, in einem Gespräch beim Thema zu bleiben.	meistens 4	oft 3	manchmal 2	selten 1
6. Ich fange mehr an, als ich beenden kann.	meistens 1	oft 2	manchmal 3	selten 4
7. Ich habe keine Probleme, mich bei Lärm und anderen Ablenkungen zu konzentrieren.	meistens 4	oft 3	manchmal 2	selten 1
8. Ich langweile mich schnell.	meistens 4	oft 3	manchmal 2	selten 1

Ergebnis
Addieren Sie Ihre Punkte und tragen Sie das Gesamtergebnis an der vorgesehenen Stelle ein. In der folgenden Liste finden Sie die Kategorie, zu der Sie sich anhand Ihres Konzentrationsvermögens zählen können.

Kategorie	PAD	Ergebnis
1	sehr konzentriert	28–32
2	ziemlich konzentriert	23–27
3	mittelmäßig	18–22
4	ziemlich unkonzentriert	13–17
5	sehr unkonzentriert	8–12

Ihre Gesamtpunktzahl ________________ **Ihre Kategorie** ________________

noch einer Sache schenken kann. Aber wenn man daran gewöhnt ist, immer viel im Kopf zu haben, kann das fast unmöglich sein. Es muß eine Ausgewogenheit geben. Man muß lernen, sich zu konzentrieren, die Aufmerksamkeit einer Sache zu schenken.

Wie schneiden Sie bei PAD konzentriert/unkonzentriert ab (Tabelle 5.7)? Fällt es Ihnen leicht, sich zu konzentrieren oder nur eine Sache auf einmal zu machen? Oder ist Ihr Geist unruhig, so als ob er auf der Suche nach Ablenkungen ist? Ist Ihr Leben ein Jonglieren und genießen Sie das und stimuliert es Sie? Oder fühlen

Sie sich verschlissen, wenn Ihre Aufmerksamkeit auf mehr als eine Sache gerichtet sein muß? Ziehen Sie es vor, nur eine Sache zu bearbeiten und zu beenden, bevor Sie mit der nächsten anfangen? Oder springen Sie von einem zum andern, bevor Sie das erste Projekt beendet haben? Das sind Anzeichen für konzentriertes/unkonzentriertes Verhalten, das charakteristisch für Ihren Lebensstil sein kann.

PAD 7 – risikofreudig/vorsichtig

»Phil liebte das Risiko, obwohl er sicherlich einige Dinge für nicht so riskant hielt, wie sie in Wirklichkeit waren. Schließlich ist die jährliche Todesrate beim Fallschirmspringen nicht sonderlich hoch! Er kannte die Wahrscheinlichkeit und hatte seine eigenen Mittel dagegen. Er liebte Spiele, wo er den Ausgang beeinflussen konnte, wo seine Fähigkeiten zum Tragen kamen. Man konnte ihn also eher beim Pokern als beim Roulette in Las Vegas finden. Seine Freunde hielten ihn für abenteuerlustig. Seine Mutter sagte, er sei unvorsichtig. Phil hielt sich selbst für jemanden, der das Risiko liebt oder manchmal auch die Gefahr, damit das Adrenalin fließen kann.«

»Kathy ging nicht aus dem Haus, ohne vorher den Wetterbericht gehört zu haben. Sie war jedes Jahr die erste in der Stadt, die Winterreifen auf dem Auto hatte. Sie hielt sich selbst für vorsichtig. Ihr gefiel der Gedanke nicht, krank zu werden oder sich zu verletzen, also traf sie ihre Vorkehrungen. Manchmal bedeutete das, nicht alles mitzumachen und auch mal allein zu bleiben. Aber sie sagte sich: »Lieber ein lebendiger Angsthase als verletzt oder tot.« Sie sah ihr Leben deutlich vor sich – keine Gefahren, keine gebrochenen Knochen, keine Narben, keine komplizierten Liebesgeschichten. Jemand anderes mag sie vielleicht für langweilig halten, aber sie fühlte sich wohl so.«

Das Leben birgt viele Risiken: körperliche, emotionelle, soziale, finanzielle usw. Es gibt auch verschiedene Arten, mit diesen Risiken fertig zu werden: von absolut unvorsichtig, fast selbstmörderisch, bis hin zu einer berechnenden, risikoreduzierenden Verhaltensweise. Manch einer kauft sich gern Lose für eine Lotterie, wo es wenig auf Können ankommt, während andere Spiele bevorzugen, wo Glück und Können gefordert sind, wie etwa beim Kartenspielen. Und natürlich gibt es viele, die jegliche Art von Spielen ablehnen.

Risikofreudigkeit kann aufregend oder fürchterlich sein. Wir können bei einem Hauch von Abenteuer angeregt werden oder zu extremer Vorsicht veranlaßt werden. Wenn man etwas gut beherrscht, kommt es einem oft nicht als riskant vor. Denken Sie nur einmal an Spitzen-Skifahrer beim Slalom-Rennen. Das Risikoempfinden eines Menschen hängt zum Teil davon ab, was er tut, und zum Teil davon, wie gut er es beherrscht.

Zur Erläuterung: Fallschirmspringen ist außerordentlich gefährlich. Können reduziert das Risiko, aber nicht so weit, daß es auf dem gleichen statistischen Niveau wie das Sitzen auf dem Sofa liegt. Auch Autofahren ist riskant, aber in

Tabelle 5.8 PAD – risikofreudig/vorsichtig
Bitte kreisen Sie bei jeder Frage den Begriff ein, der am ehesten auf Sie zutrifft.

meistens – ich bin die meiste Zeit so.
oft – ich bin oft oder häufig so.
manchmal – ich bin manchmal oder gelegentlich so.
selten – ich bin selten oder nie so.

1. Mich reizt die Gefahr an einer Sache.	meistens 4	oft 3	manchmal 2	selten 1
2. Ich muß mir erst sicher sein, daß mir nichts passiert, bevor ich etwas mache.	meistens 1	oft 2	manchmal 3	selten 4
3. Ich riskiere möglichst keine Emotionen.	meistens 1	oft 2	manchmal 3	selten 4
4. Je riskanter etwas ist, desto mehr reizt es mich.	meistens 4	oft 3	manchmal 2	selten 1
5. Sobald ich etwas an mir feststelle, gehe ich zum Arzt.	meistens 1	oft 2	manchmal 3	selten 4
6. Ich achte immer auf die Gefahren, die im Alltagsleben lauern.	meistens 1	oft 2	manchmal 3	selten 4
7. Ich gehe bis an meine körperlichen Grenzen.	meistens 4	oft 3	manchmal 2	selten 1
8. Ich genieße es, neue und aufregende Dinge zu tun.	meistens 4	oft 3	manchmal 2	selten 1

Ergebnis
Addieren Sie Ihre Punkte, die Sie bei jeder Frage erziehlten, und tragen sie Ihr Gesamtergebnis an die vorgesehene Stelle ein. In der folgenden Liste können Sie ersehen, wie risikofreudig oder sicherheitsliebend sie sind.

Kategorie	PAD	Ergebnis
1	sehr risikofreudig	28–32
2	ziemlich risikofreudig	23–27
3	mittelmäßig	18–22
4	ziemlich vorsichtig	13–17
5	sehr vorsichtig	8–12

Ihre Gesamtpunktzahl ________ **Ihre Kategorie** ________

Anbetracht der heutigen Entfernungen, halten wir Autofahren für ein notwendiges und akzeptables Risiko. Können und Vorsicht beeinflussen unsere Sicherheit und tragen zur Reduzierung des Unfallrisikos bei. Im Falle des Fallschirmspringens sieht man das Risiko darin, daß sich jemand entscheidet, diesen Sport auszuüben, während es beim Autofahren größtenteils davon abzuhängen scheint, **wie** man fährt und nicht **daß** man fährt. Wir sagen, daß Fallschirmspringer risikofreudig sind, und sind uns bewußt, daß einige wirklich unvorsichtig sind und andere extrem auf ihre Sicherheit bedacht sind.
Wie schneiden Sie bei der PAD risikofreudig/vorsichtig ab (Tabelle 5.8)? Lieben

Sie das Abenteuer? Oder sind Sie bei der Auswahl Ihrer Freizeitbeschäftigungen vorsichtig? Macht Ihnen ein Hauch von Risiko Spaß? Oder jagt es Ihnen Angst ein, so daß Sie es umgehen? Sind Sie ein Spieler-Typ? Lieben Sie Glücksspiele? Und welche Chancen reizen Sie am meisten – 1 zu 100, 50 zu 50 oder nur 100%ig sichere Dinge? In welchen Lebensbereichen sind Sie vorsichtig und in welchen risikofreudig? Oder verhalten Sie sich immer gleich? Diese Fragen helfen Ihnen, Ihr Verhalten kennenzulernen und sich selbst realistisch zu beurteilen.

Ihr PAD-Profil

Sie haben soeben Ihre PAD-Analyse gemacht. Wir hoffen, es hat keine schlechten Ergebnisse, d.h. hohe Punktzahlen in dem einen oder anderen Bereich, gegeben. Das ist auch eine Frage, wie gut Ihr Lebensstil zu Ihrer Persönlichkeit paßt. Wenn Sie risikofreudig sind und einen sicherheitsorientierten Job haben, kann es sein, daß Sie frustriert sind. Wenn Sie enorm kontaktfreudig sind, aber in Ihrem Job oft allein sind, sind Sie wahrscheinlich ziemlich unzufrieden.

In Anbetracht der Ergebnisse kann man auch darüber nachdenken, ein ausgeglichenes Leben zu führen. Das bedeutet, sowohl Zeit allein als auch mit anderen zu verbringen, wild und verrückt zu sein und Dinge zu planen, genug Disziplin zu haben, um einen Beruf auszuüben, aber nicht stur zu sein, ein gewisses

Ihre persönliche PAD-Grafik

Übertragen Sie Ihre persönlichen Ergebnisse in diese Graphik.
Füllen Sie die entsprechenden Kreise aus und verbinden Sie sie zu einer Linie.

mehr	←		dazwischen ○		→	mehr
Kategorie	**1**	**2**	**3**	**4**	**5**	
gesellig	○	○	○	○	○	ungesellig
spontan	○	○	○	○	○	beherrscht
diszipliniert	○	○	○	○	○	undiszipliniert
aggressiv	○	○	○	○	○	nicht-aggressiv
kämpferisch	○	○	○	○	○	nicht-kämpferisch
konzentriert	○	○	○	○	○	unkonzentriert
risikofreudig	○	○	○	○	○	vorsichtig
	1	**2**	**3**	**4**	**5**	

Abbildung 5.1

Durchsetzungsvermögen zu besitzen, aber auch nachgeben zu können, den Wettkampf nicht zu scheuen, aber auch ein guter Team-Kamerad zu sein, konzentrationsfähig zu sein und doch vieles gleichzeitig tun zu können, einen Sinn fürs Abenteuer zu haben und doch die notwendigen Vorsichtsmaßnahmen einzuhalten.

Wenn ein Verhalten zu extrem wird, steigen die Chancen, daß es zu Problemen kommt. Wenn Sie Ihre Ergebnisse ehrlich betrachten, werden Sie Ihre Stärken und Schwächen erkennen. In Kapitel 8 erfahren Sie mehr darüber, welche Wesensmerkmale von welchen Sportarten beeinflußt werden. Die Sportarten und Trainingsprogramme werden nach denselben Gesichtspunkten ausgewertet wie in der Selbst-Analyse. Somit können Sie Ihr Ergebnis mit der Beurteilung der einzelnen Sportarten vergleichen und herausfinden, welche Sportart zu Ihnen paßt. Wenn Ihre Ergebnisse an einer Stelle zu extrem sind, wird Ihnen vielleicht bewußt, daß der Sport, den Sie betreiben, nicht unbedingt geeignet ist, diese Wesenszüge zu verbessern. Das würde bedeuten, sich nach einer anderen Sportart für Ihr Fitneßtraining umzusehen, um dieses Wesensmerkmal ändern zu können.

Bevor Sie weiterlesen, sollten Sie Ihr persönliches Ergebnis mit der Graphik (Abb. 5.1) vergleichen. Dann können Sie einen direkten Vergleich mit den Fitneß-Profilen machen, die Sie für Kapitel 8 brauchen.

6

Die Muskulatur – aus psychologischer Sicht

»Ich habe einen schlechten Tag. Ich habe kaum Lust, überhaupt aus dem Haus zu gehen. Es muß mir im Gesicht geschrieben stehen. Ich habe Stiche in der Brust ... ich kann kaum atmen. Bin ich depressiv oder was ist los mit mir?«
»Wow! Was für ein Tag! MMMmm, ich fühle mich super. Ich habe Schwung und ein Lächeln steht auf meinem Gesicht. Tief einatmen. Brust raus, Schultern zurück – aufgepaßt Welt, ich komme!«

Körpersprache

Wir wissen alles darüber. Verschränkte Arme bedeuten eine defensive Haltung. Nach links geneigter Kopf = skeptische Haltung; gebeugte Haltung = niedergeschlagene Stimmung. Ist das alles, was die Psychologie über Muskulatur zu sagen hat? Die simple Antwort lautet nein.
Körpersprache ist ein Weg, dieses Thema anzugehen und die Verbindung zwischen Körper und Seele herzustellen. Aus Büchern wie Edward Hall's »The Silent Language«[1], Julius Fast's »Body Language«[2] oder Desmond Morris' »Manwatching«[3] haben wir erfahren, wie Kultur und Verhalten unseren nichtverbalen Ausdruck formen. Wir verstehen die Körpersprache ausgezeichnet und können interpretieren, was eine Geste oder eine Bewegung bedeuten. Wir suchen nach einer Aussage im Mienenspiel und den Körperbewegungen. Und wir wissen, daß mehr ohne Worte als mit Worten gesagt wird. Kenntnisse der Körpersprache sind so etwas wie ein Spiel geworden. Man beobachtet Leute im Restaurant und rät, was mit ihnen los ist. Wir nehmen die Körpersprache nicht sehr ernst, aber andererseits möchten wir auch nicht auf diese Erkenntnisse verzichten.

Psychosomatische Erkrankungen

Die Verbindung zwischen Körper und Seele kommt auch bei den psychosomatischen Erkrankungen zum Ausdruck. Schon 1956 erklärte Dr. Hans Selye, er glaube, daß die meisten Krankheiten von psychologischen Faktoren beeinflußt würden.[4] Heutzutage hat sich diese Theorie so erhärtet, daß niemand mehr behaupten kann, daß man ganz zufällig von Viren oder Krankheiten befallen wird. Zumindest stimmt jeder der Theorie der psychologisch bedingten Anfälligkeit gegenüber Krankheiten zu.[5]
Egal, ob es sich um Allergien, Arthritis, Herzerkrankungen oder sogar Krebs handelt, immer wird von den psychologischen Faktoren gesprochen, die mit im Spiel seien.[6] Auch der Faktor Streß taucht immer wieder auf, wenn es um die nichtphysische Dimension von Krankheiten geht. Streßforscher liefern regelmäßig neue Beweise, daß Menschen, die psychischem Streß ausgesetzt sind, körperlich krank werden und andererseits auch bei Menschen, die körperlich krank sind, die psychologische Seite bei der Behandlung nicht vergessen werden darf.[7] Diese Untersuchungen machen es schwer, mentale Erkrankungen von physischen Krankheiten zu unterscheiden. Positiv gesehen bedeutet das, daß wir uns bei physisch Kranken um die psychologische Seite kümmern müssen sowie um die körperliche bei Menschen mit psychischen Problemen.
Das Zusammenwirken von Körper und Seele ist nicht nur ein philosophisches Thema. Es hat reale Auswirkungen und darf aufgrund der vielfältigen gegenseitigen Einflußnahme nicht vernachlässigt werden.

Das Körper/Seele-Problem

Der Zusammenhang zwischen Körper und Seele ist schon seit langem ein Thema philosophischer Debatten. Seit Jahrhunderten beschäftigen sich die Philosophen damit, ob Körper und Seele als absolut getrennt oder als ein- und dasselbe anzusehen sind oder ob gar das eine oder andere gar nicht existiert. René Descartes (1596–1650) ist wahrscheinlich am bekanntesten für seine Theorie des Dualismus, wonach Körper und Seele getrennte Einheiten darstellen, aber durch die Zirbeldrüse (eine kleine Drüse im Zentrum des Gehirns) miteinander in Verbindung stehen. Unsere Kenntnisse des menschlichen Körpers sind seit Descartes' Zeiten enorm gestiegen, aber wir haben noch nicht feststellen können, wie und wo genau es zur Interaktion zwischen Körper und Seele kommt.
Manch einer hat versucht, dieses Thema zu umgehen. Die ersten Verhaltensforscher meinten, daß jegliche mentale Aktivität irrelevant und der Mensch unverständig sei. Im Gegensatz dazu verneinten die subjektiven Idealisten die Existenz der Materie. Sie vertraten die Ansicht, daß die Realität nur eine Wahrnehmung sei und was angeblich die physische Welt sein solle, sei nur eine äußerst lebendige und kohärente Halluzination.[8]
Die jüngste Erkenntnis auf diesem Gebiet ist als Identitäts-Theorie bekannt.

Diese Theorie besagt, daß mentale und physische Vorgänge identisch sind und daß die Vorstellung, Körper und Seele seien zwei verschiedene Dinge, einzig und allein darauf beruht, daß man den Menschen immer von zwei verschiedenen Seiten betrachtet hat. Die Identitäts-Theorie ist von der Psychiatrie größtenteils adoptiert worden, wo sie einen unerläßlichen Teil der Ganzheits-Theorie darstellt. Das Expertenkomitee der WHO nimmt folgende Stellung zum Thema »Mentale Gesundheit«:

> *»Wenn wir von psychologischen und physiologischen Vorgängen sprechen, sprechen wir von verschiedenen Betrachtungsweisen ein- und desselben Phänomens.«*

Huhn und Ei

Es gibt Theorien, wie man aus der Schädelform Rückschlüsse auf die Persönlichkeit ziehen kann (als Phrenologie bekannte Lehre) oder daß die Länge des Ohrläppchens Aufschluß über die kriminelle Veranlagung gibt. Solche Theorien können einen ein bißchen skeptisch machen. (Ist Ihr Kopf jetzt nach rechts geneigt?) Sie zeigen jedoch, daß das Interesse an Zusammenhängen zwischen Körper und Seele nicht erst im 20. Jahrhundert entstand und daß es immer mehr Hinweise darauf gibt, daß körperliche Aktivität die Seele beeinflußt und umgekehrt.

Bei der Ursachenforschung halten wir uns am besten an die System-Theorie, um die Körper-Seele-Beziehungen zu verstehen. Diese Theorie besagt, daß alle Teile eines Systems beeinflußt werden, wenn man nur eines davon ändert. Beim Menschen führt eine Änderung eines bestimmten Aspektes seines Lebens zu kleinen oder großen Änderungen in allen anderen Bereichen – eine bekannte Erfahrung vieler Menschen.

Betrachten wir einmal die Änderung der finanziellen Situation. Vielleicht erinnern Sie sich an den kürzlich gelaufenen Film »The Millionaire«, wo ahnungslose Menschen unverhofft anonym eine Million Dollar bekamen. Die Fernsehzuschauer konnten den plötzlichen und manchmal unglaublichen Wandel in der Persönlichkeit des Betroffenen verfolgen.

So ist auch erklärbar, warum depressive Stimmungen über einen langen Zeitraum Auswirkungen auf sozialer, finanzieller und sogar physischer Ebene haben. Das ist die Lehre der System-Theorie.

In diesem Kapitel beschäftigen wir uns mit der Muskelentwicklung und welche Einflüsse sie auf die Persönlichkeit haben kann. Wir werden die psychologischen Theorien der Körperentwicklung untersuchen, um das Zusammenspiel von Körper und Seele zu erkennen. Das soll nicht heißen, daß die Psychologie den größten Einfluß auf die Körpergestalt hat. Genetik, Umwelt, Ernährung und körperliche Betätigung haben enormen Einfluß auf Wachstum und Entwicklung des Körpers. Wir heben den psychologischen Aspekt nur deshalb hervor, da bislang so wenig darüber bekannt ist. Die meisten Menschen denken überhaupt nicht an die Psychologie als Faktor der Körperentwicklung.

Das Körpertypen-Spiel: Konstitutionelle Psychologie und klinische Einblicke

Athletiker, Pykniker und Leptosome

Von allen Körper-Seele-Theorien zeigt die Konstitutionelle Psychologie William Sheldon's (1899–1972) am besten, wie Persönlichkeit und körperliche Merkmale in Zusammenhang stehen.[10] Die meisten von uns entsprechen mehr oder weniger einem dieser drei Körpertypen (oder Konstitutionstypen). Sheldon stellte drei Grundtypen auf: Athletiker, Pykniker und Leptosome. Pykniker sind rundlich und untersetzt, ihre Muskulatur ist schwach und unterentwickelt und die Verdauungsorgane sind dominant in diesem Körper. Athletiker haben eine ausgeprägte Muskulatur in einem langgestreckten Körper. Die Blutgefäße sind gut entwickelt und die Haut ist dick. Leptosome haben einen langknochigen, zarten Körper mit schwachem Knochenbau und gering bemuskelten Armen und Beinen. Das Nervensystem des Leptosom scheint empfindlich und schlecht geschützt gegenüber äußeren Einflüssen. Obwohl die von Sheldon aufgestellten Methoden zur Identifizierung der einzelnen Körpertypen komplex sind, kann man in vereinfachter Form auch einfach nach dem Verhältnis von Körpergröße zu Körpergewicht gehen.

Ein reiner Typ ist selten. Die meisten Menschen weisen Merkmale aller drei Typen auf. Sheldon stellte eine Einstufungstabelle auf, bei der es 7 Punkte gibt für jeden Typ. Jemand, der 7–1–1 Punkte bekommt, ist ein ausgeprägter Pykniker. Bei 1–7–1 Punkten handelt es sich um einen ausgeprägten Athletiker und bei 1–1–7 um einen ausgeprägten Leptosom. Bei einer Punktzahl von 3–5–2 ist der athletische Aspekt dominant (5), aber es gibt auch pyknische Merkmale (3) und sogar asthenische (2).

Von der Einstufung anhand der Körperkonstitution ist die Einschätzung der Persönlichkeit unabhängig. Sheldon stellte drei Kriterien heraus: Viszerotonie, Somatotonie und Zerebrotonie. Jemand, der im Bereich Viszerotonie eine hohe Punktzahl erhält, liebt die Bequemlichkeit und ist geradezu versessen auf Essen, Geselligkeit und Zuneigung. Seine Haltung ist ungezwungen, er reagiert langsam, ist ausgeglichen, tolerant und kontaktfreudig. Jemand, der hohe Punktzahlen im Bereich Somatotonie erhält, liebt riskante Abenteuer und hat ein großes Bedürfnis nach intensiver körperlicher Betätigung. Diese Person ist aggressiv, unempfänglich für die Gefühle anderer, eine reife Persönlichkeit, laut und couragiert mit klaustrophobischen Neigungen. Kraft, Action und Dominanz sind von oberster Wichtigkeit für eine solche Person. Jemand mit hoher Punktzahl im Bereich Zerebrotonie ist zurückhaltend und gehemmt. Ein zerebrotonischer Mensch ist beherrscht und selbstbewußt, fürchtet enge Kontakte, hat eine jugendliche Erscheinung und fühlt sich in kleinen, umbauten Räumen am wohlsten. Er reagiert übereilt, schläft schlecht und ist am liebsten allein, besonders wenn er Probleme hat. Er vermeidet es gewissenhaft, Aufmerksamkeit auf seine Person zu lenken.[11]

Auch hier wurden bis zu 7 Punkte für jeden Wesenstyp gegeben, so daß man eine Person charakterisieren kann, indem man herausfindet, wieviel von jedem Wesenstyp vorhanden ist. Als Sheldon die Wesenstypen mit den Körpertypen verglich, stellte er fest, daß es eine enge Beziehung zwischen Pykniker und Viszerotonie, Athletiker und Somatotonie und Leptosom und Zerebrotonie gibt. Diese wissenschaftlichen Erkenntnisse untermauern das Klischee, daß ein dikker Mensch (Pykniker) die Bequemlichkeit liebt, gesellig ist und ein ungeheures Bedürfnis nach Geselligkeit, Essen und Zuneigung (Viszerotonie) hat, daß ein muskulöser Mensch (Athletiker) waghalsig, abenteuerlustig, aggressiv und vielleicht sogar gefühllos ist (Somatotonie) und daß ein dünner Mensch (Leptosom) nervös, schüchtern und gehemmt ist (Zerebrotonie). Dennoch müssen wir vorsichtig sein, wenn wir diese Persönlichkeitsmerkmale einem dicken, muskulösen oder dünnen Menschen zuordnen wollen, denn die Einteilung in Körpertypen nach Sheldon ist kompliziert und es gibt nur selten reine Typen. Die meisten von uns stellen eine Mischung aus den verschiedenen Typen dar, ebenso wie wir auch die verschiedensten Persönlichkeitsmerkmale aufweisen.

Extremfälle und Therapievorschläge: Wenn wir die Extremfälle betrachten, wie den 7–1–1 Pykniker, den 1–7–1 Athletiker oder den 1–1–7 Leptosom, läßt es sich nicht vermeiden, sich diese Persönlichkeit als ebenso extrem, wenn nicht sogar mit Dysfunktionen behaftet vorzustellen.[12]

Wenn die Viszerotonie eines Pyknikers extrem ausgeprägt ist, haben wir es mit einer Person zu tun, die enorm nach Kontakten und Bequemlichkeit strebt. Dieses Bedürfnis entsteht durch Gefühle der Hilflosigkeit und Isolierung und resultiert in zwanghaftem Verhalten gegenüber den Mitmenschen, um Anerkennung und Unterstützung zu bekommen. Der Pykniker weiß nicht, wann es genug ist. Wenn der Pykniker sich gemäß seinen Neigungen eine Sportart oder ein Fitneßtraining aussuchen kann, wird er mit Sicherheit etwas wählen, das wenig reglementiert ist oder das ihn seine Bedürfnisse befriedigen läßt. Das würde die dysfunktionellen Merkmale beim Pykniker noch unterstützen und somit ein Verhalten fördern, das letztendlich dem Wohlbefinden schadet. Man kann sich den Pykniker gut vorstellen, wie er sich an einem Swimming-pool aalt oder vielleicht seinen Körper nach den Klängen leichter Rock-Musik rhythmisch schwingt. Reglementiertere Betätigungen wie etwa das Schwimmen von soundsoviel Bahnen oder sogar leichtes Aerobic-Training erscheinen dem Pykniker weniger attraktiv, obwohl sie ihm ein größeres Potential für eine positive Persönlichkeitsentwicklung bieten würden.

Wenn die Somatotonie eines Athletiker sehr ausgeprägt ist, haben wir es mit einer Person zu tun, die anderen gegenüber äußerst aggressiv ist und dominieren will. Außerdem handelt es sich um eine sehr impulsive Person. Der Athletiker läßt sich nicht genug Zeit, um seine Handlungen zu überdenken und abzuwägen. Daher erscheint sein Handeln anderen oft als rücksichtslos oder sogar erbarmungslos. Man kann sich einen Athletiker sehr gut in einem Fußballspiel oder beim Squash vorstellen, aber auch hier muß man sich fragen, ob es sich dabei um eine gute Wahl handelt. Eine dieser Sportarten erscheint selbstverständlich für den Athletiker, aber wenn man die extrem ausgeprägte Neigung zu impulsiven, kraftvollen Handlungen bedenkt, wäre nicht vielleicht eine ruhigere, sanftere Sportart, die weniger Kampfgeist erfordert, geeigneter? Würde der Athletiker nicht mehr von einer Sportart profitieren, die sein Einfühlungsvermögen und Rücksichtnahme etwas fördert? Können Sie sich vorstellen, wie schwer es dem Athletiker wiederum fallen könnte, sich bei solchen Sportarten wohlzufühlen und dabei zu bleiben?

Hat der Leptosom extrem ausgeprägte zerebrotone Züge, handelt es sich um eine Person, die den Kontakt mit anderen meidet. Die Neigung des Leptosomen, introvertiert und zurückhaltend aufzutreten, bedeutet für ihn, daß er Schwierigkeiten hat, seine Bedürfnisse mitzuteilen. Im Gegensatz zum Athletiker weiß er, was er will. Er weiß genau, wann er aufhören muß, wohingegen der Athletiker nicht weiß, wo die Grenzen sind. Aber es fällt ihm äußerst schwer, seine Wünsche mitzuteilen oder gemeinsam mit anderen seinen Bedürfnissen nachzugehen. In Bezug auf Sport oder Fitneßtraining kann man sich den Leptosomen am besten vorstellen, wie er allein durch den Wald läuft oder bei irgendeiner anderen Einzelsportart. Man wird einen Leptosomen wohl nicht in einem Arobic-Kurs oder im Squash-Center antreffen? Würde er aber von einer solchen Aktivität profitieren? Im Endeffekt ja, aber es würde ihn viel Mühe und Überwindung kosten. Diese Überwindung würde aber mit einer Verringerung seiner Ängste belohnt werden.

Genetik und Psychologie: Obwohl die von Sheldon aufgestellten Wesenstypen viel zum Thema Körper-Seele beigetragen haben, ist das Thema damit noch längst nicht erschöpft. Seine Studien haben gezeigt, daß es eine Beziehung zwischen Körpertyp und Persönlichkeitsmerkmalen gibt, aber sie haben nicht gezeigt, daß das eine das andere verursacht. Sheldon's Studien entsprechen der Theorie der Konstitutionellen Psychologie, daß unsere Gene entscheiden, wer wir sind. Aus seiner Sicht wird der Zusammenhang zwischen Persönlichkeit und Körperkonstitution hauptsächlich durch die Gene geprägt, nicht etwa dadurch, wie wir aufwachsen. Daher können wir uns seiner Studie nicht erfahren, wie man mit Psychologie auf die Körperentwicklung Einfluß nehmen kann. Wir wollen uns also einer anderen Theorie zuwenden, um herauszufinden, ob und wie das funktionieren könnte.

Muskulatur, Knochenbau und Körperschutz

Wenn man sich mit der Theorie der Wesenstypen beschäftigt, stellt man fest, daß ein Gesichtspunkt außer acht gelassen wurde. Körper gibt es nicht nur in verschiedenen Größen, es gibt auch ein breites Spektrum an Formen. Sheldon hat den Körper an verschiedenen Stellen gemessen und diese Maße miteinander verglichen, um ein einheitliches Schema aufzustellen. Dieses Schema läßt uns nicht erfahren, ob eine Person runde oder hängende Schultern hat oder daß eine Person einen kräftigen, muskulösen Rücken hat, während die Vorderpartie weich und schlaff ist. Diese Anomalien sind wichtig. Sie sagen uns etwas über die Persönlichkeit und die psychische Entwicklung dieser Person.

Eine der bedeutendsten psychologischen Theorien über die Körperentwicklung wurde von Wilhelm Reich, einem Schüler Freud's, aufgestellt, der die Persönlichkeit anhand einer Körperanalyse beurteilte. Reich schuf den Begriff des Charakterpanzers, den er als Modell chronischer (d.h. langanhaltender, nicht nur vorübergehender) Muskelspannungen im Körper beschrieb.[13] Er nannte diese Spannungen »Schutz«, weil sie das Individuum vor schmerzlichen oder bedrohlichen emotionellen Erfahrungen schützen. Sie beschützen ihn vor gefährlichen Impulsen in der eigenen Persönlichkeit sowie vor Angriffen durch andere.

Einer der Anhänger Reich's, Alexander Lowen, erweiterte diese Körpertheorie zu einer Lehre der Psychotherapie, bekannt als Bioenergetik. Lowen schrieb

eine Vielzahl von Büchern über den Körper und die Anzeichen psychischer Konflikte, u. a. »The Language of the Body«[14], »Betrayal of the Body«[15] und »Bioenergetics«[16]. Lowen definierte Charakter, analog gebraucht zum Begriff Persönlichkeit, als ein Verhaltensmuster, das von der Quantität und Qualität der Steuerung der Muskelaktivität bestimmt wird. Muskeln, die dieser unbewußten Steuerung unterworfen sind, sind chronisch angespannt und kontrahiert, obwohl wir bis zu einem gewissen Grad uns dieser Anspannung nicht bewußt sind. Wir bemerken nicht, daß wir diese Muskeln anspannen und sie über lange, lange Zeit in diesem Zustand lassen. Zur Verdeutlichung stellen Sie sich einmal vor, Sie hätten einen steifen Nacken oder Rücken, der Ihnen erst am Ende des Tages auffallen würde oder am nächsten Morgen, wenn Sie aufwachen.
Um sich vorstellen zu können, was diese chronisch angespannten Muskeln für die Körperform bedeuten, müssen Sie sich das Skelett ohne jegliche Muskeln oder Körperorgane vorstellen. Nehmen wir an, die Knochen seien nicht deformiert (was aber bei der Mehrzahl der Menschen der Fall ist). Wenn man sein Skelett nun an einem Faden aufrichten würde, könnte man feststellen, wie wunderbar alles in gerader Linie miteinander verbunden ist. Das Skelett kann länger oder kürzer sein, breiter oder schmaler als das eines anderen, aber es ist gerade gerichtet, die Arme hängen seitlich herab, Beine und Füße sind in der richtigen Lage, der Rücken zeigt die natürliche Wölbung des Rückgrates usw.
Wenn man nun beginnen würde, das Skelett mit Bändern, Sehnen und den chronisch angespannten Muskeln, die kürzer als gewöhnlich sind, zu bestücken, sieht der Körper nicht mehr so wunderbar gerade gerichtet aus. Vielleicht wären die Schulterknochen hinter den Ohren, die eines anderen wären im Taillenbereich. Der Rücken würde vielleicht einen leichten Buckel aufweisen, bei einem anderen wären die Schulterblätter zusammengezogen und die Brust nach vorne gewölbt. Die Form des Skeletts wird von dem Zug, den die Muskeln auf die Knochen ausüben, beeinflußt. Die Struktur des Körpers verändert sich entsprechend der Muskelanspannung. Lowen meint, das rechtfertige nicht nur die Berücksichtigung der Körperform bei der Persönlichkeitsanalyse, sondern diese Kenntnisse bilden auch die Grundlage für Versuche, die Persönlichkeit durch das Entspannen chronisch angespannter Muskulatur zu verändern.[17]
Zwei andere Wissenschaftler, Kurz und Prestera, vertreten in ihrem Buch »The Body Reveals« dieselbe Ansicht. Sie betonen, daß unsere psychologische Identität und unser bestehendes Muskelschema einander »widerspiegeln, verstärken und unterstützen. Das ist so, als ob der Körper sähe, was der Geist glaubt und das Herz fühlt, und sich dementsprechend anpasse... Die Muskulatur wiederum unterstützt die Haltung, wie z. B. einen schlaffen Gang, wodurch jede Bewegung schwieriger wird und das Leben selbst als eine Last erscheint.«[18]
Lowen betrachtet dieses „Lesen" des Körpers in Form von chronischer Muskelanspannung nicht als ein Rätselraten. Er sagt, »der Zusammenhang zwischen Muskelanspannung und Hemmung ist so exakt, daß man anhand einer Studie der Muskelanspannungen genau sagen kann, welche Impulse oder Gefühle eine Person unterdrückt.«[19] Z. B. kann der Wunsch, etwas zu tun, was bestimmte Muskeln beanspruchen würde, Schuld- oder Angstgefühle hervorrufen, wodurch entgegengesetzte Muskeln eingeschaltet werden. Das Ergebnis ist ein angespannter Körper oder Körperteil, der sein Aussehen nach einer gewissen Zeit entsprechend den widersprüchlichen Muskelanspannungen ändert.

Diese Gedankengänge entsprechen einer populären Theorie der klinischen Psychologie, die sich auf die Beziehungen zwischen Körper und Seele stützt. Man spricht auch von der Identitäts-Theorie, wie schon vorher in diesem Kapitel genannt. Besonders Lowen's Erkenntnisse bilden die Basis für den folgenden Abschnitt über »Muskelpsychologie« oder welche besonderen psychologischen Funktionen bestimmte Muskelgruppen haben.

Psychopathen, Masochisten und andere

Wir möchten die Körper-Seele-Beziehung näher erläutern, indem wir uns einige der Charaktertypen näher ansehen, die Lowen in seiner klinischen Studie herausstellte. Im Gegensatz zu William Sheldon, der zur Aufstellung seiner Wesenstypen seine Untersuchungen bei der normalen Bevölkerung machte, gewann Alexander Lowen als praktizierender Psychotherapeut seine Erkenntnisse anhand seiner Patienten, die sich wegen ihrer Probleme in Behandlung befanden.[20]

Bei Lowen handelt es sich um ein entwicklungsmäßiges Modell, d.h. er geht davon aus, daß Traumata oder Konflikte aus frühen Lebensabschnitten die psychischen Störungen und entsprechenden Körperformen hervorrufen. In der Reihenfolge der Entstehung hier die fünf Charaktertypen, die er feststellte: schizoid, oral, psychopathisch, masochistisch und rigid. Er geht davon aus, daß der Charakter, den eine Person letztendlich hat, davon abhängt, in welcher Entwicklungsstufe das Trauma stattfand. Wird das Trauma früh erlebt, dann besteht die Gefahr, daß die Person Schwierigkeiten haben wird, sich über die folgenden Stadien hinweg weiterzuentwickeln. Das bedeutet, je früher das Trauma erlebt wird, desto komplexer ist das Problem oder der schizoide Typ ist der komplexeste und der rigide der am wenigsten komplexe.

1. Der schizoide Charakter: Wie würden Sie sich fühlen, wenn Sie gleich am ersten Lebenstag abgelehnt würden? Das ist das Trauma des Schizoiden, und es hängt enorm mit der Mutter-Kind-Beziehung zusammen. Das Kind fühlt sich bestraft für seine Existenz und behält als Konsequenz seine Gefühle für sich. Seine Emotionen gelangen nicht nach außen. Wenn man den Körper des Schizoiden »liest«, findet man eine Menge Körperschutz im Bereich der Augen, die ausdruckslos und leer erscheinen, so als ob sie durch einen hindurchsehen würden. Der Körper scheint allgemein steif zu sein, besonders in den Gelenken, und manche Körperteile, wie der Kopf z.B. scheinen ungewöhnlich eingehängt zu sein. Der Körper erscheint nicht sehr ausgewogen. Gesicht, Hände, Füße und Genitalien sind ausdrucks- und energielos. Obere und untere Hälfte des Körpers scheinen nicht zusammenzugehören.

2. Der orale Charakter: Was würde passieren, wenn Sie als Kind nach Nahrung und Zuwendung schreien und nur selten dergleichen bekommen würden? Das ist das Trauma des oralen Charakters. Er wird nicht befriedigt und als Resultat hat er Angst, Bedürfnisse zu haben. Als Kind mußte er nach Nahrung und Zuwendung hungern und beides entbehren. Schließlich hört er auf zu schreien und sagt sich, daß Bedürfnisse gefährlich sind, weil sie nicht befriedigt werden und keiner für ihn da ist. Der orale Charakter konzentriert sich nur auf Nahrung und Zuwendung. Er hat das starke Bedürfnis zu klammern, festzuhalten, sich anzulehnen, aber wieviel Zuwendung er auch bekommt, es ist nie genug. Er kann gar nicht alles aufnehmen. Depressionen, Enttäuschungen und das Gefühl, nicht geliebt zu werden, sind gewöhnlich die Reaktion. Orale Charaktere haben Schwierigkeiten, um etwas zu bitten. Was den Körper angeht, so sieht der orale Charakter unreif aus. Die Muskeln sind schlecht entwickelt und Gefühle von Schwäche sind häufig. Die Haut ist oft dünn und blaß. Der orale Typ sitzt oft mit geschlossenen Knien und hat schmale, flache Füße. Der Kopf ist nach vorn geneigt, die Brust zusammengefallen und der Bauch weich und vorstehend. Die Gesamterscheinung ist ein energieloser, in sich versunkener Körper.

3. Der psychopathische Charakter: Können Sie sich noch daran erinnern, wie winzig und ohnmächtig Sie sich als kleines Kind fühlten? Das ist das Trauma, das der Psychopath laufend durchmachte. Was ist das Resultat nach Ihrer Meinung? Das Kind fühlt sich schwach und unterdrückt und entwickelt eine Machtbesessenheit. Der Psychopath wächst auf mit dem ständigen Bedürfnis zu dominieren und zu beherrschen und verleugnet dabei seine eigentlichen Gefühle. Es gibt zwei Typen von Psychopathen: den Tyrann, der die anderen übertrumpfen und beherrschen will, und den Verführer, der eine Vormachtstellung anderer durch Charme und Freundlichkeit unterwandert. Der Tyrann hat einen überentwickelten Oberkörper, was Brust und Bauch wie aufgeblasen aussehen läßt. Sein Blick ist oft penetrant und mißtrauisch. Im Gegensatz dazu hat der Verführer einen fast schon zu biegsamen Oberkörper und schwingende Hüften, die vom Oberkörper losgelöst zu sein scheinen. Selbstverständlich sind Augen und Stimme weich und verführerisch.

4. Der masochistische Charakter: Was würde passieren, wenn Sie als Kind nur geliebt wurden, wenn Sie gehorchten, d.h. wenn Sie nicht bedingungslos geliebt wurden? Ihr Recht auf Unabhängigkeit wäre verletzt. Das ist das Trauma des Masochisten. Ein masochistischer Mensch ist meist das Kind einer rücksichtslosen, herrschsüchtigen Mutter, die die Freiheiten des Kindes einschränkt und ihm Schuldgefühle vermittelt, wenn es nicht gehorcht. In solchen Fällen ist der Vater meist passiv. Der Masochist ist äußerlich unterwürfig, aber innerlich boshaft und voller Wut. Er leidet lange, jammert und beklagt sich, aber er ist immer unterwürfig. Er scheint sich selbst in den Schatten zu stellen, aber insgeheim fühlt er sich überlegen. Der Masochist hat Schwierigkeiten, aggressiv zu sein oder sich zu behaupten. Er erscheint fleißig, aber sein Verhalten hat etwas Unbeholfenes. Dieser Charaktertyp kommt einem negativ vor, er scheint alles abzulehnen. Er scheint die Ablehnung zu genießen, die er in anderen hervorruft. Wenn er gepeinigt wird, scheint sich die aufgestaute Energie entladen zu können. Der Masochist hat die körperliche Statur eines Gorillas mit dicken, kräftigen Muskeln, einem kurzen, untersetzten Körper, einem flachen Hintern und rundem Rücken. Die Vorderseite der Schenkel ist überentwickelt und die Muskulatur im Bereich der Kniesehne ist gewöhnlich straff. Im Gesicht sieht der Masochist unschuldig und naiv aus, er hat weiche, traurige Augen, die ein Leben voller Leid widerspiegeln. Die Stimme hat natürlich einen unangenehm jammernden Klang.

5. Der rigide Charakter: Bei den bisher beschriebenen Traumata handelt es sich um Mutter-Kind-Beziehungen. Was passiert, wenn das Kind im Alter von 5 Jahren eine sexuelle Identität annimmt und jetzt der Vater ablehnend reagiert? Der rigide Charakter entwickelt sich nach dem Entstehen der sexuellen Identität, weswegen es eine männliche und eine weibliche Variante gibt. Während der

Einfluß der Mutter bei der frühen Charakterbildung am größten ist, ist es die Ablehnung der Liebe des Kindes durch den Vater, was das Trauma des rigiden Charakters fördert. Der Vater schiebt das Kind beiseite, und für das männliche Kind wird Liebe somit abhängig von Leistung. Was auch immer das Kind tut, es ist nicht genug. Der kleine Junge glaubt, daß Leistung im Leben am wichtigsten sei und gibt sich nicht mehr mit Liebe ab. Der rigide männliche Charakter erscheint selbstsicher, ehrgeizig, kämpferisch und aktiv. Er ist auch entschlossen, perfektionistisch und wenig flexibel. In bezug auf den Körper gibt es zwei Typen des rigiden Mannes. Da ist einmal der phallo-narzißtische Mann, der sich mit dem Vater identifiziert und Zwangsvorstellungen hat. Er ist emotionsgeladen, sexuell sehr aktiv, hat aber Orgasmus-Probleme. Er ist meist von kleiner, schmaler Statur. Wenn der Körper auch proportioniert ist, ist er doch oft steif und unbeweglich. Der zweite Typ ist der zwanghafte Mann, der sich mit seiner Mutter identifiziert und im Vater eine Bedrohung sieht. Er hat einen zwanghaften Charakter, sein Ego ist kalt und unbeweglich. Seine Emotionen sind blokkiert. Sein Körper ist relativ groß und gut bemuskelt. Er sieht stark und hart aus mit seinen breiten Schultern, der schmalen Taille und Hüften.

Was passiert mit dem kleinen Mädchen, dessen Liebe vom Vater abgelehnt wird? Aufgrund des Geschlechtsunterschiedes zwischen Tochter und Vater hat die Ablehnung sexuelle Hintergründe. Der Vater fürchtet vielleicht seine sexuellen Empfindungen für seine Tochter und verhält sich ablehnend. Das kleine Mädchen entwickelt einen Charakter, der weithin als hysterisch bekannt ist. Sie ist beeinflußbar und hat irrationale Gefühlsausbrüche. Ihr Leben ist chaotisch. Sie läßt sich leicht beeinflussen, stellt immer hohe Erwartungen und ist launenhaft. Ihre Wahrnehmungen sind impressionistischer Art, ihre Welt ist überaus romantisch und sie dramatisiert alles. Sie langweilt sich schnell und fühlt sich oft, als wäre ihr Leben immer derselbe Trott. Die hysterische Person ist oft erstaunt über das Ergebnis ihrer Handlungen. Ihr unschuldig erscheinendes Wesen gefällt den Männern. Die Beziehungen zu Männern sind hauptsächlich sexueller Art. Physisch gesehen ist der Schutz der hysterischen Frau in den Muskeln im Vaginal- und Oberschenkelbereich zu finden. Der Rücken ist im unteren Bereich schmal, die Hüften sind auf provokative Art nach hinten geschwungen. Die hysterische Frau ist oft unbeweglich im Nacken- und Wangenbereich, was Stolz und Entschlußkraft zeigt. Brust und Bauch sind rigid, daher sind Atmung und Empfindungen reduziert. Im allgemeinen erscheint ihr Körper verführerisch. Die obere Hälfte ist kindlich und die untere Hälfte mehr weiblich.

Lowen's fünf Typen demonstrieren, wie sich Ausdrucksformen der Persönlichkeit auf Körperformen übertragen lassen. Da diese Feststellungen von einem Psychotherapeuten anhand seiner Patienten gemacht wurden, erkennen Sie vielleicht nur Kleinigkeiten bei den fünf Charaktertypen, die auf Sie oder Ihre Freunde zutreffen. In Wirklichkeit sind die meisten Menschen eine Mischung aus verschiedenen Typen, da sie das Trauma der jeweiligen Entwicklungsstufe nur zu einem gewissen Grad erlebt haben, und zeigen dementsprechende Merkmale psychischer und physischer Art.

Diagnose des Körpers

Muskeltypen und Muskeltätigkeit

Bevor wir von allgemeinen Informationen über die Körper-Seele-Beziehungen und -Typologien zu spezifischen Diagnosen von Muskulatur und Körperbereichen übergehen, sollten einige Begriffe aus der »Muskel-Fachsprache« erläutert werden. Man muß zwischen den verschiedenen Muskeltypen und den ausgeübten Tätigkeiten unterscheiden. Die Bedeutung dieser Unterscheidungen wird Ihnen später noch deutlich werden.

Es gibt drei Arten von Muskeln, wenn man danach geht, wo der Muskel sich befindet: Skelettmuskulatur, die sich an den Knochen befindet; glatte Muskulatur, die im Körperinnern zu finden ist, z.B. Magen und Eingeweide; und Herzmuskulatur, die die Herzwand bildet. Bei Sport und Training wird die Skelettmuskulatur direkt beansprucht. Der Herzmuskel und die glatte Muskulatur werden nur indirekt beansprucht. Daher werden wir uns hauptsächlich mit der Skelettmuskulatur befassen.

Um zu verstehen, wie der Körper durch die Skelettmuskulatur bewegt wird, muß man wissen, was der Muskel mit dem Knochen macht. Zur Vereinfachung stellen Sie sich eine Reihe von Telefondrähten vor, die in einem Schutzüberzug liegen. So ähnlich sieht auch ein Skelettmuskel aus. Er ist an den Enden am Knochen befestigt, aber am wichtigsten ist, daß er sich in den allermeisten Fällen über eines oder mehrere Gelenke erstreckt.

Nehmen wir z.B. den Muskel, der im oberen Teil des Arms beginnt, etwa da, wo der Bizeps anschwillt, und im Unterarm endet, haben wir ein Beispiel für einen Muskel, der über ein Gelenk geht, in diesem Fall den Ellbogen. Was passiert wohl, wenn sich dieser Muskel kontrahiert oder zusammenzieht? Der Unterarm wird angezogen. Wendet man dieses Funktionsprinzip auf alle Gelenke an, versteht man nicht nur, wie sich ein Körper bewegt, sondern auch, wie gewisse Knochen vorübergehend in einer bestimmten Position gehalten werden, z.B. das Handgelenk beim Aufschlag beim Tennis oder wenn sich die Körperform durch langzeitige Muskelanspannung verändert.

Um das Prinzip der Muskelfunktion besser zu verstehen, gehen wir noch einmal zu unserem Beispiel der Telefondrähte, die in einem Schutzüberzug liegen. Der Schutzüberzrug des Muskels nennt sich Faszie (Muskelhaut). Obwohl sie bei der Geburt recht elastisch ist, hat die Muskelhaut viel an Elastizität verloren, wenn das Erwachsenenalter erreicht ist. Wenn ein Muskel chronisch angespannt ist, verhärtet sich die Muskelhaut um die Muskelfasern. Der Muskel kann dann nicht mehr in voller Länge entspannt werden.

Wir führen die Analyse einen Schritt weiter und untersuchen verschiedene Muskelfunktionen. Bislang haben wir gesehen, daß die Kontraktion oder das Anspannen eines Skelettmuskels den Körper oder ein Körperteil bewegt. Einige Muskeln biegen das Gelenk, über dem sie liegen (z.B. den Ellbogen). Andere sind so angeordnet, daß sie strecken (z.B. den Ellbogen). Manche Muskeln bewegen ein Körperteil zur Seite und weg von der Mittellinie des Körpers (Abduktoren). Andere bewegen es zur Mittellinie des Körpers hin (Adduktoren). Wieder andere Muskeln drehen bestimmte Gelenke. Um diese Bewegungen durchführen zu können, arbeiten oft mehrere Muskeln miteinander.

Die für eine bestimmte Bewegung zuständigen Muskeln werden Antriebsmuskeln genannt. Bei jeder Bewegung gibt es Muskeln, im allgemeinen auf der anderen Seite des Gelenks angeordnet, die der Bewegung entgegenwirken (Antagonisten). Wenn die Antriebsmuskeln sich kontrahieren und eine Bewegung durchführen, bleiben die Antagonisten gestreckt. Wenn z.B. ein Muskel wie der Bizeps den Arm im Ellbogen anzieht, sind andere Muskeln auf der Rückseite des Arms, wie der Trizeps, gestreckt. Es ist wichtig zu wissen, daß ein Muskel je nach Art der Bewegung sowohl als Antriebsmuskel als auch als Antagonist wirken kann. In unserem Beispiel ist der Bizeps der Antriebsmuskel und der Trizeps der Antagonist, wenn der Unterarm angezogen wird, und es ist genau umgekehrt, wenn er aus der angezogenen Haltung wieder gestreckt wird.
Neben Antriebsmuskeln und Antagonisten sind bei den meisten Gelenkbewegungen Muskeln im Spiel, die als Synergisten fungieren. Synergisten sind Muskeln, die eine Bewegung unterstützen, indem sie ein Gelenk geraderichten und somit dem Antriebsmuskel die Funktion ermöglichen. Wenn ein Synergist ein Gelenk oder einen Knochen hält, spricht man von Fixatoren. Die Muskeln, die das Handgelenk z.B. beim Tennisaufschlag aufrichten, fungieren als Fixatoren.
Damit wollen wir unseren kleinen Ausflug in die Anatomie beenden.
Was hat das alles mit Psychologie zu tun? Ständig angespannte Muskeln verändern die Struktur des Skeletts und verringern sowohl das Ausmaß als auch die Qualität der Bewegungen. Eine bestimmte Haltung entwickelt sich, die man als unterwürfig, verspannt oder mißtrauisch bezeichnen kann. Wie man am Leben teilnehmen kann, hängt davon ab, wie die verschiedenen Muskeln im Körper arbeiten.
Die Kenntnis über die Muskelfunktionen hilft dabei zu verstehen, wie verschiedene Muskeln verschiedene Dinge vollbringen. Einige Armmuskeln ermöglichen es z.B., die Welt an sich heranzuziehen, andere ermöglichen es, sie von sich wegzustoßen. Einige Beinmuskeln halten einen auf der Stelle, andere bewegen einen weg und geben einem ein Gefühl der Freiheit. Je nach Muskelkraft kann man merken, wo man stark und wo man schwach ist. Können Sie die Welt besser wegstoßen als sie beherrschen? Sind Sie mehr an Flucht und Freiheit als an Standhaftigkeit interessiert? Tragen Ihre Schultern die Belastung oder brechen sie zusammen unter der Last Ihres Schicksals?
Aufgrund der Unterscheidung zwischen Antriebsmuskel und Antagonist wird der Konflikt zwischen den Muskelgruppen im Körper deutlich: ein Muskel will nehmen, der andere will wegstoßen; Beine, die sich heben und senken; die Brust schwillt an vor Stolz und fällt zusammen bei einer Niederlage. Wenn Sie in einer Konfliktsituation sind, drückt sich das in den gegensätzlichen Anspannungen der Antriebsmuskeln und Antagonisten aus. Es herrscht ein Kampf, welcher Wille stärker ist.

Körperanalyse-Dimensionen (BAD = Body Analysis Dimensions)

Wir gehen nun zur formellen Bewertung des Körpers über. Wonach sollen wir suchen? Wir wollen hauptsächlich wissen, wie der Körper arbeitet, wo seine

Stärken und Schwächen liegen, wo er flexibel ist und wo er steif ist. Ein weiterer Teil der Bewertung liegt in der Beurteilung der Körperform. Wie sieht der Körper aus? Ist ein Arm anders als der andere? Sieht der Körper ausdruckslos oder wohlgeformt aus? Sieht er gesund oder kraftlos aus? Je nachdem, was man sieht, wird man auch andere Begriffe zur Beschreibung nehmen.
Beurteilen Sie jeden Körperbereich nach drei Gesichtspunkten:

1. Kraft: Wie stark ist dieser Bereich? Ist er stark genug für alles, was Sie mit diesem Körperteil tun müssen, und auch für das, was Sie gern tun möchten? Vielleicht stellen Sie fest, daß dieser Bereich über- oder unterentwickelt ist, d.h. er ist entweder zu stark oder zu schwach für die Aufgaben. Manche Bereiche, wie der Rücken oder der Bauch, lassen sich schlecht direkt in bezug auf Kraft messen, aber indirekt sind Ihnen bestimmte Symptome bekannt: Schmerzen im unteren Rückenbereich deuten auf schwache Muskeln in Bauch und Rücken. Bei der Bewertung der Kraft sollte man auch immer den Vergleich mit anderen Bereichen im Auge haben. Sind Ihre Arme zum Beispiel in Relation zu den Beinen schwächer?

Sie können jeden Körperbereich anhand einer Skala von 5 Punkten bewerten:

5 = massiv/überentwickelt
4 = überentwickelt
3 = ausreichend entwickelt
2 = unterentwickelt
1 = schwach

Hierbei handelt es sich um eine subjektive Bewertung. Sie beurteilen die Kraft oder Stärke, je nachdem, was Sie für Ihr Leben brauchen und entsprechend den üblichen Fitneß-Werten. Ein Bodybuilder würde hier immer in den Kategorien 4 oder 5 liegen (überentwickelt oder massiv/überentwickelt), da seine Muskelkraft über das hinausgeht, was zum normalen Leben notwendig ist und 99% des Fitneß-Standards eines Erwachsenen erreicht. Ein Jogger z.B., der kaum 1,5 km laufen kann, muß seine Beinmuskulatur im Bereich 1 oder 2 einordnen (schwach oder unterentwickelt).

2. Beweglichkeit: Wie steif, verspannt oder eingeschränkt ist dieser Bereich? Beweglichkeit bedeutet Bewegungsfähigkeit der Gelenke, aber wie wir vorher gesehen haben, sind die Muskeln der Hauptfaktor, der die Bewegung einschränkt, indem sie zu wenig entwickelt oder chronisch angespannt sind. Manchmal schränken massive Muskeln die Bewegung ein, aber dünne Muskeln können denselben Effekt haben. Beweglichkeit ist also nicht dasselbe wie Kraft oder Entwicklung. Eine schlaksige, schwache Person kann trotzdem steife oder verspannte Muskeln haben (kurzer, schwacher Muskel). Wer Stretching übertreibt und dabei die Muskelstärkung vernachlässigt, kann das umgekehrte Problem bekommen, nämlich, daß die Muskeln zu flexibel und schwach sind, etwa wie ein Gummiband, das zwar enorm gedehnt werden kann, aber nicht genug Spannkraft hat, etwas zusammenzuhalten.

Für die Beurteilung der Beweglichkeit gibt es fünf Kategorien:

5 = extrem flexibel
4 = flexibel
3 = ausreichend flexibel
2 = nicht flexibel
1 = steif/fest

Wenn Ihnen Ihr Körper wie eine nasse Nudel vorkommt oder wenn Sie sich wie ein Getreidehalm im Wind bewegen, werden Sie in Kategorie 5 eingestuft (extrem flexibel). Sie beherrschen Ihre Bewegungen kaum und sind etwas zu beweglich für diese Welt. Kategorie 3 (ausreichend flexibel) bedeutet, daß Sie genügend Bewegungsfähigkeit für die meisten Dinge, die Sie tun, besitzen, aber das ließe sich noch steigern. Kategorie 1 (steif/fest) ist eine extreme Bewertung, wenn ein Körperbereich durch steife Muskeln nicht mehr frei beweglich ist.
3. Figur: Die letzte Bewertung ist die subjektivste; es handelt sich um die Qualität, nicht die Quantität. Sie müssen Ihren Körper betrachten und in Ihren eigenen Worten beschreiben, was Sie unter Berücksichtigung, wie dieser Körperteil aussehen sollte, tatsächlich sehen. Man kann mit zu hohen Ansprüchen an die Sache gehen. Sie haben vielleicht einen wohlgeformten Bauch, aber weil er nicht flach wie ein Brett bemuskelt ist, halten Sie sich für weit entfernt vom Ideal. Wir geben Ihnen Richtlinien, wie Sie jeden einzelnen besprochenen Körperbereich beurteilen können. Hoffentlich wird damit übertriebene Selbstkritik vermieden.
Das Schema eines Körpers (Abb. 6.1) können Sie immer wieder betrachten, während Sie die folgenden Abschnitte lesen. Wir werden schrittweise vorgehen, von allgemeinen Betrachtungen zu detaillierteren. Ein Vorschlag: Lesen Sie zuerst den Rest dieses Kapitels. Stellen Sie sich dann vor einen Spiegel und gehen das Ganze noch einmal durch, während Sie Ihren Körper im Spiegel betrachten können (unbekleidet natürlich).

Diagnose: Aufteilung des Körpers

Die erste Methode zur Analyse Ihres Körpers basiert auf der Aufsplittung des Körpers (body splits). Dr. Ken Dychtwald beschrieb diese Methode in seinem bekannten Buch »Bodymind«.[21] Der Körper wird in verschiedene Bereiche gesplittet oder aufgeteilt. Die folgenden drei Splits sind von besonderer Bedeutung für Sport und Fitneßtraining (Abb. 6.2):

1 Obere und untere Hälfte des Körpers
2 Vorder- und Rückseite des Körpers
3 Rechte und linke Seite des Körpers.

1. Obere und untere Hälfte des Körpers: Wenn man die obere und untere Körperhälfte mit einer gedachten Linie ein paar cm unter dem Nabel trennt, hat

Ihr BAD-Profil

Beurteilung der Kraft:

5 = massiv/überentwickelt
4 = überentwickelt
3 = ausreichend entwickelt
2 = unterentwickelt
1 = schwach

Beurteilung der Flexibilität:

5 = extrem flexibel
4 = flexibel
3 = ausreichend flexibel
2 = nicht flexibel
1 = steif/fest

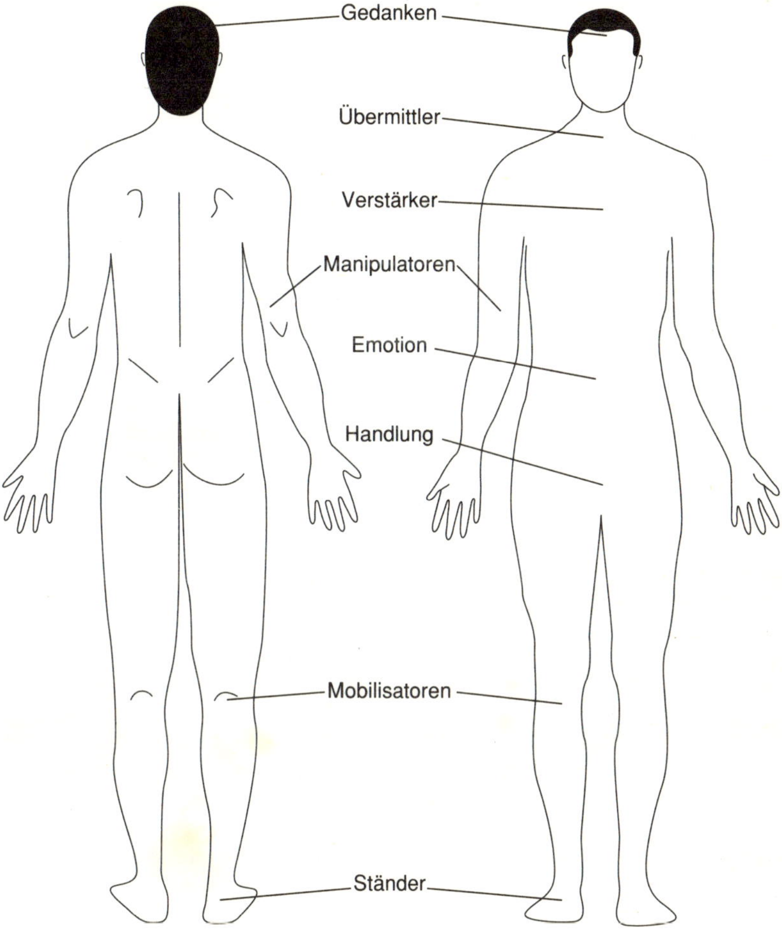

Beurteilen Sie Ihre Kraft und Ihre Flexibilität in den verschiedenen Körperbereichen und benutzen Sie dabei die obige Punkteskala.
Machen Sie sich Notizen über besondere Merkmale oder Form Ihrer Körperbereiche.

Abbildung 6.1

man es mit zwei vollkommen unterschiedlichen Körperregionen zu tun, die auch absolut verschiedene psychologische Aufgaben wahrnehmen.[22] Welche Funktion hat die obere Körperhälfte? Welche hat die untere? Die obere Körperhälfte beherbergt alle Funktionen zur Wahrnehmung sozialer Kontakte, wie sprechen, berühren, schmecken, riechen und hören. Mit der oberen Körperhälfte nimmt man Kontakt mit der übrigen Welt auf, man manipuliert und beherrscht, man denkt und analysiert und man geht aus sich heraus oder hält sich zurück.

Die untere Körperhälfte hat andere Funktionen. Wenn man die obere Körperhälfte als den sozialen Teil bezeichnet, hat man es bei der unteren Körperhälfte mit dem animalischen zu tun. Dazu gehören die Sexualorgane. Über Hüften und Beine hat der Körper Kontakt mit dem Boden, der Mensch fühlt sich gestützt und verwurzelt. Mit der unteren Körperhälfte bewegt man sich entweder fort oder bleibt auf der Stelle stehen.

Wie kann man obere und untere Körperhälfte miteinander vergleichen? Als erstes kommt die Frage auf, ob die beiden Hälften überhaupt zueinander passen. So ähnlich wie bei dem Spiel, das Kinder oft spielen, stellen Sie sich vor, Sie haben einen Haufen Fotos verschiedener unbekleideter Leute, schneiden diese in der Mitte durch, mischen sie und setzen sie nun wieder zusammen. Ob der obere Teil wohl immer zum unteren paßt? Ob es Fälle gibt, wo der obere Teil überhaupt nicht zum unteren paßt? Am Strand kann man auch häufig Leute beobachten (besonders Männer) mit riesigem Brustkorb und spindeldünnen Beinen oder umgekehrt (meistens Frauen) mit schmalem, unterentwickelten Oberkörper und ausladenden Hüften und Beinen.

Wenn die Proportionen nicht stimmen oder ähnliches auffällt, liegt dann auch eine Unausgewogenheit bei den psychischen Funktionen vor? Die Person mit dem riesigen Oberkörper und dem unterentwickelten Unterkörper legt vielleicht zuviel Wert auf die soziale Seite des Lebens, hat ein enormes Bedürfnis nach Anerkennung und Erfolg und will viel erleben. Dieser Person fehlt durch den unterentwickelten Unterkörper ein gewisses Gefühl der Zugehörigkeit, und sie hat Schwierigkeiten, sich im Leben verwurzelt zu fühlen. Sie ist oft emotionell abhängig und impulsiv.

Die Person mit dem überentwickelten Unterkörper und unterentwickeltem Oberkörper neigt mehr zu einem beständigen, bodenständigen oder häuslichen Lebensstil, hat aber vielleicht mehr Probleme im sozialen Bereich, ist weniger selbstsicher oder aggressiv.

Wenn wir über den Oberkörper/Unterkörper-Split sprechen, dürfen wir nicht vergessen, daß wir es mit einem ganzen Satz von Splits zu tun haben, die alle auf ihre Art wichtig sind für das Gesamtbild einer Person. Nur über den Oberkörper/Unterkörper-Split zu sprechen, würde auf eine sehr einseitige Analyse hinauslaufen. Es gibt sehr viel mehr zu beachten. Merken Sie sich, was Sie hier über Ihren Körper herausgefunden haben, denn wir wollen uns jetzt dem nächsten Split zuwenden.

2. Der Vorder-/Rückseite-Split: Die Vorderseite des Körpers wird den Mitmenschen präsentiert. Sie ist tatsächlich und im übertragenen Sinne unsere Vorderseite. Es ist der Bereich des Körpers, dem man die meiste Aufmerksamkeit schenkt. Er spiegelt das soziale und bewußte Ich wider. Die sanfteren Emotionen – Glück, Traurigkeit, Liebe, Sehnsucht – werden von der Muskelent-

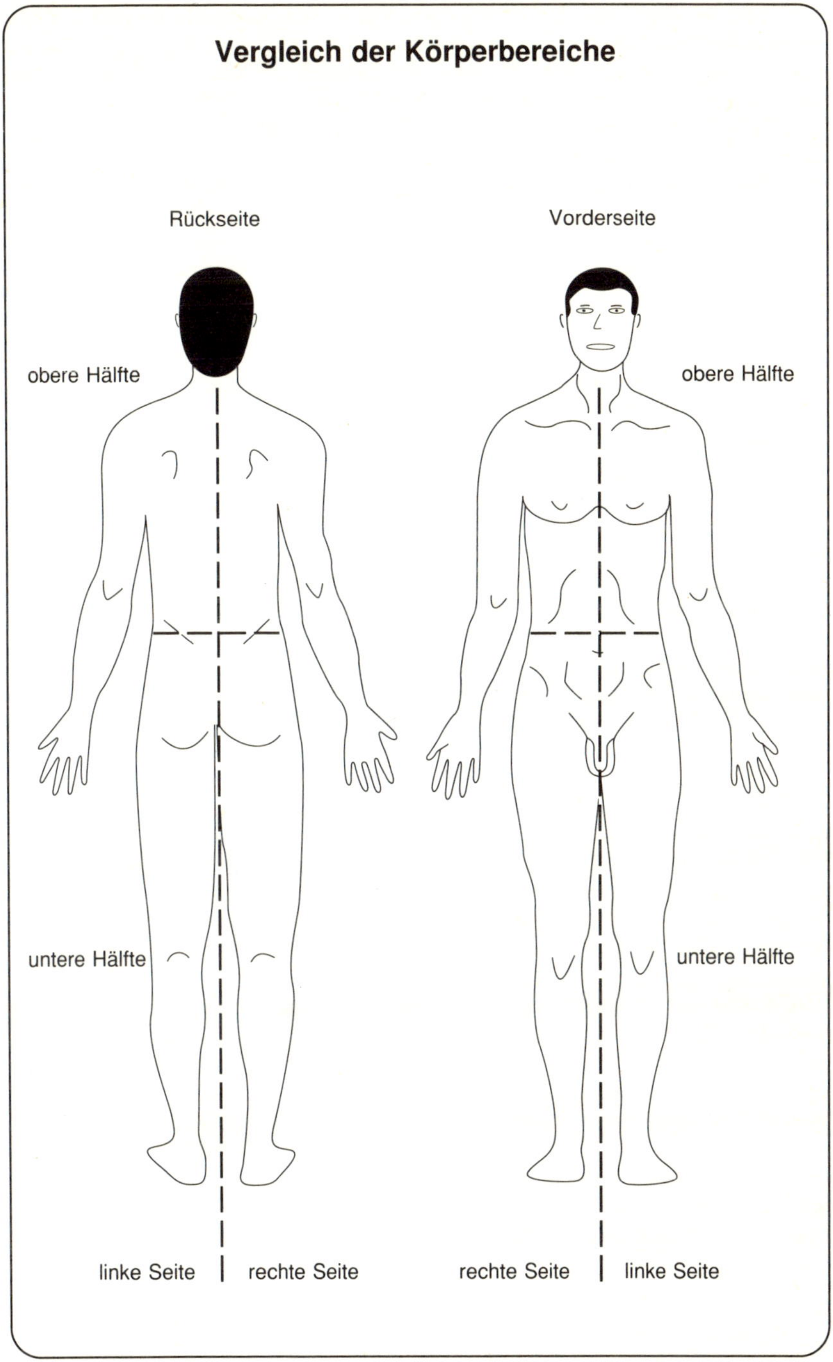

Abbildung 6.2

wicklung auf der Vorderseite widergespiegelt. Die Rückseite ist privater und unbewußter. Ungewollte oder sozial abgelehnte Gefühle zeigen sich auf der Rückseite des Körpers. Ärger, Grausamkeit, Härte und Haß werden eher in der Muskelentwicklung des Rückens als der Vorderseite reflektiert.[23]
Es gibt Menschen, deren Vorderseite weich wie Gelee ist, die Rückseite aber hart und mit Muskelpaketen versehen, die das Gesamtbild stören. Bei einem solchen Kontrast zwischen weicher, empfindlicher Vorderseite und hartem, festen Rücken findet sich auch eine gespaltene Persönlichkeit. Die Schwäche und Empfindlichkeit der Vorderseite verbirgt all den verborgenen, unbewußten Ärger und die Emotionen, die diese Person in sich hineingefressen hat. (Denken Sie an Lowen's Beschreibung des masochistischen Charakters als ein Beispiel für eine derartige Persönlichkeitsspaltung). Solch eine Person macht vielleicht einen lockeren und lässigen Eindruck, aber wenn man die Rückseite betrachtet, erkennt man die unterdrückten, negativen Emotionen – nur so kann man diese Person einschätzen und beurteilen, wie sie handeln könnte.

3. Der Split linke/rechte Seite: Stellen Sie sich eine Linie vor, die den Körper in eine linke und eine rechte Hälfte teilt. Theoretiker von Carl Jung bis Alexander Lowen haben die psychischen Unterschiede zwischen den beiden Körperseiten diskutiert. Diese Unterschiede existieren, egal ob es sich um Links- oder Rechtshänder handelt. Die Erkenntnisse über diese Unterschiede beruhen größtenteils auf der Feststellung der Steuerung durch das Gehirn. Die linke Seite z. B. wird von der rechten Hemisphäre des Gehirns gesteuert, die vor allem für räumliche Orientierung, integrale Vorstellungskraft, Erkennen von Verhaltensmustern, gefühlsmäßige Wahrnehmungen, räumliche Beziehungen und visuelles Gedächtnis verantwortlich ist. Die linke Körperseite wird auch als die emotionelle Seite betrachtet, als empfänglicher und passiv.
Im Gegensatz dazu wird die rechte Körperseite von der linken Hemisphäre des Gehirns gesteuert, die hauptsächlich das logische, analytische Denken, verbales und mathematisches Denkvermögen, Sprachvermögen und Gedächtnis steuert. Diese Seite stellt die ausdrucksvolle, aggressive Seite der Persönlichkeit dar und funktioniert hauptsächlich verstandesbetont und logisch.[24]
Wenn Sie Ihre beiden Körperseiten vergleichen, stellen Sie vielleicht eine stärkere Entwicklung der einen oder anderen Seite fest, d. h. mehr Anspannung, Flexibilität usw. Dieser Kontrast zeigt Ihnen, auf welchem Gebiet Ihre Stärken liegen und wo Sie aus psychologischer Sicht unterentwickelt sind. Es gibt Menschen, die auf der einen Körperseite extreme Spannungen oder sogar Schmerzen haben, auf der anderen Seite aber nicht. Das kann zwar auch von übermäßigem Gebrauch dieser Seite (z. B. tritt der Tennisarm typischerweise nur in dem Arm auf, mit dem gespielt wird) kommen, aber es kann auch psychische Konflikte aufzeigen oder daß ein Aspekt der Persönlichkeit überbetont ist. Eine Ausgewogenheit in Selbstsicherheit und Empfänglichkeit, rationalem und emotionellem Handeln zeigt sich in einem Körper, dessen linke und rechte Körperseite gleichmäßig entwickelt sind. Eine Unausgewogenheit zeigt sich in lateralen Unterschieden der Körperform und -bemuskelung.

Diagnose: Die Psychoanatomie des Muskels

Im folgenden werden wir jedem Körperbereich die psychologischen Funktionen zuordnen, die er erfüllt. Bei dieser Diagnose sollten Sie die Bewertungen von Stärke, Flexibilität und Form im Kopf haben. Beachten Sie auch die Unterschiede, die Sie zwischen einer Seite des Körpers und der anderen finden. Welche Unterschiede stellen Sie z.B. zwischen Ihrem linken und rechten Arm fest? Gibt es einen Unterschied in der Form? Im folgenden Abschnitt können Sie von sich selbst ein psychoanatomisches Bild aufstellen. Sie werden erfahren, wie Sie Ihren Körper benutzen, wie Sie Spannungen ansammeln, was Sie bei Ihren täglichen Interaktionen betonen, was Sie unterbewerten und zu wenig einsetzen.

Wir werden dabei von unten nach oben gehen, d.h. wir beginnen bei den Füßen und gehen weiter bis zum Kopf. Eine Übersicht über die Körperbereiche und ihre psychologischen Funktionen finden Sie in Abb. 6.3.

Füße (oder Ständer)

Ein Fuß hat 19 Knochen, ohne die 7 Knochen des Fußknöchels mitzuzählen, und 19 Muskeln im Fußinnern sowie weitere 13 Muskeln, die auf Fuß und Zehen einwirken. Zählt man die verschiedenen Bänder und Sehnen im Fuß hinzu, so hat man es mit einem äußerst komplexen Körperteil zu tun, der einige unentbehrliche psychologische Funktionen erfüllt. Die Füße verbinden den Menschen mit dem Boden und werden daher mit dem psychoanatomischen Begriff Ständer bezeichnet. Sie geben dem Menschen ein Gefühl der Sicherheit. Mit den Füßen springt man oder bewegt sich vorwärts, und insofern geben sie dem Menschen auch das Gefühl der Bewegungsfreiheit. Sie symbolisieren Unterstützung, Balance und Mobilität und geben dem Menschen daher ein Gefühl von Autonomie.[25]

Zur Beurteilung der Kraft, Flexibilität und Form Ihrer Füße müssen Sie sie beim Stehen und Laufen genau betrachten. Sie können gut beobachten, ob sie verkrampft oder entspannt sind. Wenn Sie aus Unsicherheit immer den Boden regelrecht umklammern, sehen Ihre Zehen, selbst wenn Sie entspannt sind, so aus, als wollten Sie damit etwas ausgraben. Wenn Sie barfuß gehen, stellen Sie vielleicht fest, daß sich Ihre Füße wie feste Holzklötze vorwärts bewegen und wenig von einem flexiblen Bewegungsablauf zeigen. Mit all den Muskeln und Knochen, die die Füße besitzen, könnten sie fast genauso beweglich wie Ihre Hände sein.

Dychtwald beschreibt fünf veschiedene Fußtypen.[26] Es gibt flache, umklammernde, zehenspitzenbetonte, schwerfällige und fersenbetonte Füße. Jeder Typ stellt ein psychologisches Thema dar. Flache Füße können den Boden nicht greifen, sie gleiten darüber, sie ermöglichen nicht die Verbindung zum Boden, die der Mensch braucht, um sich gestützt zu fühlen. Umklammernde Füße, deren Zehen in den Boden greifen, bedeuten ein starres, überaus beherrschtes Verhalten. Den Bewegungen fehlt ein gewisser Grad an Grazilität (Wer das nicht glaubt, versuche einmal, mit gekrümmten Zehen zu laufen.) Diese Person geht

Die psycho-anatomische Karte des Körpers

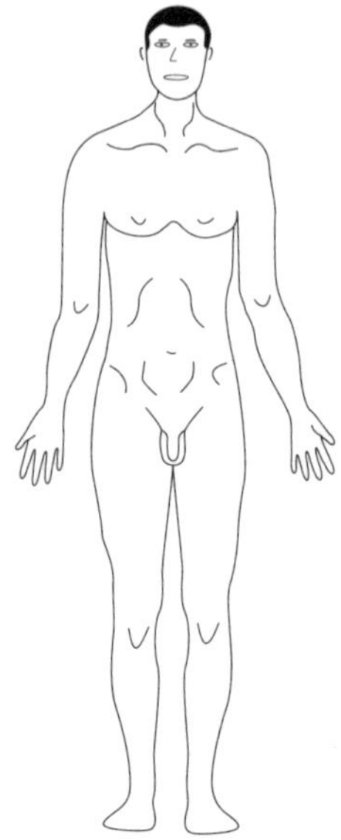

Schultern: tragen die Last des Schicksals; halten Gefühle zurück; stellen Kraft und Stärke zur Verfügung.

Bauch: Emotionszentrum; beherbergt Gefühle wie Traurigkeit, Schuld, Druck.

Beine: mobilisieren und stabilisieren den Körper; geben Kraft und Flexibilität für die Bewegungen oder zur Beibehaltung des Standortes.

Kopf: Geist, Intellekt und Wille; Sinneszentrum für Sehen, Hören, Riechen und Schmecken.

Brust: verstärkt Emotionen; zeigt den Grad der Introversion/Extroversion.

Becken: Ursprung von Bewegungen oder Handlungen; sexuelles Vorstellungsbild; Lebenskraft; Energiezentrum.

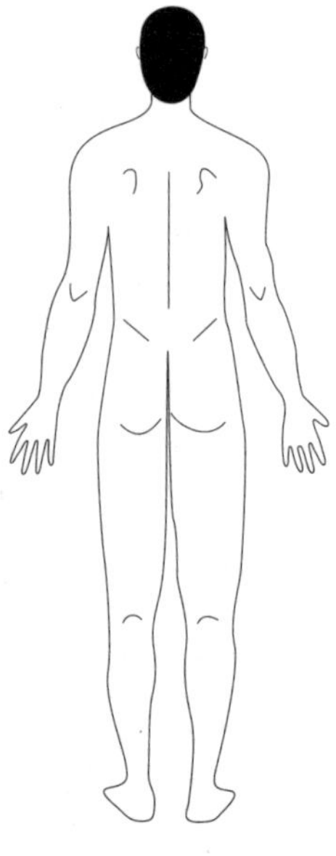

Arme und Hände: manipulieren die Umwelt und Mitmenschen; helfen bei Aggression oder Verteidigung der eigenen Person; steuern die Welt und den Selbstausdruck.

Füße: verwurzeln einen; verbinden mit dem Boden zur Unterstützung; haben Einfluß auf das Gefühl von Sicherheit.

Nacken: ermöglicht Interaktion zwischen Verstandeszentrum und Emotionen/Körper; blockiert oder überträgt Energie; ermöglicht verbalen Ausdruck.

Rücken: stützt den Oberkörper; hält aufrecht; reflektiert Stolz; steht in Beziehung zum Selbstvorstellungsbild; beherbergt intime Gefühle, besonders Wut und Ärger.

Schenkel: stehen in Beziehung zu Gefühlen von Beherrschung, der Angst, sich gehen zu lassen.

Abbildung 6.3

äußerst rational an ihr Leben. Zehenspitzenbetonte Füße stellen eine weitere Form von fehlender Verbindung zum Boden dar – eine Art Traumtänzerei. Personen mit solchen Füßen können kreativ und phantasievoll sein, aber sie sind auch wirklichkeitsfremd, ihnen fehlt die solide Basis, auf der sie stehen könnten. Schwerfällige Füße verbergen ein Gefühl von Beladensein, Stagnation und Niedergang. Der Person fällt es schwer zu gehen und sie legt zuviel Gewicht auf Zuverlässigkeit und Stabilität. Die Füße sind schwer und leblos. Zum Schluß noch die fersenbetonten Füße: Sie gehören einer Person, die zu entschlossen ist und zugleich ein falsches Gefühl von Sicherheit hat. Eine solche Person hat oft tief verwurzelte Gefühle von Angst und Instabilität, die sie durch das entschlossene Auftreten zu kompensieren versucht. Diese fünf Fußtypen sollen Ihnen Anhaltspunkte zur Beurteilung der Fußform geben.

Wenn Sie damit Probleme haben, sei hier zum Thema Füße noch angemerkt, daß es dazu beiträgt, die Gründe herauszufinden, wenn Sie z. B. umklammernde Füße haben oder die Fersen einzugraben scheinen. Ihre Füße sind nicht isoliert vom restlichen Körper. Straffe Wangen, eine schmale Brust, angespannte Kniesehnen und geschlossene Knie treten häufig in Verbindung mit fersenbetonten Füßen auf. Man findet keinen lebendigen, energiegeladenen Körper auf toten, bleiernen Füßen. Wenn Sie herausfinden, wie Ihre Füße geformt sind und wie sie arbeiten, können Sie versuchen, sie anders einzusetzen. So wie sich die Bewegungen der Füße ändern, werden sich auch die Körperbewegungen ändern – und somit wird es auch psychische Änderungen geben.

Beine (oder Mobilisatoren)

Die Beine sind mit nur drei großen Knochen und der Kniescheibe nicht so komplex wie die Füße. Es gibt 38 Muskeln, die entweder im Bein beginnen oder dort enden. 16 dieser Muskeln bewegen den Oberschenkel, 9 das untere Bein. 13 beginnen im Unterschenkel und laufen in den Fuß.

In unserem psychoanatomischen Wörterbuch nennen wir die Beine Mobilisatoren, weil sie uns helfen, uns fortzubewegen. Sie stabilisieren den Körper und halten die Beziehung zur Realität. Die Oberschenkel geben die Kraft für die Bewegung und haben viel zu tun mit dem Gefühl der Unabhängigkeit. Die Unterschenkel dienen mehr als Bindeglied zu den Füßen und beeinflussen so die Qualität der Bewegungen. Sie tragen zur Fortbewegung bei, indem sie die Füße bewegen, und spiegeln so unsere Anstrengungen wider.[27] Ganz allgemein gesehen ermöglichen uns die Beinmuskeln, uns vorwärts oder rückwärts und zur Seite zu bewegen. Sie gestatten uns, mit dem Körper hoch- und runterzugehen, zu springen und zu kriechen. Sie stehen für die psychischen Merkmale wie Entschlossenheit und Unabhängigkeit, Unterstützung und Angst, Strebsamkeit und Sich-Gehen-Lassen.

Die Stärke der Beine hat viel mit Gefühlen wie Entschlossenheit und Unabhängigkeit zu tun. Wenn Ihre Beine schwach sind, fühlen Sie sich abhängig und unsicher in Ihren Bewegungen. Das wird vielleicht kompensiert durch übermäßigen Einsatz anderer Körperbereiche, wie beispielsweise dem Oberkörper, der für Beherrschung, Aggression und intellektuelle Manipulation steht. Wenn Ihre Beine übermäßig entwickelt sind, zeigen Sie im Übermaß Entschlossenheit. Sie sind wahrscheinlich impulsiv und können schlecht nachgeben. Wenn Ihre Beine straff und starr sind, sind Ihre Bewegungen zwar intensiv, aber unschön. Sie sind

wahrscheinlich sprunghaft und unbeständig in Ihrem Verhalten. Beine, die äußerst beweglich, aber schwach sind, sind wie ein Gummiband ohne Elastizität. Die Beine können den Körper einfach nicht tragen. Angstgefühle oder das Gefühl, nicht von der Stelle zu kommen, können vorherrschen.[28]
Es gibt noch andere Varianten der Beine, je nachdem, welche Muskeln entwikkelt sind und die Art dieser Muskelentwicklung (z. B. kurze, kräftige Muskeln im Gegensatz zu langen, kräftigen Muskeln). Zur Vervollständigung dieser Beinanalyse müssen wir jedoch noch etwas anderes beachten: die Gelenke. Da Knöchel und Knie kritische Elemente jeder Körperanalyse sind, wollen wir uns kurz mit diesem Thema beschäftigen.
Dychtwald nannte die Gelenke psychosomatische Kreuzungen„ da sie es den Emotionen und psychischen Prozessen gestatten, mehr oder weniger leicht von einem Körperbereich in den anderen zu gelangen.[29] Die Gelenke werden von den Muskeln und Sehnen gesteuert, so daß auch ihre Flexibilität zurückgeht, wenn die Muskeln verkrampft sind.
Das Knöchelgelenk gibt dem Fuß Beweglichkeit und die Möglichkeit, die Richtung zu ändern, sich fortzubewegen, sich behutsam oder aggressiv zu bewegen. Wenn die Knöchel schwach sind, ist der Energiefluß vom Fuß in die Beine oder umgekehrt erschwert. Man geht davon aus, daß Verletzungen am Knöchel psychische Probleme in bezug auf Stolz, Fortschritt oder Ablehnung von Fortschritt darstellen.[30]
Auch die Knie geben Beweglichkeit. Sie leiten das Gefühl von Stabilität von den Füßen und Unterschenkeln weiter an die oberen Körperbereiche. Unter emotionellem Druck werden die Knie verletzungsanfällig. Sie geben nach, sie versagen die Unterstützung des Körpers. Sie können auch geschlossen und unbeweglich sein und somit Empfindungen abtrennen, besonders das Gefühl der Unterstützung und Bodenständigkeit.
Angst und Trennungsgefühle sind oft das Resultat.

Das Becken (oder Aktionszentrum)
Das Becken hat viele Funktionen, nicht zuletzt ist es die Verbindung zwischen Unter- und Oberkörper, zwischen animalischen und sozialen Funktionen. Der Beckenbereich hat mit Ihrer Sexualauffassung zu tun sowie mit Ihren zwischenmenschlichen Beziehungen. Er zeigt auch, wie Sie Ihre Lebenskraft ausdrücken oder zurückhalten. Wenn Experten von »sich aus dem Zentrum bewegen« sprechen, meinen sie damit, daß gute Körperbewegungen ihren Ursprung im Beckenbereich haben. Je nach philosophischer oder psychologischer Neigung kann man den Beckenbereich als das Zentrum von Kraft, Energie oder Sexualität sehen. Anatomisch gesehen liegt oft auch der Schwerpunkt des Körpers im Becken. Wenn es auch nicht einfach ist, seine Bedeutung mit einem Wort auszudrücken, so gibt unser Begriff »Aktionszentrum« doch einige der Hauptfunktionen wieder.
Die Muskeln in dieser Region bekräftigen den Mittelpunkt des Beckens für das integrierte menschliche Verhalten. Einige Beckenmuskeln sind mit dem Oberkörper verbunden, andere mit der unteren Hälfte des Körpers. Desweiteren gibt es Muskeln, die hauptsächlich der Fortpflanzung oder der Ausscheidung sowie sexuellen Aufgaben dienen.
Wissenschaftler von Freud bis Lowen haben viel über das Becken gesagt, vor

allen Dingen, wie Erlebnisse im frühen Kindesalter zu chronischen Anspannungen in diesem Bereich führen. Ängste vor der Reinlichkeitsgewöhnung oder sexuellem Empfinden werden dem Kind schon früh in seinem Leben eingeflößt. Der Charakter, der sich durch diese Erlebnisse formt, wird oft mit dem psychoanatomischen Begriff »anal« oder »phallisch« bezeichnet.

Spannung und blockierte Energie läßt sich meist daran erkennen, wie beweglich eine Person im Becken ist und wie das Gesäß bemuskelt ist. Wenn Sie jemanden gehen sehen, wie flexibel sind seine Hüften? Sind sie starr oder bewegen sie sich rhythmisch und natürlich? Oder bewegen sie sich so frei, daß sie schon fast vom restlichen Körper losgelöst erscheinen?

Eine Methode zur Feststellung chronischer Spannungen im Beckenbereich ist herauszufinden, wie das Becken gehalten wird. Wird es nach hinten gedrückt, so daß die Genitalien zurückgezogen werden und die Muskeln des unteren Rükkenbereichs verkürzt werden? (Denken Sie an die typische Haltung des Playboy-Häschens.) Dychtwald meint, daß diese Haltung eine Art sexueller Überladung zeigt, wo die Gefühle zurückgehalten werden aus Angst, sich gehen zu lassen. Verbunden mit dieser Haltung ist eine unsichere Lebenseinstellung und die Unfähigkeit, seine Bedürfnisse auszudrücken.[31]

Was bedeutet es, wenn das Becken nach vorne gedrückt wird, so daß das Gesäß flach erscheint und die Genitalien nach vorne gepreßt werden? Nach Dychtwald bedeutet diese Haltung eine eingeschränkte Lebenseinstellung mit Überbewertung der Leistung, wobei die Energie aus den Beinen abgeschnitten und das Leben mehr vom Kopf als von Emotionen gesteuert wird.[32] Wenn die Energie aus den Beinen abgeschnitten wird, sind die Beine oft entweder starr oder unterentwickelt. Diese Haltung mit eingezogenem Gesäß entspricht einem Hund mit eingezogenem Schwanz. Eine solche Person fürchtet Angriffe von hinten und versucht eher zu beschwichtigen, als sich der Konfrontation zu stellen.

Das Becken darf nicht isoliert gesehen werden. Wenn es z.B. nach hinten gedrückt wird, werden die Rückenmuskeln verkürzt, der Bauch ausgedehnt und die Beine werden stark entwickelt. Wird das Becken nach vorne geschoben, werden die Gesäßmuskeln zusammengekniffen, was einer strengen und beherrschenden Lebenseinstellung entspricht. Die Gefühle werden unterdrückt, und die Person kann schlecht nachgeben oder auf andere eingehen.

Der Bauch (oder das Emotionszentrum)

Der Bauch ist einer der ungeschütztesten und verletzbarsten Bereiche des Körpers. Lebenswichtige Organe wie Leber, Magen und Eingeweide sind nur von Muskeln und Haut umgeben. Die Rippen schützen Herz und Lungen, nicht aber die anderen Organe. Der Bauchbereich wird aus psychoanatomischer Sicht Emotionszentrum genannt, da er sehr viel mit Emotionen zu tun hat. Wir sagen oft, daß wir etwas nicht »verdauen« können oder daß etwas ein »Schlag in die Weichteile« sei. Wenn man emotionell erregt ist, äußert sich das oft in Magenbeschwerden. Wir stopfen Essen in uns hinein, um unsere Emotionen zu dämpfen. Wir fassen uns an den Bauch, wenn eine Geschichte starke Emotionen hervorruft. Wir rollen uns zusammen, um den Bauchbereich zu schützen, wenn wir traurig oder verletzt sind.

Wie kann man diesen Bereich beurteilen? Ohne Zweifel haben Sie schon Bäuche gesehen, die nur allzu weich und verletzbar aussehen – der Bauch eines kleinen Kindes z.B. Kleine Kinder haben oft einen vorstehenden Bauch, was man als realitätsbezogen mit vorstehenden Empfindungszentren erklären kann. (Im Gegensatz dazu stellen Sie sich einen Erwachsenen vor, der mit vorstehendem Kopf durch das Leben geht.) Sie haben sicherlich auch schon übergroße Bäuche gesehen, die davon zeugen, daß diese Personen zu viele Emotionen (und auch Nahrungsmittel) in sich hineinfressen. Wenn Sie einmal an die Bemerkungen zum Pykniker zurückdenken, erinnern Sie sich vielleicht, daß wir feststellten, wie der übergewichtige Pykniker mit Verfressenheit auf seine Gefühle von Isolation und Hilflosigkeit reagiert. Wenn der Bauchbereich fett und weich ist, trifft man auf eine Art Hilflosigkeit, mit den eigenen Emotionen fertig zu werden. Die Person kann ihre Emotionen schlecht steuern und fühlt sich verletzbar. Im Gegensatz dazu haben Sie sicher auch schon Bäuche gesehen, die fest geschützt sind durch eine waschbrettartige Muskulatur, die auch die Emotionen vor unerwünschten Eindringlingen schützt. Der Athletiker bereichert dieses Modell mit seiner Unempfindlichkeit gegenüber Gefühlen und emotionellen Belangen. Auf die Frage, wie sie in der Bauchgegend abnehmen könne, antwortete eine Yoga-Lehrerin ihrer Schülerin, daß sie dort abnehmen würde, sobald ihre Psyche bereit sei, ihren Emotionen freien Lauf zu lassen. Diese Annahme basiert auf der Tatsache, daß der Umgang mit den eigenen Emotionen sich in der Struktur des Bauchbereichs widerspiegelt. Wenn Sie einmal darüber nachdenken, wie Sie sitzen, stehen oder Ihren Körper halten, stellen Sie fest, daß dabei Ihre Bauchmuskeln mehr oder weniger beansprucht werden. Vielleicht ist Ihnen jetzt deutlich, wie Sie Ihr Leben »verdauen«.

Der untere Bereich des Rückens steht in Verbindung mit dem Bauch. Wenn die Bauchmuskeln schwach sind, muß der Rücken mehr als seinen normalen Anteil an Arbeit leisten. Wenn die Muskeln, die die Wirbelsäule aufrechthalten, zusammengezogen sind, wird das Becken nach hinten gedrückt, was eine Dehnung des Magens hervorruft und die Bauchgegend erweitert. Einer Person, die über Schmerzen im unteren Rückenbereich klagt, verordnet der Arzt oft Übungen zur Entkrampfung des unteren Rückenbereichs **und** zur Stärkung der Bauchmuskulatur.

Lowen hat folgende logische Erklärung für Schmerzen im unteren Rückenbereich: Der Rücken wirkt als Mittler zwischen psychologischen Funktionen des Ober- und des Unterkörpers. Vom Oberkörper kommen Forderungen nach Autorität, Pflicht, Schuld und der Last des Lebens. Von unten kommen Gefühle der Unterstützung, Sexualität, Selbstbeherrschung und Stabilität. Der untere Rückenbereich ist in einen Strudel von Konflikten, Leidenschaft und psychosomatischen Kämpfen verwickelt.[33] So gesehen ist es nicht verwunderlich, daß viele Menschen Spannungen und Streß im unteren Rückenbereich austragen.

Die Spannungen im unteren Rückenbereich gelten auch als Barometer dafür, wie impulsiv oder beherrscht Sie handeln. Personen, die äußerst beherrscht sind, haben eine feste Muskulatur im unteren Rückenbereich, wohingegen impulsive Personen im unteren Rückenbereich flexibler sind. Eine Testmethode ist zu versuchen, mit durchgedrückten Knien und ohne sich zu verrenken seine Zehen zu berühren. Je einfacher sich der Rücken dehnen und der Körper sich nach vorne beugen läßt, desto weniger zwanghaft sind Sie. Wenn der Körper ohne Widerstand der Muskulatur einfach nach vorne fällt, würde das bedeuten, daß es sich um eine impulsive Persönlichkeit handelt.[34] (Vielleicht sollte noch angemerkt werden, daß bei diesem Test auch Muskeln an der Rückseite der Beine beansprucht werden. So gesehen ist bei diesem Test der ganze Körper beteiligt und nicht nur eine Muskelgruppe.)

Der Vollständigkeit halber sollten wir uns noch mit einem weiteren Muskel beschäftigen. Das Zwerchfell ist ein großer kuppelförmiger Muskel unterhalb der Lungen und oberhalb des Magens. Diesen Muskel kann man von außen nicht sehen. Dennoch hat er vielfältige psychologische Funktionen. Das Zwerchfell ist unerläßlich beim Atmen. Somit behindert ein festes oder verspanntes Zwerchfell die Atmung. Wenn Sie sich vorstellen, wie Energie den Körper hoch- und runterfließt, fungiert das Zwerchfell als Torweg, der den Gefühlen ein Kommen und Gehen ermöglicht. Wenn man einatmet, zieht sich das Zwerchfell zusammen – beim Ausatmen entspannt es sich. Emotionen werden auch durch Atmung ausgedrückt. Das Zwerchfell beeinflußt die Atmung und somit regelt es Gefühle.[35]

Die Atmung ist von Bedeutung für die Emotionen und das Zwerchfell ist zweifellos der wichtigste Muskel beim Atmen. Wenn das Zwerchfell ohne chronische Spannungen ist, kann die Energie frei durch den Körper fließen. Wenn es fest und verspannt ist, sind auch Gefühle und Energie eingeschränkt. Das Zwerchfell wird zum Teil als Verteidigung gegen ungewollte Gefühle oder Emotionen, vor denen man sich fürchtet, starr.

Sie fragen jetzt vielleicht: »Wie kann ich diesen Muskel bearbeiten, wenn ich ihn gar nicht sehen kann?« Wenn Sie Probleme mit der Atmung haben, die nicht krankheitsbedingt sind, wenn Sie die Angewohnheit haben, flach zu atmen, wenn sich Ihr Bauch kaum bewegt, wenn Sie einatmen, wenn Sie emotionelle Beklemmungen in der Brust verspüren, liegt wahrscheinlich eine Spannung im Zwerchfell vor. Zur Behebung müssen Sie wieder lernen, das Zwerchfell einzusetzen. Es handelt sich dabei um einen Muskel, den man wie jeden anderen auch aufbauen kann. Er läßt sich durch ständigen Einsatz entwickeln. Es spielt keine Rolle, ob Sie diesen Muskel durch Yoga-Übungen oder heftiges Atmen, wie etwa bei Aerobic, trainieren.

Die Brust (oder der Verstärker)

Welche Aufgaben erfüllt die Brust? Hier handelt es sich um den Teil des Körpers, der Gefühle konzentriert, verstärkt und formt. Daher nennen wir die Brust auch Verstärker. Die Brustmuskulatur und der Brustkasten bilden eine schützende Hülle für Herz und Lungen. Die Ausdehnung der Lungen im Brustkasten wird mehr oder weniger von der Dichte und Flexibilität dieser Schutzhülle erleichtert. Chronische Muskelanspannung in der Brust reduziert die Lungenkapazität und fördert Angstgefühle. Angstzustände, die so vielen psychischen Problemen zugrundeliegen, werden von Unregelmäßigkeiten in der Atmung beeinflußt.

Indem wir die Brust durch Überentwicklung wappnen, schützen wir ebenso das Herz und unsere tief im Herzen empfundenen Emotionen. Die muskuläre Wappnung z.B. durch Bodybuilding schützt uns gegen emotionellen Schmerz, sie blockiert aber auch emotionelle Wärme.

Laut Dychtwald werden viele Emotionen in einem ungestört funktionierenden Brustraum gesammelt und verstärkt, aber wenn der Brustraum blockiert ist, bleiben auch bestimmte Emotionen regelrecht dort stecken. Dabei handelt es sich um die sanften Gefühle wie Traurigkeit, Bedauern, Sehnsucht, Trauer und Depression. Da sich das Herz auf der linken Seite befindet, findet man typischerweise auf dieser Seite mehr muskuläre Wappnung oder Spannung als in der rechten Brusthälfte.[36]

Wenn die Brust chronisch angespannt ist, sind die pectoralen Muskeln gewöhnlich unterentwickelt und nur ein Minimum an Energie und Gefühlen fließt durch diesen Bereich. Wenn Sie vollkommen ausatmen und die Brust zusammengepreßt halten nach dem Ausatmen, bekommen Sie eine Vorstellung von dieser Haltung. Versuchen Sie jetzt zu atmen, während die Brustmuskeln zusammengezogen bleiben. Es ist schwierig, in dieser Haltung starke Emotionen zu empfinden oder Gefühle der Passion oder Aggression. Daher ist eine Person mit einer engen, verspannten Brust anfälliger für Depressionen als für irgendetwas anderes. Die Handlungen begründen sich auf Angst und Minderwertigkeitsgefühlen. Im Gegensatz dazu gibt es Personen mit einer geradezu aufgeblasenen Brust. Stellen Sie sich vor, Sie atmen tief ein, dehnen Ihren Brustkorb vollkommen aus und bleiben in dieser Haltung. Die Emotionen fallen übertrieben aus. Aggressives, selbstsicheres Auftreten gewinnt die Überhand gegenüber weicheren, sanfteren Emotionen. Härte und Kraft werden durch diese Haltung ausgedrückt, aber in Wirklichkeit hat eine Person mit einem extrem ausgeprägten Brustkorb nur wenig Gefühle und durchlebt wahrscheinlich chronische Angstzustände oder leidet sogar an Hochdruck.

Ein überentwickelter, aufgeblasener oder verspannter Brustraum ist nicht gerade ideal für ein gesundes psychisches Funktionieren. Eine Ausgewogenheit, wo die Brustmuskeln einen freien Energiefluß durch den Brustraum ermöglichen, ist weitaus besser. Wenn Sie diese Extremfälle kennen, wird Ihnen mehr über die Funktion des Brustraumes klar und Sie erkennen, wie er sich/Sie schützt.

Schultern, Arme, Hände (oder die Manipulatoren)

Bei Schultern, Armen und Händen haben wir es mit den Körperteilen zu tun, mit denen wir unsere Persönlichkeit aktiv ausdrücken können. Die Schultern tragen die Last des Lebens (egal, ob diese Last tatsächlich vorhanden oder nur eingebildet ist) und Arme und Hände greifen nach der Welt – sie halten, umarmen, tragen und lehnen sie manchmal auch ab. Als Gruppe haben diese Körperteile mit Beherrschung und Ausdruck zu tun und werden daher die Manipulatoren genannt.

Die Schultern lassen sich relativ leicht diagnostizieren. Die verschiedenen Formen lassen sich schnell feststellen. Wenn sie rund oder gebeugt sind, sagen sie uns, daß diese Person »die Last des Schicksals« trägt. Solche Leute nehmen oft mehr Verantwortung auf sich, als sie verkraften können. Wenn Sie jemanden mit erhobenen Schultern sehen, können Sie davon ausgehen, daß er voller Angst ist und vielleicht unter Paranoia leidet. Nach vorn fallende Schultern zeigen eine Lebenseinstellung von Selbstschutz, so als ob die Schultern nach vorn gebeugt wären, um das Herz zu schützen oder um emotionellen Schmerz abzuwehren. Wenn die Schultern zurückgezogen sind, sieht es so aus, als ob die Person Gefühle zurückhalten würde, wie etwa Ärger oder Haß. Es gibt auch Personen mit quadratischen Schultern, die ihr Leben mit Selbstsicherheit angehen und ihren Verantwortungen die Schulter bieten.

Mit Armen und Händen drücken wir unsere Emotionen aus und geben sie an unsere Umwelt weiter. Wir halten, nehmen, geben, erreichen, streicheln, stoßen, liebkosen, tasten, akzeptieren und lehnen ab. Nach Dychtwald zeigen starre oder straffe Arme eine klammernde und umgreifende Haltung, eine Unbeständigkeit in der Fähigkeit, etwas festzuhalten oder zu beherrschen. Die Arme ermüden und lassen los, dann greifen sie fast verzweifelt wieder zu. Dicke, unterentwickelte Arme sind träge und kraftlos. Sie haben an ihrem eigenen Gewicht schon genug zu tragen, so daß es ihnen zuviel wird, wenn die Person irgendwo zupacken möchte. Überentwickelte Arme sind besonders stark, was zu weniger grazilen und gefühllosen Bewegungen führt. Die Welt wird eher durch Gewalt beherrscht als durch Kooperation.[37]
Um Ihre Arme beurteilen zu können, müssen Sie sich im klaren sein, wie sie aussehen, wie stark sie sich anfühlen und ob sie ausreichend bemuskelt sind für die Handlungen, die Sie in Ihrem Leben durchführen möchten. Wie geschmeidig sind die Bewegungen und wie leicht fließt Energie von anderen Körperbereichen in Ihre Arme? Sie müssen rechten und linken Arm miteinander vergleichen. Vielleicht stellen Sie fest, daß irgendwo Energie blockiert wird. Es kann sein, daß die Antagonisten der Bewegung entgegenwirken, wenn eine Muskelgruppe sich dehnt, um den Arm auszustrecken, so daß die Bewegung in der Mitte »steckenbleibt«. Denken Sie daran, wie Sie z. B. einmal zögernd Ihre Hand zur Begrüßung ausstreckten und es zu einem äußerst unterkühlten Händeschütteln kam. Sie können den Oberarm mit dem Unterarm und der Hand vergleichen, um herauszufinden, ob die Kraft im Oberarm noch genügend Ausdruck im Unterarm und der Hand findet.
Wenn wir über Schultern und Arme sprechen, müssen wir auch über den oberen Bereich des Rückens sprechen. Dieser Bereich wird zum Teil durch den Schultergürtel dargestellt, einschließlich der Schulterblätter, aber auch durch den thorakalen Bereich des Rückgrates. Emotionen, die im Rücken beheimatet sind, können wir gewöhnlich schlecht ausdrücken. Es handelt sich häufig um Emotionen, die von der Gesellschaft nicht so akzeptiert werden wie andere. Daher werden Gefühle wie Ärger, Wut oder sogar Haß im oberen Rückenbereich angesammelt, und wenn dieser Bereich chronisch angespannt ist, wird ein Großteil der Energie der betroffenen Person dorthin umgeleitet, um diese starken Emotionen in Schach zu halten.

Der Nacken (oder Übermittler)

Wenn die Gefühle verbal ausgedrückt werden, spielt der Nacken eine Rolle. Emotionen, die vom Bauchbereich durch die Brust wandern, werden in Worte und Laute umgesetzt, wenn sie in den Nacken gelangen. Wenn das Gehirn mit dem Rest des Körpers in Kommunikation tritt, durchwandern diese Mitteilungen den Nacken. Der Nacken muß zwischen Verstandes- und Gefühlszentrum des Körpers vermitteln und wird Übermittler genannt.
Wenn man seine Gefühle für sich behalten und sie niemandem mitteilen will, schluckt man sie hinunter, frißt sie in sich hinein, hält sie zurück. Wenn man einen Gedanken oder eine Idee nicht in sich aufnehmen möchte, weigert man sich, das zu schlucken bzw. seine Gefühle davon beeinflussen zu lassen. Konflikte mit dem Ausdruck von Emotionen bleiben oft im Hals stecken. Man bekommt »Nackenschmerzen«, wenn man Situationen ausgesetzt ist, denen

man nicht direkt entgegenwirken kann. Chronische Nackenverspannungen können hervorgerufen werden, wenn eine Person nicht bereit ist, ihre Emotionen herauszulassen, wie z.B. jemand mit einem Bullennacken, der sich selbst seine emotionale Welt strikt versagt. Ein überaus schwacher Nacken kann nicht nur kaum das Gewicht des Kopfes tragen, sondern läßt auch fast allen Emotionen ungefiltert und ungeprüft ihren Lauf.[38]

Der Kopf (oder das Verstandeszentrum)
Über die Funktionen des Kopfes, die dort angesiedelten Sinnesorgane und den intellektuellen Charakter dieses Körperbereichs ist schon viel geschrieben worden. Man hört oft, daß die Augen das »Fenster der Seele« seien, und Anhänger der Isoterik sagen, die Nase sei ein Symbol für Sexualität und Kraft, der Mund sei der Ort oraler Erotik und die Wangen spiegeln Stolz, Stärke und Beherrschung wider. Für unsere Zwecke ist das Interesse an diesem Körperbereich begrenzt. Bei Sport und Fitneß-Training werden Gehör und Sehkraft mehr oder weniger benötigt. Beim Squash z.B. muß man ständig hellwach sein und aufpassen, während man beim Joggen durch den Park weit weniger wachsam sein muß. Auch wenn man in manchen Sportarten die Zähne aufeinander beißt, benutzt man die Wangenmuskeln nicht so direkt, wie wenn man beißt und kaut. Ein guter Geruchssinn bringt auch keine großen Vorteile auf dem Sportplatz.
Im Laufe des Tages macht sich wahrscheinlich viel Anspannung auf Ihrem Gesicht breit, die Sie bei Fitneßtraining oder Sport wieder loswerden können. Je nach Sportart jedoch setzen Sie weiterhin kognitive, rationale Entscheidungsmethoden des Verstandeszentrums ein oder Sie gehen über zu emotionellen Entscheidungen. Ein Läufer sagte einmal »Ich mag keine Sportart, wo ich allzuviel denken muß ... Das muß ich schon den ganzen Tag lang genug tun!«
Die wichtigste Diagnose, die Sie in bezug auf Ihren Kopf treffen, ist, wie stark Ihr Kopf blockiert ist und wieviel Spannung Ihr Gesicht ausdrückt. Wenn Sie nur schwer der inneren Welt von Nachdenken und Überlegen entkommen können, werden Sie wahrscheinlich Kontraktionen der Gesichtsmuskeln feststellen können – um die Augen herum und besonders auf der Stirn. Diese Anspannungen wandeln sich schließlich um in Fältchen und Falten. Wenn das der Fall ist, sollten Sie sich Gedanken machen, was zu tun ist, d.h. wenn Sie in Ihrer Freizeit einen Sport betreiben, der Sie mental genauso fordert wie Ihr Job, sollten Sie auf eine Sportart übergehen, die Sie weniger geistig, sondern mehr emotionell fordert.

Vervollständigung der Diagnose

Sie haben jetzt viel Informationen zu verdauen. Vielleicht möchten Sie dieses Kapitel noch einmal Schritt für Schritt durchgehen? Dabei sollten Sie die Körperdiagramme für Ihre Analyse benutzen (Abb. 6.3). Es gibt je eines für die Vorder- und die Rückseite. Sie tragen eine kurze Beschreibung dessen, was Sie an Ihrem Körper beobachtet haben, ein. Wir haben die psychoanatomischen Bezeichnungen eingetragen, damit Sie sich besser an die psychologische Bedeutung eines jeden Bereichs erinnern können. Sie müssen jetzt jeden Bereich

bezüglich Stärke, Flexibilität und Form beurteilen. Danach beurteilen Sie die einzelnen Splits: die Unterschiede zwischen oberem und unterem Bereich, rechts und links, vorne und hinten. Vielleicht fallen Ihnen noch andere Dinge an Ihrem Körper auf, z.B. daß Ihr Kopf immer vorn zu sein scheint, wenn Sie die Seiten Ihres Körpers untersuchen.
Die Analyse von Muskelkraft und -funktion wird Ihnen zeigen, woran Sie arbeiten müssen. Da verschiedene Sport- und Trainingsprogramme verschiedene Körperbereiche beeinflussen, gibt es auch für Sie das passende, ganz nach dem Prinzip des Gegensatzes, d.h. Schwachstellen müssen gefördert werden anstatt weiter die Stärken zu entwickeln. Es kann sein, daß der ganze Körper mehr Muskeltonus braucht oder daß er zu stark bemuskelt ist und flexibler werden muß. Wir werden Ihnen dabei helfen, die Ihrer Körper-Diagnose entsprechenden Aktionsstrategien zu finden. Im Moment müssen Sie sich erst einmal bemühen, in Ihrer Beurteilung so genau wie mögliche zu sein. Wenn Sie Zweifel haben, bitten Sie jemanden um Hilfe, den Sie als zuverlässigen Beobachter schätzen.

7

Bewegungen – Spiegel der Persönlichkeit

Wenn wir davon ausgehen, daß es von irgendeiner Relevanz für Denkweise und Gefühle ist, wie jemand sitzt, geht oder sich artikuliert, dann ist es nur noch ein kleiner Schritt zu der Annahme, daß eine gründliche, tiefgehende Analyse des Bewegungsablaufs uns zu einem besseren Verständnis der Persönlichkeit verhilft.

Marion North[1]

Körper in Bewegung

Wir haben soeben gesehen, wie der Aufbau des Körpers Persönlichkeitsmerkmale verrät. Im folgenden wollen wir uns damit befassen, was uns der Bewegungsablauf zeigt. Stellen Sie sich vor, Sie würden von einer versteckten Kamera gefilmt von dem Augenblick an, wo Sie aus dem Bett steigen, bis zu dem Moment, wo Sie abends wieder ins Bett gehen – einen ganzen Monat lang. Sie sehen nie den Kameramann oder die Kamera. Sie wissen noch nicht einmal, daß Sie überhaupt gefilmt werden.

Abgesehen davon, daß Sie sicherlich im nachhinein Geld verlangen würden, was glauben Sie, finden Sie über sich selbst heraus, wenn Sie sich den Film ansehen? Glauben Sie, Sie finden bestimmte Bewegungsmuster oder glauben Sie, daß Sie sich jeden Tag anders bewegen?

Wenn Sie glauben, daß der Großteil Ihrer Bewegungen nach ein- und demselben Schema abläuft, liegen Sie richtig. Nicht nur die Art, wie Sie Ihre Zähne putzen, ist immer gleich, sondern Ihr Bewegungsablauf geschieht in vieler Hinsicht nach demselben Schema.

Die meisten von uns sind sich eines solchen Bewegungsmusters bewußt. Freunde geben ihren Kommentar zu unseren Gesten ab, wenn wir etwas erzählen. Vielleicht haben Sie auch etwas über Ihre Art zu gehen von einem Schuhverkäufer erfahren, der Ihnen anhand Ihrer abgenutzten Schuhe genau sagte, wie Sie gehen. Jeder kennt die sich täglich wiederholenden Rituale im Alltagsleben: die Art, wie man sich aus dem Bett wälzt; die Zeremonien im Bad und andere Dinge, die man tut, bevor man das Haus verläßt.

Wessen wir uns weniger bewußt sind, sind die mikroskopischen Muster in unserem Bewegungsablauf: die Art, wie wir unseren Körper bewegen, das Tempo der Bewegungen, der Takt unserer Bewegungen, die Ausnutzung des Raumes um uns herum usw. Das gibt viel mehr von unseren inneren Emotionen preis als die Tatsache, ob wir uns die Zähne vor oder nach dem morgendlichen Duschen oder Baden putzen.

Bewegung ist Kommunikation
Intuitiv wissen wir, daß das, was jemand tut, viel ehrlicher ist als das, was jemand sagt. »Taten sprechen lauter als Worte« sagt man. Es wird schwierig, wenn wir versuchen, diese Taten zu interpretieren. Die gesprochene Sprache hat Syntax und Grammatik, wir haben z. B. Subjekt, Verb und Objekt in einem Satz. Wie aber steht es mit der Syntax der ungesprochenen Sprache?
Wissenschaftler, die sich mit Körpersprache beschäftigt haben, haben ein System entwickelt, anhand dessen sich Gesten und Bewegungen interpretieren lassen. Sie nennen ihr System Kinesik. Dr. Ray Birdwhistell beschäftigte sich mit diesem Thema in seinem bahnbrechenden Buch »Introduction to Kinesics«, das 1952 erschien.[2] Er ging davon aus, daß jede Geste und Bewegung eine Bedeutung hat und daß ein geschulter Beobachter diese Bedeutung mit Hilfe einer komplexen Syntax der Bewegungen herausfinden könne.
Als die Lehre der Kinesik in den 60er und 70er Jahren immer größere Verbreitung fand, erschienen bald viele Abhandlungen über Bewegungs- und Körpersprache auf dem Buchmarkt. Aus der soziologischen Ecke kamen Bücher wie Erving Goffman's »Interaction Ritual«[3] und »Behavior in Public Places«.[4] Die populäre anthropologische Ansicht ist in Desmond Morris' »The Naked Ape«[5], »Manwatching«[6] und in dem neueren »Bodywatching«[7] zu finden. Die populärwissenschaftliche Psychologie wird durch Autoren wie Julius Fast (Body Language)[8] und Bruce Vaughan (Body Talk)[9] vertreten. Diese Bücher sind zwar unterhaltsam und informativ, aber sie bieten kein kohärentes System zur Interpretation von Bewegungen.
Stattdessen kreierten sie einen neuen Zeitvertreib nach dem Motto »Körpersprache als Hobby« und machten sich lustig über solche Angewohnheiten wie, daß man automatisch auf die Stockwerk-Anzeige starrt, sobald man einen Aufzug betreten hat. Aber bei der Analyse ist das Individuum unbeachtet geblieben. Irgendwie sind wir uns alle ähnlich. Wir verschränken alle aus denselben Gründen unsere Arme, neigen unseren Kopf oder schauen auf die Stockwerk-Anzeige im Aufzug.

Myopie der Bewegungen
Eine faszinierende Fußnote zur wissenschaftlichen Studie der Bewegung liegt in den Bibliographien der Texte über Körpersprache oder Bewegungsanalyse, und zwar nach dem Motto »die rechte Hand weiß nicht, was die linke Hand tut«. Nur selten werden bei den Werken von Psychologen, Soziologen oder Anthropologen die Errungenschaften von Rudolph Laban und seinen Anhängern auf dem Gebiet der Tanz- und Bewegungstherapie erwähnt.
Sie fragen jetzt wahrscheinlich: »Wer ist Rudolph Laban, und was heißt Tanz- und Bewegungstherapie?« Kurz gesagt, Laban war ein Choreograph, der ein System zur Analyse und Aufzeichnung von Bewegungen entwickelte. Tanz- und

Bewegungstherapeuten sind Leute, die Bewegung als Mittel zur Förderung der Gesundheit und des psychischen Wohlbefindens einsetzen.
Auf die Frage, warum Laban's Arbeiten nicht erwähnt werden, lautet die Antwort schlicht Ignoranz. Welcher anerkannte Wissenschaftler denkt daran, sich mit den Schriften eines Tänzers zu beschäftigen, wenn er auf der Suche nach einem wissenschaftlich fundierten System zur Bewegungsanalyse ist? Tänzer tanzen schließlich – sie schreiben nicht. Falsch! Während die meisten Sozialwissenschaftler sich aus Interesse an Kommunikation mit Bewegungen beschäftigt haben, liegt bei den Tänzern ein echtes Interesse vor: Sie sind an der Bewegung selbst interessiert. Natürlich glauben sie auch, daß Tanz eine Form der Kommunikation ist, aber ihr Interesse gilt vor allem der Bewegung als solches und nicht der Bewegung als Anhang von etwas anderem, wie verbaler Kommunikation z. B.
Was tat Rudolph Laban? Als Choreograph im ersten Viertel unseres Jahrhunderts erkannte Laban die Notwendigkeit, Bewegung auf geeignete Weise beschreiben zu können. Zur damaligen Zeit war Filmen zu teuer und Video gab es noch nicht, aber ein ehrgeiziger, junger Choreograph brauchte ein Mittel, um darstellen zu können »Das ist mein Tanz – nicht Eurer!« Zuerst entwickelte Laban ein Vokabular zur Beschreibung von Bewegungen. Dann entwarf er eine praktische Methode, um seine Beobachtungen festzuhalten. Hierbei handelte es sich um einen direkteren Anlauf als bei der Suche der Sozialwissenschaftler nach einer symbolischen Bedeutung von Bewegungen und Gesten. Außerdem stellte sich heraus, daß er auch viel brauchbarer war.[10]
Nachdem Laban sein Vokabular und die Symbole zur Beschreibung (als Labanotation bekannt) entwickelt hatte, stellte er eine kritische Verbindung her. Mit Hilfe seiner Bewegungssprache begann Laban festzustellen, daß die Menschen bestimmte Bewegungsmuster haben, d. h. sie bevorzugen einige Bewegungen. Man kann einen Menschen anhand des wiederholten Einsatzes von Bewegungen bzw. dem Nichtvorhandensein anderer charakterisieren.
Laban und seine Anhänger benutzten diese Informationen über die Bewegungsgewohnheiten bei vielen Gelegenheiten, u. a. bei der Auswahl von Angestellten und Mitarbeitern in großen Unternehmen. Auch klinische Anwendungen wurden häufiger, wo Tanz-/Bewegungstherapeuten feststellten, welche Bewegungsmuster ein psychiatrischer Patient bevorzugte und welche er vermied. Auf dieser Grundlage sollte die Therapiestunde dem Patienten helfen, neue Bewegungen zu erlernen, um den Heilungsprozeß zu vereinfachen. Ein Beispiel:
Ein Bewegungstherapeut stellt fest, daß ein Patient gewöhnlich langsam und schwerfällig geht und seine Arme dabei schlaff herunterhängen läßt. Es sieht so aus, als würde er dem Boden entgegenschrumpfen. Welche Diagnose wird wohl gestellt? Wenn Sie »Depressionen« sagen, stimmt das wahrscheinlich.
Normalerweise wird mit depressiven Patienten folgendermaßen verfahren: Sie bekommen Medikamente oder eine Psychotherapie. Im Extremfall werden sie mit elektro-konvulsiver Schocktherapie behandelt. Der Bewegungstherapeut arbeitet mit Bewegungen, weil er weiß, daß der Patient einige Defizite in seinem Bewegungsrepertoire aufweist. Die Behandlung sieht so aus, daß er seinem Patienten neue Bewegungsmuster beibringt, u. a. schnelle, leichte und ausgedehnte Bewegungen – entweder in Einzel- oder Gruppensitzungen. Wenn der Patient gelernt hat, sich schneller und leichter zu bewegen, löst sich einiges von der emotionellen Schwere der Depressionen.

Herstellung der Verbindung

Was hat das mit Fitneßtraining zu tun? Es kommt Ihnen vielleicht seltsam vor, daß wir auf diesem Umweg wieder zum Training kommen, aber Laban's Arbeiten und die Erkenntnisse der Bewegungstherapeuten haben direkt mit unserem Thema zu tun. Aus folgenden Gründen sehen wir einen direkten Zusammenhang zwischen Bewegungsanalyse und Sport und Fitneßtraining:

1. Jeder hat bestimmte Bewegungsmuster, die sich analysieren lassen.
2. Die Bewegungsgewohnheiten stehen in Zusammenhang mit der Persönlichkeit.
3. Sport und Fitneßtraining fördern bestimmte Bewegungsmuster.
4. Sport und Fitneßtraining kann durch die Förderung bestimmter Bewegungsmuster bestimmte Persönlichkeitsmerkmale verstärken.
5. Wenn man seine Bewegungsgewohnheiten kennt, kann man sich die Fitneßprogramme heraussuchen, die zur Verringerung oder Verstärkung bestimmter Persönlichkeitsmerkmale beitragen.

Das sind Gründe genug, um sich mit Bewegungsmustern zu beschäftigen und zu versuchen, seine bevorzugten Bewegungen und seine Bewegungsdefizite herauszufinden.

Bewegungsgrundlagen

Der Körper spricht eine einfache Sprache. Wir sind lediglich nicht in der Lage, sie zu interpretieren. Je gebildeter der Mensch ist, desto mehr wertet er die Körpersprache ab und verläßt sich auf die gesprochene Sprache. Er muß dann in speziellen Kursen lernen, das zu verstehen, was Kinder und manch einfache Leute von der Straße intuitiv wissen. Er muß lernen, Worte und Handlungen zu trennen und seine Ohren zu schließen, damit er richtig wahrnehmen kann, was eine andere Person »sagt«.
Wir müssen bessere Beobachter werden. Das bedeutet mehr, als sich »auf die Schwingungen einer anderen Person einzustellen«. Es bedeutet, eine Sprache und ein System zur Entschlüsselung der Körpermitteilungen aufzustellen. Manche Leute tun das auf natürliche Weise, indem sie jahrelang versuchen, Korrelationen zwischen dem, was sie sehen, und dem, was der andere tut, festzustellen. Das Ergebnis ist, daß sie in der Lage zu sein scheinen, instinktiv ihre Mitmenschen beurteilen zu können. Aber es geschieht nicht instinktiv, die Grundlage ist geschultes Beobachten. Wer nicht jahrelang sein Beobachtungsvermögen entwickelt und geschult hat, kann sich zumindest auf ein paar, von Bewegungsexperten aufgestellte Richtlinien verlassen.

Grundlagen

Wo fangen wir an? Womit beginnen wir? Ist alles, was wir sehen, gleichermaßen wichtig? Nicht nur durch das Beispiel des versteckten Kameramanns, der Ihnen einen Monat lang folgt, wissen wir, daß jeder Mensch bestimmte Bewegungsgewohnheiten hat und diese Bewegungsmuster sich laufend wiederholen. Wenn man sie also beim ersten Mal übersieht, ist das nicht weiter schlimm, da sie noch häufig auftauchen. Es ist auch bekannt, daß es zuviel gibt, was man in einem Augenblick aufnehmen müßte. Es gibt große und kleine Bewegungen, das Hin- und Hergehen der Augen und das Schwingen der Arme. Es ist unmöglich, alles zu sehen und zu erkennen, was am wichtigsten ist. Man muß sich also auf Näherungswerte verlassen, die aber trotzdem dazu beitragen, die Dynamik einer Persönlichkeit zu erfassen.

Auf der Grundlage dessen, was wir von den Bewegungsexperten wissen, können wir folgende Schlußfolgerungen über Bewegungsmuster aufstellen:[12]

1. Der Körper ist deutlich in seiner Kommunikation.
2. Es gibt eine Sprache, die diese Kommunikation beschreiben kann.
3. Jede Person hat eigene Bewegungen, die nichtsdestotrotz mit dieser Sprache beschrieben werden können.
4. Wie bei der gesprochenen Sprache gibt es Menschen, die über mehr Vokabular verfügen als andere. Das bedeutet, daß manche Menschen viele verschiedene Bewegungen durchführen, andere haben ein begrenzteres Repertoire.
5. Bewegungsmuster sind, wie die Definition es schon sagt, wiederholbar. Wenn eine Bewegung Bestandteil der Persönlichkeit ist, wird sie wiederholt auftreten.
6. Bewegungsmuster haben eine große Bedeutung; sie sagen etwas aus über das Innenleben der Person.
7. Indem wir diese wiederholten oder gewohnten Bewegungsmuster beobachten, können wir Elemente der Persönlichkeit dieser Person feststellen.

Die Aufstellung von Analyseblocks

Marion North, eine ehemalige Schülerin von Rudolph Laban und heute Leiterin des Bereichs »Bewegung und Tanz« am Goldsmith College der Universität London, gibt in ihrem Buch »Personality Assessment Through Movement«[13] eine der umfassendsten Beschreibungen der Bewegungsanalyse. Sie teilt die Bewegungen einer Person in drei Hauptbereiche:

1. Wie die Person ihren Körper benutzt.
2. Wie sich die Person in dem sie umgebenden Raum bewegt.
3. Stil und Qualität der Bewegungen allgemein.

Wir wollen uns nacheinander mit diesen drei Komponenten befassen.

1. Wie benutzen Sie Ihren Körper? Wenn Sie einen dieser imaginären Filme über Ihre täglich durchgeführten Bewegungen sehen könnten, was würden Sie darüber herausfinden, wie Sie Ihren Körper benutzen? Es läßt sich einfach feststellen, welche Körperteile Sie am meisten benutzen. Es kann sein, daß Sie mehr die rechte als die linke Seite Ihres Körpers benutzen. Es kann sein, daß Sie beim Sprechen ausschließlich mit der rechten Hand gestikulieren, während die linke in der Hosentasche ruht. Sie sind vielleicht überrascht, wie wenig Sie Ihre Beine im Vergleich zu Ihren Armen benutzen, wenn Sie sitzen. Ganz generell werden Sie feststellen, wieviel Ihres Körpers Sie bei bestimmten Handlungen benutzen und welche Körperteile Sie am meisten zu benutzen scheinen.

Ein weiterer Aspekt der Beurteilung von Bewegungen ist die Reichweite der Bewegung. Wenn Sie sich selbst in dem imaginären Film sehen könnten, wären Sie vielleicht erstaunt, wie begrenzt Ihr Bewegungsradius ist, oder Sie würden feststellen, daß Sie Ihre Bewegungen in bezug auf Dehnen, Strecken und Drehen voll ausführen. Sie können selbst beurteilen, welchen Bewegungsumfang die

einzelnen Körperbereiche entfalten, z.B. ob Ihre Arme viel Flexibilität und Bewegungsumfang zeigen, die Beine sich aber steif bewegen.
2. Wo im Körper haben die Bewegungen ihren Ursprung? Wenn Sie sitzen und aufstehen möchten, welche Körperteile bewegen sich zuerst? Wenn Sie auf eine andere Person zugehen, bewegt sich zuerst Ihr Kopf oder Ihre Hüften? Das ist ein weiterer Aspekt, wie der Körper benutzt wird. Er liefert Aufschluß über den inneren emotionellen Zustand. Es gibt natürlich von Zeit zu Zeit und Fall zu Fall Abweichungen. Es kommt auf die Beständigkeit der Art, wie der Körper benutzt wird, an. Mit diesen Kenntnissen finden Sie vielleicht mehr über Ihre untergründige Persönlichkeitsdynamik heraus.
3. Wie benutzen Sie den zur Verfügung stehenden Raum? Stellen Sie sich vor, Sie hätten eine kleine Lampe an Kopf, Händen und Füßen befestigt und jede Ihrer Bewegungen würde mit einer Reihe von Standfotos aufgenommen. Sind Ihre Bewegungen eckig oder rund? Sind sie kurz oder eher großzügig und ausgedehnt? Sind sie abgehackt oder flüssig?
Man kann nicht nur die Form erkennen, sondern auch die Richtung. Wohin gehen Sie und was vermeiden Sie? Kleine Kinder springen auf und ab, bewegen sich vorwärts und rückwärts und rollen sich sogar über den Fußboden. Sie werden feststellen, daß Sie als Erwachsener sich im allgemeinen geradeaus nach vorne bewegen, selten seitwärts und nie rollend. Sie werden es für unangebracht halten, sich wie ein Kind zu bewegen, aber bedenken Sie, viele Spiele und Sportarten für Erwachsene geben dem Erwachsenen die Gelegenheit, sich unbewußt auf eine solche Art zu bewegen. Viele große Firmen haben sogenannte »adult play pens« für ihre Angestellten eingerichtet, damit diese nach Herzenslust auf und ab springen oder Purzelbäume schlagen können usw. und auf diese Art – durch Bewegung – ihre Kreativität anregen.

Welchen Bewegungsstil haben Sie?

Wenn Sie jetzt die Art, wie Sie Ihren Körper benutzen und wie Sie den Sie umgebenden Raum ausnutzen, miteinander verbinden, bekommen Sie eine Vorstellung Ihres persönlichen Bewegungsstils. Sie stellen bestimmte Bewegungsabläufe bei sich fest und können Sie dem entsprechenden Bewegungsmuster zuordnen. Sie stellen fest, daß die meisten Ihrer Bewegungen schnell und energisch sind oder daß sie langsam und weniger energisch sind. Vielleicht stellen Sie sehr flexible Bewegungen bei sich fest.
Was hat all das mit Persönlichkeit zu tun? Stellen Sie sich eine Person vor, die sich ständig schnell, direkt und kraftvoll bewegt und nie langsame, leichte, flexible Bewegungen zeigt. Wie schätzen Sie die Persönlichkeit ein? Handelt es sich um eine passive und großzügige Person oder ist sie aggressiv und fordernd? Wenn Sie nicht sofort antworten können, lesen Sie erst weiter. Wenn Sie dieses Kapitel beendet haben, ist Ihnen die Antwort klar.
Stellen Sie sich eine weitere Person vor, die ständig schnelle, leichte, indirekte Bewegungen zeigt. Haben Sie den Eindruck einer ängstlichen, ausweichenden Person? Wenn nicht, kann es ein Sprachproblem sein, nämlich ob Sie die Sprache der Bewegungen verstehen. Im folgenden Abschnitt werden wir dieses Problem lösen, indem wir Ihnen ein Grundvokabular zur Interpretation von Bewegungen vorstellen. Bislang haben wir versucht, Sie dazu anzuregen, einfach einmal über Bewegungen nachzudenken und zu beschreiben, was Sie sehen, wobei wir die

Interpretation erst einmal außer acht gelassen haben. Nach dem von Marion North entwickelten Modell wissen wir, daß wir die verschiedenen Körperteile, die zur Bewegung benutzt werden, beobachten können. Wir können beobachten, wie raumgreifend die Bewegung ist und solche Faktoren beurteilen, wie Geschwindigkeit, Richtung, Stärke und Form. Im folgenden Abschnitt versuchen wir, Ihnen zu erklären, was diese Beobachtungen aussagen über die Lebenseinstellung und die Persönlichkeit.

Ihre Bewegungspersönlichkeit

Der erste Schritt zur Analyse der Persönlichkeit anhand der Bewegungen ist die Erlernung eines »Bewegungsvokabulars«. Dabei werden wir Bewegungsmuster und Persönlichkeitsmerkmale miteinander verbinden. Der besondere Vorteil dieses Vokabulars ist, daß es nicht zu Ihrer Beschreibung dient, sondern auch zur Analyse typischer Bewegungsabläufe bei Sport und Fitneßaktivitäten geeignet ist. Das bedeutet, daß Sie in die Lage versetzt werden, Ihre Bewegungsmuster denjenigen der einzelnen Sportarten zuzuordnen und dabei zu entscheiden, ob Sie dieses Bewegungsmuster noch verstärken wollen (indem Sie mehr Bewegungen dieser Art ausführen), ausgleichen (indem Sie entgegengesetzte Bewegungen durchführen) oder vermeiden wollen (indem Sie gewisse Bewegungen nicht durchführen) innerhalb Ihres Trainingsprogramms.

Fünf Bewegungsanalyse-Dimensionen (MADs = Movement Analysis Dimensions)

Was versteht man unter Bewegungsvokabular? Das System, das wir zur Analyse Ihrer Bewegungen und der bei den verschiedenen Sport- und Trainingsprogrammen erforderlichen verwenden werden, basiert auf fünf Dimensionen: Kraft, Beherrschung, Linearität, Geschwindigkeit und Ausdehnung. Schätzen Sie sich selbst ein in bezug auf jede dieser fünf Dimensionen. Wenn Sie unsicher sind, bitten Sie Freunde um Hilfe. Ihr Bewegungsstil ändert sich von Zeit zu Zeit und von Situation zu Situation, aber Sie werden feststellen, daß Ihre Bewegungen immer bestimmte Merkmale aufweisen. Und so läßt sich Ihr Stil kennzeichnen:

Wenn Sie diese Beispiele lesen, sollten Sie ein Gefühl für die Dimension Kraft bekommen. Es hat viel mit Stärke und Druck zu tun. Im Extremfall ist sie übermächtig oder leicht wie eine Feder. Wir beurteilen unsere Mitmenschen oft danach, mit wieviel Kraft sie gewisse Dinge erledigen. Den einen hält man für rücksichtslos, den anderen für überaus feinfühlig. Manchen Leuten fällt es schwer, irgendetwas zu tun, das graziöse Bewegungen erfordert. Gibt man ihnen einen Hammer in die Hand, dann ist alles in Ordnung. Anderen bereitet es Probleme, energisch aufzutreten. Sie scheinen auf Zehenspitzen zu gehen und kaum die Luft zu berühren, wenn sie gehen.

MAD 1: Kraft

stark	schwach
stark	*schwach*
füllt den Raum aus	geht auf Zehenspitzen
umarmt kräftig	ein sachter Kuß auf die Wange
winkt wild	winkt zaghaft
wachst ein Auto ein	putzt den Staub von den Möbeln
schlägt einen Baseball	puttet einen Golfball einige cm
haut auf den Tisch	setzt sich vorsichtig hin

Was ist, wenn Ihre Bewegungen energisch genug sind, d. h. daß Sie gerade genug Druck oder Stärke in der jeweiligen Situation einsetzen? In diesem Fall haben Ihre Bewegungen einen großen Aktionsradius. Sie erstrecken sich über das gesamte Spektrum von stark bis schwach, von sanft bis hart. Wenn Sie Ihre Kraft auf diese Weise einsetzen, dann können Sie stark und rücksichtslos oder schwach und einfühlsam sein, wenn es die Situation erforderlich macht.

Was ist, wenn Sie nur zaghafte Bewegungen machen? Es kann sein, daß Sie zumeist mittelmäßig Kraft aufweisen, aber nie umherpoltern oder extreme Kraft aufwenden. Dann müßten Sie sich mehr auf der schwachen Seite einordnen. Wenn Sie mehr Kraft bei Ihren Handlungen einsetzen würden, könnte es sein, daß Sie viele Ihrer emotionellen Spannungen loswürden. (Es könnte aber auch sein, daß Sie sich erschrecken.)

Was ist, wenn Sie nur kraftvolle Bewegungen machen? Das wäre der Fall, wenn es Ihnen schwerfällt, sanft zu sein, oder Sie kaum widerstehen können, einer dummen Maschine einen Tritt zu versetzen. Sie sind der Typ, über den sich die darunter wohnenden Nachbarn beschweren, weil das Haus vibriert, wenn Sie sich bewegen. Sie sind der Typ, dessen Angebot, freiwillig etwas zu reparieren, dankend abgelehnt wird, weil man weiß, die Sache geht zu Bruch.

Vorsicht! Kraft und Gewicht sind nicht dasselbe. Dicke Menschen können ebenso sanft oder unsanft sein wie dünne. Zu Kraft gehört das Bewegen und Ausdehnen von Muskulatur. Wenn Sie auf etwas schlagen oder es nur leicht berühren, müssen Sie Ihre Muskeln kontrahieren, wohingegen Stärke oder Schwäche nicht zum Tragen kommt, wenn Sie umherpoltern – die Muskeln arbeiten nicht. Hierbei handelt es sich um totes Gewicht. Wenn jemand schwerfällig durch den Raum poltert, ist das keine Frage von Kraft. Das kann man häufig bei depressiven Menschen beobachten. Die Bewegungen sind schwer, aber weder kraftvoll noch schwach.

Kraft und Persönlichkeit: Es besteht ein Zusammenhang zwischen Kraft und Persönlichkeit und der PAD aggressiv/nicht aggressiv. Wie jemand seine Kraft einsetzt, ist zum großen Teil eine Frage, ob er aggressiv oder nicht aggressiv ist. Wir wollen damit nicht sagen, daß Kraft und Aggression dasselbe sind, aber es besteht ein großer Zusammenhang. Es fällt schwer, sich eine Person, die auf Zehenspitzen geht, sich wie eine Feder bewegt und ganz vorsichtig ans Leben geht, als sehr aggressiv vorzustellen. Andererseits kann man sich eine Person, die umherpoltert und Dinge aufgrund von Kraftüberschuß zerstört, nicht als eine passive Persönlichkeit denken.

Ihre Selbstbewertung: Beurteilen Sie sich selbst anhand der Erläuterungen über Stärke. Berücksichtigen Sie dabei, wie Sie hauptsächlich Kraft einsetzen. Wenn Sie glauben, Sie würden Kraft genau richtig einsetzen und in der Lage sein, entsprechend der Situation vorsichtig, mittelmäßig oder sehr energisch zu sein, füllen Sie das gesamte Spektrum aus. Wenn Sie dazu neigen, nur zaghaft zu sein, dann ordnen Sie sich am Ende der Skala ein. Wenn Sie glauben, nur stark zu sein, dann ordnen Sie sich dort ein. Wenn Sie der Meinung sind, mittelmäßigen bis leichten Druck oder Stärke einzusetzen, dann ordnen Sie sich in beiden Kästchen ein. Ordnen Sie sich in allen Kästchen ein, die Ihren typischen Handlungsstil wiedergeben. Das Kästchen, das Sie am besten beschreibt, markieren Sie besonders stark oder dunkel (Abb. 7.1).

Beurteilung Ihrer Kraft

Markieren Sie alle Kästchen, die auf Sie zutreffen.
Das am meisten zutreffende markieren Sie bitte besonders dunkel.

stark	sehr	stark	mittelmäßig	schwach	sehr	schwach

Abbildung 7.1

MAD 2: Beherrschung

präzise ⟵⟶ unpräzise

präzise	*unpräzise*
Diamantenschneider bei der Arbeit	Kind kullert einen Hügel hinunter
einen Golfball schlagen	Rock'n Roll tanzen
Faden in Nadel einfädeln	Konfetti werfen
Militärparade	Gang eines Betrunkenen
zeichnen nach Muster	Kind mit Fingerfarben
fotografieren	einen Salat zubereiten

Diese Beispiele sagen Ihnen etwas über Beherrschung. Beherrschung hat viel zu tun mit Präzision und Exaktheit im Gegensatz zu unpräzise oder gar schlampig. Beherrschung erfordert präzise Muskelbewegungen und Aufmerksamkeit. Bewegungen werden mehr durch schmerzhafte Anstrengungen geregelt, als daß man sie umherwandern oder gar umherirren läßt. Wenn Sie sich ein Kind vorstellen, das herumtollt oder einen Skifahrer, der einen Hang hinunterfällt, dann haben Sie zwei Bewegungsbeispiele für absichtlich ungeregelt (das Kind) und unabsichtlich außer Kontrolle (der Skifahrer). Beide Bewegungen sind nicht präzise. Im Gegensatz dazu sind die Bewegungen eines Chirurgen exakt und präzise und erfordern mentale Anstrengung und Muskelbeherrschung.
Diese Beispiele scheinen zu sagen, daß einige Handlungen von Natur aus nur mit Präzision durchgeführt werden können, während andere unüberlegt und unkontrolliert ablaufen können. Das ist nicht der Fall. Genauigkeit ist ein Merkmal Ihrer Bewegungen – es hängt nicht von den ausgeführten Aufgaben ab.

Manch einer faltet seine Wäsche mit großer Präzision, während andere einen Berg Wäsche herumliegen haben, der aussieht, als käme er gerade aus dem Trockner. Ein Kind, das einen Baseball wirft, unterscheidet sich deutlich in punkto Präzision von einem geübten Werfer in der Oberliga.
Genauigkeit ist nicht nur eine Einstellung. Ein Betrunkener, der auf einer geraden Linie gehen möchte, ist dazu nicht in der Lage, wie sehr er sich auch bemüht. Präzision bedingt mentale Anstrengungen und Muskelbeherrschung. Sie müssen aufmerksam sein, wenn Sie Ihre Bewegungen beherrschen wollen. Sicherlich kann man durch Zufall einen Faden in eine Nadel eingefädelt bekommen, aber das kann Wochen dauern!
Unser Leben verlangt nicht immer den gleichen Präzisionsgrad, aber selbst wenn man angwiesen wird, genau zu sein, gibt es immer noch Unterschiede von Person zu Person. Ein Beispiel ist, wie Leute computerlesbare Antwortbogen ausfüllen. Die Anleitung sagt, man solle eine Markierung zwischen die beiden gestrichelten Linien machen. Wenn Sie sich die Antwortbogen einer Schulklasse ansehen, die alle derselben Anleitung folgten, werden Sie erstaunt sein. Manche Menschen sind gewohnheitsmäßig schlampig. Wenn sie Eier rühren, geht immer ein Teil über den Schüsselrand hinaus. Wenn sie Kaffee einschenken, geht immer etwas daneben. Man hat den Eindruck, als würden einige Körperteile sich zur selben Zeit in verschiedene Richtungen bewegen.
Andere wiederum sind gewohnheitsmäßig genau, fast schon zwanghaft exakt, sogar wenn es gar nicht erforderlich wäre. Solche Menschen falten ihre Servietten nach dem Essen fein säuberlich zusammen, bewegen sich behutsam und berühren Dinge mit größter Aufmerksamkeit. Rein instinktiv vertraut man ihnen sein Hab und Gut an und überläßt es ihnen sogar, dem eigenen Kind etwas aus dem Auge zu holen.
Eine Person kann einen Job haben, der Genauigkeit erfordert, ihn aber schlecht ausführen. Natürlich würde eine on-the-job-Bewegungsschulung den Grad der Genauigkeit der einzelnen Person erhöhen, aber das würde für die Firmen teuer werden. Andererseits kann jemand seinen Job mit größter Präzision ausführen, auch wenn er lediglich ausschachtet.
Wenn Sie sich selbst beurteilen, bedenken Sie, daß wir hier immer von Extremfällen gesprochen haben. Vielleicht sind Sie nur ein klein wenig schlampig oder ein bißchen pedantisch. Vielleicht verschütten Sie nur ab und zu Kaffee oder Sie sind nur mittelmäßig genau und beherrscht. Eine weitere Möglichkeit ist, daß Ihre Bewegungen dann beherrscht sind, wenn es nötig ist, und ansonsten unkontrolliert und unbeherrscht.
Beherrschung und Persönlichkeit: Während eine deutliche Beziehung zwischen der Bewegungsdimension Kraft und der PAD aggressiv/nicht aggressiv besteht, ist es schwer, ein Pendant für Beherrschung zu finden. Es besteht eine leichte Beziehung zur PAD diszipliniert/undiszipliniert, da kontrollierte Bewegungen mentale Disziplin erfordern. Beherrschung findet man auch bei der PAD spontan/beherrscht, da Spontaneität einen unkontrollierten Eindruck macht, während emotionelle Beherrschung sich in exakten und präzisen Bewegungen ausdrücken kann. Einen weiteren Aspekt von Beherrschung finden wir in der PAD risikofreudig/vorsichtig. Wer auf Sicherheit und Vorsicht Wert legt, der bewegt sich wahrscheinlich kontrolliert und präzise. Schließlich gibt es noch eine Beziehung zur PAD konzentriert/unkonzentriert. Wenn man präzise arbei-

tet, erfordert das einen hohen Grad an Konzentration oder Abschalten. Arbeitet man nicht präzise, kann die Aufmerksamkeit abwandern.
Wir wollen damit sagen, daß die Bewegungsdimension Beherrschung aus psychologischer Sicht vielseitig ist. Die Verbesserung der Präzision der Bewegungen hat weitreichenden Einfluß auf die Persönlichkeit.
Ihre Selbsteinschätzung: Es kann sein, daß die Selbsteinschätzung Ihrer Bewegungsbeherrschung keine Entscheidung von entweder/oder ist. Sie sind vielleicht mehr oder weniger beherrscht in Ihren Bewegungen. Markieren Sie das Kästchen, das am ehesten auf Sie zutrifft. Bedenken Sie, daß in den verschiedenen Situationen unseres Lebens auch nicht immer gleich viel Beherrschung erforderlich ist. Erledigen Sie die Dinge gewöhnlich mit zu wenig oder mit zu viel Präzision? Sind Sie mittelmäßig genau, d.h. Sie gehen nicht gerade im Chaos unter, erlauben sich aber gewisse Fehler oder Schlampigkeiten? Vielleicht kommen Sie sich manchmal beherrscht vor und manchmal nur mittelmäßig, aber selten vollkommen unpräzise. In diesem Fall markieren Sie die Felder präzise und mittelmäßig. Da unpräzise nicht Ihre typische Art ist, markieren Sie es nicht. Wenn Sie an all Ihre Aktivitäten denken und mehr als ein Feld markiert haben, markieren Sie die, die Ihnen am meisten entsprechen, stärker (Abb. 7.2).

Beurteilung Ihrer Beherrschung

Markieren Sie alle zutreffenden Bezeichnungen,
am stärksten die am meisten zutreffenden.

präzise	sehr	präzise	mittelmäßig	unpräzise	sehr	unpräzise

Abbildung 7.2

MAD 3: Linearität

linear ⟵⟶ nicht-linear

linear	*nicht-linear*
schnurstracks zum Ziel laufen	Gang eines Betrunkenen
einen Nagel einschlagen	in den Haaren spielen
einen Speer werfen	winken
in ein Büro stürzen	Trampolin springen
Holz hacken	sich auf das Sofa kuscheln

Das Adjektiv linear wird als »eine Linie beschreibend oder darstellend gerade« definiert. Zu einer linearen Bewegung gehört, daß man sich auf einen Punkt oder ein Ziel zubewegt. Bei der Beurteilung von Bewegungen geht es darum, ob sie gerade oder direkt sind. d.h. ob die Bewegung ohne Umweg von Punkt A zu Punkt B durchgeführt wird oder ob die Bewegung nicht linear ist, d.h. indirekt und schwankend. Nichtlineare Bewegungen können viele Formen haben, sie können z.B. kreisförmig, wellenförmig oder sogar im Zickzack verlaufen.

Wenn Sie an einen Sprinter beim 100 m-Lauf denken, so sehen Sie lineare Bewegungen. Auch bei einem wütenden Mann, der sich schnurstracks in eine Auseinandersetzung stürzt, haben wir es mit geraden Bewegungen zu tun.
Nicht-lineare Bewegungen treten z.B. bei Fußballspielern beim Sturm auf oder wenn ein Mann nach einer Bürofeier abends nach Hause wankt. Auch die Handbewegungen, mit denen wir uns durch Menschenmassen drängen, sind nicht linear. Nicht-lineare Bewegungen gehen in verschiedene Richtungen: sie sind kurvenförmig, wellenförmig und ändern oft die Richtung. Diese Bewegungen können auf einen Zielpunkt ausgerichtet sein, müssen es aber nicht. Wenn jemand beim Sprechen nicht-linear oder indirekt ist, sagt man, er »rede um den heißen Brei herum«, was bedeutet, daß er nicht direkt zur Sache kommt.
Wenn man an Kopf, Armen und Beinen einer Person Lichter anbringen würde und ihr sagte, sie solle sich linear, also geradeaus bewegen, würde man eine gerade Lichterkette und einen sich nach vorne bewegenden Körper sehen. Würde man diese Person nun bitten, sich nicht linear zu bewegen, würde man wellenartige Hin- und Herbewegungen der Lichterkette, Seitwärtsbewegungen, ein Auf und Ab, Rückwärtsbewegungen und kreisförmige Bewegungen sehen.
Lineare Bewegungen scheinen geradeaus auf etwas zuzugehen, während es unklar ist, ob die flexible Richtung der nicht-linearen Bewegungen ein bestimmtes Ziel hat oder ob sie ziellose, richtungslose Handlungen darstellen. Zur Verdeutlichung stellen Sie sich eine Person vor, die über eine windige, steinige Straße nach Hause stolpert und einen Touristen, der ziellos und neugierig durch die Straßen einer fremden Stadt schlendert. In beiden Fällen handelt es sich um nicht-lineare Bewegungen, aber im ersten Fall gibt es ein klares Ziel, während es im zweiten Fall unklar ist, wo der Tourist hinschlendert.
Die Untersuchung zwischen ziellosen und zielstrebigen, nicht-linearen Bewegungen ist Ihnen vielleicht nicht sofort einleuchtend, aber wenn man Handlung und Ziel sieht, wird es deutlicher. Stellen Sie sich die Handbewegungen einer Person vor, die herumkritzelt und Männchen malt. Diese Bewegungen können kreis- und wellenförmig sein, genau wie die, die man beim Zeichnen macht. Aber es gibt kein Ziel, was man malen will, wenn man herumkritzelt, während man beim Zeichnen feste Vorstellungen hat, was auf dem Papier erscheinen soll. Die Handbewegungen beim Kritzeln können genauso aussehen wie beim Zeichnen, aber sie haben kein Ziel oder einen Endpunkt. Warum ist die Unterscheidung wichtig? Denken Sie einmal zurück an Ihre Kindheit, als Sie einfach so herumspielten. Es gab kein Ziel, keinen Endpunkt. Sie rannten wild über eine Wiese, ließen sich einen Hügel hinunterkullern oder panschten im Wasser herum. Als Erwachsener können Sie feststellen, daß Sie ziellose, nicht-lineare Bewegungen durchführen, wenn Sie in Ihrem Haar spielen oder Sand durch Ihre Finger rieseln lassen, wenn Sie am Strand liegen.
Als Erwachsener fühlen Sie sich von den selbstgesteckten Zielen eingeengt – so sehr, daß es Ihnen schwerfällt, eine Handlung ohne Ziel durchzuführen. John Lennon sagte einmal: »Leben ist das, was passiert, während Du damit beschäftigt bist, es zu planen.« Die Vorstellung, nichts zu tun, sich ziellos treiben zu lassen, einfach erwartungsfrei das Leben zu erleben, ist den meisten Menschen einfach unmöglich. Je nach Sportart bleiben die meisten Menschen auch in der Freizeit dabei, vorschriftsmäßig und zielstrebig etwas zu erfüllen, statt sich dem Erlebnis zielloser körperlicher Bewegung hinzugeben.

Linearität und Persönlichkeit: Der Zusammenhang zwischen dieser Bewegungsdimension und der Persönlichkeit ist mannigfaltig. Lineare Bewegungen deuten auf selbstsicheres oder gar aggressives Verhalten hin, z.B. daß man geradeaus, ohne zu schwanken auf einen Gegner zugeht. Man kann also von einer gewissen Verbindung zwischen der MAD Linearität und der PAD aggressiv/nicht-aggressiv ausgehen. Wir sagen nur von einer »gewissen« Verbindung, da lineare Bewegungen nicht unbedingt aggressiv sein müssen. Denken Sie nur an Betende, die in der Kirche niederknien, oder an Gefangene, die eine Straße heruntergeführt werden. Es besteht ein engerer Zusammenhang mit den verschiedenen Persönlichkeitsmerkmalen, wenn wir alle fünf MADs kombinieren. (Noch kurz ein Beispiel: Stellen Sie sich eine lineare und starke Bewegung vor. Es ist wahrscheinlich, daß diese Bewegung mit einer inneren, aggressiven Einstellung zusammenhängt, als wenn es sich um eine lineare, aber sanfte Bewegung handelt.)
Der zweite Zusammenhang besteht zwischen Linearität und der PAD konzentriert/unkonzentriert, da eine gerade Bewegung wohl auch immer eine konzentrierte ist, während eine nicht-lineare Bewegung (wie ein Bummel durch eine fremde Stadt) eher unkonzentriert ist. Diese Verbindung ist aus vielen Gründen unvollständig. Stellen Sie sich eine schlafwandelnde Person vor. Die Bewegungen können durchaus linear sein, aber man kann nicht gerade sagen, daß diese Person sich konzentriert. Oder stellen Sie sich einen Arbeiter am Fließband vor, der die erforderlichen, linearen Bewegungen auswendig beherrscht, so daß sein Geist ohne Probleme abschweifen kann.
Eine dritte Beziehung besteht zwischen Linearität und der PAD spontan/beherrscht. Lineare Bewegungen bedingen die Absicht, sich von A nach B zu bewegen und dabei der Versuchung zu widerstehen, nach links oder rechts abzuschweifen. Spontane Bewegungen können einen kreativen Touch haben, eine Flexibilität in der Bewegung, die zuerst in die eine Richtung und dann in die andere geht (nicht-linear). Eine Bewegung kann jedoch direkt und dennoch spontan sein, z.B. wenn ein Kind auf seine Mutter zustürzt.
Schließlich läßt sich auch noch ein Zusammenhang zwischen Linearität und der PAD diszipliniert/undiszipliniert feststellen. Um sich geradeaus ohne Abweichungen zu bewegen, braucht man Disziplin. Man hat immer die Möglichkeit, die Bewegung nicht zu Ende zu führen und auszuweichen. Es mag sie teuer zu stehen kommen, aber selbst Gefangene haben die Möglichkeit, aus der Reihe, in der sie gehen sollen, auszubrechen. Lineare Bewegungen bedingen daher, daß man seine Emotionen beherrscht und seinen Willen bezwingt. Wie Sie gemerkt haben, sind all diese Verbindungen mit der MAD Linearität nicht perfekt. Eines der vielen widersprüchlichen Beispiele ist z.B., wenn man jemandem impulsiv und undiszipliniert ins Gesicht schlägt.
Ihre Selbsteinschätzung: Wenn Sie sich selbst in bezug auf die Linearität Ihrer Bewegungen beurteilen wollen, sollten Sie folgendes bedenken: Lineare Bewegungen sind geradegerichtet und zielstrebig, wie wenn man einen Nagel einschlägt oder von A geradeaus nach B geht. Wenn es sich nicht um eine solche lineare Bewegung handelt, ist es eine nicht-lineare Bewegung.
Eine weitere Unterscheidung ist, ob Ihre typischen, nicht-linearen Bewegungen einfach oder komplex sind. Worin liegt der Unterschied? Es ist eine Frage der Abstufung. Bei einfachen, nicht-linearen Bewegungen sieht man eine leichte

Krümmung oder Welle, so wie beim Winken mit der Hand. Komplexe, nicht-lineare Bewegungen sind viel komplizierter. Wenn Sie jemals die extremen Formen und Verrenkungen im modernen Tanz gesehen haben, können Sie sich vorstellen, was komplexe, nicht-lineare Bewegungen sind.

Wir wollen darauf hinaus, ob Ihre nicht-linearen Bewegungen einfache wellenförmige Bewegungen sind oder ob sie sehr komplex und schwierig sind. Wieder ein Beispiel: Stellen Sie sich vor, jemand bittet Sie um einen Gefallen. Eine einfache, nicht-lineare Antwort kann so aussehen, daß Sie die Arme vor der Brust verschränken und Kopf und Schultern nach vorn neigen, um nachzudenken. Eine komplexe, nicht-lineare Antwort wäre ein Schulterzucken, ein runder Rücken, der Kopf geht von einer Seite zur anderen und Sie reiben die Hände.

Der Unterschied zwischen einfachen und komplexen, nicht-linearen Bewegungen besteht darin, wieviel Ausdruckskraft in Ihrem Körper Sie haben und wie flexibel Ihr Körper ist. Wenn Sie nicht viel Ausdruckskraft haben und Ihr Körper nur ein begrenztes Repertoire an Bewegungen hat, werden nicht-lineare Bewegungen seltener bei Ihnen auftauchen.

Abb. 7.3 zeigt Ihnen drei Kategorien: linear, nicht-linear (einfach) und nicht-linear (komplex). Markieren Sie, was Ihre Bewegungen am besten wiedergibt. Markieren Sie am stärksten, was Ihre Bewegungen am besten beschreibt.

Beurteilung der Richtung der Bewegungen

Markieren Sie, was auf Sie zutrifft und am stärksten,
was Sie am besten charakterisiert.

linear	linear	nicht-linear einfach	nicht-linear komplex	nicht-linear

Abbildung 7.3

MAD 4: Geschwindigkeit

schnell ⟷ langsam

schnell	*langsam*
Rennen	herumschlendern
ein Peitschenschlag	Suppe umrühren
einen Ball werfen	eine Yoga-Übung
ein schneller Blick	ein müdes Gähnen
ein aggressiver Stoß	ein zärtliches Streicheln
eine Angelleine auswerfen	ein schlafendes Baby aufnehmen

Geschwindigkeit ist oft ein relativer Begriff. Wenn Sie z.B. die Straße entlang joggen und jemand Sie überholt, können Sie sagen, diese Person sei schnell. Wenn aber diese Person von einer anderen überholt wird, ist diese Person langsam und die andere schnell. Geschwindigkeit läßt sich aber auch mit einer Stoppuhr messen, so daß man sowohl eine absolute als auch eine relative Definition von Geschwindigkeit bekommt.

Aufgrund des relativen Begriffs der Geschwindigkeit muß man sich hüten, bestimmte Bewegungen als unbedingt schnell oder langsam einzuordnen. Einen Ball zu werfen, kann als schnelle Bewegung bezeichnet werden, aber wir wissen, es gibt schnelle und langsame Würfe als auch schnelle und langsame Werfer!
Zwei Leute bei der Hausarbeit bewegen sich mit unterschiedlicher Geschwindigkeit. Einer hechtet von Raum zu Raum wie ein Wirbelsturm, während der andere sich langsam bewegt, als müsse er durch Wasser waten. Wir wollen damit nicht sagen, daß es besser ist, sich schnell zu bewegen, denn oft ist das Gegenteil der Fall.
Wir haben oft eine genaue Vorstellung von der uns angemessenn erscheinenden Geschwindigkeit für eine Tätigkeit, z.B. das Hochnehmen eines schlafenden Babys. Wenn jemand diese Geschwindigkeit unterschreitet, sagen wir, es sei schnell oder wenn er sie überschreitet, sagen wir, das sei langsam.
Wir möchten, daß Sie jetzt einmal über das Tempo Ihrer Bewegungen nachdenken. Natürlich bewegen Sie sich nicht den ganzen Tag über gleich schnell, aber wenn Sie sich mit anderen vergleichen, werden Sie feststellen, daß Sie sich relativ schnell oder langsam bewegen. Oder Sie finden, daß Sie sich nach Ihrer eigenen Vorstellung langsam oder schnell bewegen. Vielleicht hat man Ihnen auch schon einmal gesagt, daß Sie sich schnell bewegen oder man hat Sie schon einmal als »lahme Ente« bezeichnet.
Geschwindigkeit und Persönlichkeit: Den Faktor Geschwindigkeit betrachtet man am besten in Verbindung mit anderen MADs. Schnelle plus lineare plus kraftvolle Bewegungen sind wahrscheinlich selbstsicher oder aggressiv, während langsame plus nicht-lineare plus sanfte Bewegungen mehr Unsicherheit und Zaghaftigkeit in der emotionalen Welt der Person ausdrücken. Geschwindigkeit kann in direktem Zusammenhang mit der PAD konzentriert/unkonzentriert gesehen werden, da man für schnelle Bewegungen konzentriert sein muß. Selbst impulsive Handlungen (die wahrscheinlich schnell sind) brauchen zumindest für den Moment Konzentration. Obwohl viele langsame Bewegungen Konzentration bedürfen, wie z.B. das Entfernen einer Fluse aus dem Auge eines anderen, ist die Möglichkeit, daß der Geist abwandert, doch bei langsamen Bewegungen viel größer. Daher ist Meditationstraining so schwierig. Man braucht viel Zeit und Übung, um den Geist ruhigzustellen und sich zu konzentrieren. Das fällt uns bei schnellen Bewegungen leichter, da der Informationsverarbeitungsbedarf der Situation es erfordert.
Geschwindigkeit kann auch mit der PAD spontan/beherrscht zusammenhängen. Es ist wahrscheinlich, daß schnelle Bewegungen spontan oder sogar impulsiv sind. Langsame Bewegungen verlangen Beherrschung, wie z.B. die langsamen, genau durchdachten Bewegungen eines Chirurgen. Auch schnelle Bewegungen können extreme Beherrschung sein, wie z.B. der Schlag eines Profi-Golfers. Wenn wir näher hinsehen, können wir jedoch feststellen, wie kleine Ablenkungen und emotionelle Einflüsse irgendeiner Art diesen schnellen Bewegungen eine unerwünschte, spontane Dimension geben können. Um sich schnell und präzise zu bewegen, bedarf es einer enormen mentalen Konzentration und Beherrschung. Andererseits kann eine langsame Bewegung nicht emotionell beherrscht sein, z.B. eine erschöpfte Person, die sich vorwärts schleppt.
Viele aggressive Handlungen (PAD aggressiv/nicht aggressiv) haben ein schnelles Element. Wir verbinden schnelle Bewegungen oft mit Sicherheit oder gar

Aggressivität, z. B. wenn eine Person eine andere schlägt. Langsame Bewegungen erwecken den Anschein von Unsicherheit oder emotioneller Passivität. Beim Ausverkauf im Warenhaus kann man viele schnelle Bewegungen beobachten, wenn die Menschen sich zur Öffnungszeit durch die Türen quetschen.
Geschwindigkeit hat auch noch eine riskante Komponente (PAD risikofreudig/vorsichtig). Je schneller die Handlung ist, desto weniger können wir sie steuern und desto leichter machen wir Fehler. Denken Sie daran, daß bestimmte Tätigkeiten nur schnell durchgeführt werden können. Ein langsameres Tempo bedeutet Versagen z. B. beim Weitsprung oder beim Baseball. Ein Abfahrtsläufer, der immer noch schneller sein will, erhöht die Gefahr eines Fehlers oder einer Verletzung. Wenn er während der Abfahrt schnell nach rechts fährt, kann es schon zum Zusammenstoß mit einem anderen kommen. Die Fähigkeit, sich schnell zu bewegen, kann aber auch lebensrettend sein. Wenn ein Auto von der Fahrbahn abkommt und Sie nicht schnell genug sind, um auszuweichen, überleben Sie das vielleicht nicht. Was die Persönlichkeit betrifft, stellt sich die Frage, ob Sie sich schnell bewegen, weil es Sie reizt, selbst wenn die Situation es nicht erfordert.
Wenn Sie an die Zusammenhänge zwischen Geschwindigkeit und Persönlichkeit denken, können Sie auch den Zusammenhang zwischen Bewegung und Persönlichkeit erkennen. Manchmal mag es Ihnen verwirrend vorkommen, besonders wenn Sie einen 1:1-Vergleich zwischen einem Bewegungsfaktor (MAD) und einem Persönlichkeitsfaktor (PAD) machen wollen. Es ist eben nicht so einfach. Wenn es das wäre, hätten Sie wahrscheinlich schon lange vorher etwas darüber gelesen.
Ihre Selbsteinschätzung: Wie schnell oder langsam sind Ihre typischen Bewegungen? Um diese Frage zu beantworten, können Sie zwei Vergleiche anstellen. Erstens vergleichen Sie sich mit anderen, die dasselbe machen. Wenn Sie daran denken, wie Sie z.B. spülen, wie schnell sind Sie damit fertig im Vergleich zu anderen? (Hier geht es nicht um die Genauigkeit, die Präzision – denken Sie nur an die Geschwindigkeit.)
Beim zweiten Vergleich geht es um Normen oder Standardzeiten für bestimmte Tätigkeiten. Wir wachsen mit einer gewissen Vorstellung davon auf, wie schnell oder langsam bestimmte Dinge erledigt werden müssen. Sind sie immer schneller oder langsamer als diese Norm?

Ihre Geschwindigkeits-Einstufung

Markieren Sie alle Felder, die auf Sie zutreffen.
Das am meisten auf Sie zutreffende Feld markieren Sie am stärksten.

schnell	sehr	schnell	mittelmäßig	langsam	sehr	langsam

Abbildung 7.4

Die Skala in Abb. 7.4 zeigt fünf Möglichkeiten. Beurteilen Sie Ihre typische Geschwindigkeit bei allen möglichen Dingen des Lebens. Wenn Sie große Abweichungen feststellen, müssen Sie vielleicht jedes Feld der Skala markieren.

Wenn Sie nur eine typische Geschwindigkeit haben, markieren Sie nur das entsprechende Feld. Wenn Sie mehr als ein Feld markieren, weil Sie glauben, daß Sie sich typischerweise mit verschiedenen Geschwindigkeiten bewegen, manchmal sehr langsam, manchmal sehr schnell, je nachdem, was Sie gerade tun, markieren Sie die vorherrschende Geschwindigkeit am stärksten.

MAD 5: Ausdehnung

ausgedehnt ⟵⟶ begrenzt

ausgedehnt	*begrenzt*
morgendliches Strecken	im Sessel gekuschelt sitzen
sich nach der Decke strecken	sich vor Kälte zusammenkauern
springen, um einen Flugball zu bekommen	den Körper beim Boxen decken
in Hochstimmung laufen	bedrückt laufen
etwas wegstoßen	etwas zu sich heranziehen
einen Freudensprung machen	voller Verdruß sein

Dieser letzte Bewegungsfaktor wird durch Strecken gut dargestellt, wie bei ausgiebigem Gähnen oder einer Yoga-Übung, und Zusammenziehen, wie bei einem sich duckenden Kind oder einer vor Ärger spannungsgeladenen Person. Bei einer ausgedehnten Bewegung strecken sich die Muskeln in den sie umgebenden Raum. Der Körper benutzt soviel Raum für sich, wie er kann. Wenn Sie sich gut fühlen und mit sich zufrieden sind, dehnt sich Ihr Körper aus – Sie scheinen anzuschwellen. Sie kommen sich größer vor, und Ihre Arme werden großzügig ausgestreckt.

Eine begrenzte Bewegung geht einher mit Muskelspannung, wenn Sie z.B. Ihre Arme verschränken, weil Ihnen kalt ist oder Sie sich unwohl fühlen. Wenn Sie das Leben als Bürde empfinden, zieht sich Ihr Körper zusammen – er sinkt in sich zusammen und wird kleiner. Sie fühlen sich niedergeschlagen und lassen die Schultern hängen. Solch angespannte Bewegungen kommen auch vor, wenn Sie etwas zu sich hinziehen, z.B. eine Decke, oder wenn Sie Essen zum Mund befördern.

Das Komische an der Sache ist, daß es Menschen gibt, denen ein Ausdehnen oder Ausstrecken in die Welt leichter fällt. Andere fühlen sich bei engen, begrenzten Bewegungen wohler. Sie können das schon bei so einfachen Bewegungen wie dem Händeschütteln beobachten, wobei einige Leute ihren Arm ganz ausstrekken und andere wiederum ihren Arm kaum vom Körper wegbewegen und in einer halbherzig erscheinenden Geste dem anderen die Hand geben.

Diese Art, sich zu bewegen, kann man bei solch alltäglichen Dingen beobachten, wie wenn jemand ein Glas aus einem hohen Regal nimmt. Manch einer nimmt sich einen Hocker und klettert darauf, um an das Glas zu kommen, während sich andere enorm strecken und das Glas auf Zehenspitzen gerade greifen können.

Es gibt Menschen, bei denen die Reichweite oder Ausdehnung ihrer Bewegungen immer auf einen engen Bereich in Körpernähe beschränkt bleibt. Die Arme werden selten ausgestreckt. Sie gehen, als ob ihr Körper durch die Schwerkraft an den Boden gedrückt würde. Andere strecken und dehnen sich. Sie schreiten in einen Raum und gestikulieren ausgedehnt mit Händen und Armen.

Ausdehnung und Persönlichkeit: Stellen Sie sich eine Frau vor, die sich mit großen Gesten bewegt, die nicht geht, sondern schreitet, die ihre Hand zur Begrüßung ausstreckt und nicht hinhält und die größer erscheint als sie tatsächlich ist. Und nun stellen Sie sich das Gegenteil vor: eine Frau, deren Körper zusammengefallen erscheint, deren Bewegungsradius sehr begrenzt ist und die immer nur kleine Schritte macht. Welche Persönlichkeitsmerkmale treffen auf diese beiden Frauen zu?

Die Frau mit den ausgedehnten Bewegungen drückt mehr Selbstvertrauen und Sicherheit aus und ist wahrscheinlich offener und kontaktfreudiger. Die Frau mit den kleinen Bewegungen ist beherrschter, weniger selbstsicher und wahrscheinlich introvertierter. Das sind Vermutungen, die auf Erkenntnissen der Zusammenhänge zwischen Bewegungsmustern und Persönlichkeitsstrukturen basieren.

Es gibt einen Zusammenhang zwischen der MAD Ausdehnung und der PAD aggressiv/nicht-aggressiv, da sicheres Auftreten bedeutet, daß sich die Person in die Umwelt »ausdehnt« und bemerkbar macht, anstatt sich in eine Ecke zu verkriechen. Auch zwischen der PAD gesellig/nicht-gesellig und der MAD Ausdehnung besteht ein Zusammenhang. Menschen, die auf andere zugehen, sich großzügig bewegen, werden von den anderen als offener und weniger unnahbar empfunden. Wer sich verspannt bewegt und nicht aus sich herausgeht, vermittelt einen ängstlichen Eindruck oder zumindest eine unnahbare Haltung gegenüber anderen.

Es gibt einen Zusammenhang mit der PAD risikofreudig/sicher aus demselben Grund, nämlich daß sich jemand mit offenen, ausgedehnten Bewegungen eher der Gefahr stellt als sich zu verstecken oder Schutz zu suchen. Das wird um so deutlicher, wenn man an Sport denkt. Denken Sie nur an Skiläufer, deren Bewegungsradius immer bis an die äußerste Grenze geht, oder an einen Läufer, der in vollem Tempo einen Berg hinunterläuft. Das Risiko eines Unfalls ist größer – das Risiko, zu weit zu gehen, ist immer vorhanden.

Schließlich hängt Ausdehnung auch mit der PAD spontan/beherrscht zusammen. Je beherrschter eine Person ist, desto größer ist die Möglichkeit, daß ihre Bewegungen nicht großzügig und ausgedehnt sind. Zu Spontaneität gehört auch ein Ablegen der Spannung, ein Sprung ins Leben, so als ob lang getrennte Liebende einander in die Arme stürzen.

Ihre Selbsteinschätzung: Es gibt fünf Kategorien, wobei sehr ausgedehnt bedeutet, daß Ihre typischen Bewegungen und Gesten großzügig und weit sind. Sie gehen noch aufgerichtet, gestikulieren offen, bewegen sich bis an die Grenze. Ausgedehnt ist weniger extrem, beinhaltet aber auch einen großen Bewegungsradius nach oben und unten. Sie strecken und dehnen sich. Mittelmäßig heißt, daß Ihre Bewegungen neutral sind – sie sind weder großzügig und ausladend noch eng und verspannt. Ihr Körper erhebt sich nicht, macht aber auch keinen niedergedrückten Eindruck. Ihre Gesten sind offen, gehen aber nicht über die Reichweite Ihrer Gliedmaßen hinaus. In gewisser Weise beschränken sich Ihre Bewegungen auf den anatomisch vorgegebenen Bereich, wohingegen ausgedehnte Bewegungen diesen Bereich überschreiten und enge Bewegungen ihn nicht ausnutzen. Eng oder verspannt bedeutet also, daß die Bewegungen eingeengt sind, die Arme werden nicht bis zur vollen Länge ausgestreckt, der Gang ist verkürzt, der Körper scheint nach unten gedrückt. Sehr verkürzt

schließlich ist ein Extrem, bei dem der Körper in sich selbst versunken zu sein scheint. Die Gesten sind stark verkürzt, die Gliedmaßen bleiben bei allen Bewegungen eng am Körper.
Wenn Sie sich an jemanden anschmiegen, ist Ihr Körper zusammengezogen, aber solange Sie nicht all Ihre Bewegungen so zusammengezogen oder angespannt ausführen, markieren Sie dieses Feld nicht. Markieren Sie nur die Felder, die Ihre typischen oder gewöhnlichen Bewegungen beschreiben. Wenn Sie mehr als ein Feld markieren, markieren Sie das am meisten auf Sie zutreffende am stärksten (Abb. 7.5).

Ihr Bewegungsradius

Markieren Sie alle Felder, die auf Sie zutreffen,
das am meisten zutreffende am stärksten.

großzügig	sehr	ausgedehnt	mittelmäßig	begrenzt	sehr	begrenzt

Abbildung 7.5

Ihre MAD-Graphik

Nun müssen Sie Ihre Auswertungen der einzelnen MADs in die Graphik in Abb. 7.6 übertragen. Achten Sie darauf, daß Sie wirklich alle Markierungen übertragen und vor allen Dingen die stärkste Markierung eines MAD-Faktors nicht vergessen.

Wie interpretieren Sie die Graphik?

Bei der Auswertung dieser Graphik gilt es, zwei Punkte zu beachten:

Ihre MAD-Grafik

Übertragen Sie die einzelnen Wertungen in diese Grafik.

stark	sehr	stark	mittelmäßig	schwach	sehr	schwach
präzise	sehr	präzise	mittelmäßig	unpräzise	sehr	unpräzise
linear	linear		nicht-linear einfach		nicht-linear komplex	nicht-linear
schnell	sehr	schnell	mittelmäßig	langsam	sehr	langsam
ausgedehnt	sehr	ausgedehnt	mittelmäßig	begrenzt	sehr	begrenzt

Abbildung 7.6

1. Den Umfang Ihrer Bewertung eines jeden MAD-Faktors: Je mehr Felder Sie markiert haben, desto größer ist Ihr Bewegungsrepertoire. Idealerweise müßten sich Ihre Bewegungen mit jedem Feld beschreiben lassen, d. h. Sie hätten jeweils alles markiert. Das würde bedeuten, daß Ihre Bewegungen vollkommen uneingeschränkt und vielseitig sind. Es ist jedoch äußerst selten, daß so etwas vorkommt. Die meisten von uns haben irgendwelche Einschränkungen Ihrer Bewegungen. Jeder bevorzugt eine oder einige bestimmte Arten, sich zu bewegen.

Wenn Sie sich die Felder anschauen, die Sie freigelassen haben, bekommen Sie einen Überblick über die Defizite in Ihrem Bewegungsrepertoire. Einige dieser sogenannten Defizite sind für Ihr Leben von geringer Bedeutung. Was bedeutet es, wenn Sie sich nicht typischerweise schnell oder nur mit begrenzter Ausdehnung bewegen? Das kann ohne jegliche Auswirkungen auf Ihren Lebensstil sein. Sie sollten aber darüber nachdenken, ob Sie sich schnell bewegen könnten, wenn die Situation es erfordert.

Wo immer Sie ein Feld nicht markiert haben, sollten Sie sich überlegen, was das bedeuten könnte und ob dieses Defizit zumindest in einer bestimmten Situation ein Problem darstellen könnte.

2. Ihr dominierender Stil: Wenn Sie sich die fünf stärksten Markierungen ansehen (je eine pro MAD), haben Sie eine Charakteristik Ihrer Bewegungen. Nehmen Sie diese fünf Markierungen und tragen Sie sie an den dafür vorgesehenen Stellen ein:

Kraft	+	Beherrschung	+	Linearität	+	Geschwindigkeit	+	Ausdehnung
____	+	____________	+	________	+	______________	+	___________

Wie würden Sie sich anhand der Persönlichkeitskorrelation jedes dieser Bewegungsfaktoren (in Tabelle 7.1 zusammengefaßt) beschreiben? Wie Sie sich erinnern können, haben wir bei vielen MAD-Faktoren die Beziehung zur Persönlichkeit nur angedeutet. Jetzt, wo wir über das gesamte Profil verfügen, haben wir auch stärkere Beweise für die Verbindungen. Wir sagten z. B., daß zwischen einer aggressiven oder sicheren Persönlichkeit und großzügigen, schnellen, kraftvollen und linearen Bewegungen eine Verbindung besteht. Wenn Sie alle vier Begriffe markiert hatten, ist die Wahrscheinlichkeit, daß Sie aggressiv oder sicher auftreten viel größer, als wenn Sie nur ein oder zwei Felder markiert hätten. Sie können sich vorstellen, daß kraftvolle Bewegungen ein wichtiges Element in der Einschätzung der Aggressivität darstellen.

Nehmen wir ein weiteres Beispiel. Stellen Sie sich die Kombination vor:

sanft + präzise + nicht-linear + schnell + ausgedehnt

Fällt Ihnen etwas auf? Sie haben das Bild einer Person vor sich, die sich mit sanften, flüssigen und großzügigen Bewegungen präzise und schnell bewegt. Ein Tänzer? Eine Schauspielerin? Ein Friseur? Ein Dieb? Alles kann möglich sein. Wir können die mentale Konzentration dieser Person feststellen (präzise) und doch verfügt sie über eine gewisse Freiheit (nicht-linear, ausgedehnt). Die Leichtigkeit der Bewegungen kann unsere Angst verdrängen und vielleicht unvorsichtig

werden lassen. Geschwindigkeit gepaart mit Präzision läßt uns wachsam sein, besonders wenn die Bewegungen ausgedehnt und flexibel sind (ausgedehnt, nicht-linear).
Mit Hilfe der Bewegungsanalyse können wir die Persönlichkeit besser einschätzen. Wenn wir ein Wort in der obigen Beschreibung ändern, ändert sich das Gesamtbild und somit auch die Auswirkung auf die Persönlichkeit. Ersetzen wir einmal nicht-linear durch linear:

sanft + präzise + linear + schnell + ausgedehnt

Schnelle, lineare, präzise Bewegungen – mit einem behutsamen Touch. Ein Chirurg? Ein Chefkoch? Ein Lebensmittelhändler? Ein Büroleiter? Ein Meister im Pfeilwurf? Alles könnte stimmen. Wir haben es mit einer Person zu tun, die sich großzügig mit schnellen, sanften Bewegungen bewegt und sich genau beherrscht. Diese Person strahlt Sicherheit aus, aber da die Bewegungen nicht kraftvoll sind, kann man nicht sagen, es handle sich um eine aggressive Person.

Tabelle 7.1 Zusammenfassung der Beziehung zwischen Persönlichkeit (PADs) und Bewegung (MADs)

Kraft	Beherschung	Linearität	Geschwindigkeit	Ausdehnung
Stark aggressiv bestimmt	*Präzise* beherrscht diszipliniert vorsichtig konzentriert	*Linear* konzentriert beherrscht disziplinert aggressiv bestimmt	*Schnell* risikofreudig spontan aggressiv bestimmt konzentriert	*Ausgedehnt* gesellig risikofreudig spontan aggressiv bestimmt
Leicht nicht-linear passiv	*Unpräzise* spontan undiszipliniert risikofreudig unkonzentriert	*Nicht-linear* unkonzentriert spontan undiszipliniert nicht-aggressiv passiv	*Langsam* vorsichtig beherrscht nicht-aggressiv passiv unkonzentriert	*Begrenzt* ungesellig vorsichtig beherrscht nicht-aggressiv passiv

PADs und MADs

Die Bedeutung der Bewegungsbeurteilung geht über die sieben PAD-Faktoren hinaus. Die Ergebnisse der PADs und MADs überlappen sich nicht immer. Jeder Bereich gibt eigene Informationen darüber, wer Sie sind und wie Sie funktionieren. Wenn Sie Ihre Bewegungsbeurteilung ansehen, überlegen Sie sich, was Ihre typische Art, sich zu bewegen, sonst noch ausdrücken könnte.
Im nächsten Kapitel werden wir die verschiedenen Sportarten und Trainingsprogramme in bezug auf die Anforderungen an Persönlichkeit, Körperstruktur und Bewegungsmuster untersuchen. Danach können sie Ihre Ergebnisse mit den Sportarten vergleichen und so herausfinden, warum das eine oder andere Fitneßtraining für Sie geeigneter ist als ein anderes.

8

Eine neue Klassifizierung von Sport- und Fitneßprogrammen

Übersicht

Endlich! Jetzt kommt das, worauf Sie gewartet haben: das Profil der einzelnen Sportarten.
Wenn wir alles zusammenfügen, was wir uns in bezug auf Persönlichkeitsstrukturen, Körperanalyse und Bewegungen überlegt haben, so steht uns ein umfangreiches System zur Beurteilung einer Sportart oder eines Fitneßtrainings zur Verfügung. Da wir uns hauptsächlich für die gängigen Sportarten interessieren, werden wir 12 Alternativen ausführlich behandeln und einige andere kurz kommentieren.
Wir werden uns ausführlich beschäftigen mit:

Laufen	**Tanzen**
Gehen	**Aerobic**
Schwimmen	**Rückschlagspiele**
Bodybuilding	**Yoga**
Radfahren	**Golf**
Kampfsport	**Skisport**

Jede dieser Aktivitäten hat Untergruppen, die mehr oder weniger analysiert werden müssen, je nachdem wie groß der Unterschied ist. Z.B. läßt sich Skifahren unterteilen in Abfahrtslauf oder Ski alpin und Skilanglauf; unter Tanzen kann man sowohl das klassische Ballett oder Modernen Tanz bzw. Jazz-Tanz verstehen; Aerobic gibt es in verschiedenen Variationen; zu den Rückschlagspielen gehört Tennis, Squash und bei großzügiger Betrachtung auch Handball; Schwimmen läßt sich unterteilen in Freistil, Rücken- oder Brustschwimmen und Schmetterling und selbst Laufen kann man unterteilen in Kurzstrecken, Mittelstrecken oder Marathon. Wie sieht es mit Gehen aus?
Wir wollen jedoch durch diese Untergruppierungen nicht das generelle Profil aus den Augen verlieren. Unsere Analyse einer sportlichen Aktivität wird sich

also auf die Form konzentrieren, die heutzutage am häufigsten aus Gründen wie Gesundheit, Freizeitbeschäftigung oder Aesthetik ausgeführt wird.
Hochleistungs- oder Wettkampftraining ist ein ganz anderes Thema. Aus Platzgründen können wir nicht auch diese Trainingsprogramme hochspezialisierter Athleten zufriedenstellend abhandeln. Aus denselben Gründen haben wir auch auf einige andere Sportarten verzichtet, wie etwa Basketball, Baseball, Fußball, Hockey und Gymnastik. Hierbei handelt es sich nicht um typische Fitneß-Sportarten. Es ist schlecht möglich, dreimal in der Woche Fußball zu spielen, selbst wenn man wollte. Abgesehen von den Schwierigkeiten, einen geeigneten Fußballplatz zu finden, würde es sicherlich Probleme geben, regelmäßig eine komplette Mannschaft zusammen zu bekommen. Daher beschäftigen wir uns also mit Sportarten, die Sie im Fitneß-Center oder in den Sportanlagen Ihrer Gemeinde ausüben können – Sportarten, die Sie 12 Monate im Jahr, dreimal oder noch öfter die Woche ohne Probleme ausüben können.
Wie beabsichtigen wir, die verschiedenen Fitneß-Trainingsmöglichkeiten zu beschreiben? So wie Sie sich selbst in punkto Persönlichkeitsstruktur (PADs), Körperstruktur (BADs) und Bewegungsmerkmalen (MADs) beurteilt haben, werden wir die Sportarten nach denselben Kategorien untersuchen. Somit erhalten wir Informationen über:

1. die Persönlichkeitsmerkmale, die für die jeweilige Sportart erforderlich sind oder durch sie verstärkt werden;
2. die Muskelentwicklung und den Bezug zur Persönlichkeit;
3. die bevorzugten Bewegungen und die entsprechende Auswirkung auf die Persönlichkeit.

Während Sie weiterlesen, machen Sie sich Notizen, damit Sie ein Gefühl dafür bekommen, inwiefern Ihr Persönlichkeitsprofil zu den einzelnen Sportarten paßt und was diese Sportart bei Ihnen bewirken könnte – sowohl positiv als auch negativ! Bedenken Sie, daß die Beschreibungen auf der typischen Art und Weise basieren, in der diese Sportarten ausgeführt werden. Es gibt immer Abweichungen in Stil und Leistung, je nachdem, was Sie aus Ihrem Fitneßtraining machen. Wir wollen uns jedoch erst einmal daran halten, wie die jeweilige Sportart normalerweise betrieben wird.

Laufen

Läufer sind als Einzelgänger, zwanghafte Personen und Fitneß-Fanatiker bezeichnet worden. Wenn Laufen so negativ ist, warum tun es so viele Leute? Warum handelt es sich um die beliebteste Fitneß-Trainingsmethode nach dem Gehen? Am Laufen ist sicherlich mehr dran, als diese Begriffe andeuten. Bei der nicht-laufenden Bevölkerung herrscht die Meinung, es handle sich um eine Sportart für Einzelgänger, die viel Disziplin erfordert und nicht viel mit Spaß zu tun hat. Man hört viele Läufer sagen, sie fühlten sich so gut nach dem Laufen – aber sie sagen selten, sie fühlten sich gut während des Laufens. Wir wollen uns näher mit dem Laufen beschäftigen und herausfinden, warum es für einige Leute so gut sein kann und warum andere die Finger davon lassen sollten. Unsere

Analyse führt uns von den Persönlichkeitsdimensionen, der Körperentwicklung über eine Bewegungsanalyse zu einer Schlußbetrachtung, in der wir die Hauptpunkte noch einmal herausstellen.

PADs/die psychosozialen Dimensionen des Laufens
Im folgenden sehen wir uns die sieben Dimensionen zur Beurteilung der Sportarten und der Persönlichkeitsstruktur des Sporttreibenden an. Hier ist das Ergebnis für Laufen (Abb. 8.1):

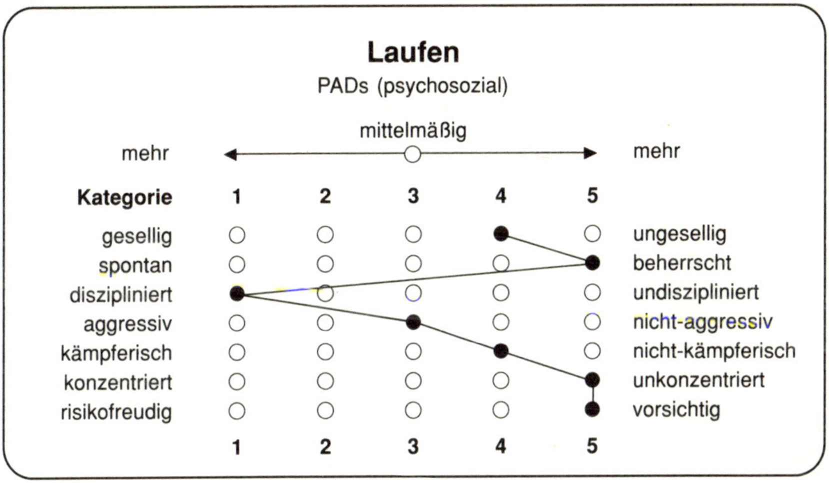

Abbildung 8.1

Gesellig/ungesellig: Beurteilung – **mittelmäßig ungesellig**
Die meisten Läufer trainieren allein, stellen ihren eigenen Trainingsplan auf und setzen sich ihre eigenen Ziele. Sie lieben die Zurückgezogenheit. Sie können sich absondern – von anderen Menschen, von der Arbeit oder den Ansprüchen der Familie. Der Läufer versinkt in seinem Innern. Seine Gedanken beschäftigen sich mit den Erlebnissen des Tages oder mit Empfindungen, die mit dem Laufen zusammenhängen.
Von der Gegend wird kaum Notiz genommen. Es gibt natürlich auch Leute, die nur in einer Gruppe oder mit einem Freund laufen. In diesen Fällen kann man sagen, daß sie dem Laufen einen geselligen Anstrich geben und nicht, daß sie durch das Laufen gesellig geworden sind.
Laufen ist seit vielen Jahren modern, und unter den Läufern hat sich eine Art Zusammengehörigkeitsgefühl entwickelt. Sie sind nicht mehr so abgesondert, wie es früher einmal schien. Heutzutage verlassen Läufer auch schon einmal ihre Bahn, um einander zuzuwinken oder ein paar aufmunternde Worte miteinander zu wechseln. Dennoch ist Laufen eine sportliche Betätigung, die keinerlei Interaktion erfordert, so daß wir bei unserer Beurteilung bleiben.

Spontan – beherrscht: Beurteilung – **beherrscht**
Man geht davon aus, daß sich Läufer einer strengen Disziplin unterwerfen müssen und ihr Sport ihnen außer in bezug auf Distanz, Tempo oder Gangart

keine Variationsmöglichkeiten bietet. Natürlich kann man auch seitwärts, rückwärts oder im Kreis laufen, aber seien Sie ehrlich: Haben Sie schon einmal einen Läufer gesehen, der Pirouetten dreht während des Laufens? Laufen erfordert wenig Spontaneität oder Flexibilität vom Verhalten des Läufers. Man geht einfach auf die Straße und läuft los. Es ist eine sehr vorprogrammierte Aktivität. Läufer setzen sich gewisse Ziele in bezug auf Zeit und Strecke, verstärken manchmal das Tempo oder sie machen zwischendrin eine kleine Pause. Laufen ist eine sehr systematische Aktivität und die entsprechende mentale Aktivität verläuft nach ähnlichen analytischen oder logischen Gesichtspunkten. Selten einmal muß der Läufer spontan oder intuitiv reagieren. Eine Ausnahme ist vielleicht, wenn er Autos ausweichen muß oder vor aggressiven Hunden flüchtet.

Diszipliniert – undiszipliniert: Beurteilung – **diszipliniert**

Ein Läufer muß Antrieb haben. Er braucht eine Menge Selbstdisziplin, um sein Programm durchzuziehen. Er findet nur wenig Unterstützung, abgesehen von der inneren Befriedigung, die ihm das Laufen vermittelt, und den körperlichen Veränderungen. Die Aktivität selbst kann schwierig sein, wenn nicht sogar schmerzhaft. Er hofft unterwegs darauf, beflügelt zu werden und noch einmal Luft zu bekommen, oder er wartet auf einen gewissen Punkt auf der Strecke, an dem er sich sagen kann, daß die Hälfte geschafft sei. Manchmal treibt einen nur das Wissen an, wie gut man sich hinterher fühlen wird oder wie schlecht, wenn man nicht läuft. Auf dem Gesicht eines Läufers wird man kaum Freude oder Erregung feststellen – er ist einfach nur entschlossen. Der Wille besiegt den Körper; der Läufer läuft, weil es gut für ihn ist. Es gibt auch Ausnahmen. Einige fröhliche Läufer ziehen ebenso ihres Weges. Aber für diejenigen, die erst im Erwachsenenalter mit dem Laufen beginnen, sind die Aussichten äußerst gering, daß sie bald zu den mühelosen, euphorischen Läufern gehören könnten.

Aggressiv – nicht-aggressiv: Beurteilung – **mittelmäßig**

Aggression ist eine gewaltsame Handlung mit dem Ziel zu beherrschen oder zu dominieren. Laufen ist eigentlich keine aggressive Aktivität, aber es beinhaltet den gewaltsamen Versuch, sich selbst zu beherrschen. Wenn ein Läufer von 3,5 oder 7 km zum Marathon übergeht, ist das eine enorme Anstrengung, diese Distanz zu meistern. Interessanterweise beschreiben einige Läufer ihre Aktivität als masochistisch, wobei sie wahrscheinlich an die Energie denken, die sie darauf verwenden müssen, um Trägheit, Körperschwere oder andere Kräfte zu überwinden, die den Körper ruhig halten wollen. Man kann sagen, das ist bei jedem Training so, aber beim Läufer kommen zu dieser Überwindung noch die Disziplin und die Toleranz von Schmerz hinzu. Außerdem sprechen Läufer oft davon, daß Laufen sie von aggressiven Gefühlen befreit oder sie stellen fest, daß sie während des Laufens aggressive Gefühle gegenüber irgendeiner Person oder einem Gegenstand bekommen, der sich ihnen in den Weg zu stellen scheint.

Kämpferisch – nicht-kämpferisch: Beurteilung – **mittelmäßig bis nicht-kämpferisch**

Läufer haben zwar keinen direkten Gegner, wenn sie laufen, aber fragen Sie mal jemanden nach seiner Zeit für 1 km und er wird es genau wissen. Zeit und

Distanz sind die Anzeige für Fortschritt, und ständig werden Vergleiche mit den Leistungen anderer angestellt. Wie sehr die Läufer den Wettkampf suchen, läßt sich am besten in den alljährlichen »fun runs« beobachten, wo das Ego bei jedem überholten Konkurrenten anschwillt oder abschwillt, wenn derjenige selbst überholt wird. Wie kommt es, daß die Zeiten immer ein wenig besser sind, wenn man mit einem gleich guten Freund läuft oder wenn man auf andere Läufer trifft, statt ganz allein zu laufen? Konkurrenz ist vielleicht eine Art, wie sich Läufer motivieren oder für ihre Anstrengungen belohnt werden. Laufen als Leistungssport ist äußerst stark vom Wettkampfdenken geprägt, aber für den Freizeitsportler ist es eher frei davon. Der Läufer hat weniger den Wettkampf oder Sieg als Ziel, sondern vielmehr, eine bestimmte Strecke in angemessener Zeit hinter sich zu bringen.

Konzentriert – unkonzentriert: Beurteilung – **unkonzentriert**

Beim Laufen braucht man sich nicht zu konzentrieren. Der Geist kann abwandern, obwohl er durch Mitteilungen des Körpers wie etwa »Mehr Sauerstoff, bitte!« oder »Langsamer, ich kann nicht mehr!« abgelenkt wird. Viele Läufer benutzen ihr Training, um in Ruhe über etwas nachzudenken oder etwas zu planen. Die Freisetzung angestauter Energie während des Laufens läßt die Gedanken frei fließen. Läufer fühlen sich nach dem Laufen doppelt produktiv, da sie sowohl physisch als auch mental etwas geleistet haben. Der Geist kann arbeiten oder spielen. Manche Läufer disziplinieren ihren Geist und konzentrieren sich auf ihre Körpermechanik oder meditative Gedanken, aber das ist eher die Ausnahme. Zusammenfassend läßt sich sagen, daß der Geist sich nicht auf die Körperbewegungen konzentrieren muß; die Bewegungen laufen eher mechanisch ohne geistige Beanspruchung ab.

Risikofreudig – vorsichtig: Beurteilung – **vorsichtig**

Laufen ist nicht unbedingt riskant, man braucht weder Mut dazu, noch ist es ein Abenteuer. Es ist eine ganz gewöhnliche Aktivität, die wirklich jeder ausüben kann. Die Unterschiede in Figur und Größe bei den Läufern zeigen ganz deutlich, daß es sich hierbei um eine Aktivität handelt, die jeder ausüben kann, der sich dafür interessiert. Man braucht keine besonderen Fähigkeiten oder Können dazu. Wenn es ein Risiko dabei gibt, dann in Form von Verletzungen durch die Laufbedingungen, die Ausrüstung (vor allem die Schuhe) oder den Trainingsprozeß selber. Durch all die Warnungen der Sportmediziner wird Laufen heutzutage für etwas riskanter gehalten als noch vor 10 Jahren. Generell gesehen kann man jedoch sagen, daß Laufen als Fitneßtraining keinerlei Risiko, Gefahr oder Abenteuer in sich birgt.

BAD/Körperpsychologie des Laufens

Am meisten entwickelt sich durch Laufen vermutlich die Beinmuskulatur. Auch wenn Sie beim Laufen mit den Armen schwingen, sind es hauptsächlich die Beinmuskeln, die die Last des Körpers tragen und ihn vorwärts bewegen. Die während des Laufens vorwiegend betätigten Muskeln sind die, die die Hüften und Beine anziehen und strecken. Die Muskeln, die das Bein zur Seite und zurück bewegen (Abduktoren und Adduktoren), werden zum größten Teil als Synergisten eingesetzt (Abb. 8.2).

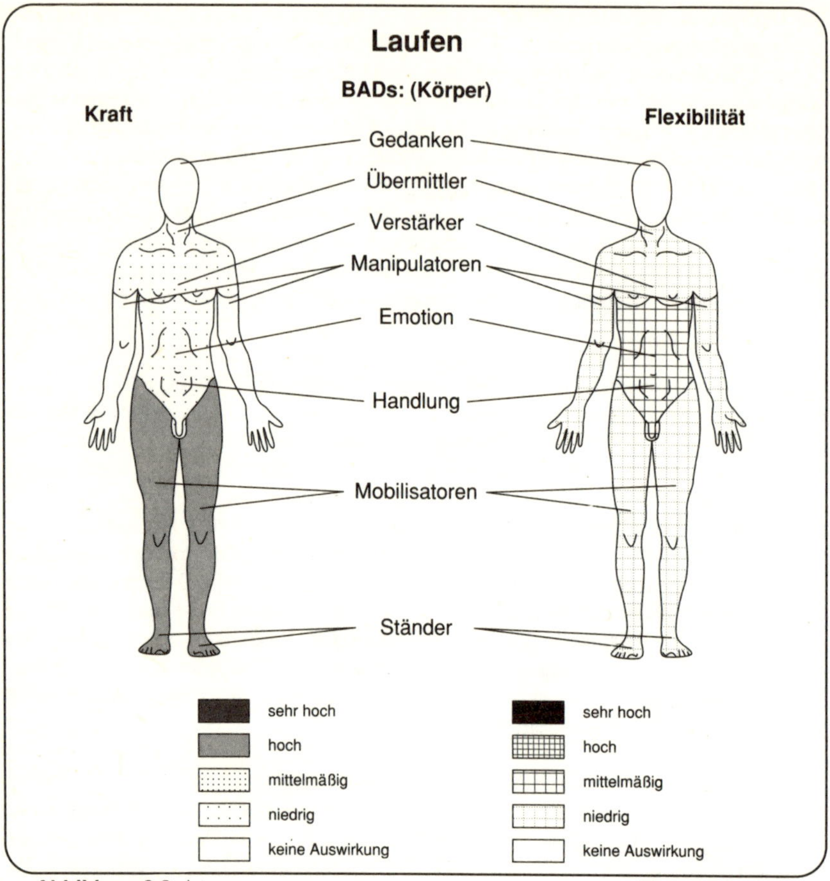

Abbildung 8.2 △

▽ Abbildung 8.3

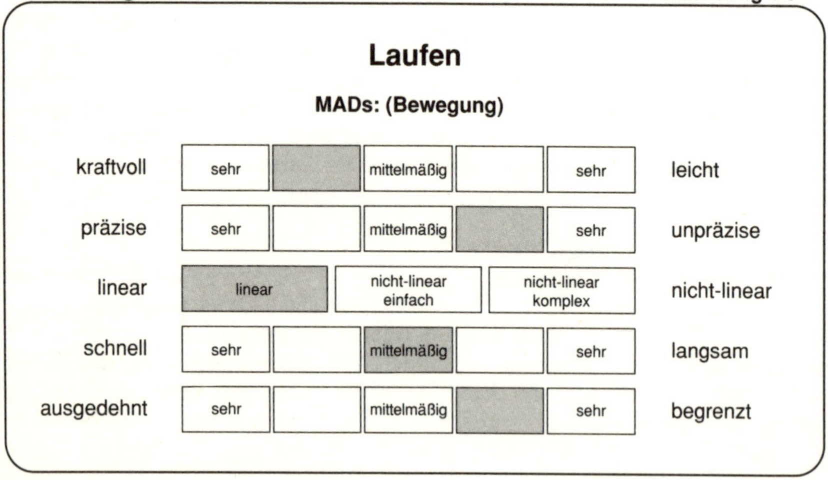

Die Läufer wissen heutzutage genau, wie wichtig es ist, sich vor und nach dem Laufen gut zu dehnen und strecken, dennoch werden diese Dehnungsübungen oft vernachlässigt. Das Ergebnis ist, daß sich die Beinmuskeln und besonders die Kniesehnen verhärten und zusammenziehen. Ein kurzer Schritt vergrößert das Problem der Kniesehnen noch. Wenn der Läufer nicht konstant daran arbeitet, seinen Schritt zu vergrößern, werden die Beinmuskeln niemals ganz gedehnt werden.

Die allgemeine Beweglichkeit eines Läufers kann auch eingeschränkt sein, weil nur einige wenige Muskeln trainiert werden. Seitschritte oder Drehbewegungen, die die Oberschenkel-Abduktoren und -Adduktoren beanspruchen, sind selten. Das führt dazu, daß die Muskeln, die den Körper vorwärts bewegen, sich übermäßig entwickeln. Außerdem beansprucht die Wucht, die der Körper bei jedem Schritt absorbieren muß (etwa das Dreifache des Körpergewichts), die Gelenke, besonders im Knöchel, Knie und Hüfte. Verletzungen in diesen Bereichen können leicht chronisch werden.

Was bedeutet das unter psychologischen Gesichtspunkten? Das Bein bedeutet somatische Unterstützung und Mobilität. Die Beine tragen uns zu verschiedenen Plätzen und stabilisieren uns, halten uns aufrecht und in Verbindung mit dem Boden. Beim Laufen ist die Mobilität vorrangiger als Stabilität. Gefühle des »Nicht-vorwärts-Kommens« lassen sich durch Laufen beseitigen, aber das steigert nicht unbedingt das Gefühl der Stabilität. Als Ausdauersport stärkt Laufen nicht besonders die Beinmuskulatur. Desweiteren werden, wie wir schon feststellten, einige Beinmuskeln beim Laufen vernachlässigt. Das Ergebnis ist, daß Läufer ihre »Standfestigkeit« nicht verbessern können und sogar eine Instabilität feststellen, wenn sie sich in bestimmte Richtungen bewegen. Die Vorwärtsbewegung wird verbessert, aber Rückwärts- oder Seitwärtsbewegungen, die zeitweise erforderlich sein können, sind eventuell nicht stabil. Da die Beinmuskulatur steif und fest sein kann, können wir uns von der psychischen Stabilität oder den Gesten, die ebenso etwas steif sein können, ein Bild machen. Der Beckenbereich steht für Sexualität und aggressive Lebenskraft. Wenn dieser Bereich durch Laufen gestärkt wird, wächst das sexuelle Empfinden und die Person bekommt mehr Energie. Studien haben gezeigt, daß Laufen das Sexualleben verbessert und mehr Energie gibt.[1)] Es ist jedoch auch möglich, daß dieser Bereich durch die Entwicklung steifer, fester Muskulatur eingeschränkt wird und die entsprechenden Persönlichkeitsmerkmale auch durch eine gewisse Steifheit in den sexuellen Vorstellungen und Aggressivität geprägt sind. Gehen wir von der Muskulatur zu den Gelenken. Die Knie geben die Beweglichkeit, um sich herumzudrehen, aber wenn sie schwach sind, geben sie unter dem Druck nach. Die Knöchel dienen dazu, uns zu befördern. Sie reflektieren unsere Anstrengungen und verbinden uns mit unseren Füßen und dem Boden. Probleme mit den Knöcheln verringern diese Erdverbundenheit, was zu Angstgefühlen führen kann. Probleme mit den Kniegelenken können anfälliger für emotionellen Streß machen, weil die Knie nicht die Last des Schicksals tragen können. Aufgrund dieses Zusammenhangs können laufbedingte Probleme der Beinmuskulatur und Gelenke zu gesteigerten Angstgefühlen und einem Gefühl der Nichtzugehörigkeit bestimmter Körperteile führen. Es ist nicht ungewöhnlich, daß Läufer über ihr Training alles andere vergessen, die Perspektive verlieren und Familie, Beruf und Freunde vernachlässigen.

MAD/Bewegungsanalyse des Laufens

Im folgenden wollen wir Laufen anhand der fünf Bewegungsdimensionen analysieren (siehe Abb. 8.3):

Kraft: Beurteilung – **kraftvoll**

Die Laufbewegungen reichen von kraftvollen Sprints bis hin zu den leichteren Bewegungen eines Marathonläufers. Geht man davon aus, daß das Dreifache des Körpergewichts bei jedem Schritt auf dem Fuß lastet, kann man Laufen als mittelmäßig kraftvoll bezeichnen, im Gegensatz zu sanft und leicht. Daraus läßt sich der Rückschluß ziehen, daß auch die Persönlichkeit stark, resolut und mittelmäßig aggressiv wird. Im Extremfall entwickeln sich Sturheit und Eigensinn.

Beherrschung: Beurteilung – **unpräzise**

Daß jeder laufen kann und es keines besonderen Trainings bedarf, ist nur einer der Gründe, warum wir den typischen Läufer als unpräzise in seinen Bewegungen einschätzen. Der Fuß muß nicht präzise auf eine bestimmte Weise aufgesetzt werden. Die Arme müssen nicht auf eine bestimmte Weise bewegt werden. Der Körper muß nicht gerade aufgerichtet sein. Es gibt Läufer, deren Bewegungsablauf präziser ist als der anderer, aber bei Laufen als Ausdauertraining sind kaum präzise Bewegungen zu finden. Das gibt interessante Einblicke. Da wir Laufen bei den PADs als diszipliniert und beherrscht einstuften, können wir sagen, daß Laufen einen zwanghaften Lebensstil fördert. Aufgrund der Beurteilung der Präzision können wir hinzufügen, daß dieser beherrschte, disziplinierte Lebensstil einen Mangel an Präzision aufweist. Der Körper des Läufers kann sich absolut nicht im Gleichgewicht befinden, aber er wird weitermachen, indem er seine Haltung dementsprechend ändert. Ohne einen guten Trainer wird der Läufer keinen guten Laufstil aufweisen – oder Lebensstil. Beim Laufen muß man sich um präzise Bewegungsabläufe bemühen, sie kommen nicht von allein.

Linearität: Beurteilung – **linear**

Die Bewegungen sind linear oder direkt und begrenzen die Ausdehnung des Körpers in den Raum. Daher kann man von konzentriertem Verhalten nach einem bestimmten Muster oder Denkweise ausgehen oder im Extremfall von Besessenheit und Engstirnigkeit.

Geschwindigkeit: Beurteilung – **mittelmäßig** (schnell bis langsam)

Die Laufgeschwindigkeit variiert stark. Beim typischen Läufer ist die Geschwindigkeit durchschnittlich und variiert von langsam (Jogger) bis schnell (diejenigen, die 1,5 km in einer Minute laufen). Daher ist der mittelschnelle Läufer eher unkonzentriert und beherrscht. Aber je schneller man läuft, desto mehr verstärken sich Persönlichkeitsmerkmale wie Entschlossenheit, Aggressivität und Konzentration.

Ausdehnung: Beurteilung – **begrenzt**

Laufen ist eher eine begrenzte als eine ausschweifende Bewegung. Manche Läufer haben eine freiere, ausgedehntere Art, sich zu bewegen, als andere, deren Bewegungen begrenzter sind. Langsame Jogger haben begrenztere Bewegungen als schnelle Läufer. Diese begrenzten Bewegungen bedeuten, daß der Läufer zu Vorsicht und Zurückhaltung neigt und Beherrschung und emotionelle Sicherheit bevorzugt.

Laufen im Überblick

Laufen hilft, bestimmte psychologische Dimensionen zu entwickeln oder zu intensivieren. Je nach dem individuellen Bedürfnis sind diese Änderungen mehr oder weniger gut. Laufen macht den Menschen beherrschter, disziplinierter und gibt ihm eine bessere Körperhaltung. Der Mensch bewegt sich hinaus in die Welt. Er kann sich in die gewünschte Richtung bewegen. Laufen ist relativ sicher und entwickelt keine geselligen Ambitionen oder gibt mehr Sicherheit und Realitätsbewußtsein. In extremen Fällen von Laufsucht kann der Läufer sogar ziemlich wirklichkeitsfremd werden.

Da es sich hierbei um eine unkonzentrierte Aktivität handelt, ist Laufen nicht unbedingt geeignet, mentale Ängste zu beseitigen. Körperliche Ängste ja, aber keine Sorgen und Zwangsvorstellungen. Es besteht die Gefahr, zu sehr beherrscht zu werden durch intensives Lauftraining. Da Laufen von ständigen Wiederholungen eines Bewegungsablaufs lebt und einem analytischen Lebensstil entspricht, ist es weniger als andere sportliche Aktivitäten geeignet, um die Kreativität anzuregen.

Gehen – eine Variante des Laufens

Wußten Sie schon, daß auf einen Läufer zwei Geher kommen? In der Fitneß-Szene gibt es etwa 53 Mio. Geher gegenüber 23 Mio. Läufern.[2] Ein Geher würde sich kaum in die gleiche Kategorie einordnen wie ein Läufer – und das mit gutem

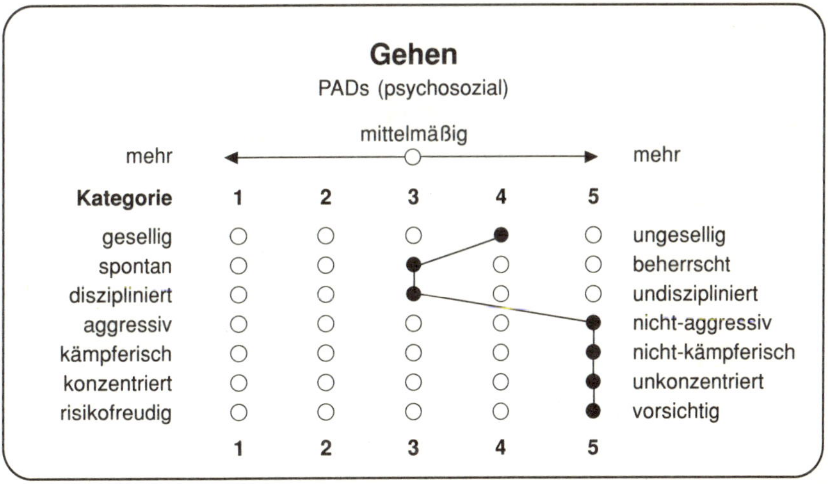

Abbildung 8.4

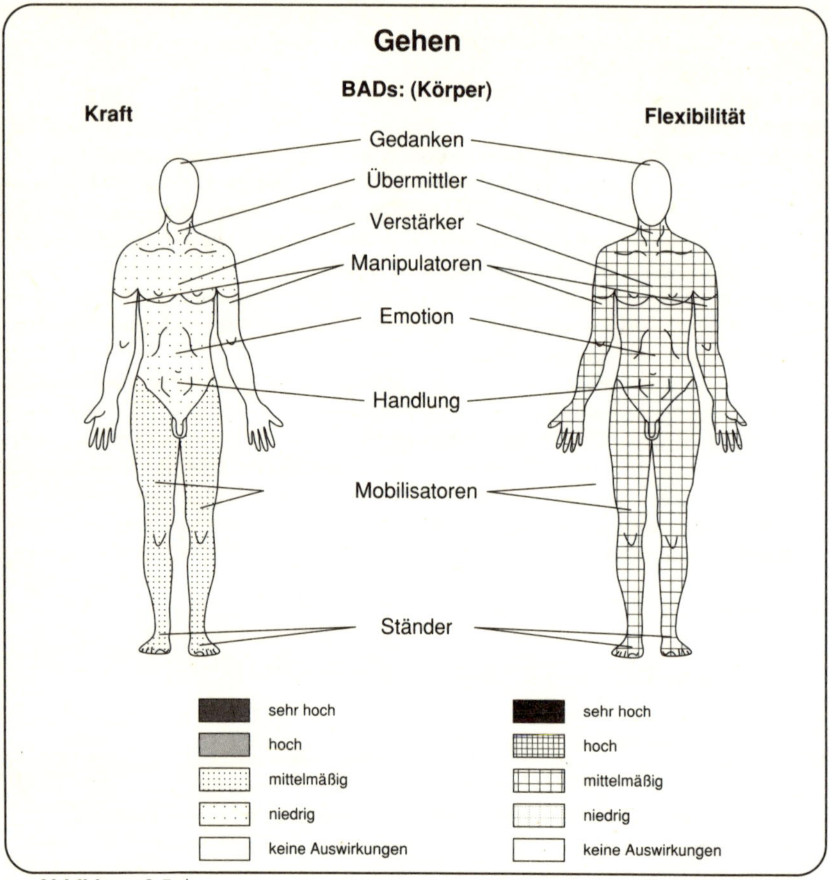

Abbildung 8.5 △

▽ Abbildung 8.6

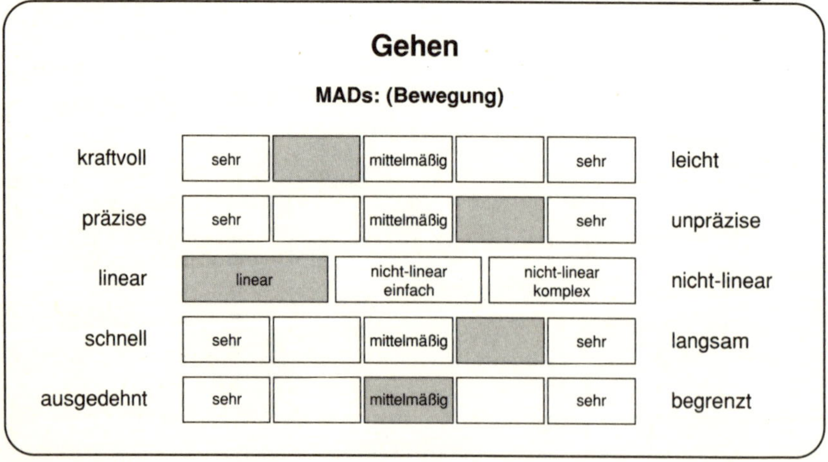

Recht. Viele Geher, die Gehen als Fitneßtraining betrachten, treiben sich selbst genauso an wie die Läufer. Gehen ist eine einfachere Sache als Laufen, und Geher sind weniger zwanghaft als Läufer. Sie lieben die Geselligkeit, und für sie steht die soziale Komponente des Gehens oft im Vordergrund. Im Gegensatz zu Läufern machen sie sich weniger Gedanken über ihre Zeiten. Sie werden kaum einen Geher mit Stoppuhr finden. Bislang gibt es auch kaum Geher-Wettbewerbe, so daß sie sich zu schnellerem Tempo angetrieben fühlen könnten. Gehen ist sowohl für das Ego als auch in physischer Hinsicht sicherer. Es gibt weitaus weniger Verletzungen bei den Gehern (Abb. 8.4).

Laufen und Gehen fördern die Entwicklung derselben Muskeln, aber der kardiorespiratorische Effekt ist nicht derselbe, es sei denn, es handelt sich um leistungsbetontes Gehen. Andererseits bekommt ein Geher nicht die müden, steifen Muskeln wie ein Läufer, und Gehen beansprucht die Gelenke weniger. Aus diesen Gründen gibt es auch keine körperbedingten psychischen Probleme wie beim Laufen. Das Risiko, zwanghaft oder gar besessen zu werden, ist wesentlich geringer (Abb. 8.5).

Die Bewegungsmerkmale sind weniger streng. Es gehört weniger Kraft dazu, da der Geher nicht in die Luft springen muß wie der Läufer. Auch die Wucht, mit der der Fuß auf dem Boden aufkommt, ist wesentlich reduziert. Hier handelt es sich um einen unpräzisen Bewegungsablauf, der sich nur durch die Kontrolle durch einen Trainer verbessern läßt. (Viele Geher denken nicht im Traum an die Beratung durch einen Trainer, aber das könnte sehr wichtig sein.) Gehen ist eine lineare Bewegung, da auch Geher kaum Pirouetten drehen. Wenn es sich um Fitneß- oder Freizeitsport handelt, ist das Tempo langsam oder bestenfalls durchschnittlich. Was den Bewegungsumfang angeht, so ist Gehen eine ausgedehntere Bewegung als Laufen, da Geher einen enormen Schritt entwickeln müssen, damit ihr Herz schneller schlägt (Abb. 8.6).

Geher suchen sich gern interessante Strecken aus und benutzen ihr Training, um ihre Stadt oder die nähere Umgebung besser kennenzulernen. Das ist kreativer Einsatz des Gehens. Da nur wenige Geher sich wirklich auf den kardiorespiratorischen Effekt ihres Sports beschränken wollen, kann man diese Komponente bei den meisten Gehern finden.

Sie halten Gehen wahrscheinlich für einfach und daher nicht für ein Training geeignet. Aber es ist geeignet, und daß es einfach ist, macht es nur noch interessanter. Es ist ein guter Weg, einige der Vorteile des Laufens zu nutzen, ohne die Härte in Kauf nehmen zu müssen. Für diejenigen, die aktiver werden möchten, ist Gehen ein guter Anfang.

Schwimmen

Schwimmer werden für ruhig und introvertiert gehalten, aber sie haben auch einen starken Willen und sind zäh. Ein Schwimmer wird auch für anmutig, abhängig und entspannt gehalten. Diese Klischees sind nur ein Teil des Images, das Schwimmen umgibt. Vielleicht liegt es daran, daß man das Gesicht des Schwimmers beim Schwimmen nicht sehen kann oder daß die Bewegungen bei

einem guten Schwimmer synchron sind. Aus welchem Grund auch immer, ein Schwimmer vermittelt einen vollkommen anderen Eindruck als ein Läufer.
In unserer Analyse sehen wir Schwimmen als eine relativ homogene Aktivität, wie etwa Freistil oder Kraulen. Für Rücken- und Brustschwimmen sähe das Ergebnis ähnlich aus. Lediglich das Schmetterlingschwimmen weicht etwas ab, da man mehr Energie benötigt und es schwieriger ist, den Bewegungsablauf beizubehalten. Im folgenden beschäftigen wir uns mit den drei Analysebereichen, um herauszufinden, inwieweit sich Schwimmen von anderen Sportarten und Fitneßtraining unterscheidet.

PADs/die psychosoziale Dimension des Schwimmens
Zuerst wollen wir uns noch einmal die Ergebnisse bei den sieben psychosozialen Dimensionen ansehen (Abb. 8.7):

Gesellig – ungesellig: Beurteilung – **ungesellig**
Während des Schwimmens kann man keine sozialen Kontakte wahrnehmen. Es gibt nur wenige, die sich ein wenig unterhalten, während sie ihre Bahnen im kalten Wasser schwimmen. Schwimmen ist ein Einzelsport. Man hat nicht nur keinen Kontakt zu anderen, sondern auch die Außenwelt wird nicht mehr wahrgenommen, wenn man sich im Wasser befindet. Es ist kein Sport, um eine gesellige Ader zu entwickeln, zumindest nicht direkt während des Schwimmens.

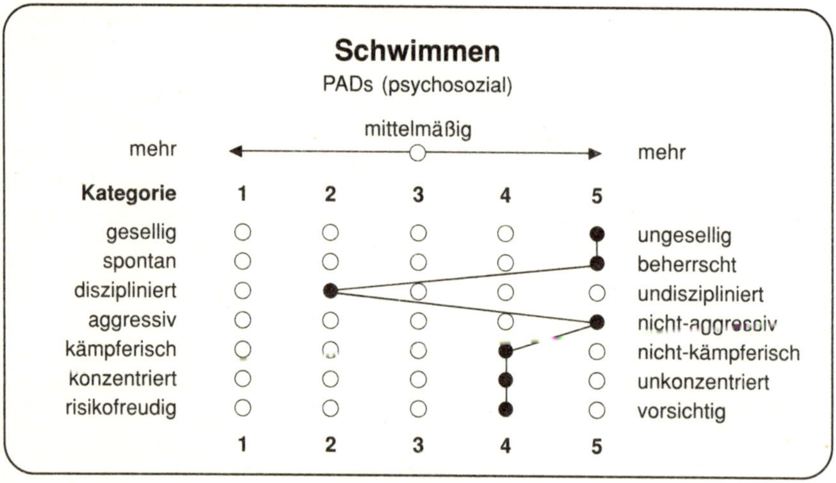

Abbildung 8.7

Spontan – beherrscht: Beurteilug – **beherrscht**
Wenn man erst einmal gelernt hat zu schwimmen, laufen die Bewegungen ziemlich mechanisch ab. Gute Schwimmer haben anmutige und rhythmische Bewegungen, aber das ist nur das Ergebnis vieler Stunden harten Trainings der richtigen Armbewegungen, Atmung und Schwimmstöße. Schwimmen kann sehr spielerisch und spontan sein, aber wenn jemand seine Bahnen schwimmt, handelt es sich wohl eher um beherrschte Bewegungen.

Disziplinert – undisziplinert: Beurteilung – **mittelmäßig diszipliniert**
Schwimmer machen nicht den Eindruck, als wären sie allzu besessen oder wollten sich selbst quälen, aber sie sind entschlossen, gewissenhaft und haben einen starken Willen. Wieso unterscheiden sie sich von Läufern? Weil ihr Körper vom Wasser getragen wird. Die Gelenke werden nicht ständig belastet, und die Muskeln können sich besser strecken und zusammenziehen. Kurz gesagt: Schwimmen ist nicht so anstrengend wie Laufen. Aus diesem Grund braucht man weniger Überwindung und Antrieb. Leichtes, entspanntes Schwimmen ist angenehm – etwas, das man selbst beim langsamen Joggen nicht empfinden wird. Aber alles hängt davon ab, wie gut man schwimmt. Wenn Sie ständig gegen das Wasser kämpfen, erfordert es enorme Disziplin, weiter zu schwimmen. Wenn Sie durch das Wasser gleiten und praktisch mit ihm fließen, ist Schwimmen fast mühelos. Dennoch gehört zu regelmäßigem Schwimmen eine gewisse Hingabe, die Fähigkeit, sich selbst zu motivieren und anzutreiben, um das Training effektiv zu gestalten.

Aggressiv – nicht-aggressiv: Beurteilung – **nicht-aggressiv**
Wenn Sie sich beim Schwimmen zu sehr verausgaben, wird es schnell zu einem Kampf, den Sie verlieren werden. Der Schwimmer muß Akzeptanz aufweisen, mit dem Wasser in Harmonie sein und es zu seiner Unterstützung benutzen. Je weniger Wogen entstehen, desto leichter kann er sich bewegen. Je kräftiger und flüssiger der Stoß, desto weiter wird der Schwimmer vorangetrieben. Man kann natürlich auch nur im Wasser herumplantschen, aber dann tritt schnell Ermüdung ein, und der Schwimmer lernt entweder, seine Bewegungen zu harmonisieren oder er gibt das Schwimmen auf.

Kämpferisch – nicht-kämpferisch: Beurteilung – **mittelmäßig nicht-kämpferisch**
Die erwachsenen Schwimmer sind heutzutage eher Mitglied in einem Schwimmverein, aber das ist nur ein Bruchteil der Leute, die in ihren Pools trainieren. Die meisten Schwimmer suchen sich ihr eigenes Tempo und die Distanz aus. Sie möchten sich steigern, aber nicht schneller sein als jemand anderes. Ein Hauptkriterium ist, daß Schwimmer ihre Distanz immer in Bahnen berechnen. Die Zeit wird großzügig geschätzt, ganz im Gegensatz zu Läufern mit ihren Stoppuhren. Der Trend geht allerdings zu vermehrter Teilnahme an Wettbewerben, etwa im Schwimmverein oder offenen Schwimmwettbewerben. Für die Mehrzahl der Freizeit-Schwimmer jedoch hat Schwimmen nichts mit Wettkampf zu tun.

Konzentriert – unkonzentriert: Beurteilung – **mittelmäßig unkonzentriert**
Obwohl beim Schwimmen immer wieder ein und derselbe Bewegungsablauf wiederholt wird und die Bewegungen mit zunehmender Übung mechanisch durchgeführt werden, muß der Schwimmer ein Minimum an Konzentration bewahren, während er sich im Wasser befindet, und auf den auf ihn zukommenden Beckenrand und die anderen Schwimmer sowie sonstige unerwartete Dinge achten. Da Schwimmen eine erlernte Fähigkeit ist, muß man von Zeit zu Zeit auf die Züge, den Stoß oder die Atmung achten. Abgesehen von diesen kleinen Ablenkungen kann der Schwimmer ungehindert über sein Leben oder irgend

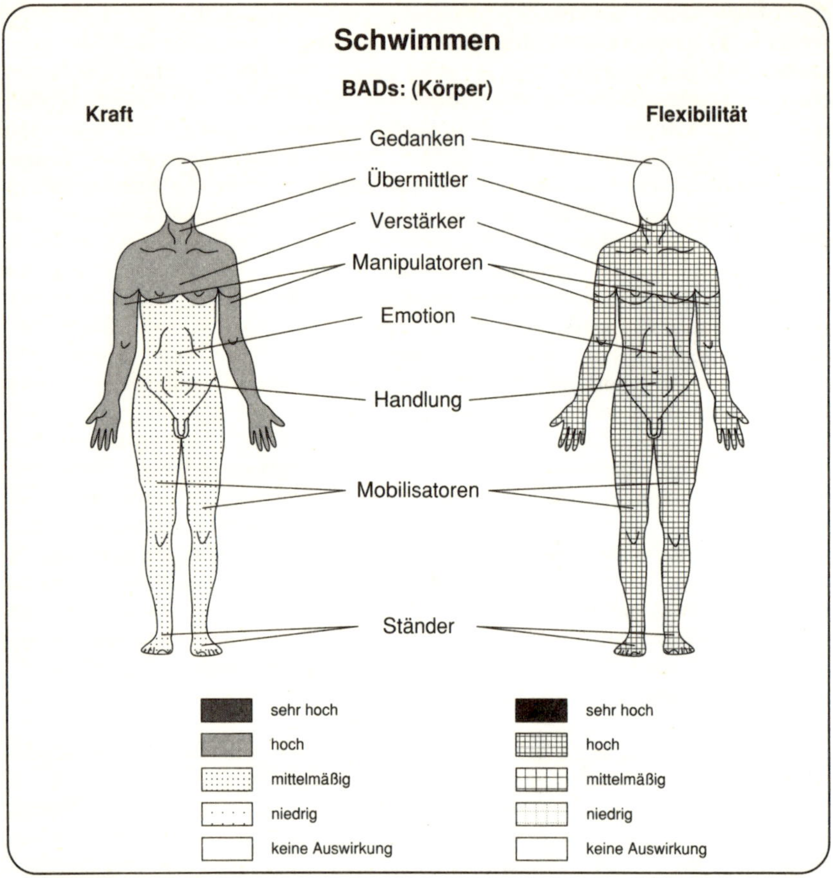

Abbildung 8.8 △

▽ **Abbildung 8.9**

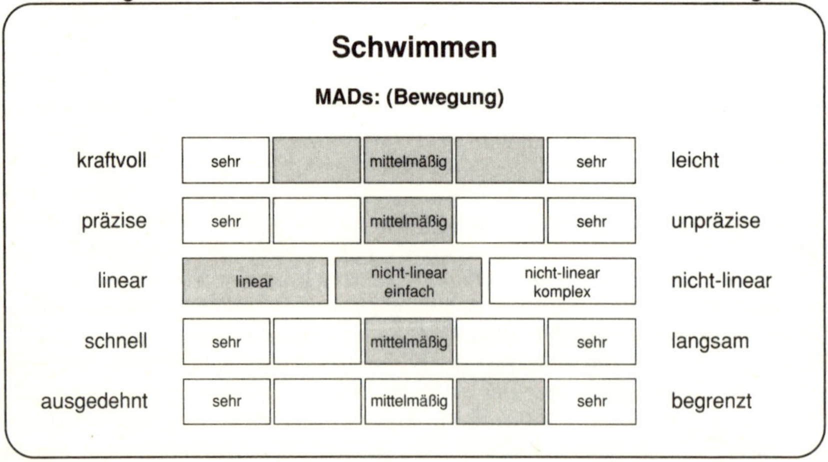

etwas anderes nachdenken, während er Bahn für Bahn schwimmt. So gesehen lenkt Schwimmen nicht vollkommen von den Alltagssorgen ab. Es bietet nur ein anderes Medium, nämlich Wasser, wo sich der Geist neu engagiert. Dieser Unterschied, das Wasser, kann dennoch die Gedanken in andere Bahnen lenken.

Risikofreudig – vorsichtig: Beurteilung – **mittelmäßig vorsichtig**
Schwimmen ist für den Menschen nicht so natürlich wie Laufen oder Gehen, und die Möglichkeit zu ertrinken, besteht laufend. Das bedeutet, daß Schwimmen ein Risiko birgt. Wenn jemand richtig schwimmen lernt, ist diese Gefahr allerdings ganz minimal. Außerdem sind die Anlagen, vornehmlich öffentliche Schwimmbäder, im allgemeinen hervorragend gewartet und überwacht. Auch das Ego ist keiner Gefahr ausgesetzt, wenn der Schwimmer mehr als zehn Bahnen nonstop schwimmt und damit die Leistungen der meisten Menschen übersteigt. Verletzungen im Schwimmbecken (eine Ausnahme sind die Verletzungen durch Tauchen) sind selten, und man hält Schwimmen allgemein für eine der besten Trainingsformen, nicht nur wegen seiner positiven Auswirkungen auf den kardiorespiratorischen Bereich und die Muskelentwicklung, sondern auch weil die Gelenke fast gar nicht belastet werden und die Wirbelsäule entlastet wird.

BAD/Körperpsychologie des Schwimmens
Obwohl beim Schwimmen die meisten Muskeln des Körpers trainiert werden, sind es doch hauptsächlich die Muskeln im Oberkörper, mit denen sich der Schwimmer durch das Wasser bewegt. Schultern, Arme, Brust und die Muskeln im oberen Rückenbereich werden ausgiebig eingesetzt. Beim Freistil werden außerdem die Beuge- und Streckmuskeln der Hüften mehr als die Beinmuskeln beansprucht. Das Ergebnis des Schwimmtrainings kann man an der dreieckigen Körperform vieler Leistungsschwimmer erkennen. Die Schultern sind breit und gut entwickelt mit langen, geschmeidigen Muskeln in den Armen. Die Brust- und Bauchmuskulatur ist kräftig, aber nicht übermäßig entwickelt. Taille und Hüften sind schmal, die Beine lang, schlank und gleichmäßig bemuskelt (Abb. 8.8).
Beim Schwimmen tut sich mehr in der oberen Körperhälfte (von der Taille an aufwärts) als in der unteren (von der Taille an abwärts). Da die obere Körperhälfte mit sozialen und körperlichen Kontakten zu tun hat, scheinen Schwimmer für diesen Austausch bestens gerüstet zu sein. Die Muskelentwicklung unterstützt die Fähigkeit, Verantwortung zu tragen, zu beherrschen, zu geben und zu nehmen. Durch die relativ geringe Stärke und daher auch Stabilität im unteren Körperbereich kann man schließen, daß die durch den stärker entwickelten Oberkörper durchgeführten Transaktionen nicht sehr beständig sind. Das Ergebnis ist ein Gefühl der Instabilität oder Unsicherheit gegenüber anderen.
Die langgestreckte, geschmeidige Muskulatur des Schwimmers läßt vermuten, daß die Energie ohne Behinderungen durch den Körper fließen kann. Gelenke und Muskeln sind durch das Schwimmen locker und geschmeidig. Sie werden weder steif oder fest, noch müssen sie ein Trauma durch Training mitmachen. Da der Schwimmer nicht lernt, den Boden einzubeziehen, und körperlich gesehen nicht die Unterstützung des Bodens kennenlernt, erlaubt ihm seine offene Muskulatur und der Energiestrom, ziemlich sensibel und im Extremfall sogar verletzlich zu sein. Hinzu kommt, daß die meisten Schwimmer einen gut entwickelten und geschmeidigen Brustkorb haben, der die Emotionen noch

verstärkt. Der Schwimmer kann sich durchaus all seiner Empfindungen bewußt sein, aber dennoch nicht in der Lage sein, damit fertig zu werden.
Die Muskelentwicklung eines Schwimmers hat hauptsächlich positive Auswirkungen. Unsere Abhandlung hebt lediglich mögliche negative Aspekte hervor, die Sie bedenken sollten, wenn Sie zu der einen oder anderen Sorte neigen.

MADs/Bewegungsanalyse des Schwimmens
Man muß Schwimmen immer im Kontext sehen. Wasser ist ein ideales Medium, um sich selbst kennenzulernen und zu erleben. Es ist eine andere Welt, die bestimmt, wie wir uns bewegen und uns fühlen. Wasser ist auch ein Therapiemittel in vielfältiger Form, wie etwa Whirlpool, Wellenbad oder weiches, tragendes Wasser (Abb. 8.9).

Kraft: Beurteilung – **Bereich stark bis leicht**
Schwimmen erfordert ständig kraftvolle Stöße und leichtere Anstrengungen, wenn die Arme vorwärts gleiten. Dieses Abwechseln von kraftvollen und leichten Bewegungen fördert ein Gleichgewicht von Entschlossenheit und Passivität, ein Gefühl für den Einsatz von Kraft und Feingefühl. Schwimmen fördert das Gefühl für den richtigen Einsatz von Kraft, d.h. wann es je nach Situation gilt, Kraft oder Feingefühl einzusetzen.

Beherrschung: Beurteilung – **mittelmäßig**
So wie beim Laufen sind beim Schwimmen keine präzisen Bewegungen erforderlich. Es gibt genügend »schlampige« Schwimmer. Um gut zu schwimmen, muß der Einsatz der Arme, der Schwimmstoß und die Atmung mit einiger Genauigkeit ausgeführt werden. Jeder, der regelmäßig schwimmt, wird mit der Zeit von allein immer genauer. Andererseits kann aber auch das Gefühl, ständig mit dem Wasser kämpfen zu müssen, entmutigend wirken. Als Ausdauersport in einem Medium, das Respekt erfordert (Wasser), kann man Schwimmen als mittelmäßig beurteilen, was die erforderliche Präzision angeht. Es gibt jedoch Schwimmer, die eine erheblich bessere Figur abgeben als andere.

Linearität: Beurteilung – **Bereich linear – nicht-linear** (einfach)
Die Schwimmbewegungen sind kurven- und wellenartig, obwohl der Körper immer geradeaus nach vorne gerichtet ist. Die Antriebsbewegungen der Arme bilden ein S, wenn sich der Körper durch das Wasser schlängelt. Der Kopf geht von einer auf die andere Seite, um zu atmen, und die Beine stoßen sich wellenartig ab. Der Körper bewegt sich vorwärts. Beim Schwimmen werden sowohl lineare als auch nicht-lineare (einfache) Bewegungen ausgeführt, was zu einem Gleichgewicht zwischen Beherrschung und Spontaneität, Konzentration und Ablenkung, Disziplin und Lässigkeit führt.

Geschwindigkeit: Beurteilung – **mittelmäßig** (im Bereich von schnell bis langsam)
Die Geschwindigkeit beim Schwimmen hängt ganz vom Können des Schwimmers und seinen Anstrengungen ab. Im allgemeinen kann man Schwimmen als mittelmäßig schnelle Bewegung einstufen, wobei ein Variationsbereich von schnell (Könner) bis langsam (Anfänger) existiert.

Bewegungsumfang: Beurteilung – **ausgedehnt**
Schwimmen und Laufen weisen einige Gemeinsamkeiten auf. Ein großer Unterschied besteht jedoch in den ausgedehnten Bewegungen, die zu einem guten Schwimmer gehören. Beim Laufen wird der Körper durch die auf dem Läufer lastende Schwerkraft zusammengedrückt, während beim Schwimmen das Wasser das Körpergewicht trägt und man sich strecken muß, um vorwärts zu kommen. Die Bewegungsdimension der Ausdehnung impliziert Geselligkeit und Selbstbewußtsein.

Zusammenfassende Betrachtung des Schwimmens
Schwimmen wird von Gegensätzen gekennzeichnet. Diese Gegensätze sagen, daß Schwimmen dazu beiträgt, ein inneres Gleichgewicht zwischen Verstand und Gefühl zu finden. Die Aktivität erfordert Beherrschung und ein Mittelmaß an Disziplin, dennoch ist es eine relativ zwanglose Trainingsform, die jeweils im Bereich vorsichtig, nicht-kämpferisch und nicht-aggressiv einzuordnen ist. Es ist jedoch eine ungesellige Aktivität und hat daher keine Bedeutung für die Entwicklung zwischenmenschlicher Fähigkeiten. Die Tatsache, daß der durch Schwimmen »produzierte« Körper sozial-interaktive oder beherrschend-manipulierende Strukturen fördert, gleicht den nicht-geselligen Charakter des Schwimmens wieder aus. Wir stellten ein Problem fest, nämlich daß die Entwicklung der beherrschenden/manipulierenden Muskulatur einige Probleme bereiten kann, wenn man bedenkt, wie wenig man beim Schwimmen mit dem Boden (Standfestigkeit) zu tun hat.
Diese Kommentare zeigen Ihnen deutlich die Möglichkeiten und Grenzen des Schwimmens. Wenn Sie Geselligkeit suchen oder sich unsicher und unbeständig fühlen, gibt es für Sie besser geeignete Sportarten als Schwimmen. Schwimmen fördert mit Sicherheit Ihre Empfindsamkeit sowohl gegenüber anderen als auch gegenüber sich selbst, die Fähigkeit, flexibel zu reagieren und immer die Richtung zu behalten im Leben, sich zu beherrschen und zu organisieren. Man darf das Element Wasser nie außer acht lassen, wenn man über Schwimmen nachdenkt, denn für viele Leute ist gerade das entspannend, obwohl es anderen Angst einjagt. Das kann sowohl daher kommen, daß man im Wasser keine Verbindung mehr mit dem Boden hat, als daß das Risiko des Ertrinkens besteht.

Bodybuilding

Was versteht man genau unter Bodybuilding? Sind die Sportler gemeint, die für die Olympischen Spiele trainieren, wo man je nach Klasse das entsprechende Gewicht heben muß? Oder sprechen wir vom Mr. America-Wettbewerb? Je nach Bodybuilder sind die Ziele verschieden: Der eine will bloß einen schönen Körper, während der andere zum aufsehenerregenden Muskelpaket werden möchte. Bodybuilder sind in den meisten Fällen äußerst körperbewußt und streben nach einem gut proportionierten und starken Körper. Die Ästethik ist wichtig. Zu den Bodybuildern zählen wir auch diejenigen, die schwere Gewichte heben, um eine große, starke und attraktive Muskulatur zu bekom-

men. Wir sprechen von Leuten, die sowohl Schönheit als auch Kraft anstreben. Wir sprechen aber nicht vom Bodyshaping, wo leichte Gewichte für mehr Muskeltonus und Fitneß gehoben werden.
Psychologische Untersuchungen bei Bodybuildern offenbaren ein anderes Bild als das, das man sich im allgemeinen von ihnen macht. Im Volksmund sind Bodybuilder egozentrisch und von Narzißmus geprägt. Die Vorstellung, daß jemand viel Zeit darauf verwendet, vor einem Spiegel seine Muskeln spielen zu lassen und zu trainieren, ist für den Normalbürger nur möglich, wenn er demjenigen die eine oder andere Eigenart unterstellen kann. Kurioserweise haben die Untersuchungen einen hohen Grad an Unsicherheit bei den Bodybuildern festgestellt – und dafür sind die Körperfanatiker nun nicht gerade bekannt.[3]
Wir wollen einmal hinter die Klischees sehen und eine systematischere Untersuchung dieser Sportart vornehmen, wobei wir mit den 7 psychosozialen Dimensionen anfangen und dann zu Muskel- und Bewegungsbeschreibungen übergehen.

PADs/Psychosoziale Dimensionen des Bodybuildings
Wir werden uns mit Bodybuilding beschäftigen, so wie es heutzutage in den Gewichtstraining-Studios durchgeführt wird. In den seltensten Fällen betreibt jemand Bodybuilding im Keller oder im Fitneß-Raum seines Hauses. Zugegebenermaßen fangen viele mit einer kleinen Ausrüstung zu Hause an, aber sobald sich jemand als Bodybuilder bezeichnet, trainiert er nicht mehr zu Hause, sondern geht in ein Bodybuilding-Studio, wo er entsprechend betreut wird (Abb. 8.10).

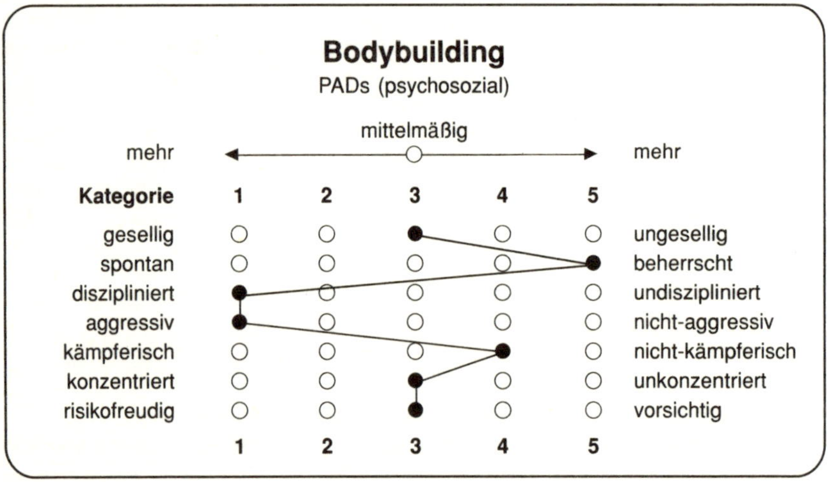

Abbildung 8.10

gesellig – ungesellig: Beurteilung – **mittelmäßig**
Ein Bodybuilder, der in seinem Club trainiert, hat auf mehrfache Weise verbalen und nicht-verbalen Kontakt mit Gleichgesinnten. Es ist eine halb-gesellige Angelegenheit mit Regeln für den zwischenmenschlichen Kontakt. Wenn sie

schwere Gewichte benutzen, »achten« Bodybuilder auf die anderen, damit keiner verletzt wird. Zwischen den einzelnen Sätzen laufen sie im Studio herum und geben ihren Kommentar zu den Leistungen der anderen ab. Es ist absolut unmöglich, Tag für Tag in ein Bodybuilding-Studio zu gehen und anonym zu bleiben. Man muß mit den anderen Kontakt aufnehmen, um seine Sätze zu machen. Bodybuilder tauschen ständig Ratschläge und Informationen über alles mögliche aus: Technik, Diät, Ernährung und Steroide sowie das Neueste aus dem Club.

Spontan – beherrscht: Beurteilung – **beherrscht**

Wenn ein Bodybuilder das Niveau erreicht hat, daß er an Wettbewerben teilnehmen kann, kommt ein neues Element zum Training hinzu, nämlich die künstlerische Fähigkeit. Für die meisten ist Bodybuilding jedoch eine höchst rationale, beherrschte Aktivität mit Berichten, Tabellen und logischer Analyse, welche Übungen welche Muskeln entwickeln. Im Extremfall ist Bodybuildung die zwanghafte Besessenheit, seinen Körper kritisch zu analysieren und mit ganz gezielter Planung Muskelgruppen umzubilden, um seinen Idealvorstellungen zu entsprechen. Wenig am Bodybuilding kann man als spontan oder kreativ bezeichnen. Auf Wettbewerben ist eine choreographische Vorführung von Bewegungen und Posen notwendig, aber dieses Niveau erreichen die wenigsten der Freizeit-Bodybuilder.

Diszipliniert – undiszipliniert: Beurteilung – **diszipliniert**

Es fällt schwer, irgendeinen Reiz darin zu sehen, Tag für Tag immer wieder Gewichte zu heben und dabei lediglich die Zahl der Scheiben oder die Häufigkeit der Wiederholungen zu ändern. Dennoch sind viele Leute dem Bodybuilding regelrecht verfallen. Vielleicht liegt es an der Befriedigung, die es einem gibt, wenn ein neuer Muskel auftaucht oder wenn man neue Kleidung kaufen muß und zwar nicht, weil die Taille stärker geworden ist, sondern weil der Kragenknopf am Hemd abgesprungen ist. Es kann auch an der geselligen Atmosphäre im Club liegen oder an den Blicken, die man auf sich zieht, wenn man die Straße entlang geht. Dennoch entwickelt sich die Muskulatur nur langsam, und Veränderungen kommen nicht über Nacht. Jeden Tag muß man sich die Berge von Hanteln und Gewichtescheiben ansehen und sich selbst sagen, daß man sie gerne, sehr gerne bewegt. »Ohne Fleiß, kein Preis!« Man muß die Muskulatur beanspruchen. Es ist kein Vergnügen, und es gibt nicht viel Ablenkung von dem eintönigen Gewichteheben. Der Antrieb, die Entschlossenheit und die Disziplin kommen von innen.

Aggressiv – nicht-aggressiv: Beurteilung – **aggressiv**

Wenn man Aggression als die Anwendung von Kraft sieht, um etwas zu beherrschen oder zu dominieren, dann gibt es kaum Zweifel, daß diese Definition auf Bodybuilding zutrifft. Die Kraft wird zwar gegenüber leblosen Gegenständen angewendet, ist aber extrem. Der Gesichtsausdruck eines Bodybuilders sagt alles. Er versucht in der Tat zu dominieren, zu beherrschen, und zwar ein enormes Gewicht, das sich nicht bewegen will, während er einen Schrei ausstößt, um sich noch mehr anzustrengen. In solchen Momenten kann man eine Menge aggressiver Gefühle aufbauen. Wenn die Kraft auch unpersönlich ist,

ist die Art der Aktivität kritisch. Der Bodybuilder kämpft gegen den Widerstand, um beherrschen zu können, gegen Kräfte, die ihn zertören könnten. Gewichtstraining ist keine passive Aktivität.

Kämpferisch – nicht-kämpferisch: Beurteilung – **mittelmäßig nicht-kämpferisch**

Bodybuilder spielen oft das Spiel »Mein Bizeps ist größer als deiner« oder andere Varianten dieser Art. Es ist ein freundschaftliches Konkurrieren, und es gibt weder Gewinner noch Verlierer. Jeder versucht einfach, sein Bestes zu geben entsprechend seinen Möglichkeiten und Grenzen. In den Gewichtstraining-Studios scheint es eine kooperative Einstellung zu geben, die Leute sind alle sehr hilfsbereit. Das Wettkampf-Gefühl kommt hauptsächlich von innen: Der Bodybuilder kämpft gegen sich selbst, versucht, sich zu verbessern, mehr zu heben und mehr Muskulatur zu entwickeln. Durch die versteckte Beobachtung der anderen zieht der Bodybuilder ständig Vergleiche mit sich selbst. Offene Vergleiche sind den Bodybuilding-Wettbewerben vorbehaltn.

Konzentriert – unkonzentriert: Beurteilung – **mittelmäßig**

Es ist nicht erstaunlich, daß ein Bodybuilder sich gut auf das, was er tut, konzentrieren muß. Wenn er nicht gerade Gewichte hebt, ist sein Geist frei. Das Heben schwerer Gewichte erfordert Konzentration, es ist keine passive mentale Aktivität. Im Gegensatz dazu können einige Übungen mit Hanteln recht monoton sein, so daß keine besondere Aufmerksamkeit erforderlich ist. Bei solchen Übungen und zwischen den einzelnen Sätzen des Trainings kann der Bodybuilder ungestört seinen Gedanken nachgehen oder sich wovon auch immer ablenken lassen.

Riskant – sicher: Beurteilung – **mittelmäßig**

Obwohl Bodybuilder eher vorsichtig und analytisch sind, erhöht das Heben schwerer Gewichte die Gefahr einer körperlichen Verletzung. Verletzungen durch Gewichtstraining haben langzeitige Auswirkungen. Aus psychologischer Sicht können die Risiken für das Ego erheblich sein, besonders wenn man nicht genug vorbereitet ist, um mit Bodybuilding zu beginnen. Wenn man zum ersten Mal ein Bodybuilding-Studio besucht, kann das recht einschüchternd sein, wenn es einem nicht sogar Angst einjagt, weil der eigene Körper noch schmächtiger erscheint beim Anblick all der kräftigen Körper um einen herum. Man braucht eine Weile, um sich wohlzufühlen, und die Anfangszeit kann schwierig sein. Ein schlaffer Körper nimmt nur langsam Formen an. Obwohl Bodybuilding in diesem Punkt als mittelmäßig eingestuft wird, besteht doch eher die Tendenz zur Vorsicht, da in den meisten Clubs äußerst auf Sicherheit und individuell abgestimmte Fortschritte geachtet wird. Natürlich gibt es Fanatiker, die versuchen werden, Sie davon zu überzeugen, daß man nur durch die Einnahme von Steroiden und Vitaminen zu einem wirklichen Bodybuilder wird.

BADs/Körperpsychologie des Bodybuildings

Der vernünftige Bodybuilder versucht vorsichtig, seine Muskelproportionen zu entwickeln. Obwohl viele Leute einfach nur mit Gewichten herumspielen, um auffällige Arm- und Brustmuskulatur zu bekommen, ist die daraus resultierende

Asymmetrie höchst unansehnlich. Dem wahren Bodybuilder sind alle Muskelgruppen gleich wichtig, so daß er der Beinmuskulatur ebenso viel Aufmerksamkeit widmet wie den Armen oder dem Bauch. Es gibt sogar besondere Übungen für die tieferen Muskelschichten, d.h. diejenigen, die man nicht sieht, von denen der informierte Bodybuilder aber weiß, daß sie für die Muskelentwicklung wichtig sind (Abb. 8.11).

Was läßt sich also über den Körper eines vernünftigen Bodybuilders sagen? Er legt viel Wert auf Proportionen und Gleichgewicht, so daß der Oberkörper so aufgebaut wird, daß er zum Unterkörper paßt und die linke Seite genauso stark entwickelt ist wie die rechte. Gewisse Ungleichgewichte kommen immer vor, aber Bodybuilder achten darauf und ändern ihr Training entsprechend, bis die Proportionen stimmen.

Wenn ein Bodybuilder die Entwicklung des Oberkörpers überbetont, erfahren auch die psychischen Funktionen wie Beherrschung, Manipulation und soziale Interaktionen eine Überbetonung. Wenn Bodybuilding mehr unter dem Gesichtspunkt der Proportionalität betrieben wird, müssen wir uns mit Faktoren wie Stärke und Flexibilität befassen. In gewisser Weise wappnet der Bodybuilder seinen Körper mit ausgeprägter Muskulatur und schafft so enorme Schutzschichten, die in unserer heutigen Welt größtenteils unnötig sind. Diese Muskeln können ihn unempfindlicher gegenüber Gefühlen machen. Der Bodybuilder hat seinen Körper rigoros darauf trainiert, Schmerzen und Unannehmlichkeiten zu ertragen, und das Ergebnis ist, daß er auch unempfindlicher geworden ist. Es muß schon viel kommen, um durch diese dicken Muskelschichten zu dringen.

Ein weiterer Aspekt derartiger Muskeln ist, daß sie meist nicht flexibel genug sind für geschmeidige oder grazile Bewegungen. Der Ausdruck »Muskelpaket« wird nicht umsonst gebraucht. Die Muskeln können kurz und massig werden und den Bewegungsumfang des Bodybuilders einschränken. Übermäßige, kontrahierte Muskulatur führt zu einer Einschränkung der Flexibilität, da die Muskeln sich einfach nicht in ihrer vollen Länge dehnen können. Neben dem eingeschränkten Bewegungsumfang blockieren die Muskeln den Körper, so daß Emotionen zurückgehalten oder beherrscht werden. Der Brustbereich z.B., der dem Ausdruck vom Emotionen dient, wird eingeengt durch die Entwicklung enormer Muskelschichten, und das führt dazu, daß sanfte Gefühle blockiert sein können.

Aus psychologischer Sicht führt eine solche Muskelstruktur leicht dazu, daß zuviel Kraft im Alltagsleben eingesetzt wird. Man geht mit mehr Kraft als notwendig an die Sache heran und ist nicht fähig, behutsamer vorzugehen. Die Körperwappnung, die einen weniger verletzbar und sowohl körperlich als auch seelisch unempfindlicher macht, wird deutlicher, wenn man sich wissenschaftliche Untersuchungen ansieht, die vielen Bodybuildern eine unterschwellige Unsicherheit bescheinigen. Für jemanden, der sich übermäßig empfindlich und verletzbar fühlt, ist Bodybuilding ein geeigneter Sport.

MADs/Bewegungsanalyse des Körpertrainings

Die Bewegungen werden anhand dessen, was der Bodybuilder beim Anheben und Absetzen der Gewichte tut, analysiert (Abb. 8.12)

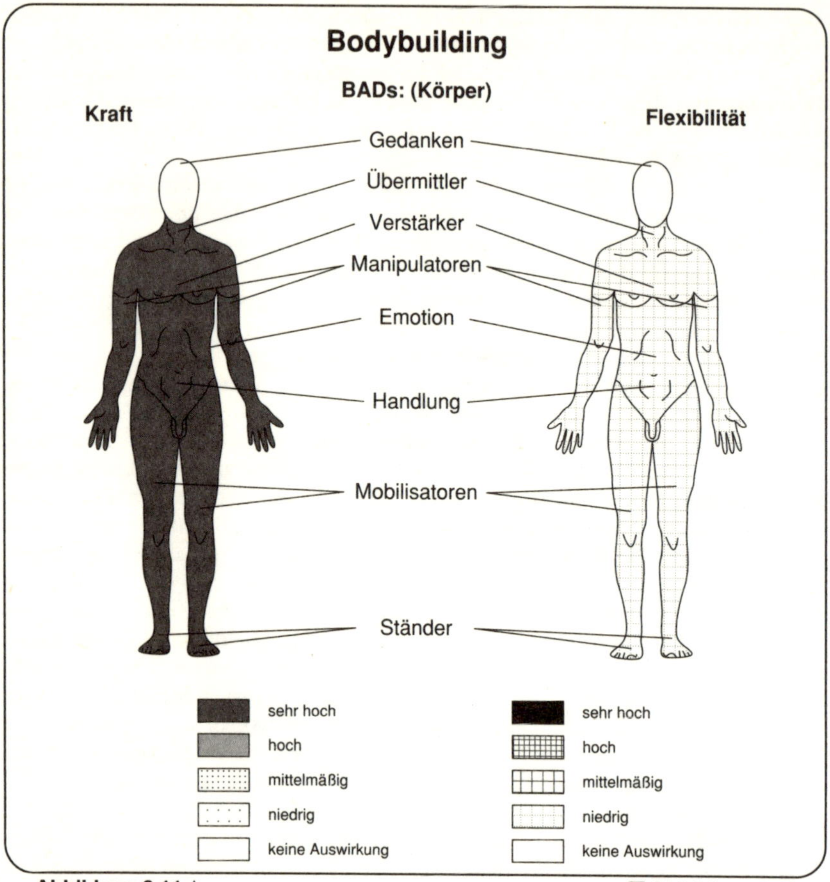

Abbildung 8.11 △

▽ Abbildung 8.12

Bodybuilding

MADs: (Bewegung)

kraftvoll	sehr		mittelmäßig		sehr	leicht
präzise	sehr		mittelmäßig		sehr	unpräzise
linear	linear		nicht-linear einfach		nicht-linear komplex	nicht-linear
schnell	sehr		mittelmäßig		sehr	langsam
ausgedehnt	sehr		mittelmäßig		sehr	begrenzt

Kraft: Beurteilung – **Bereich: stark bis sehr stark**
Beim Bodybuilding werden kraftvolle, gewaltsame Bewegungen erforderlich. In unserer Skala rangiert Bodybuilding bei »sehr stark bis stark«. Bodybuilding fördert extrem eine sichere oder gar aggressive Haltung sowie Entschlossenheit.

Beherrschung: Beurteilung – **mittelmäßig**
Es gibt viele Arten des Gewichtstrainings. Die meisten erfordern ein mittleres Maß an Genauigkeit. Wenn man schlampig ist, kann man sich verletzen. Wenn die Übungen nicht korrekt durchgeführt werden, können sich die verkehrten Muskeln entwickeln. Dennoch braucht man die Gewichte nicht an einem bestimmten Punkt oder mit mathematischer Genauigkeit zu bewegen. Daher erfordert Bodybuilding nur ein Mittelmaß an Beherrschung, Disziplin, Sicherheit und mentaler Konzentration.

Linearität: Beurteilung – **linear**
Bewegungen im Bodybuilding sind bis auf wenige Ausnahmen direkt und linear. Die Bewegungen sind exakt. Die Muskeln strecken und dehnen sich. Die Gewichte werden direkt über den Kopf gehoben und dann wieder abgesetzt. Die Persönlichkeitsstrukturen, die durch solche Bewegungen verstärkt werden, sind ebenso direkt, sicher, beherrscht und konzentriert – im Extremfall eigensinnig und stur.

Geschwindigkeit: Beurteilung – **Bereich: langsam bis mittelmäßig**
Zum Gewichtstraining gehören kontrollierte Bewegungen, die in punkto Schnelligkeit von langsam bis mittelmäßig reichen. Schnelle Bewegungen können gefährlich sein. Stellt man sich einen Bodybuilder vor, so denkt man auch nicht an schnelle, hektische Bewegungen, sondern an langsame bis mittelmäßig schnelle Bewegungen, die Beherrschung und Zurückhaltung zeigen.

Ausdehnung: Beurteilung – **Bereich: begrenzt bis sehr begrenzt**
Bodybuilder betonen die Kontraktion großer Muskelgruppen beim Training. Selbst nach dem Training spannen sie gern die Muskeln an, um sich im Spiegel zu betrachten. Die Muskeln zu dehnen und zu strecken, ist für sie uninteressant. Die dementsprechende Persönlichkeitsstruktur ist eine nach emotioneller Sicherheit strebende Person. Risikoreiche Handlungsweisen werden durch Bodybuilding nicht gefördert. Außerdem kann man eine gewisse beherrschte Passivität in diesen angespannten Gesten sehen.

Bodybuilding in der Zusammenfassung
Für manche Menschen kann Bodybuilding positive Auswirkungen auf den Charakter haben. Es ist eine mittelmäßig gesellige Angelegenheit, die Beherrschung, Selbstvertrauen und Selbstdisziplin fördert und entwickelt. Es kann die Selbstsicherheit und das Selbstbild durch die körperlichen Veränderungen positiv beeinflussen ebenso wie durch Kraft, die beim Gewichtstraining erforderlich ist. Desweiteren kann es dazu beitragen, die Konzentrationsfähigkeit zu erhöhen, zumindest für kurze Zeit.
Aus »muskelpsychologischer« Sicht kann Bodybuilding das Gefühl der Verletzlichkeit mindern, aber auch ein zwischenmenschliches Empfinden. Die Tatsa-

che, daß die Muskulatur im unteren Körperbereich gestärkt wird, erhöht das Gefühl von Sicherheit und Standfestigkeit. Eigenschaften wie Beherrschung, Beständigkeit und Besonnenheit werden gefördert und werden Bestandteil der Persönlichkeitsstruktur. Bei stärkerer Hingabe an Bodybuilding können sich einige dieser Merkmale von Vorteilen zu Nachteilen umwandeln. Es können sich nämlich Persönlichkeitsmerkmale wie Sturheit, Unempfindlichkeit, Unnachgiebigkeit und extreme Kraftanwendung entwickeln.

Varianten des Bodybuildings
Bevor wir das Thema Bodybuilding abschließen, wollen wir uns noch mit einer Variante beschäftigen, nämlich dem Bodybuilding mit Trainingsmaschinen, wie etwa Nautilus, Keiser oder Plaris. Im Gegensatz zu den traditionellen Methoden wird hier mit Maschinen trainiert, die im Kreis aufgestellt sind. Der Bodybuilder geht von einer Maschine an die nächste, bis der Kreis oder Supersatz beendet ist. In der Werbung heißt es, diese Maschinen sind der effizienteste Weg, um in kürzester Zeit den ganzen Körper zu trainieren. Sie sind also genau richtig für unseren hektischen Lebensstil, wo niemand Zeit hat. Ernsthafte Bodybuilder setzen solche Maschinen zusätzlich zu ihrem Trainingsprogramm ein, aber sie sind niemals alleiniges Trainingsmittel. Sie entwickeln mehr Muskeltonus als Muskelmasse, und wenn man die empfohlenen drei Mal 30 Minuten in der Woche damit trainiert, wird wohl kaum ein sichtbarer Erfolg eintreten.
Obwohl vieles auch auf diese Form des Krafttrainings zutreffen würde, gibt es Ausnahmen. Es handelt sich um eine nicht-gesellige Aktivität, die weder zwischenmenschliche Kontakte braucht noch fördert. Theoretisch gesehen ist es sicherer, da die Bewegungen gesteuert werden, und die Gefahr herunterfallender Gewichte besteht nicht. In mancher Hinsicht erfordert es auch weniger Disziplin, da man einen vorgegebenen Kreis hat und sich praktisch auf eine Art Trainings-Fließband legt, das einen von einer Maschine zur nächsten befördert, ohne daß man viel nachdenken müßte. Man braucht nicht nur weniger Selbstmotivation, sondern auch weniger Konzentration. Wenn die Maschine erst einmal angestellt ist, setzt man sich einfach hin und macht seine Übungen. Man nimmt an, daß die Maschinen die Entwicklung von Muskelkraft und Flexibilität fördern, und wenn die Maschine korrekt eingesetzt wird, wird die Flexibilität nicht sonderlich eingeschränkt. Nur wenige Leute benutzen die Maschinen richtig, wenn sie nicht angeleitet werden. Die Bewegungen sind kürzer, wodurch sich weniger Muskeldehnung und Flexibilität ergibt. Diese Systeme sind sehr bequem und machen Bodybuilding somit reizvoller, aber sie fördern sicherlich nicht die Eigeninitiative und Kreativität und können das Gefühl von langweiliger Plackerei hervorrufen.

Die Rückschlagspiele

Zu den Rückschlagspielen zählen Tennis, Squash und Badminton. Unsere Analyse bezieht sich noch auf ein anderes Spiel, nämlich Handball. Die Klischeevorstellung, die man von den Spielern hat, ist unterschiedlich, je nach Spiel. Die

Begriffe, die am häufigsten im Zusammenhang mit diesen Spielen fallen, sind »Wettkampf« oder »aggressiv«, desweiteren »energievoll«, »schnell« und »hart«. Das Wort »gesellig« fällt mehr in bezug auf Tennis als auf Squash. Wir haben kaum negative Kommentare über diese Sportarten gehört, so daß man davon ausgehen kann, daß sie den Spielern ein positives Image geben. Mit anderen Worten: Es kann dem Image nützen, eines dieser Spiele regelmäßig und erfolgreich zu spielen.
Bei der formalen Analyse dieser Sportarten werden wir sie als eine Einheit betrachten, denn obwohl es beachtliche Unterschiede in den Regeln etc. gibt, ist die zugrundeliegende Dynamik mehr oder weniger dieselbe.

PADs/Psychosoziale Dimensionen der Rückschlagspiele
Rückschlagspiele werden mit nur einem Partner (das Doppel beim Tennis bildet eine Ausnahme) und über einen festgelegten Zeitraum gespielt. Oft entscheiden finanzielle Gründe, ob man sich diesem Spiel zuwendet, denn die Mitgliedschaft in den entsprechenden Clubs ist aufgrund der Satzung oder der Aufnahme- und Mitgliedsgebühren nicht jedem möglich. In Anbetracht dieser Merkmale wollen wir die Dimension dieses Sports untersuchen (Abb. 8.13).

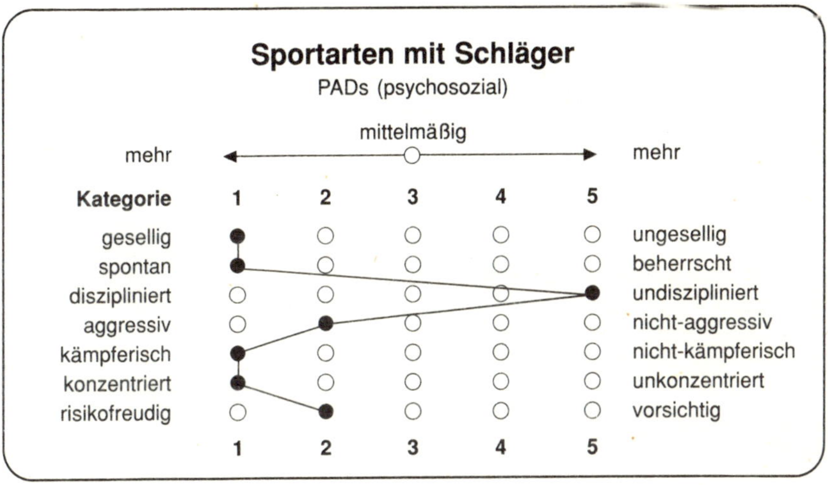

Abbildung 8.13

Gesellig – ungesellig: Beurteilung – **gesellig**
Man kann diese Spiele nicht ohne Partner spielen. Die notwendigen Interaktionen sind sowohl verbal als auch nicht-verbal. Körperlicher Kontakt ist bei Squash möglich, eventuell sogar schützender Art. Die Natur dieser Interaktionen ist natürlich kritisch, wenn man die Auswirkungen kennt, die sie auf die Persönlichkeit haben können. Neben dem Aspekt des Wettkampfs gibt es viele andere Arten für einen zwischenmenschlichen Austausch, etwa spielerischer oder romantischer Art. Die ständige Anwesenheit einer anderen Person verlangt ständig hohe Konzentration, anstatt daß man sich nach innen auf sich selbst konzentriert.

Spontan – beherrscht: Beurteilung – **spontan**
Die Spieler sprechen oft über Strategie, z.B. offensiv statt defensiv zu spielen, aber es gibt keine Möglichkeit, vorauszusagen, was im Laufe des Spiels passiert. Die Spieler müssen spontan reagieren, flexibel sein und sich auf dem Höhepunkt des Spiels fast nur noch auf ihre Intuition verlassen. Es bleibt keine Zeit zum Nachdenken oder ganz bewußtem Spielen, wenn der Ball erst einmal in der Luft ist.

Diszipliniert – undiszipliniert: Beurteilung – **undiszipliniert**
Diejenigen, die regelmäßig trainieren, sagen, daß sie ihr Spiel genießen, wenn nicht sogar lieben. Sie freuen sich schon auf die Zeit, die sie auf dem Platz verbringen, und würden nicht sagen, daß sie anstrengend trainieren. Es ist Vergnügen, Wettkampf, Spiel, Action, und nebenbei tut es einem gut, weil man seinen Körper trainiert. Mit bestimmten Partnern wird das Spiel hart, aber das wird meist als aufregend bezeichnet. Man sieht kaum jemanden, der sich lustlos zum Club schleppt und darüber beklagt, daß er schon wieder trainieren müsse. Das Spiel hat einen unterhaltsamen Anstrich, und die Spieler sind begeistert. Es erfordert nicht viel Selbstdisziplin oder inneren Antrieb, um regelmäßig zu spielen.

Aggressiv – nicht aggressiv: Beurteilung – **mittelmäßig aggressiv**
Für die meisten Spieler bedeutet ihr Spiel, Können und Dominanz durch kraftvollen Einsatz zu zeigen. Man schlägt den Ball über das Netz oder an die Wand, um den Gegner zu schlagen, um zu siegen. Die Spieler halten das für eine gute Art, Dampf abzulassen. Es ist ein Ventil für angestaute Emotionen, zum Ausdruck von Frustrationen, die sich im Laufe des Tages ansammeln. Aber auch das Spiel selbst kann frustrierend sein; in diesem Fall sieht man dann Wutausbrüche und zerbrochene Schläger. Wir glauben, daß eine von Natur aus aggressive Aktivität den Ausdruck von Aggression eher verstärkt als die Häufigkeit der aggressiven Reaktionen mindert. Das heißt nicht, daß die Spieler sich nicht von ihren Emotionen befreien können. Das Spiel kann durchaus zu einer solchen Entspannung führen, aber zur selben Zeit eine schnelle, aggressive Reaktion hervorrufen.

Kämpferisch – nicht-kämpferisch: Beurteilung – **kämpferisch**
Man macht Punkte oder verliert sie. Am Ende gibt es einen Sieger und einen Verlierer. Das Spiel ist geprägt von Rivalität, Wettkampf, Sieg und Niederlage. Die Art, wie die Spieler ihre Rolle wahrnehmen, ist von Mensch zu Mensch verschieden, aber es gibt keinen Zweifel daran, daß es bei diesem Spiel um einen richtigen Wettkampf geht. Es gibt freundschaftliche und feindselige Spiele, aber auf jeden Fall geht es darum, daß eine Person ihr Können an dem einer anderen mißt.

Konzentriert – unkonzentriert: Beurteilung – **konzentriert**
Es gibt Augenblicke, wo man sich nach dem Ball bückt oder nach Luft ringt zwischen den einzelnen Volleys. Dann kann man kurz abschalten. Ansonsten ist die Aufmerksamkeit ständig auf den Ball, den Gegner und die eigene Wachsamkeit gerichtet. Hier bietet sich eine Möglichkeit, von allem, was einem Sorgen

bereitet, abzuschalten – einmal Urlaub von den Alltagsproblemen zu machen. Das Spiel verlangt volle Konzentration. Man muß sich konzentrieren und kann keine Pläne für den Abend machen. Selbst wenn man sorgenbeladen das Spiel beginnt, bleiben die Sorgen im Umkleideraum. Wenn man einen schlechten Tag hatte, schlägt sich das im Spiel nieder, aber man muß dennoch abschalten und sich total auf die Gegenwart konzentrieren.

Riskant – sicher: Beurteilung – **mittelmäßig riskant**
Es gibt verschiedene Erkrankungen, die den Rückschlagspielen zugeschrieben werden. Die bekannteste ist sicherlich der Tennisarm. Diese Erkrankungen sind aber nicht das hauptsächliche Risiko dieser Sportart. Mehr als der Körper steht das Ego auf dem Spiel. Der Ruf des Gegners ändert den Einsatz. Wenn man erst einmal die Anfänge hinter sich gebracht hat und sich nicht länger hinter der Ausrede »Ich habe ja gerade erst damit angefangen« verstecken kann, ist es für die Selbstwertschätzung von großer Bedeutung, ob man gewinnt oder verliert. Das muß nicht unbedingt so sein. Wenn man sich selbst als gelegentlichen Spieler bezeichnet und behauptet, das Spiel nicht besonders ernstzunehmen, oder seine Gegner sorgfältig aussucht, kann man das Risiko minimieren, seinem Ego Schaden zuzufügen. Bei Mannschaftsportarten wird die Verantwortung für Sieg und Niederlage geteilt, aber bei Einzelkämpfen liegt alles an einem selbst. Ein weiteres Risiko dieser Sportarten liegt in den plötzlichen Bewegungen. Man muß nicht nur Ball oder Schläger ausweichen, sondern manchmal spielt man auch sehr riskant zurück. Selbst wenn man sich vornimmt, vorsichtig und sicher zu spielen, bietet das Spiel genügend Gelegenheiten, seine eigenen Grenzen zu überschreiten.

BADs/Körperpsychologie der Rückschlagspiele
Rückschlagspiele erfordern Energieausbrüche, extreme Flexibilität und besondere Kraft. Personen, die regelmäßig spielen, stellen bald die Unterschiede in der Muskelentwicklung zwischen Spiel-Arm und dem anderen Arm fest. Das ist die augenfälligste Asymmetrie, aber nicht die einzige. Der Körper entwickelt kräftige Muskeln, die sich voll strecken müssen, wenn der Spieler z.B. den Aufschlag macht oder versucht, den Ball doch noch zu bekommen. Die Beine werden stark beansprucht, und der Spieler muß lernen, sicher zu stehen. Die Grundhaltung mit vorgebeugtem Oberkörper und gebeugten Knien bereitet den Körper auf eine sofortige Reaktion vor. Man steht nicht besonders fest mit in angreifender Haltung vorgebeugtem Oberkörper. Die Hüft- und Beinmuskulatur muß Bewegungen in jeder Richtung mitmachen: vorwärts, rückwärts, seitwärts oder sogar eine Drehung. Daher müssen alle hauptsächlichen Muskelgruppen der Beine entwickelt sein, einschließlich Strecker und Beuger, Adduktoren und Abduktoren und den Muskeln, die für die Drehung des Oberschenkels zuständig sind. Im Oberkörper werden die Muskeln am meisten entwickelt, die den Schläger steuern und dazu gehören Rücken-, Brust-, Schulter- und Armmuskeln. Obwohl die andere Körperseite auch einige Arbeit leistet, dadurch daß Antagonisten, Synergisten und Fixatoren mit betroffen sind, unterliegt sie nicht im geringsten derselben Art oder Menge an Streß. Der Rumpf muß ebenfalls kräftig und flexibel sein. Durch Rückschlagspiele entwickeln sich die Muskeln, die die Wirbelsäule krümmen und geraderichten, und die Bauchmuskeln, die

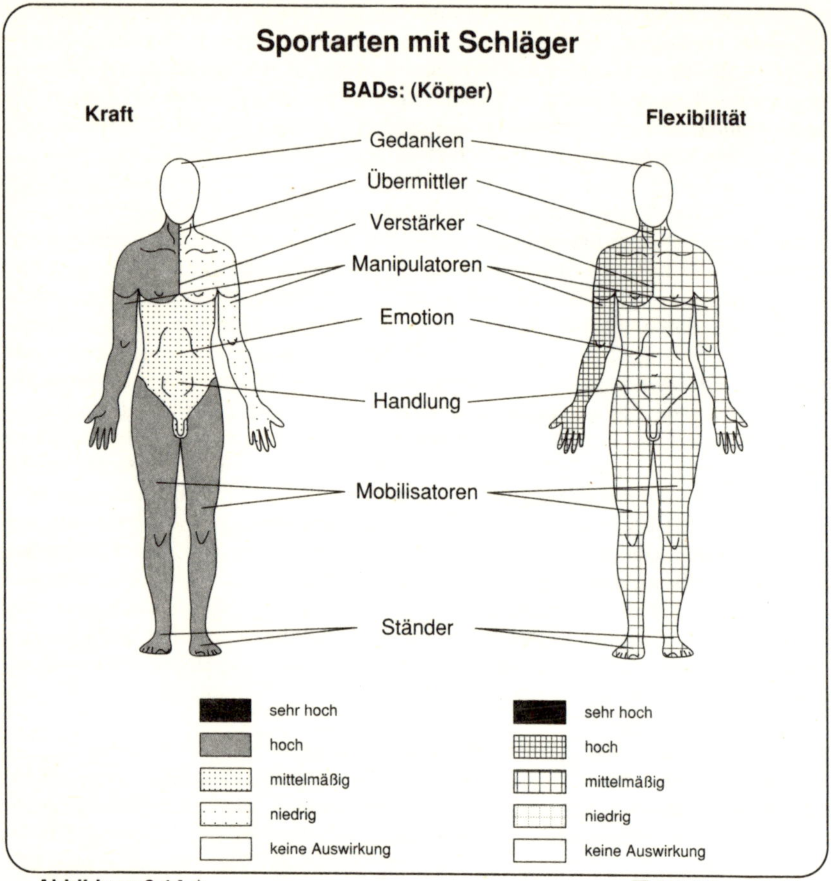

Abbildung 8.14 △

▽ **Abbildung 8.15**

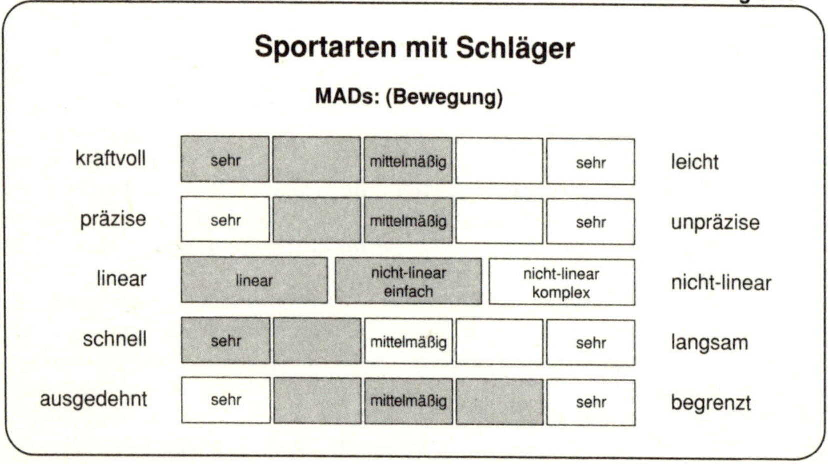

den Magen zusammenziehen und den Rumpf von einer Seite zur anderen beugen (Abb. 8.14).
Aus psychologischer Sicht fördert die Muskelentwicklung durch Rückschlagspiele sowohl Standfestigkeit als auch Beweglichkeit, dadurch daß man fest auf beiden Beinen stehen und schnell reagieren können muß. Da der Körper ständig in Bereitschaft sein muß, liegt die stärkere Betonung auf Beweglichkeit als auf Standfestigkeit. Eine gewisse Art psychischer Flexibilität wird ebenfalls durch die Entwicklung der Muskeln gefördert, die den Körper in die Lage versetzen, sich in jede Richtung zu bewegen. Die Spieler lernen auf Angriffe oder Angriffsmöglichkeiten aus jeder Richtung zu reagieren, und die Art der Reaktion ist eher angreifend und aggressiv, aber kein Rückzug.
Der Oberkörper lehnt sich ins Spiel, und die dominierende Körperseite wird in Relation zur passiveren Seite mehr beansprucht. Aggressive Reaktionen werden häufiger vorkommen als passive. Das wird noch unterstützt durch die Muskelentwicklung im dominierenden Arm, der direkt dazu dient zu manipulieren und zu beherrschen.

MADs/Bewegungsanalyse der Rückschlagspiele
Rückschlagspiele erfordern einen großen Bewegungsumfang. Es wird nicht nur schnell der Bewegungsablauf gewechselt, sondern eine Vielfalt an Bewegungen ist erforderlich: drehen, strecken, hochspringen, sich ducken, geradeaus rennen, seitwärts springen oder im Zick-zack. Diese vielfältigen Bewegungen deuten auf ein hohes Niveau an emotionellen und psychischen Funktionen – wenn sie gut ausgeführt werden. Einen Überblick, welche Vorteile regelmäßiges Training bietet, gibt die Analyse der fünf Bewegungskriterien (Abb. 8.15).

Kraft: Beurteilung – **Bereich: mittelmäßig bis sehr stark**
Rückschlagspiele erfordern mittelmäßig bis sehr kraftvolle Bewegungen, sowohl wenn der Ball geschlagen wird als auch wenn der Spieler sich auf dem Platz bewegt. Solche Bewegungen fördern die Selbstsicherheit und aggressives Verhalten. Durch die vielfältigen Varianten der eingesetzten Kraft entsteht ein gewisses Gleichgewicht, aber die Mehrzahl der Bewegungen geht mehr in Richtung kraftvoll.

Beherrschung: Beurteilung – **Bereich: mittelmäßig bis präzise**
Das Spiel verlangt Präzision. Je besser der Spieler, desto präziser sind die Bewegungen. Wenn ein Spieler Fortschritte macht, werden Körperstellung und Technik wichtige Elemente des Spiels. Man kann tausendmal den Aufschlag üben, bevor man ihn wirklich korrekt beherrscht. Um das Spiel richtig zu beherrschen, muß man seine Bewegungen absolut beherrschen und unter Kontrolle haben.

Linearität: Beurteilung – **Bereich: linear bis nicht-linear** (einfach)
Rückschlagspiele sind eine Mischung aus linearen und nicht-linearen (einfachen) Bewegungen. Je fortgeschrittener der Spieler, desto komplizierter sind seine Bewegungen. Das zeigt ein Gleichgewicht zwischen Konzentration und Emotion, also die persönliche Fähigkeit, flexibel entsprechend der Situation zu reagieren.

Geschwindigkeit: Beurteilung – **Bereich: schnell bis sehr schnell**
Rückschlagspiele sind schnell bis sehr schnell und nur äußerst selten langsam. Sie erfordern schnelle Tempowechsel. Selbst wenn er gerade einmal still steht, ist der Spieler bereit, sofort zuzuschlagen und sich schnell zu bewegen. Dieses schnelle Tempo fördert Persönlichkeitsmerkmale wie risikofreudig und spontan. Die Person ist aufmerksam und konzentriert sich stark auf ihre Reaktion.

Bewegungsumfang: Beurteilung – **Bereich: ausgedehnt bis begrenzt**
Die Bewegungen in den Rückschlagspielen reichen von ausgedehnt bis begrenzt. Wenn der Spieler wartet, z.B. auf den Aufschlag, ist sein Körper wahrscheinlich angespannt. Wenn er sich nach einem Ball ausstreckt, kann sein Körper voll gedehnt sein. Dieser Bewegungsumfang beinhaltet psychologische Elemente wie risikofreudig und vorsichtig, spontan und beherrscht, aggressiv und passiv. Er begünstigt eine ausgewogene Persönlichkeit.

Rückschlagspiele in der Zusammenfassung
Rückschlagspiele sind ideal als Fitneßtraining. Sie sind wesentlich geselliger, aggressiver und kämpferischer als Laufen oder Schwimmen. Interessanterweise halten sie viele für mehr als ein Fitneßtraining. Sie erfordern Selbstdisziplin und bieten den Spielern ein Abschalten vom Alltagsstreß, einen Ausstieg aus dem Trott. Für das Ego kann es allerdings eine Fahrt auf der Achterbahn werden, da es durch den Wettkampf unweigerlich zu Sieger und Verlierer kommt.
Obwohl diese Sportarten mehr die Muskulatur im unteren Körperbereich entwickeln als im oberen, schalten sie den Körper (und den Geist) auf Action und nicht so sehr darauf, seinen Standpunkt zu behaupten. Die Unausgewogenheit im Oberkörper durch die stärkere Muskelentwicklung auf der dominierenden Seite unterstützt direkte, aggressive Handlungen. Die Bewegungsanalyse unterstützt die Theorie, daß Rückschlagspieler sehr viel Flexibilität aufweisen und mehr zum Handeln tendieren, als passiv etwas abzuwarten. Die Vielfalt und der Umfang der Bewegungen in den Ballspielen verspricht eine Integration von emotionellem und mentalem Leben.
Wenn man sie extrem betreibt, werden wie bei allen anderen Fitneß-Aktivitäten auch bei den Rückschlagspielen die Vorteile zu Nachteilen, und der Spieler wird aggressiv, kämpferisch und impulsiv. Für Personen, die ihr geselliges Verhalten verbessern wollen, denen es an Energie mangelt, die zu rational handeln oder gar ihren Sinn für das Spielerische verloren haben, haben Rückschlagspiele viel zu bieten.
Was ist, wenn Sie noch nie gespielt haben? Es gibt natürlich zu Anfang Zeiten, wo Sie alle Enttäuschungen und Unannehmlichkeiten eines Anfängers kennenlernen. Vielleicht hält Sie das ab? Haben Sie Mut! Es gibt genügend Leute, die unheimlich gerne einen gleich unerfahrenen Partner hätten, um die Niederlagen und Triumphe im Leben eines Anfängers teilen zu können. Außerdem kann man überall Unterricht nehmen. Ein Ballspiel zu beherrschen, kann dem Ego enormen Auftrieb geben. Es kann Wunder für Ihr Selbstbewußtsein tun. Es ist etwas anderes, ob man seinen Freunden sagt, man gehe auch joggen, oder ob man ihnen erzählen kann, daß man z.B. ein ganz guter Tennisspieler sei.

Aerobic

Eine ganze Zeit lang hatte man den Eindruck, jeder mache Aerobic. Es war eine Modeerscheinung, zumindest bis man immer mehr von Verletzungen hörte. Aber bevor es ganz von der Bildfläche verschwand, tauchte eine sanftere Form auf, das sogenannte »low-impact aerobics«, und die Aerobic-Fans können ohne Angst vor Streßfrakturen, Kreuzschmerzen und anderen beliebten Diagnosen der Sportmedizin weiter ihrem Sport frönen.
Vor zehn Jahren war Aerobic der Sport, mit dem Frauen ihre Figur in Form brachten. Es war eine Mischung aus althergebrachter Gymnastik mit einigen Elementen des modernen Tanzes. Es war unterhaltsam, abwechslungsreich und trainierte den Körper von Kopf bis Fuß. Aerobic-Sportler waren schick und sind es auch heute noch. Mit der Ausnahme, daß heute mehr Männer in den Kursen zu finden sind. So wie es für Frauen selbstverständlich geworden ist, sogenannte Männer-Sportarten zu betreiben, so ziehen sich heute die Männer ihre Tights an, um bei Pop und Rock zu schwitzen. Aerobic-Sportler passen in keine Schablone. Sie machen Aerobic wegen der Mode und des Glamours, um in der Singles-Szene zu sein und vor allem aus Fitneß-Gründen. Im Extremfall handelt es sich um Egoisten und Narzißten, die von Körperperfektion besessen sind.
Die meisten Studios sind mit Spiegeln versehen. Sich selbst zu betrachten, wird ein Bestandteil des Trainings. Helles Licht und laute Musik vertuschen die Konzentration auf einen selbst. Natürlich werden auch die anderen beobachtet, und man vergleicht sich mit ihnen, aber Aerobic kann zu einer geliebten/gehaßten Auseinandersetzung mit sich selbst und dem Körper werden.
Was läßt sich über Aerobic bei genauerer Betrachtung sagen? Wir wollen uns wie gehabt in unserer dreiphasigen Analyse mit Aerobic beschäftigen.

PADs/Psychosoziale Dimensionen von Aerobic
Zuerst einmal zur Definition von Aerobic: Es gibt viele Bezeichnungen wie Aerobic Dance, Aerobic, Low-impact Aerobic, High-impact Aerobic und Stretching und sicher noch 100 weitere. Aerobic wird in einem Fitneß-Center oder als Heimtraining zu Hause betrieben. Es wird für ca. 45 bis 90 Minuten betrieben, was eine Aufwärmphase, die Aerobic-Phase und eine Abkühlphase beinhaltet. Ein Trainer gibt die Anleitung zu den einzelnen Übungen, und während der ganzen Zeit läuft laute Pop-Musik. Es hat ein bißchen mit Tanzen zu tun, mehr aber mit Gymnastik. Das Training verläuft nach einem bestimmten Aufbau (manch einer möchte Choreographie sagen) von Anfang bis Ende ab. Das verstehen wir unter Aerobic (Abb. 8.16).

Gesellig – ungesellig: Beurteilung – **mittelmäßig**
Während eines Aerobic-Kurses sind keine sozialen Interaktionen erforderlich. Man muß zwar auf die Personen um einen herum und nach dem Nachahmungsprinzip besonders auf den Trainer achten, aber wer anonym bleiben möchte, der kann es. Wenn jemand regelmäßig zum Aerobic geht, wird er ein paar Leute kennenlernen und vorher und nachher einige Worte mit ihnen wechseln. Abgesehen von heftiger Atemtätigkeit und vereinzeltem Stöhnen, bietet ein solcher Kurs keinerlei zwischenmenschliche Kontakte. Wir stufen Aerobic als

mittelmäßig ein, da es sich um eine Gruppenaktivität handelt und die Möglichkeit für Interaktionen zumindest gegeben ist.

Spontan – beherrscht: Beurteilung – **mittelmäßig**

Erstaunt Sie diese Einstufung? Sie dachten, Aerobic würde Ihre kreativen, spontanen Impulse freisetzen? Weit gefehlt. Von Anfang bis Ende sind Sie Teil eines Programms. Zugegeben, einige Bewegungen mögen neu sein und vielleicht sogar ein bißchen schwierig. Aber der Trainer macht vor, Sie machen nach. Und der Kurs läuft streng nach einem logischen Schema ab. Muskulatur aufwärmen, dehnen und dann bei Aerobic ordentlich fordern. Abkühlen, einige Liegestützen, Sit-ups und andere gymnastische Übungen machen und dann zum Abschluß strecken. Der Ablauf ist Routine und klar voraussehbar. Die Einstufung als »mittelmäßig« erfolgt deshalb, weil Sie nicht wissen, was als nächstes kommt. Wie beim Tennis auf den Ihnen zugespielten Ball, müssen Sie hier auf den Trainer reagieren und seine Anweisungen befolgen.

Diszipliniert – undiszipliniert: Beurteilung – **mittelmäßig undiszipliniert**

Wieso undiszipliniert? Zum Teil, weil es Vergnügen ist: Da ist Glanz und Glitter, das gesellschaftliche Image und eine Menge unterhaltsamer Musik. Wenn Sie das nicht glauben, stellen Sie sich doch einmal einen Kurs ohne Musik und Spiegel vor, die Teilnehmer tragen alle graue Trainingsanzüge, und der Trainer führt durch ein traditionelles, militärisch anmutendes Gymnastik-Programm. Man braucht viel weniger Selbstdisziplin, um in einen Aerobic-Kurs zu gehen als sich aufzuraffen, jeden Tag eine Stunde zu laufen. Es sei denn, man hat enorme Probleme mit seinem Körpervorstellungsbild oder man ist ein Mann, der lieber tot wäre, als sich im Aerobic-Anzug sehen zu lassen.

Aggressiv – nicht-aggressiv: Beurteilung – **mittelmäßig nicht-aggressiv**

Es erfordert sicherlich Energie und Antrieb, um eine Aerobic-Stunde mitzumachen, aber gerade wenn man einer Übung müde wird, unterhält einen der Trainer mit einer ganz anderen. Ab und zu hat Aerobic kraftvolle Bewegungen zu verzeichnen, z.B. wenn man die Schwerkraft überwinden muß bei Sprüngen. Aber die Atmosphäre ist locker und angenehm. Der einzige Moment, wo man bei Aerobic vielleicht Aggressionen verspürt, ist, wenn man die komplizierten Bewegungen des Trainers nicht nachmachen kann. Männer beklagen sich oft darüber und verlassen den Kurs oder joggen auf der Stelle, während alle anderen tanzen.

Kämpferisch – nicht-kämpferisch: Beurteilung – **nicht-kämpferisch**

Natürlich kann man versuchen, sich weiter zu strecken, höher zu springen, bessere Liegestützen zu machen und in irgendeiner Weise mit den anderen zu konkurrieren, aber Aerobic verlangt das nicht. Aerobic erfordert eher Kooperation, um seine Bewegungen an die der anderen anzupassen. Es gibt am Ende der Stunde keine Sieger oder Verlierer – nur Überlebende!

Konzentriert – unkonzentriert: Beurteilung – **mittelmäßig**

Sie müssen aufmerksam sein, da schnell von einer Übung zur nächsten gewechselt wird, aber leider sind die meisten Aerobic-Übungen stagnierend. Nur

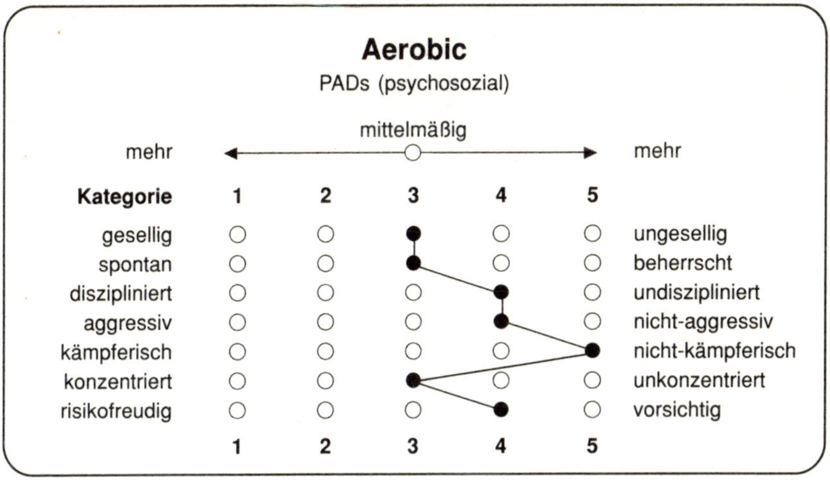

Abbildung 8.16

wenige Trainer machen sich die Mühe, ihre Choreographie regelmäßig zu überarbeiten. Wenn Sie drei- oder viermal in der Gruppe waren, wissen Sie schon, was als nächstes kommt, und Sie brauchen sich nicht besonders zu konzentrieren. Durch Aerobic lernt man weder, sich zu konzentrieren noch sich besser zu konzentrieren.

Risikofreudig – vorsichtig: Beurteilung – **mittelmäßig vorsichtig**
Es gibt eine Gefahr bei Aerobic-Kursen, und die besteht hauptsächlich für das Ego. Das, was man von sich im Spiegel sieht, ist nicht gerade schmeichelhaft und, wenn man nicht mit den anderen Schritt halten kann, kann man sich so vorkommen, als ob einen jeder beobachten würde. Diese Gefahr ist eher bei Männern gegeben, da es sich bei Aerobic nicht um eine typisch männliche Aktivität handelt, und wenn ein Mann sich mit den Frauen um ihn herum vergleicht, kann er sich ziemlich schwach vorkommen, was Ausdauer und Können angeht. Bei Frauen geht es mehr um das Körpervorstellungsbild, ob sie mit der Trainerin mithalten können, die vielleicht nur 12,4% Körperfett hat. Mit anderen Worten handelt es sich hierbei aber um eine relativ harmlose Angelegenheit. Aerobic ist lange genug bekannt als gutes Fitneßtraining. Jeder weiß im allgemeinen, worauf er sich einläßt. Es stimmt zwar, daß mehr und mehr Verletzungen auf das Konto von Aerobic gehen, aber das ist normalerweise das Resultat von schlecht ausgebildeten Trainern, schlechtem Boden oder ungeeigneten Schuhen. Bei Low-impact-Aerobic und wenn man Clubs mit Zement-Fußböden meidet, kann das Risiko erheblich reduziert werden.

BADs/Körperpsychologie von Aerobic
Ein guter Aerobic-Kurs hat viele Vorteile. Aerobic kräftigt und gibt mehr Muskeltonus. Es erhöt die Flexibilität und verbessert die Muskelausdauer. Und bei den Low-impact-Kursen bleiben Sie fit ohne Verletzungsrisiko (Abb. 8.17).

Aerobic

BADs: (Körper)

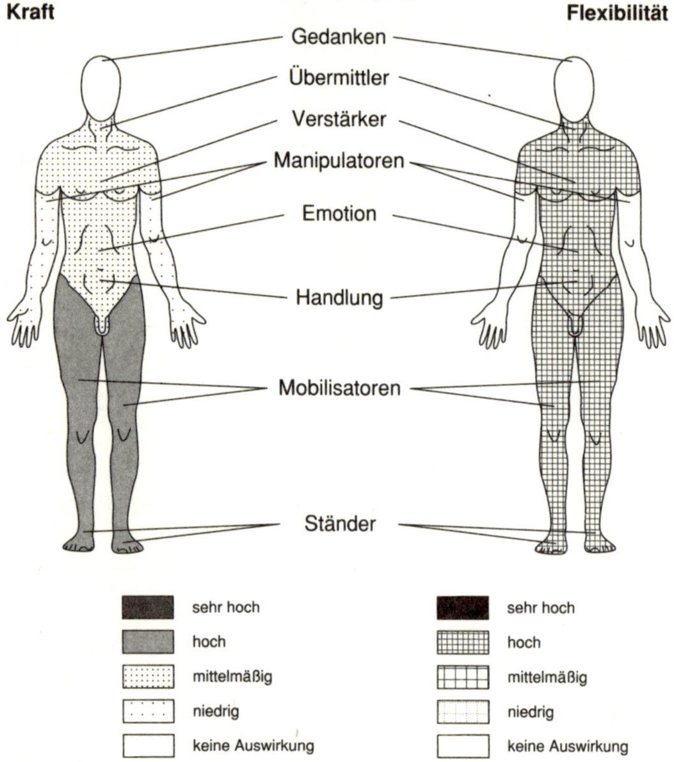

Abbildung 8.17 △

▽ Abbildung 8.18

Aerobic

MADs: (Bewegung)

kraftvoll	sehr		mittelmäßig		sehr	leicht
präzise	sehr		mittelmäßig		sehr	unpräzise
linear	linear		nicht-linear einfach		nicht-linear komplex	nicht-linear
schnell	sehr		mittelmäßig		sehr	langsam
ausgedehnt	sehr		mittelmäßig		sehr	begrenzt

Wie verändert es die körperliche Erscheinung? Durch Aerobic entwickeln sich gleichmäßig starke, flexible Muskeln, da das Training fast alle Muskelgruppen beansprucht. Es gibt Übungen für den Ober- und Unterkörper, obwohl die Betonung eher auf der Stärkung der Beinmuskulatur als der Armmuskulatur liegt. Es gibt Seitwärts-, Vorwärts- und Rückwärtsbewegungen und gelegentlich Drehbewegungen. Das bedeutet, daß die Muskulatur an der Körperseite (Abduktoren und Adduktoren) beansprucht wird zusammen mit der Muskulatur der Vorder- und Rückseite des Körpers. Das scheint alles in allem ziemlich ausgewogen zu sein.
Probleme bei Aerobic entstehen gewöhnlich durch die mangelnde Qualifikation des Trainers und schlechte Beaufsichtigung in den Kursen. Manche Trainer haben wenig Ahnung von Anatomie, Physiologie oder Kinästhesie (Bewegungsgefühl), und im Alter von z.B. 23 Jahren haben sie kaum eine Vorstellung von der körperlichen Grenze eines 45jährigen Anfängers. Der zweite Punkt ist, daß man in einem Aerobic-Kurs so ziemlich alles falsch machen kann, ohne daß es einem gesagt wird. Der Trainer korrigiert nur äußerst selten. Wer hat schon Zeit dazu bei 30 bis 40 schwitzenden Körper vor sich, die es anzuleiten und zu motivieren gilt?
Das bedeutet, daß man Aerobic in bezug auf Körperdynamik ziemlich hoch einstufen muß, wenn Sie in einen guten Kurs gehen und wenn Sie alle Übungen richtig ausführen. Unter diesen Umständen gibt es keine übermäßige Bemuskelung. Bewegungsumfang und Flexibilität werden zunehmen. Jeder Körperbereich erhält die entsprechende Aufmerksamkeit. Mit der Zeit – und einem guten Trainer – verbessern sich Körperhaltung und Gleichgewicht.
Wenn etwas fehlt, dann wird in einem guten Aerobic-Kurs die Mobilität durch all die Sprünge überbetont, und die Standfestigkeit wird unterbewertet. Aber selbst in diesem Fall kann man Aerobic nicht verurteilen, da in vielen Kursen die Aufwärm- und Abkühlphase Übungen zur Verbesserung der Balance (auf einem Bein stehen und das andere trainieren) oder des Fundaments (verschiedene Übungen, bei denen die Knie gebeugt sind, die Füße flach auf dem Boden und die Wirbelsäule geradegerichtet ist) beinhalten.
Zusammenfassend kann man sagen, daß Aerobic in bezug auf Körperpsychologie gut abschneidet, wobei aber immer auf die Qualität der Anleitung und des Trainers geachtet werden muß.

MADs/Bewegungsanalyse von Aerobic

Wenn wir nun unseren wohlgeformten Aerobic-Körper in Bewegung setzen, wie sehen die Bewegungskriterien aus (Abb. 8.18)?

Kraft: Beurteilung – **Bereich: stark bis leicht**

Zu Aerobic gehören eine Reihe kraftvoller Bewegungen, von Liegestützen bis zu tänzerischen Bewegungen. Wir stufen daher die Bandbreite der Kraftanwendung von wenig bis viel ein. Bei Aerobic braucht man nie besonders viel oder besonders wenig Kraft, aber es gibt eine Ausgewogenheit zwischen kraftvollen und weniger kraftvollen Aktionen. Wie wir wissen, begünstigt das ein psychisches Gleichgewicht beim Einsatz von Kraft und Entschlossenheit. Dieses Gleichgewicht ermöglicht es der Person, Stärke oder Sanftmut zu zeigen, je nachdem wie es die Situation erfordert.

Beherrschung: Beurteilung – **unpräzise**

Beherrschung während einer Bewegung bedeutet, daß die Bewegung präzise ausgeführt wird. Aerobic kann diese Präzision fördern, da man ständig durch die Spiegel ein Feedback erhält und sich bemüht, die Bewegungen des Trainers zu kopieren. Aber ohne persönliches Feedback werden viele Aerobic-Sportler nachlässig und schlampig und behalten diese Bewegungen während des ganzen Kurses bei. Wir stufen Aerobic und die Bewegungen der Teilnehmer als unpräzise ein. Die Bewegungen müssen nicht notwendigerweise exakt sein. Sie können auch nur ungefähr denen des Trainers entsprechen. Das oberste Ziel ist nicht, die Bewegungen exakt auszuführen, sondern sich richtig anzustrengen. Manch einer führt die Übungen exakter aus, und manche Trainer legen auch mehr Wert auf eine exakte Ausführung.

Linearität: Beurteilung – **linear bis nicht-linear (einfach)**

In den Aerobic-Kursen, wo die Betonung auf schwierigeren gymnastischen Übungen liegt, sind die Bewegungen linearer und direkt. Liegt die Betonung auf dem tänzerischen Aspekt, sind die Bewegungen mehr indirekt. Übungen, wie auf der Stelle joggen, Hampelmann oder Beine nach hinten schlagen (leg kicks) – typische Bestandteile eines Aerobic-Kurses – sind direkte Bewegungen. Wenn der Trainer eine Übung aus Schulter- und Körperdrehungen zusammengestellt hat, handelt es sich dabei mehr um eine nicht-lineare Bewegung. Wir stufen Aerobic hauptsächlich im Bereich linear bis nicht-linear (einfach) ein. Bei Aerobic lernt man, ein ausgewogenes Maß an Beherrschung und Entspannung, Entschlossenheit und Flexibilität, Beharrlichkeit und Spontaneität zu finden.

Geschwindigkeit: Beurteilung – **Bereich: mittelmäßig bis schnell**

Das Tempo bei Aerobic reicht von mittelmäßig bis schnell. Deshalb fühlt man sich auch so energiegeladen durch Aerobic. Es herrscht ein flotter Stakkato-Rhythmus, sogar beim Aufwärmen. Das verlangt Reaktion – sofort! Das Tempo erfordert Sicherheit, Risikofreude und Spontaneität. Je schneller das Tempo, desto mehr engagiert man sich, desto mehr schaltet man ab. Die Musik treibt einen von mittlerem Tempo zu Beginn bis zu schnellem Tempo kurz vor der Abkühlphase.

Bewegungsumfang: Beurteilung – **Bereich: ausgedehnt bis kontrahiert**

Strecken Sie sich! Dehnen Sie sich! Zusammenziehen und beugen! Das ist Aerobic: eine Ausgewogenheit zwischen Beugen und Strecken. Je nachdem, wer Sie trainiert, kann das eine oder andere überwiegen. Manche Trainer legen gesteigerten Wert auf Liegestützen, Sit-ups und Laufen. Andere betonen Streck- und Dehnübungen. Normalerweise herrscht aber eine Ausgewogenheit. Das unterstützt einen dabei, aus sich herauszugehen und sich zurückzuziehen, Gelegenheiten wahrzunehmen, sich zu beherrschen, sich zu behaupten und nachzugeben.

Aerobic im Überblick

Wie kann Aerobic einen verändern? Man wird nicht unbedingt geselliger, obwohl die Möglichkeit besteht. Es kann sogar dazu kommen, daß man sich in dem mit Spiegeln versehenen Raum nur noch auf sich selbst konzentriert. Es

handelt sich um eine kontrollierte Aktivität, aber die Bewegungen und das Körpertraining steigern die Flexibilität, reduzieren die Steifheit, wenn man damit Probleme hat. Aerobic ist einfacher, als sich einem ständigem Lauf- oder Gewichtstraining zu widmen. Vielleicht empfinden Sie sogar eine Steigerung der Lebensfreude allgemein. Wenn Sie allerdings mehr Selbstdisziplin brauchen, kann ständiges Aerobic-Training Sie noch mehr auf äußere Unterstützung fixieren und Sie regelrecht vom Aerobic-Center abhängig machen.
Wenn Sie passiv sind, hilft Ihnen kein Aerobic. Es kann die Sache sogar noch verschlimmern. Bedenken Sie, daß der Trainer die Übungen vormacht und Sie sie einfach nur nachmachen. Wenn Sie jedoch zu übermäßiger Aggressivität neigen, kann Aerobic zu einer Abschwächung führen, denn Sie bekommen mehr Sinn für Kooperation. Wenn Sie aber mehr Konkurrenzdenken und Wettbewerb brauchen, sollten Sie sich etwas anderes suchen.
Aerobic fördert die Konzentrationsfähigkeit, aber nur zu Beginn. Wenn Sie regelmäßig trainieren, wird alles zu sehr Routine, und das ständige Wiederholen der Übungen hält Sie kaum davon ab, über Alltagsprobleme oder Wunschträume nachzudenken. Für Männer kann Aerobic etwas aufregender sein als für Frauen. Es fordert viele männliche Klischeevorstellungen heraus und kann daher einem Mann ganz guttun.
Aerobic ist eine ausgewogene Aktivität, obwohl mehr für Unterstützung und Mobilität (untere Körperhälfte) getan wird als für Selbstbeherrschung (Oberkörper). Eine gute Aerobic-Gruppe kann Wunder bewirken durch das Freisetzen von Emotionen, das Energietanken und ein ganzheitliches Körpergefühl. Auch die Bewegungen sind ausgewogen. Aerobic tendiert dazu, schnell zu sein, aber andererseits trainiert es den Körper auf vielfältige Weise. Wenn Sie in einer Gruppe sind, wo Sie körperlich gefordert werden, setzen Sie kraftvolle Bewegungen ein und strecken sich, können Sie der oft durch Aerobic hervorgerufenen psychischen Passivität entgegenwirken.

Radfahren

In den letzten 10 Jahren hat Radfahren enorm an Beliebtheit zugenommen. Hat sich etwas geändert? Die Fahrräder von früher waren schwere Drahtesel für kurze Fahrten und praktische Zwecke. Heutzutage sind sie leicht und schnell: Mountain-Bikes, Sporträder, Touringräder und Fahrräder, die so aussehen als kämen sie gerade aus einem Science-fiction-Film.
Was ist mit den Leuten, die sie fahren? Radfahrer sind entschlossene Persönlichkeiten. Sie arbeiten ihre Routen mit der Strategie eines Feldmarschalls aus. Sie rüsten ihre Räder mit Mini-Computern mit Tachometer, Kilometerzähler und Pulsmesser aus. Sie hüllen ihre Körper in Glanztrikots, und die Füße stecken in Rennradschuhen. Wenn das Wetter schlecht ist, steigen sie zu Hause auf ihr Fahrrad und trainieren mit perfekt simuliertem Wind- und Straßenwiderstand auf ihrem Trainingsgerät im Wohnzimmer.
Sie sagen jetzt vielleicht: »Ich dachte, mir läge Radfahren, aber ich bin sicher, ich eigne mich nicht dazu.« Wir sprechen hier von Leuten, die regelmäßig trainieren

und vielleicht 160 km oder mehr pro Woche fahren. Für sie ist das Fitneßtraining – nicht nur eine Freizeitbeschäftigung, wie wenn man gelegentlich einmal zum Angeln geht.
Es gibt Hallen und Außenbahnen und spezielle Radwege neben der normalen Straße. Mit den neuen Mountain-Bikes kann man auch die Straße verlassen und durch hügeliges Gelände fahren. Wenn wir von Radfahren sprechen, meinen wir den Sport- oder Touringfahrer, der dreimal oder öfter in der Woche eine Stunde oder länger trainiert. Unsere Beobachtungen treffen weniger auf andere Radfahrer zu oder gar diejenigen, die auf einem Heimtrainer radfahren.

PADs/psychosoziale Dimensionen des Radfahrens
Wir denken dabei an den Radsportler, für den Radfahren Fitneßtraining bedeutet und der nicht wettkampforientiert ist oder das Fahrrad als Transportmittel betrachtet. Die Person fährt Rad, weil es ihr Freude (und Schmerzen) bereitet (Abb. 8.19).

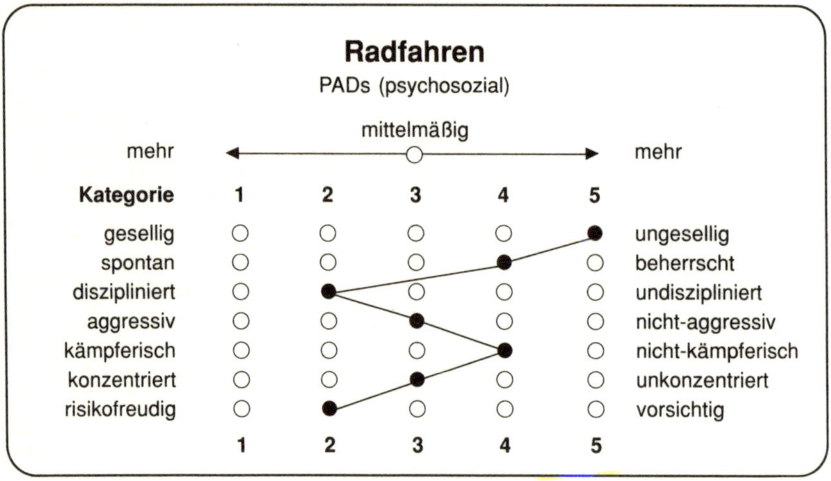

Abbildung 8.19

Gesellig – ungesellig: Beurteilung – **ungesellig**
Es gibt zwar Fahrradclubs, und die meisten fahren in Gruppen, aber was geschieht, während man in die Pedalen tritt? Man ist allein mit seinem Fahrrad und seinen Gedanken. Die meiste Zeit, die man mit Radfahren verbringt, verbringt man mit sich und seinen Gedanken allein.

Spontan – beherrscht: Beurteilung – **mittelmäßig beherrscht**
Zu Spontaneität gehört ein gewisses Maß an Impulsivität und die Fähigkeit, sofort intuitiv reagieren zu können. Hört sich das typisch für Radsport an? Zum Teil ja. Wenn Sie unterwegs auf der Straße plötzlich in einer Situation sind und eine Entscheidung treffen müssen, sind Sie meist zu schnell, um lange darüber nachdenken zu können. Sie müssen handeln! Aber wie oft kommt das vor?

Radsport ist zum großen Teil eine geplante und durchdachte Aktivität mit von vornherein festgelegten Strecken und Geschwindigkeiten.

Disziplinert – undiszipliniert: Beurteilung – **mittelmäßig diszipliniert**
Man muß schon viel Selbstdisziplin haben, um sich Tag für Tag auf sein Fahrrad zu schwingen. Selbst wenn die Sitzfläche und die Oberschenkel nicht mehr so schrecklich schmerzen, muß man weiter trainieren. Eine schöne Landschaft macht die Sache leichter, aber wer sieht sie schon, wenn er sich einen Berg hinaufquält?

Aggressiv – nicht-aggressiv: Beurteilung – **mittelmäßig**
Wenn man hart arbeitet, um die Berge hochzukommen, die Pedalen auf 90 U/min zu bekommen oder um gegen scharfen Wind anzukämpfen, muß man schon einige aggressive Gefühle in sich haben, um weitermachen zu können. Wenn man lange Zeit mit vorgebeugtem Körper in die Pedalen tritt und nicht der Versuchung nachgibt, einfach den nächsten Hügel herunterzufahren, muß man seinen Körper, das Fahrrad und die ausgewählte Strecke beherrschen.

Kämpferisch – nicht-kämpferisch: Beurteilung – **mittelmäßig nicht-kämpferisch**
Bedenken Sie, daß wir hier nicht vom Olympiateilnehmer oder einem Marathon-Radfahrer sprechen. Der Leistungssportler trainiert gegen ein vom Computer aufgestelltes Programm oder er fährt inmitten einer ganzen Gruppe von Radfahrern. Wenn er allein ist, fährt er gegen die Zeit, gegen sich selbst. Zusammen mit Freunden fährt man so schnell wie möglich, aber alle bleiben beieinander.

Konzentriert – unkonzentriert: Beurteilung – **mittelmäßig**
Während einer langen Fahrt wandern die Gedanken. Die Beine schmerzen. Der Magen meldet sich mit Hungergefühlen. Der Rücken schmerzt. Sie betrachten die vorbeiziehende Landschaft, behalten aber auch die Straße im Augen. Es gibt immer wieder Schlaglöcher, Steine, Glasscherben und vierrädrige Dämonen, die einem Kohlenmonoxyd ins Gesicht schleudern. Sie glänzen und denken nach. Sie gehen in sich – überprüfen Sie Ihre Körperfunktionen. Augen zurück auf die Straße. Wo ist Ihr Kumpel? Gang wechseln – es geht einen Hügel hinauf. Es bleibt immer noch Zeit, über das Leben nachzudenken. Wenn man sich aber schnell vorwärtsbewegt, nimmt die Realität auf der Straße mehr in Anspruch als das Nachdenken über die Vergangenheit, Gegenwart und Zukunft.

Riskant – sicher: Beurteilung – **mittelmäßig sicher**
Wenn Sie mit 70 Sachen einen Hügel hinunterfahren, fragen Sie sich vielleicht, was passieren würde, wenn jetzt ein Reifen platzt oder man in ein Schlagloch fährt usw. Radfahren ist riskant, hauptsächlich für den Körper und weniger für die Seele. Es gibt zwar gewisse Gefahren für das Ego, wenn man mit irgendwelchen Cracks fährt, aber die meisten Radsportler sind nicht darauf aus, einen anderen kaputtzumachen. Die größte Gefahrenquelle sind vorbeifahrende Autos und LKWs sowie alles andere, was einen vom Sattel reißen könnte, so daß man sich Schürfwunden oder schlimmer noch zahllose Frakturen zuzieht.

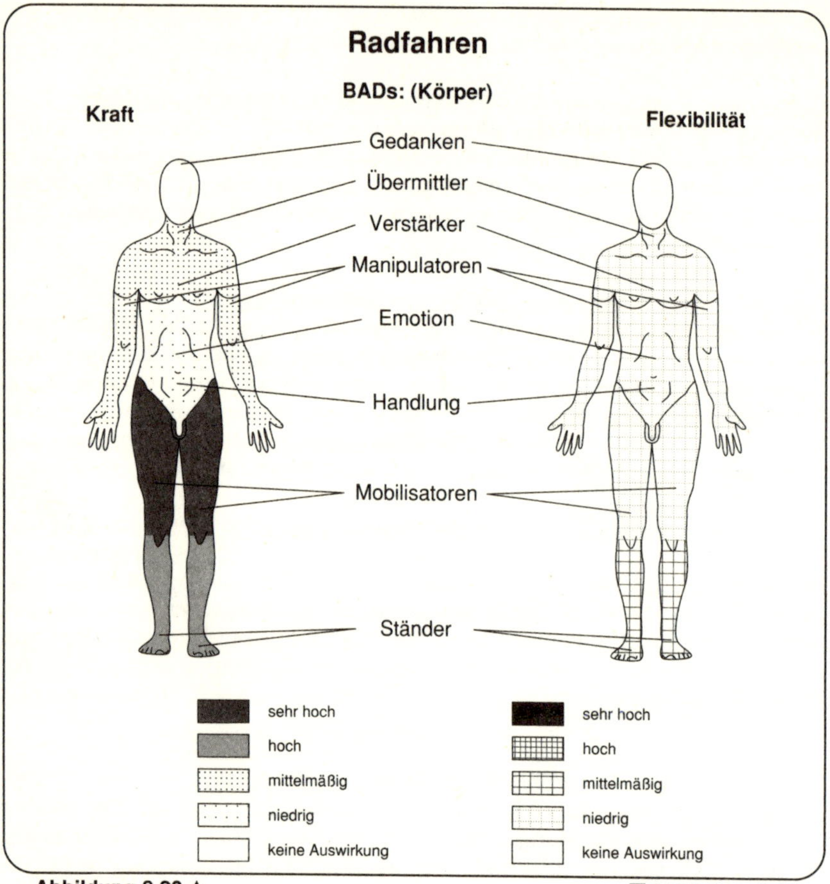

Abbildung 8.20 △

▽ Abbildung 8.21

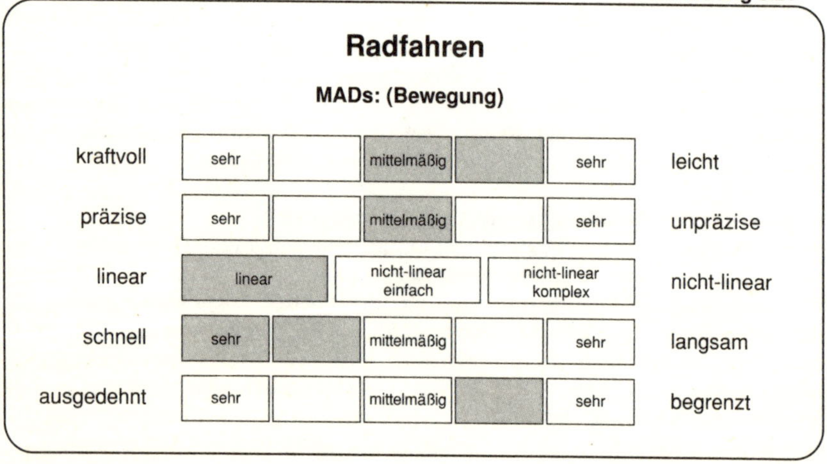

BADs/Körperpsychologie des Radsports

Es besteht kaum ein Zweifel, was sich am meisten durch Radfahren entwickelt: der untere Körperbereich. Zum Radfahren braucht man natürlich auch gute Bauchmuskeln und kräftige Arm- und Rückenmuskulatur, besonders bei Sprints und Bergauffahren (Abb. 8.20).

Welcher Art ist die Muskelentwicklung? Die Beinmuskulatur wird durch Radfahren verkürzt. Mit langgestreckten Beinen zu fahren, ist keine gute Fahrweise. Das bedeutet, daß die Muskulatur des Oberschenkels nie ganz gestreckt wird. Dennoch wird die meiste Arbeit von den Oberschenkelmuskeln und nicht von denen des Unterschenkels geleistet. Das führt zu einem gewissen Ungleichgewicht – massive Oberschenkel auf dünnen Unterschenkeln.

Die Rückenmuskulatur ist ebenso kontrahiert wie die Muskeln, die den Kopf tragen. Sie müssen sich vor und nach dem Radfahren gut strecken, um dem begrenzten Bewegungsumfang dieses Sports entgegenzuwirken.

Aus psychologischer Sicht handelt es sich um keinen ausgeglichenen Sport. Der Bewegungsumfang und die Flexibilität können zurückgehen, wenn der Sportler keine zusätzlichen Übungen zur Steigerung der Beweglichkeit macht. Fast während der ganzen Fahrt ist der Körper in derselben Haltung, was nicht gerade zu einem geschmeidigen, biegsamen Körper beiträgt. Außerdem besteht keine Verbindung mit dem Boden. Durch Radfahren lernt man nicht viel in bezug auf Erdverbundenheit. Die entwickelte Beinmuskulatur ist sehr speziell und begrenzt. Obwohl die beim Radfahren am meisten beanspruchten Muskeln im unteren Körperbereich liegen, fördert das nicht die psychologischen Funktionen dieses Körperbereichs – Mobilität und Stabilität. Wie schon gesagt, entwikkelt sich der Oberkörper in einer starren, gekrümmten Form. Das fördert kaum die Fähigkeit, sich zu beherrschen oder aus sich herauszugehen.

MADs/Bewegungsanalyse des Radsports

Bei der Analyse der Körperbewegungen analysieren wir nur die Bewegungen des Fahrens, so als ob das Fahrrad unsichtbar wäre und wir nur den sich bewegenden Körper betrachten (Abb. 8.21).

Stärke: Beurteilung – **Bereich: leicht bis mittelmäßig**

Ein Radfahrer benutzt relativ wenig Kraft, um in die Pedalen zu treten. Beim Bergauffahren ist eventuell mehr Kraft nötig, und der Oberkörper wird gegen den Lenker gestemmt. Die meiste Zeit jedoch braucht man zum Radfahren nur wenig bis mittelmäßig viel Kraft, was auf ein begrenztes Maß an kraftvoller Entschlossenheit und Sicherheit schließen läßt.

Beherrschung: Beurteilung – **mittelmäßig**

Die Bewegungen sind einerseits durch das Fahrrad eingeschränkt und zum anderen muß man sehr aufmerksam sein, wenn man in einer Gruppe oder durch dichten Verkehr fährt. Sicherlich haben Sie auch schon gesehen, wie sich ein Radfahrer von seinem Vordermann »ziehen« läßt und nur wenige cm hinter ihm mit Geschwindigkeiten von 35 km/h und mehr fährt. Es gibt jedoch auch lange Zeitabschnitte, wo es nicht auf Präzision beim Fahren ankommt. Wir stufen die

Präzision oder Genauigkeit, die Radfahren erfordert, daher als mittelmäßig ein, wobei es je nach Können von präzise bis unpräzise variieren kann.

Linearität: Beurteilung – **linear**
Die Bewegungen eines Radfahrers sind sehr direkt und linear. Es kann ab und zu Ausnahmen geben, etwa wenn er versucht, angespannte Muskeln zu strecken und zu lösen, aber das sind nicht die typischen Bewegungen im Radsport. Lineare Bewegungen gehen einher mit Beherrschung, Disziplin und mentaler Konzentration. Sie lassen auch auf eine gewisse Selbstsicherheit schließen.

Geschwindigkeit: Beurteilung – **Bereich: schnell bis sehr schnell**
Die Geschwindigkeit im Radsport reicht von schnell bis sehr schnell. Bedenken Sie, wir sprechen nicht vom Tempo des Fahrrads, sondern von den Bewegungen des Radfahrers. Mit einer Geschwindigkeit von 80 bis 100 U/min in die Pedalen zu treten, bedeutet, daß man seine Beine sehr schnell bewegen muß. Das ist nicht das Tempo des Freizeitsportlers, der bei etwa 20 bis 30 U/min fährt. Es gibt Momente, wo man sofort auf eine Situation im Verkehr reagieren muß. Schnelle Bewegungsabläufe bedeuten Sicherheit, Abenteuerlust, Spontaneität und mentale Konzentration.

Bewegungsumfang: Beurteilung – **kontrahiert**
Beim Radfahren handelt es sich um kontrahierte Bewegungen. Der Körper des Radfahrers ist angespannt. Er ist vollkommen an das Fahrrad angepaßt, so daß jegliche Ausdehnung oder Streckung unmöglich ist. Das fördert die emotionelle Beherrschung und wirkt ausgleichend auf Sicherheit und Risikofreude, die sich in anderen MAD-Beurteilungen zeigten.

Radsport im Überblick

Wenn Sie einige Widersprüche in dieser Analyse festgestellt haben, haben Sie das Wesentliche verstanden. Einiges in der Körper- und Bewegungsdynamik widerspricht den psychologischen Ansprüchen. Es handelt sich z. B. nicht um eine besonders aggressive Aktivität, aber die schnellen, linearen und beherrschten Bewegungen fördern eine direkte, sichere Einstellung zum Leben. Wenn man wie ein Leistungssportler an die Sache geht, ist Radfahren sehr energiespendend. Das Ergebnis ist ein beherrschter, aktiver Lebensstil.
Radfahrer haben eine leicht anmaßende Haltung. Unsere Analyse hat etwas von der Schinderei dieses Sports gezeigt, aber die Radsportler sind überschwenglich, was ihren Sport betrifft. Es ist ein Nervenkitzel für sie. Das ist durchaus verständlich. Es mag eine Quälerei sein, einen 3000 m hohen Berg hinaufzufahren, aber was man hinauffährt, muß man auch wieder herunter! Radfahrer würden nie mit Läufern tauschen, denn das ist einfach »zu langweilig«.
Wie sieht es mit den kameradschaftlichen Qualitäten aus? Es trägt keinesfalls dazu bei, einen geselliger zu machen. Man fühlt sich auch nicht weniger isoliert. Die Fähigkeit, sich auszustrecken, ist unterentwickelt. Viele Radsportler haben vielleicht in sich einen geselligen oder kameradschaftlichen Touch, aber durch Radsport läßt sich das nicht ausbauen.
Durch Radsport werden Bewegungen, Körperentwicklung und Persönlichkeitsdynamik etwas eingeschränkt. Es ist keine ausgeglichene Aktivität, was nicht

heißen soll, Radsport sei schlecht. Kombiniert mit anderen Sportarten kann es ideal sein. Radsport allein kann zu einer Stagnation der Persönlichkeitsentwicklung führen, und die Bewegungsfähigkeit kann eingeschränkt werden.

Yoga

Vielleicht schreckt Sie die Guru-Anbeterei ab, die anscheinend zu Yoga gehört. Vielleicht mißfällt Ihnen aber auch die Beweihräucherung oder die Kult-Atmosphäre. Kann man diese Aspekte von dem körperlichen Hatha-Yoga trennen? Es kann sein, daß Sie sogar schon einmal ein paar Yoga-Übungen in Ihrem Aerobic-Kurs oder einem anderen Fitneßtraining gemacht haben, ohne es zu wissen. Im Gegensatz zu den meisten anderen Fitneß-Programmen ist bei Yoga Körper und Geist integriert. Der Zweck ist natürlich letztendlich, dieser Gleichsetzung Geist zu verleihen, aber das ist eine zusätzliche Option.
Gehen wir zurück zu Hatha-Yoga. Was ist das? Kurz gesagt, handelt es sich hierbei um eine Variation des Yoga, die Bewegungsabläufe und Atemübungen beinhaltet, die dazu beitragen sollen, Körper und Geist zu beherrschen. Viele Leute jedoch, die Yoga betreiben, tun dies aus eher praktischen Beweggründen, etwa um sich einfach gut zu fühlen oder um besser Streß bewältigen zu können. Es ist schon so viel über Yoga geschrieben worden, daß es unmöglich ist, hier eine Zusammenfassung zu geben. Wir möchten nur klarmachen, daß wir uns im folgenden mit Hatha-Yoga-Übungen beschäftigen, die aus verschiedenen Gründen, u. a. Gesundheit und körperlicher Fitneß, gemacht werden.

PADs/psychosoziale Dimensionen des Yoga
Wenn wir Yoga analysieren, werden wir die Zeitspanne begutachten, die eine Person auf Yoga-Übungen, -Haltungen und Atmung verwendet. Das können 30 bis 90 Minuten oder mehr pro Tag sein. Wir konzentrieren uns dabei auf eine Person, die dreimal oder noch öfter in der Woche Yoga macht, nicht auf eine Person, die gelegentlich in einen Yoga-Kurs geht (Abb. 8.22).

Gesellig – ungesellig: Beurteilung – **ungesellig**
Yoga kann man allein oder in einer Gruppe machen. Manch einer bevorzugt die Unterstützung durch eine Gruppe, aber das ist nicht Bestandteil der Yoga-Übungen.
Die Hauptsache ist das, was in einem selbst vorgeht und nicht das, was zwischen einem selbst und einem anderen geschieht. Wenn Sie in einer Yoga-Gruppe sind, hilft Ihnen der Lehrer dabei, die Übungen korrekt auszuführen. In einem Kursus gibt es natürlich genügend Möglichkeiten, vorher und nachher miteinander zu reden, und in der Tat scheint das gemeinsame Yoga-Erlebnis freundschaftliche Beziehungen zu erleichtern. Aber das ist wiederum kein Bestandteil des Yoga.

Spontan – beherrscht: Beurteilung – **beherrscht**
Yoga ist eine sehr beherrschte Aktivität. Es hebt die geistige Selbstkontrolle und eine sehr präzise Ausführung der Bewegungen hervor. Viele sind der Ansicht,

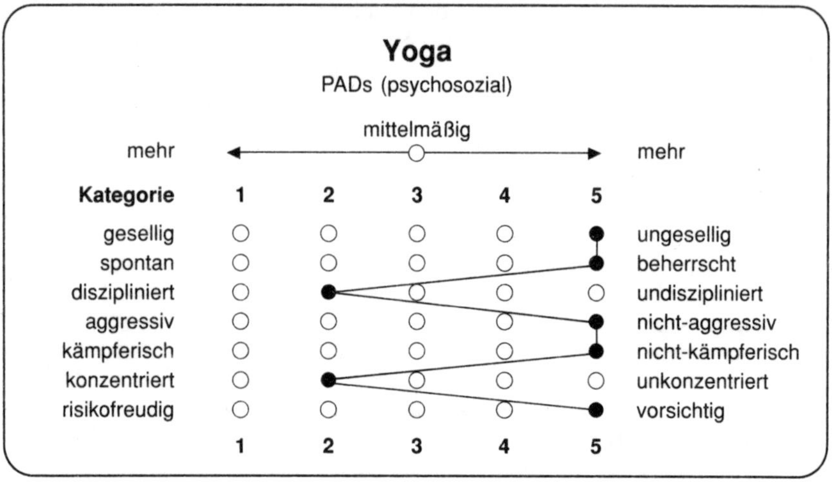

Abbildung 8.22

daß Yoga die Spontaneität durch die freigesetzte Energie fördert, und wir glauben, daß dies gut der Fall sein kann. Aber zurück zur praktischen Ausführung: Der Yoga-Schüler führt eine Reihe sorgfältig aufgebauter und eingeplanter Bewegungen durch. Spontane, intuitiv durchgeführte Bewegungen sind nicht Bestandteil der Yoga-Übungen.

Diszipliniert – undiszipliniert: Beurteilung – **mittelmäßig diszipliniert**
Ein Schlüsselwort bei Yoga ist die Disziplin – Disziplin des Körpers und des Geistes. Manch ein Yoga-Schüler braucht sicherlich den Druck der Gruppe, um regelmäßig mitzumachen, aber diejenigen, die außer Reichweite eines Ashrams (Wohnzentrum für Yoga-Schüler) leben, müssen ihre Übungen allein machen und das erfordert Disziplin. Wir stufen Yoga in bezug auf Selbstdisziplin als mittelmäßig ein, hauptsächlich weil man viele direkte Vorteile durch Yoga hat. Man fühlt sich gut, wenn man bestimmte Übungen macht. Man wird im selben Moment belohnt und muß nicht warten, bis man fertig ist, bevor man eine Befriedigung über das Geleistete verspüren kann.

Aggressiv – nicht-aggressiv: Beurteilung – **nicht-aggressiv**
Hier gibt es keinen Zweifel. Yoga fördert in keiner Weise Aggressionen. Es ist eine Energiefreisetzung in den Körper, nicht gegen ihn. Man versucht, mit sich selbst in Harmonie zu kommen und eventuell mit anderen. Man braucht keine Kraft oder Gewalt, um Yoga zu beherrschen. Das bewirkt das Gegenteil. Man braucht viel Geduld und großes Feingefühl für das, was im Innern stattfindet.

Kämpferisch – nicht-kämpferisch: Beurteilung – **nicht-kämpferisch**
Die Betonung auf Harmonie steht in krassem Gegensatz zu Wettkampfgefühlen. Man versucht nicht, seine Yoga-Übungen besser als die anderen zu machen. Es ist eine Suche nach innerem Frieden und Einheit. Dennoch kann es vorkommen,

daß der eine oder andere versucht, im Yoga-Kurs seine Kameraden zu übertrumpfen, aber das steht im Widerspruch zur Philosophie des Yoga.

Konzentriert – unkonzentriert: Beurteilung – **mittelmäßig konzentriert**
Ein Ziel des Yoga ist es, den Geist zur Ruhe kommen zu lassen, ihn zu beruhigen. Während der körperlichen Übungen wird versucht zu meditieren. Im Gegensatz zu Rückschlagspielen, wo der Geist die Handlung verfolgen muß, erreicht man bei Yoga eine mentale Konzentration durch bewußte Disziplinierung der Gedanken. Man trainiert seinen Geist zur Konzentration. Das ist harte Arbeit, und man hat nicht immer Erfolg.

Riskant – sicher: Beurteilung – **sicher**
Wenn Sie einmal einen Film gesehen haben, wo Yoga-Meister ihren Körper wie eine Bretzel biegen, fragen Sie sich vielleicht, was an Yoga sicher sein kann. Aber bedenken Sie, daß diese Meister seit Jahrzehnten mit Yoga beschäftigt sind. Als Anfänger ist Ihre körperliche Flexibilität viel geringer. Dennoch können auch Sie unter fachgerechter Anleitung schrittweise mehr Flexibilität erlangen und nur in geringem Maße mehr Kraft. Selbst wenn Sie chronisch krank sind, können Sie unter Anleitung Yoga machen. Da es das Ziel von Yoga ist, die geistigen und körperlichen Funktionen zu verbessern, beurteilen wir es als eine sichere Aktivität für eine Reihe von Menschen. Das hauptsächliche Risiko bei Yoga besteht wahrscheinlich in den Ängsten und Vorurteilen über seine spirituelle, kulthafte Natur.

BADs/Körperpsychologie des Yoga
Yoga-Fans sind alles andere als Muskelpakete. Die Ausübung von Yoga drückt sich hauptsächlich in der Beweglichkeit aus und weniger in Kraft und Ausdauer. Man bekommt keinen stark bemuskelten Körper oder wird in die Lage versetzt, Ausdauersport zu treiben, wie etwa Marathon (Abb. 8.23).
Ein gut durchdachtes Yoga-Programm beansprucht alle Körperbereiche und entwickelt ausreichend Kraft in den tieferliegenden als auch in den oberflächlichen Muskelschichten. Außerdem massiert es innere Körperorgane und fördert ihre Funktionen. Die Körperhaltung wird ebenso verbessert wie die Balance zwischen den verschiedenen Körperbereichen.
Bei einer Person, die regelmäßig Yoga betreibt, wird es kaum irgendwelche Körperblockagen geben, und die Emotionen fließen gut durch den Körper. Es wird weniger chronische Verspannungen in den verschiedenen Körperbereichen geben. Durch Yoga kann man den Energiefluß durch den Körper spüren, sich seiner Gefühle bewußt werden und emotionelle Energie kanalisieren statt sie in verspannten Muskeln stauen.
Es gibt Yoga-Übungen, die Balance und Standfestigkeit lehren, so daß man mehr emotionelle Unterstützung erfährt. Aber man muß bei der Aufstellung eines Yoga-Programms vorsichtig sein. Man tendiert leicht dahin, Übungen zu machen, die man am wenigsten braucht, und solche auszulassen, die einem am meisten nützen würden. Ein guter Lehrer hilft einem dabei, das Beste aus Yoga für einen selbst herauszuholen.
Die Einstufung unter körperpsychologischen Gesichtspunkten ist hoch – mit einigen Einschränkungen. Yoga entwickelt einen ausgeglichen starken, balan-

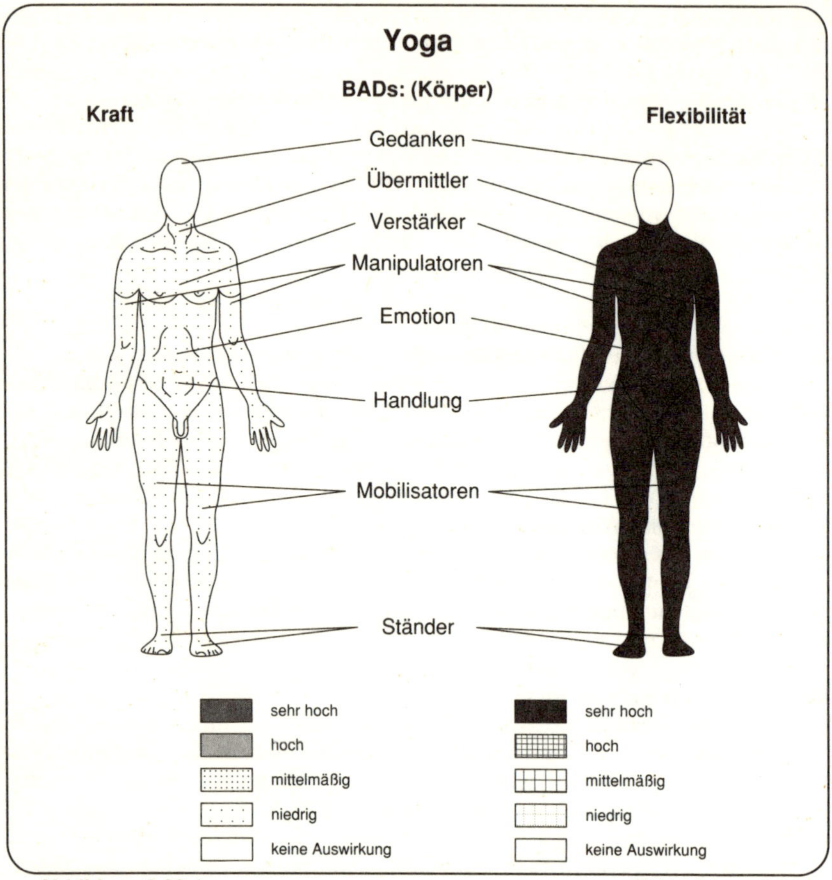

Abbildung 8.23 △

▽ **Abbildung 8.24**

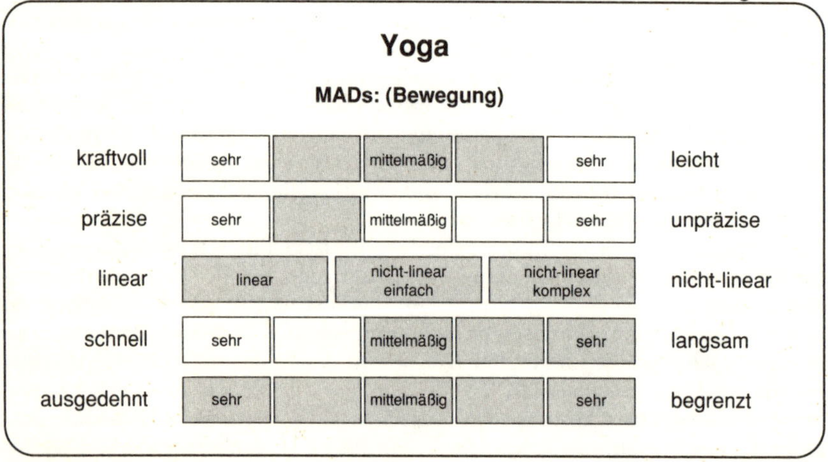

cierten Körper mit Flexibilität von Gelenken und Muskeln. Es fördert den Energiefluß, so daß man seine Bedürfnisse ausdrücken kann und dennoch mit seiner Umwelt in Kontakt bleibt. Wie gut einem Yoga tut, hängt von der Qualität des Lehrers ab. Ein guter Lehrer ist Grundbedingung!

MADs/Bewegungsanalyse des Yoga
Wenn wir Hatha-Yoga analysieren, geht es um die Körperbewegungen, die während einer typischen Sitzung von 30 bis 60 Minuten ausgeführt werden (Abb. 8.24).

Kraft: Beurteilung – **Bereich: schwach bis stark**
In bezug auf Kraft umspannen die Yoga-Bewegungen einen breiten Bereich – von schwach bis kraftvoll. Je nach Phase der Übung muß man mehr Leichtigkeit oder mehr Kraft einsetzen. Wir sehen in diesem ausgeglichenen Einsatz von Kraft eine Möglichkeit, Ihre Fähigkeiten zu fördern, Stärke oder Behutsamkeit je nach Situation einzusetzen, sicher und stark zu handeln oder sich passiv und abwartend zu verhalten, je nachdem wie es die Situation erfordert.

Beherrschung: Beurteilung – **präzise**
Die Betonung liegt auf präzise ausgeführten Bewegungen. Man kann Yoga auch lässig und schlampig durchführen, aber dann geht man das Risiko ein, sich zu verletzen oder zumindest keinerlei Nutzen davon zu haben. Sich ein Buch zur Hand zu nehmen und sich selbst Yoga beibringen zu wollen, ist keine besonders gute Idee. Man braucht das Feedback zu den Übungen. Wie wir von den vorhergehenden Bemerkungen über präzise Bewegungen wissen, können sie solche Eigenschaften, wie Beherrschung, Selbstdisziplin, Konzentration und Sicherheit fördern.

Linearität: Beurteilung – **Bereich: linear bis nicht-linear** (einfach und komplex)
Die Vielfältigkeit der Bewegungsformen und -richtungen während einer Yoga-Stunde reicht von linear bis nicht-linear (einfach und komplex). Das fördert die Flexibilität, mit der wir ans Leben herangehen, d.h. direkt zu sein, wenn nötig, und indirekt und zurückhaltender bei anderen Gelegenheiten. Es fördert eine runde Persönlichkeit, ohne die eine oder andere Eigenschaft besonders zu betonen.

Geschwindigkeit: Beurteilung – **Bereich: sehr langsam bis mittelmäßig**
Sie denken wahrscheinlich, Yoga sei eine sehr langsame Aktivität. Das stimmt zum Teil, aber es gibt auch dynamischere Übungen. In jüngster Zeit gibt es eine Kombination von Aerobic und Yoga, bekannt als »Dance-kinetics«. Aber in Hinsicht auf die typischen Yoga-Übungen ist die Beurteilung sehr langsam bis mittelmäßig.

Bewegungsumfang: Beurteilung – **Bereich: sehr begrenzt bis sehr ausgedehnt**
Ein weitverbreitetes Vorurteil über Yoga ist, daß man sich wie eine Gummipuppe biegen müsse. Das stimmt zum Teil, aber man macht auch sehr kontra-

hierte Bewegungen: Man streckt sich und sinkt in sich zusammen, man dehnt sich und zieht sich zusammen. Daher lautet unsere Beurteilung sehr ausgedehnt bis sehr begrenzt, was eine ausgeglichene Lebenseinstellung und die Fähigkeit, in den verschiedenen Situationen flexibel zu reagieren, bedeutet.

Yoga im Überblick

Warum ist Yoga nicht viel verbreiteter, wo es doch so viele Vorteile bietet? Vielleicht liegt es an dem mystischen, spirituellen Beigeschmack. Wahrscheinlich liegt es hauptsächlich daran, daß Yoga unserer Vorliebe für Geschwindigkeit und Nervenkitzel nichts zu bieten hat. Langweilig, langweilig, langweilig! Wenn man dieses Klischee außer acht läßt, so kann man sagen, daß Yoga für viele Leute sehr nützlich und hilfreich sein kann.

Was die körperlichen Auswirkungen angeht, ist Yoga nur zu empfehlen. Es fördert Balance und Harmonie zwischen den einzelnen Körperbereichen. Es entwickelt eine flexible und ausreichend kräftige Muskulatur. Man erfährt emotionelle Unterstützung durch die Erdverbundenheit. Der Bewegungsumfang fördert einen ausgeglichenen persönlichen Stil, so daß keine Eigenschaft überbetont und eine andere vernachlässigt wird. Jegliche Geschwindigkeit fehlt, aber die neue Kombination der westlichen Welt »Dance-kinetics« bietet genügend Tempo für diejenigen, die das brauchen.

Das bedeutet jedoch nicht, daß Yoga für jeden geeignet ist. Manch einer, der sich stark mit Yoga beschäftigt, beklagt, daß es wie in einer anderen Welt ist und man die Verbindung zur Realität verlieren kann. Andere sagen, man wird zu flexibel (sowohl geistig als auch körperlich), so daß man im Endeffekt sich jedem anpassen und auf ihn eingehen kann, außer auf sich selbst.

Das bedeutet, daß die Stärken des Yoga für manche Leute Schwächen bedeuten können. Es gibt einem die Zeit zum Meditieren, aber es trägt nicht dazu bei, das gesellige Verhalten zu fördern. Es ist nicht aggressiv oder kämpferisch und sehr sicher. Wenn Sie sich schon so einschätzen, kann Yoga diese Tendenz übermäßig entwickeln, so daß Sie passiv auf Ihre Umwelt reagieren, wo sicheres Auftreten und Durchsetzungskraft erforderlich wären.

Im großen und ganzen verdient Yoga aber mehr Aufmerksamkeit von den Fitneß-Freaks als es heutzutage der Fall ist. Mancher Fitneß-Club bringt ein paar Yoga-ähnliche Programme in sein Angebot unter dem Deckmantel von Stretching o. ä.

Diese an die nordamerikanischen Bedürfnisse angepaßte Form des Yoga ist gut dazu geeignet, ein Fitneß-Programm abzurunden und allzu aggressive, kämpferische Tendenzen in der Psyche abzuschwächen.

Kampfsport

Es gibt so viele Kampfsportarten, daß es schwierig wird, sie insgesamt abzuhandeln. Was verstehen wir unter Kampfsport? Im allgemeinen versteht man darunter verschiedene Formen der Selbstverteidigung, wie Karate, Judo, Taekwon-do, Kung-Fu und Tai-chi-chuan. Obwohl jede der oben genannten Kampf-

sportarten der Selbstverteidigung dient, sind einige weitaus aggressiver als andere. Die meisten Karate-Studios vertreten die »harte« Linie der Selbstverteidigung, d.h. sie stützen sich auf aggressive Trainingsmethoden. Tai-chi-chuan geht den »sanfteren« Weg, indem die Schüler lernen, einem Angriff auszuweichen und eine passive, abwartende Art der Selbstverteidigung ausüben.
Aus eigener Erfahrung oder aus Filmen wie »Karate Kid« weiß man, wie sehr der Lehrer oder Trainer die Qualität des Trainings bestimmt. Ist er sehr aggressiv, hat das Training Elemente des Boxens. Es ist betont aggressiv und zielt auf Verletzung des Gegners ab. Wenn der Trainer eher philosophische Ansichten über den Kampfsport hat, ist die Ausübung wesentlich disziplinierter und toleranter dem Gegner gegenüber.
Wie kann man die eine von der anderen unterscheiden? Abgesehen davon, daß z.B. Tai-chi-chuan generell als sanftere Form gilt, kommt es mehr auf den Trainer an als auf die Kampfsportart selber, wie hart sie ausgeführt wird.
Wenn wir in diesem Kapitel die Kampfsportarten untersuchen, vertreten wir dabei eine optimistischere Einstellung zu Ausübung und Absicht. Wir werden uns nicht mit den extremen Formen beschäftigen, wo die Betonung auf Verletzung und Technik ohne Philosophie liegt.

PADs/psychosoziale Dimensionen des Kampfsports
Diese Analyse basiert auf Personen, die mindestens drei Mal pro Woche in einen Club oder eine Schule gehen. Die Stunden können eine Stunde oder mehr andauern. Gibt es keine Stunden, trainieren einige auch für sich allein (Abb. 8.25).

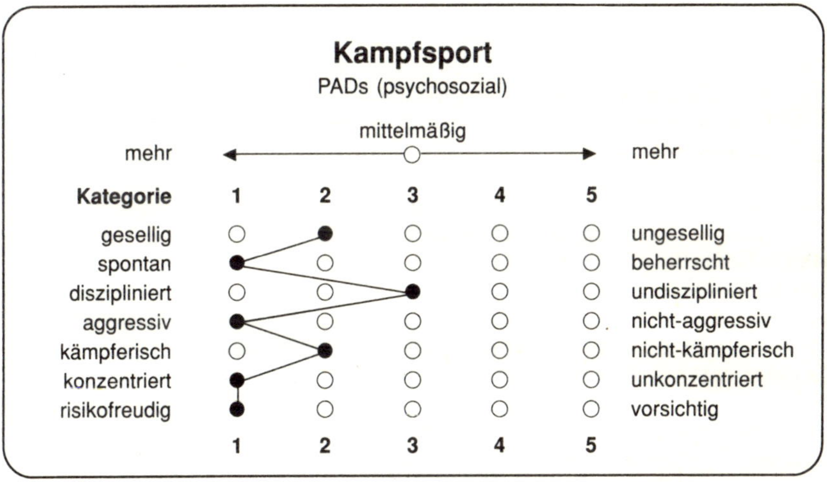

Abbildung 8.25

<u>Gesellig – ungesellig: Beurteilung – **mittelmäßig gesellig**</u>
Wieso wird diese Aktivität als gesellig eingestuft? Weil Interaktionen, zwar hauptsächlich nicht-verbaler Art, aber eben doch Interaktionen erforderlich

sind. Nach dem Aufwärmen und den Katas (präzise Bewegungen in einer vorgeschriebenen Reihenfolge) lernen die Schüler mit ihrem Trainingspartner zu treten, boxen, schlagen, werfen und sich fallen zu lassen. Die Schüler geben einander dabei verbales Feedback, das von »Versuch es doch einmal so« bis »Hey, paß auf!« reicht. Während der ganzen Zeit muß man sich auf seinen Partner einstellen. Wenn Sie für lange Zeit in einer Gruppe sind, müssen Sie Wege finden, um die Wogen zu glätten, die Sie durch zu hartes Treten oder Schlagen schon einmal verursachen können.

Spontan – beherrscht: Beurteilung – **spontan**
Der Handlungsablauf in den Kampfsportarten läßt sich nicht vorprogrammieren. Es bleibt keine Zeit, darüber nachzudenken, wie man logischerweise auf einen Schlag in den Magen reagiert. Es gibt natürlich eine Strategie, und die scheinbare Spontaneität in einem Kampf ist meist das Resultat jahrelangen Trainings. Das Training erfordert eine Ausgewogenheit zwischen Spontaneität und emotioneller Beherrschung. Aber im Eifer des Gefechts bei einem Kampf weiß man nie, was als nächstes geschieht oder wie man reagieren wird. Das ist Spontaneität.

Diszipliniert – undiszipliniert: Beurteilung – **mittelmäßig**
Jetzt sind Sie sicherlich überrascht. Sie denken bestimmt, daß das Wesentliche beim Kampfsport die Selbstdisziplin sei. Dem widersprechen wir auch nicht. Wenn wir jedoch in der Psychologie von Disziplin sprechen, geht es darum, wie stark man sich selbst antreiben muß bzw. wie sehr man von den Vorteilen der Aktivität angetrieben wird. Das Training in einer Kampfsportart geschieht in Gruppen mit einem Trainer und einer Reihe von Interaktionen. Jeden Tag lernt man etwas Neues, und das, was man tun muß, ist sehr abwechslungsreich. Es gibt eine spezielle Kleidung und Rituale. In gewisser Weise verfügt auch der Kampfsport über Glanz und Glitter; er ist attraktiv und interessant. Da Kampfsportarten nicht so spielerisch wie Rückschlagspiele oder so wenig fordernd wie Aerobic sind, benötigt man durchaus mehr Disziplin, und daher lautet unsere Einstufung mittelmäßig.

Aggressiv – nicht-aggressiv: Beurteilung – **aggressiv**
Es scheint, daß wir keine Beurteilung der Kampfsportarten abgeben können, ohne vorher Begriffe zu definieren. Aggression bedeutet den Einsatz von Kraft, um zu dominieren oder zu herrschen. Mit der Ausnahme von Tai-chi ist in allen Kampfsportarten kraftvolles Handeln notwendig. Man entwickelt die Fähigkeit, Kraft einzusetzen, um zu dominieren, obwohl das philosophische Training dazu beiträgt, daß Aggressionen zurückgehalten oder auf konstruktive Weise umgeleitet werden. Untersuchungen haben gezeigt, daß die Kampfsport-Schüler mehr Selbstvertrauen bekommen und als Folge weniger schnell aggressiv reagieren, wenn sie provoziert werden.[4] Bei einem guten Trainer wird das sicherlich der Fall sein, aber das ändert nicht die Tatsache, daß Kampfsport die Fähigkeit, aggressiv zu reagieren, erhöht.

Kämpferisch – nicht-kämpferisch: Beurteilung – **mittelmäßig kämpferisch**
Das Ziel des Trainings in den Kampfsportarten ist nicht der Wettbewerb oder Wettkampf, sondern die Erlernung eines Systems zur Selbstverteidigung. Aus

diesem Grund muß man mit einem Partner trainieren. Jetzt kommt das Wettkampf-Element! Wenn man dann Fortschritte vom gelben zum schwarzen Gürtel macht, findet man sich plötzlich in von den Clubs organisierten Wettkämpfen wieder, wo nach einem Punkte-System Sieger und Verlierer ermittelt werden. Einzig weil Ziel und Philosophie der Kampfsportarten nicht den Wettkampf beinhalten, beurteilen wir sie nicht als sehr kämpferisch.

Konzentriert – unkonzentriert: Beurteilung – **konzentriert**
Jede Kampfsportart erfordert viel Konzentration und Aufmerksamkeit oder man »überlebt« nicht. Man muß ständig aufpassen und lernt, sich zu konzentrieren. Wenn man an etwas anderes denkt, kann man verletzt werden. Es bleibt wenig Zeit für abschweifende Gedanken, Tagträume oder die Alltagssorgen. Die meditative Komponente in den Kampfsportarten fördert die mentale Konzentrationsfähigkeit.

Riskant – sicher: Beurteilung – **riskant**
Nicht nur bei den Trainings- oder Wettkämpfen, sondern auch beim Trainieren einfacher Stöße und Schläge kann man sich verletzen. Abgesehen von den körperlichen Verletzungen sieht es unter psychologischer Hinsicht etwas besser aus. Selbstverständlich ist das Ego verletzt, wenn man krachend auf den Boden fliegt, aber das passiert jedem. Außerdem trägt man keine Tights oder dergleichen, die genau preisgeben, wieviel Körperfett man hat: Das Ego kann sich gut im Gi (die Bekleidung im Kampfsport) verstecken. Dennoch ist es eine risikoreiche Aktivität. Es ist aufregend, Kampfsport zu betreiben.

BADs/Körperpsychologie des Kampfsports
Mehr als die meisten Fitneß-Aktivitäten trainiert man durch Kampfsport Standfestigkeit, Balance, Energiekontrolle und -freisetzung. Die Betonung liegt auf Muskelstärkung, Ausdauer und Flexibilität. Der obere und untere Körperbereich werden ziemlich gleichmäßig entwickelt. Man lernt, seine weniger häufig gebrauchte Körperseite (rechts oder links) ebenso zu benutzen wie die dominante. Der Schlüssel zum Erfolg in einer Kampfsportart liegt im Verständnis und der Beherrschung des Energieflusses durch den Körper (Abb. 8.26).
Unter den Gesichtspunkten der Körperpsychologie schneiden die Kampfsportarten recht gut ab. Wenn man sie lange genug betreibt, wird man eine enorme Standfestigkeit durch die Entwicklung des unteren Körperbereichs verspüren. Zweifellos ist das einer der Gründe, warum das Selbstvertrauen so stark zunimmt. Auch das Ausdrucksvermögen, das sich durch Stärke im unteren Körperbereich und Flexibilität ergibt, wird in Qualität und Quantität verbessert werden. Das heißt, die Muskelentwicklung ermöglicht einem, sanft oder kraftvoll, starr oder flexibel zu reagieren. Man hat die Wahl und ist nicht durch die Körperentwicklung an eine bestimmte Weise gebunden. Desweiteren lernt man viel über Balance, wie man sein Körpergewicht einsetzen kann, wie man seinen Standpunkt behauptet, wie man sich bewegt und wie man seine Atmung einsetzt. Es gibt natürlich Risiken, die durch übermäßiges Training oder den Einsatz von Gewalt auftreten. Aber im großen und ganzen ermöglicht die Körperentwicklung durch den Kampfsport eine bessere Entfaltung der psychischen Bedürfnisse und des Wunsches nach Selbstverwirklichung.

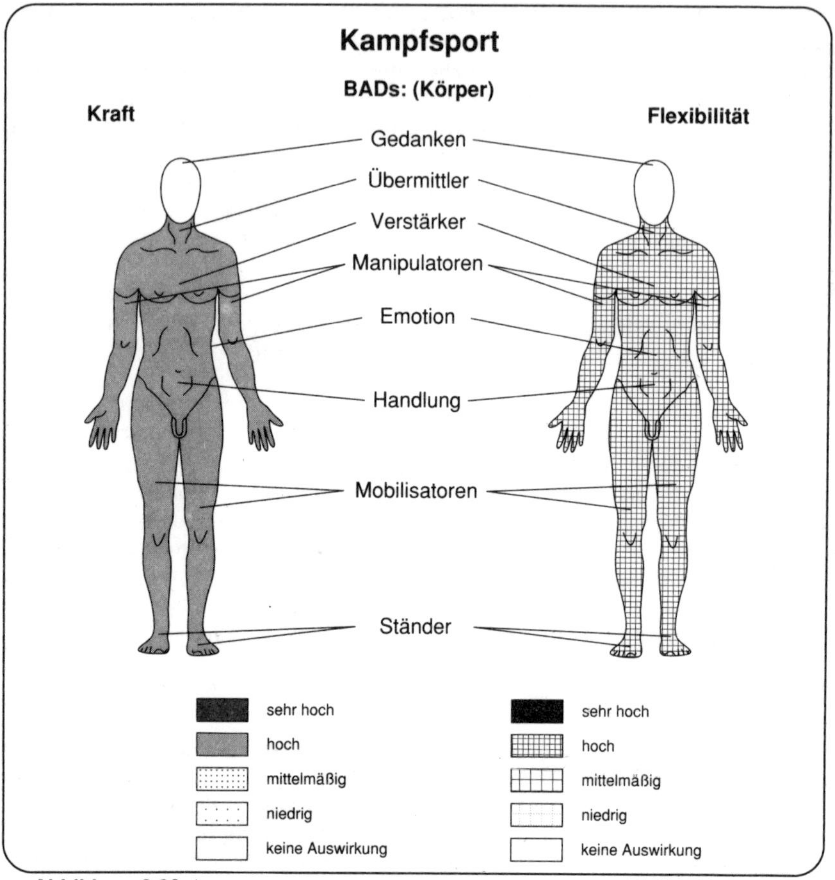

Abbildung 8.26 △ **▽ Abbildung 8.27**

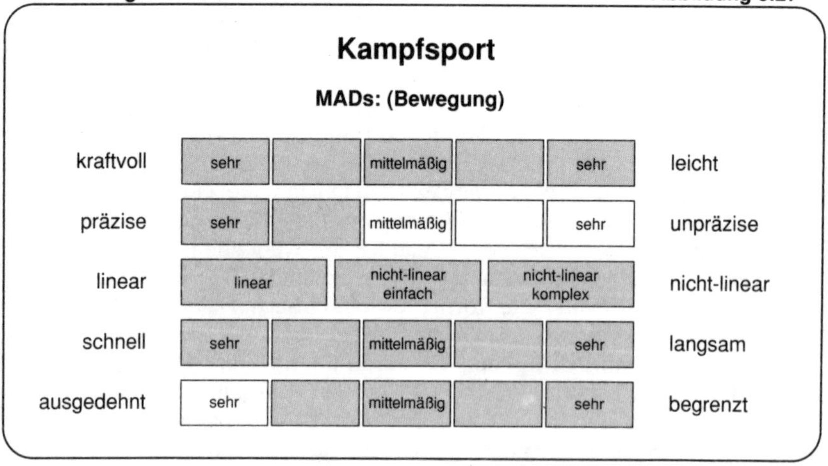

MADs/Bewegungsanalyse des Kampfsports

Wenn man die typischen Bewegungsmuster im Kampfsport untersucht, kann man sehr gut die Psychologie des Kampfsports erkennen. Sehen wir uns einmal die fünf Aspekte an, um zu sehen, was durch Kampfsport gefördert wird (Abb. 8.27).

Kraft: Beurteilung – **Bereich: sehr stark bis sehr leicht**

Wenn man beim Kampfsport an den Aspekt der Kraft denkt, konzentriert man sich wahrscheinlich auf die kraftvollen Bewegungen wie Schläge und Tritte. Aber es gibt viele andere Bewegungen, wo die Betonung auf Leichtigkeit liegt, wie etwa das Gehen auf dünnem Reispapier, ohne es zu zerreißen. Man lernt, sich sowohl kraftvoll als auch leicht zu bewegen, daher reicht unsere Einstufung von sehr leicht bis sehr kraftvoll. Das bedeutet eine ausgezeichnete Ausgewogenheit zwischen aggressiven und passiven Fähigkeiten.

Beherrschung: Beurteilung – **Bereich: präzise bis sehr präzise**

Das Training einer Kampfsportart verlangt eine Präzision in den Bewegungen. Wo man seine Füße hinsetzt, wie man seine Arme bewegt, was man mit seinem Rumpf macht – alles geschieht nach bestimmten Bewegungsmustern. Man braucht aber eine lange Zeit, um diese Bewegungsmuster zu erlernen und so bewegen sich die meisten Schüler mit mehr oder weniger großer Präzision. Dennoch wollen wir die Bewegungen im Kampfsport als präzise bis sehr präzise einstufen. Das bedeutet, daß das Training einer Kampfsportart psychologische Qualitäten wie Disziplin, Beherrschung, mentale Konzentration und eine Vorliebe für Sicherheit fördert.

Linearität: Beurteilung – **Bereich: linear bis nicht-linear** (einfach und komplex)

Die Bewegungen im Kampfsport sind entweder relativ direkt, oder der Körper muß sich in unterschiedlicher Form und Richtung bewegen. Bei einem Stoß oder Tritt sind die Bewegungen linear, aber wenn man mit einem Partner trainiert oder die rituellen Katas macht, sind die Bewegungen eher nicht-linear als linear. Eine solche Bewegungsvielfalt von linear bis nicht-linear (einfach und komplex) läßt die Entwicklung einer psychischen Ausgeglichenheit vermuten in bezug auf Sicherheit, Beherrschung, Disziplin und Konzentration. Man lernt, seine Bewegungen zu steuern und den Wert indirekter Bewegungen zu schätzen.

Geschwindigkeit: Beurteilung – **Bereich: sehr schnell bis sehr langsam**

Aktivitäten, die in einem weiten Geschwindigkeitsbereich liegen, helfen einem, sein Tempo im Alltagsleben richtig zu dosieren. Das Training in einer Kampfsportart beginnt mit langsamen, bedächtigen Bewegungen. Das Tempo wird erst gesteigert, wenn die Bewegungen besser beherrscht werden. Die Geschwindigkeit reicht von sehr langsam bis sehr schnell. Der Extremfall sind blitzartige Tritte und fast zeitlupenartige, meditative Bewegungen. Durch eine solche Bewegungspalette werden so unterschiedliche psychologische Kriterien wie Aggressivität und Passivität, Konzentration und Geistesabwesenheit, Risikofreude und Sicherheitsdenken, Beherrschung und Spontaneität gefördert.

Bewegungsumfang: Beurteilung – **Bereich: sehr kontrahiert bis ausgedehnt**
Die Bewegungen in den Kampfsportarten reichen von sehr kontrahiert bis ausgedehnt. Der Körper kann sich zusammenkrümmen oder in voller Länge strecken. Die Arme können vor einem Schlag ganz angezogen sein, und wenn der Schlag erteilt wird, werden sie voll ausgestreckt. Durch solches Körpertraining lernt man extreme Bewegungen zu schätzen und weiß, wann man sich ausstrecken und wann man sich zurückziehen sollte. Da der Körper immer in gewisser Anpassung ist – z.B. wenn ein Tritt erfolgt – beurteilen wir den Bewegungsumfang nicht als sehr ausgedehnt.

Kampfsport im Überblick
Viele Leute haben eine Abneigung gegen Kampfsportarten aufgrund der harten, aggressiven Bewegungen. Das ist eine engstirnige Einstellung. Kampfsport hat einiges zu bieten. Der größte Nachteil ist wahrscheinlich das Risiko, sich beim Training zu verletzen. Es besteht nicht nur die Gefahr einer Verletzung durch einen Tritt, sondern auch durch übertrieben eifrige Dehn- und Streckbewegungen.
Was kann einem Kampfsport geben? Sie können Ihr Selbstvertrauen enorm steigern. Die Bewegungen sind sicher und beherrscht. Der Körper lernt Standfestigkeit und seinen Mittelpunkt zu finden. Es fällt einem leichter, sich weder zu diszipliniert noch zu undiszipliniert zu verhalten. Man ist weder zu spontan noch zu beherrscht. Man lernt, seine Energie zu konzentrieren, und zwar durch Atmung und Konzentration.
Aber es handelt sich nicht nur um Körperdisziplin. Die größten Beschwerden gibt es wahrscheinlich über die Kampfsportarten, die zwar Körperbeherrschung lehren, aber die philosophische Betonung von mentaler und emotioneller Beherrschung weglassen.
Kampfsport ist ein gutes Training von Körper und Geist, aber er ist nicht für jeden geeignet. Für überaus passive Menschen kann Kampfsport zu extrem sein, ebenso für sehr aggressive Menschen. Zum Training gehören einige kraftvolle Bewegungen, und es besteht die Möglichkeit, daß sich dadurch die entsprechenden Gedankengänge ausprägen. Untersuchungen haben gezeigt, daß es umso unwahrscheinlicher ist, daß eine Person auf Provokationen aggressiv reagiert, je trainierter sie ist.[5)] Dem können wir nur zustimmen. Aber richtiges Training bedarf viel Zeit, und es kann sein, daß eine zu Gewalttaten neigende Person ihre neu erworbenen Fähigkeiten gleich ausprobiert.

Tanzen

Auch hier gibt es eine große Vielfalt. Es gibt Ballett und Jazz-Tanz (Jazz Dance), modernen Tanz und Tanz-Improvisation usw. usw. Und wovon sprechen wir? Wir möchten diese Frage beantworten, indem wir unsere Absicht erläutern. Dieses Buch handelt von regelmäßigem Fitneßtraining. Was tun diejenigen, die sich für Tanzen interessieren, für ihre Fitneß? Sie nehmen Unterricht. Was für einen Unterricht? In den meisten Fällen nehmen sie Ballett-Unterricht oder modernen Tanz bzw. Jazz-Tanz. Um es einfacher zu machen, beschäftigen wir uns mit zwei Untergruppierungen: Ballett und Jazz- bzw. modernem Tanz. Natürlich gibt es hierbei wieder viele Untergruppierungen, aber für unsere Zwecke reicht die großzügige Unterteilung in Ballett und Jazz-/moderner Tanz. Wie Sie vielleicht wissen, gibt es riesige Unterschiede beim Training für Ballett und für Jazz/modernen Tanz. Oft trainieren die Schüler beide Richtungen, aber es gibt auch solche, die strikt nur Ballett tanzen, und die, die sich voll auf Jazz- oder modernen Tanz konzentrieren. Da es diesen großen Unterschied gibt, werden wir in unserer Analyse genau hervorheben, wo die Unterschiede liegen. Bevor wir diese Einführung abschließen, fragen Sie vielleicht noch, wie es mit den Gesellschaftstänzen sei. Das ist eine sehr beliebte Aktivität, aber es handelt sich dabei wohl mehr um eine »1 × pro Woche«-Betätigung als um etwas, das man sieben Mal pro Woche trainieren könnte. Es paßt einfach nicht in unser Bild einer regelmäßig ausgeführten Fitneß-Aktivität, obwohl es sicherlich auch Leute gibt, die tatsächlich täglich Gesellschaftstänze trainieren. Wenn Sie sich für diese Form des Tanzes interessieren, können Sie einige der Kommentare zu Ballett und Jazz-/modernen Tanz auf Gesellschaftstänze anwenden, da eine Ähnlichkeit besteht. Der Hauptunterschied ist natürlich, daß es sich um *Gesellschafts*-Tänze handelt.

PADs/psychosoziale Dimensionen des Tanzes

Die meisten beginnen schon sehr früh mit dem Tanzen. Nachdem sie festgestellt haben, daß Tanzen nicht zu ihrem Beruf werden wird, betreiben sie Tanzen als Freizeitsport. Andere beginnen später und gehen dann regelmäßig drei oder vier Mal in der Woche zum Unterricht. Getanzt wird in einer Gruppe unter Anleitung eines erfahrenen Lehrers. Eine solche Tanzstunde beginnt mit Aufwärmübungen, danach folgen einzelne Schritte, die nach und nach zu kompletten Bewegungen kombiniert werden. Nach dem Training der grundlegenden Bewegungsabläufe wird ein choreographierter Tanz trainiert. Die Schüler imitieren den Lehrer und werden im Verlauf der Stunde immer wieder korrigiert. Im folgenden nun die Beschreibung des Tanzsports in bezug auf die Bewegungsdimensionen (Abb. 8.28 und 8.29).

Gesellig – ungesellig: Beurteilung – **mittelmäßig**

Ebenso wie bei anderen Fitneß-Aktivitäten, die in Kursen oder Gruppen durchgeführt werden, besteht die Möglichkeit zur Interaktion, ohne daß dies grundlegende Bedingung wäre. Man kann eine ganze Zeit zum Unterricht gehen, bevor man beginnt, Kontakt zu bekommen. Tanzen als solches bedingt nicht, daß man mit den anderen sprechen muß oder auf andere Weise mit ihnen zu tun hat.

Spontan – beherrscht: Beurteilungen: Ballett – **mittelmäßig;**
Moderner/Jazz-Tanz – **ziemlich spontan**

Beherrschung hat mit dem logischen, analytischen Vorgang der Selbst-Organisation zu tun. Durch diesen Prozeß bestimmt man, was man tut. Eine Ballettstunde besteht aus einer genauen Abfolge von Aktivitäten. Man bewegt sich entsprechend einer bestimmten Formel. Es mag spontan aussehen, aber das ist es nicht. Beim modernen oder Jazz-Tanz gibt es zwar auch solch vorprogrammierte Bewegungen, aber es besteht die Möglichkeit für spontane Bewegungen, für Improvisation. Es hängt ganz vom Lehrer ab. Manche Ballettgruppen haben den Charakter eines militärischen Drills, andere jedoch fördern die individuelle Kreativität. Der moderne Tanz begünstigt den spontanen Ausdruck. Ganz allgemein regt Tanzen die Kreativität an, und sei es nur aufgrund des Schwierigkeitsgrades der Bewegungen, die ein Tänzer imitieren muß.

Diszipliniert – undiszipliniert: Beurteilungen – **mittelmäßig**
Aus ziemlich demselben Grund, aus dem wir die Kampfsportarten als mittelmäßig einstuften, beurteilen wir auch den Tanzsport als attraktiv für die Tänzer und sagen, daß es Disziplin erfordert, immer wieder zum Unterricht zu gehen, unzählige Pliés (Kniebeugen) zu machen und seinen Körper den von jemand anderem vorgeschriebenen Bewegungsabläufen zu unterwerfen. Andererseits braucht man nicht die Willenskraft, die zum Laufen erforderlich ist. Es gibt die Gruppe, die einen unterstützt, und die Bewegung ist die Belohnung.

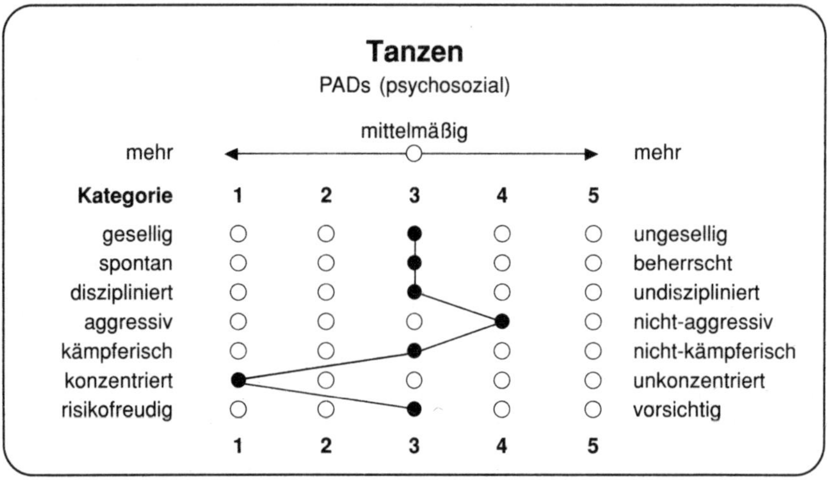

Abbildung 8.28

Aggressiv – nicht-aggressiv: Beurteilung – **mittelmäßig nicht-aggressiv**
Tanzen bedeutet, mit geringstmöglicher Anstrengung eine möglichst effektive Bewegung auszuführen. Es soll keine Energie vergeudet werden. Der Tänzer läßt eine Bewegung heraus, statt daß er sie erzwingt. Je mehr man etwas beim Tanzen erzwingen will, desto erfolgloser wird man. Es gibt natürlich Choreographien, wo man Kraft einsetzen muß, aber die Betonung beim Tanzen liegt hauptsächlich auf einer gewissen Leichtigkeit der Bewegungen. Was dem Tanzen ein aggressives Element gibt, ist die Tatsache, daß einige Bewegungen vollen Krafteinsatz erfordern und somit langsam ein Gefühl für Gewalt erwecken. Man kann dies gut beobachten, wenn ein Tänzer einen enormen Sprung macht oder sich durch eine böswillige Choreographie schlägt.

Kämpferisch – nicht-kämpferisch: Beurteilung – **mittelmäßig**
Bedenken Sie, daß wir hier nicht von professionellen Tanzgruppen sprechen, sondern von Tanzkursen, die von einem normalen Publikum besucht werden. Das Ziel dieser Gruppen ist, alles so gut wie möglich zu machen – aber nicht mit jemandem zu konkurrieren. Dennoch fällt es schwer, einen gewissen Konkurrenzkampf in den Gruppen zu übersehen. Zuerst einmal gibt es verschiedene Stufen, nämlich Anfänger und Fortgeschrittene. Die Schüler versuchen, in die höchste Gruppe zu kommen und fordern sich selbst heraus. Das heißt, sie versuchen, besser als die anderen in der Gruppe zu sein. Zweitens will jeder in der ersten Reihe sein, wenn es darum geht, Schrittkombinationen quer durch

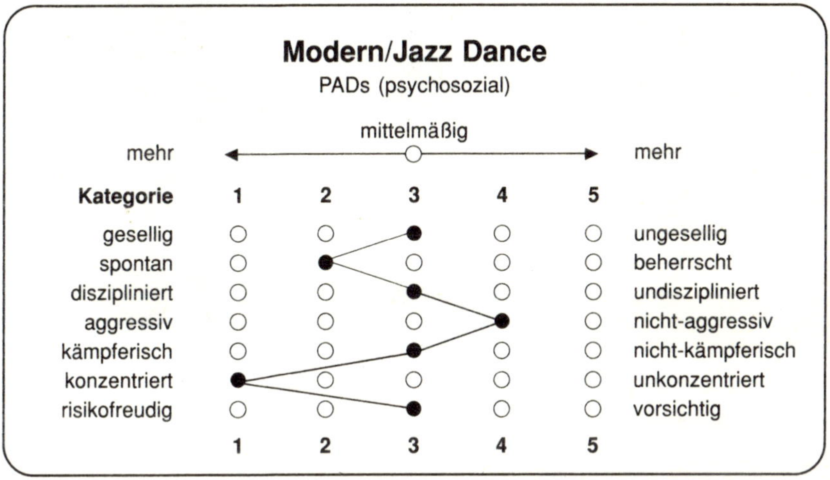

Abbildung 8.29

den Raum auszuführen. Um vorne stehen zu können, muß man zu den Besseren gehören. Drittens entwickelt sich in einer Gruppe sehr schnell eine Hackordnung, die darauf basiert, wie gut man tanzt. Es existiert also ein Konkurrenzdenken, aber all das geschieht in einer Aktivität, die vom Grundsatz her keinen Wettkampf erfordert und wo es keine Sieger und Verlierer gibt. Aber ist das wirklich der Fall?

Konzentriert – nicht-konzentriert: Beurteilung – **konzentriert**
Mit Ausnahme der Aufwärmphase verlangt der Unterricht volle Konzentration. Man muß körperlich und geistig die Schrittkombination behalten, und wenn man nicht gerade als Fortgeschrittener in einer Anfänger-Gruppe ist, muß man sich vollkommen konzentrieren. Im Gegensatz zu Aerobic, wo der Ablauf von Woche zu Woche der gleiche ist, ändern sich die Kombinationen beim Tanzen ständig. Man macht nicht immer dasselbe, so daß der Geist ruhig einmal hätte abschweifen können. Die Qualität des Tanzes wird gemessen an der choreographischen Originalität sowie dem technischen Können.

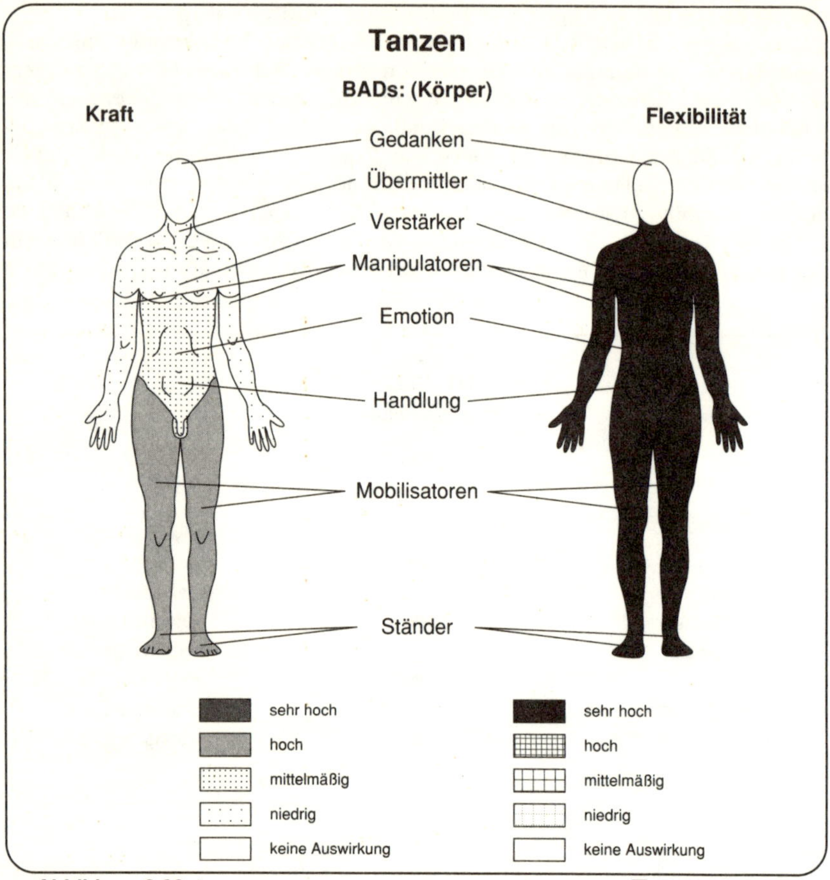

Abbildung 8.30 △ **▽ Abbildung 8.31**

Tanzen

MADs: (Bewegung)

kraftvoll	sehr		mittelmäßig		sehr	leicht
präzise	sehr		mittelmäßig		sehr	unpräzise
linear	linear		nicht-linear einfach		nicht-linear komplex	nicht-linear
schnell	sehr		mittelmäßig		sehr	langsam
ausgedehnt	sehr		mittelmäßig		sehr	begrenzt

Riskant – sicher: Beurteilung – **mittelmäßig**
Wo liegt beim Tanzen das Risiko? In körperlicher Hinsicht zeigen die Tänzer den größten Respekt vor den Leistungen des Körpers. Vorsichtig werden Muskeln und Gelenke aufgewärmt. Wenn man nicht gerade akrobatische Bewegungen mit viel Körperkontakt vollführt, kann man dem Körper kaum Schaden zufügen. Das Risiko ist also hauptsächlich psychologischer Art. Es ist frustrierend, wenn man ohne Erfolg versucht, seinen Körper so zu bewegen, wie es der Lehrer vormacht oder bei einem Tanz bis an seine Leistungsgrenzen geht. Das passiert, wenn man peinlicherweise einmal stolpert oder vor Publikum tanzen muß. Das Ego ist manchmal nicht bereit dazu. Wenn man sich schrecklich und klamm fühlt, kann Tanzen ein Risiko sein. Und selbst wenn man nicht gerade gegen Türen knallt, wird das Ego in einer guten Gruppe ganz schön auf die Probe gestellt.

BADs/Körperpsychologie des Tanzens
Zumindest in einer Hinsicht kann man Tanzen mit Laufen vergleichen. Die Kraft für die Bewegungen kommt aus den Beinen, die Arme gehen lediglich mit. Aber hier hört die Ähnlichkeit schon auf. Die Muskelentwicklung im oberen und unteren Körperbereich durch Laufen und Tanzen ist recht unterschiedlich (Abb. 8.30).
Die Muskelentwicklung im unteren Körperbereich durch Tanzen fördert Kraft und Flexibilität. Alle Muskeln, auch die sehr kleinen Muskeln in den Füßen, sind äußerst wichtig. Man verwendet viel Mühe darauf, um jeden Muskel im unteren Körperbereich zu stärken und seine Flexibilität zu erhöhen. Ein verspannter Muskel ist der Erzfeind des Tänzers.
Was ist mit dem Oberkörper? Der Oberkörper wird überhaupt nicht gestärkt, es sei denn, man hebt einen Partner hoch. Der Oberkörper wird nur trainiert, um Flexibilität und Bewegungsumfang zu erhöhen. Die psychologischen Auswirkungen des Tanzes äußern sich darin, daß es einem leichter fällt, seine Bedürf-

∇ **Abbildung 8.32**

Modern/Jazz Dance

MADs: (Bewegung)

kraftvoll	sehr		mittelmäßig		sehr	leicht
präzise	sehr		mittelmäßig		sehr	unpräzise
linear	linear		nicht-linear einfach		nicht-linear komplex	nicht-linear
schnell	sehr		mittelmäßig		sehr	langsam
ausgedehnt	sehr		mittelmäßig		sehr	begrenzt

nisse und Emotionen auszudrücken, daß man besser mit seiner Umwelt zurechtkommt, ohne daß die Interaktionen notwendigerweise an Kraft oder Stärke zunehmen.
Da der Unterkörper sehr standfest ist und dennoch energiegeladen für Bewegungen, erscheinen Interaktionen mit dem Oberkörper wirksamer. Ein Tänzer hat nicht unbedingt viel Kraft in den Armen, aber Flexibilität, die es ihm erlaubt, sich mühelos und geschmeidig zu bewegen. Er bewegt sich über seine Arme fort. Der Oberkörper erhält durch die feste Verbindung mit den starken, flexiblen Beinen seine Energie. Der Körper eines Tänzers ist sehr sensibel. Das befähigt ihn, auf seine Umwelt einzugehen und so zu handeln, daß er je nach Situation beherrschend oder annehmend ist, aus sich herausgeht oder sich zurückhält und sanft oder hart ist.

MADs/Bewegungsanalyse des Tanzes
Der Radius der Bewegungen beim Tanz ist so groß, daß wir Tanzen in jedem Aspekt in die höchste Kategorie einordnen. Zum größten Teil trifft das sowohl auf Ballett als auch auf modernen/Jazz-Tanz zu (Abb. 8.31 und 8.32).

Kraft: Beurteilung – **Bereich: sehr kraftvoll bis sehr leicht**
Es gibt leichte und kraftvolle Bewegungen beim Tanzen. Es gibt Sprünge und Würfe und auch federleichte Bewegungen. Ein Tänzer erlebt während seines Tanztrainings die volle Bewegungsskala von sehr leicht bis sehr kraftvoll.

Beherrschung: Beurteilungen: Ballett – **Bereich: präzise bis sehr präzise**
Moderner/Jazz-Tanz – **Bereich: sehr präzise bis sehr unpräzise**
Beim Ballett wird mehr Präzision in den Bewegungen verlangt, als das beim modernen oder Jazz-Tanz der Fall zu sein scheint. Daher herrscht in den Ballettstunden mehr emotionelle Beherrschung und Disziplin als in vielen Jazz-Tanz-Gruppen (moderner Tanz).
Zu modernem/Jazz-Tanz können freies Laufen, Sprünge und Improvisationen gehören, was unpräzise Bewegungen ergibt. Das kann es auch in manchen Ballettkursen geben, wo unpräzise Bewegungen dazu eingesetzt werden, vom Streß der Präzision zu befreien. Unsere Beurteilung unterscheidet hier zwischen Ballett, wo die Bewegungen präzise bis sehr präzise sind, und modernem/Jazz-Tanz, wo die Bewegungen die ganze Skala von sehr präzise bis sehr unpräzise umfassen.

Linearität: Beurteilung – **Bereich: linear bis nicht-linear** (einfach und komplex)
Beim Tanzen bewegt man sich in alle Richtungen, wobei sich manchmal ein Körperbereich in eine andere Richtung bewegt. Man springt, duckt sich, kriecht, schwebt. Man läuft rückwärts und seitwärts und im Kreis. Man lernt, sich nach außen und innen zu konzentrieren. Man richtet seine Aufmerksamkeit auf etwas und behält das bei oder läßt sie wandern. Es entsteht eine Ausgewogenheit zwischen den psychologischen Tendenzen. Sicherheit und Aufnahmefähigkeit, Beherrschung und Entspannung, Disziplin und Nachgiebigkeit werden entwikkelt. Wir stufen Tanzen im gesamten Bereich von linear bis nicht-linear (einfach und komplex) ein.

Geschwindigkeit: Beurteilung – **Bereich: sehr schnell bis sehr langsam**
Es gibt schnelle und langsame Bewegungen. Strecken und Dehnen geschieht langsam, und es gibt Choreographien, wo man aus vollem Lauf in ein leichtes Gehen übergeht. Man lernt, sein Tempo zu bestimmen und die Übergänge zwischen Beschleunigen und Verlangsamen. Die Geschwindigkeit der Bewegungen beim Tanzen reicht von sehr schnell bis sehr langsam, so daß man emotionelle Extreme wie bei aufregenden Bewegungen erlebt, aber auch ruhige und sichere. Durch die Erfahrung beider Extreme und des Mittelmaßes der psychologischen Dimensionen, wird man flexibler in seiner Lebenseinstellung und reagiert flexibler.

Bewegungsumfang: Beurteilung – **Bereich: sehr kontrahiert bis sehr ausgedehnt**
Ein Tänzer bewegt sich sehr ausgedehnt, wenn er einen Sprung macht oder sich nach dem imaginären Horizont streckt. Dann zieht sich der Körper zusammen und krümmt sich, wie in tiefem seelischem Schmerz. Durch diese körperliche Ausdrucksmöglichkeit erlebt der Tänzer eine Palette von Emotionen und psychischen Empfindungen, und er weiß, wie er aus sich heraus kann oder wie er sich in sich zurückzieht. Die beim Tanzen gezeigten Bewegungen (von sehr ausgedehnt bis sehr kontrahiert) betreffen nicht nur Muskeln und Gelenke, sondern auch Gedanken und Emotionen.

Tanzen im Überblick
Den Geist des Tanzens einzufangen, ist schwierig. Die Bewegungen zeigen die ganze Vielfalt menschlicher Ausdruckskraft. In einer Reihe psychologischer Aspekte wird es als mittelmäßig eingestuft, und man geht von einer gewissen Ausgewogenheit in der durch Tanzen geförderten Lebensweise aus. In körperlicher Hinsicht bekommt die Person eine starke Basis und kann je nach Situation ihre Stellung behaupten oder aufgeben. Die Kraft im Oberkörper wird nicht besonders erhöht, was aber kaum Probleme bereitet, da die flüssigen Bewegungen ausreichend Selbstausdruck und Beherrschung der Umwelt erlauben. Durch Tanzen wird sicherlich keine aggressive Persönlichkeit gefördert, aber es erleichtert sicheres Auftreten.
Tänzer schätzen die Unterstützung und das Gefühl, gefestigt zu sein. Das kommt von all der Arbeit am Unterkörper und seiner Standfestigkeit. Daher vermittelt Tanz ein starkes Gefühl von Selbstsicherheit.
Im negativen Fall, wenn das Tanztraining zu beherrscht, zu präzise, zu diszipliniert wird, fördert es eine Persönlichkeitsstruktur, die ebenfalls starr und beherrscht ist. Oder wenn Tanzen zu kreativ, zu spontan ist, unterstützt das Eigenschaften wie Impulsivität und Flüchtigkeit, was eine pragmatische Lebenseinstellung erschwert. Generell ist Tanzen ein sehr positives Training für Körper und Geist. Was die körperlichen Auswirkungen angeht, mangelt es vielleicht etwas an aerober Aktivität, aber in psychologischer Hinsicht hat es viele Vorteile.

Skisport

Wenn Sie nicht gerade in den Bergen wohnen, wird Skifahren kaum Ihr regelmäßiges Fitneßtraining sein. Es ist saisonabhängig und selbst dann wird meist nur am Wochenende oder an einem freien Tag Ski gefahren. Wir führen Skifahren hier nicht nur aufgrund seiner Beliebtheit auf, sondern auch weil viele Leute, die sich als Skifahrer bezeichnen, im Sommer auf Wassersport umsteigen. Skifahrer gibt es in allen Körpergrößen und mit unterschiedlichstem Können. Wenn man lange genug Ski fährt, weiß man die gesellige und emotionelle Seite dieses Sports zu schätzen.

Bevor wir fortfahren, müssen wir noch eine grundsätzliche Unterscheidung treffen, nämlich zwischen Abfahrtslauf oder alpinem Ski und Langlauf. Nach unserer Ansicht handelt es sich hier um zwei völlig unterschiedliche Sportarten. Der Langläufer gleicht mehr dem Läufer, Schwimmer oder Radfahrer. Viele Ausdauersportler wechseln einfach nur die Schuhe, wenn der Winter kommt, und schnallen sich die Langlaufski an, um ihr tägliches aerobes Training zu bekommen.

Aerobes Training? Was bedeutet das für einen Abfahrtsläufer? Wer Ski fährt, betrachtet das nicht als Fitneßtraining. Es trainiert natürlich die Muskulatur, und man fühlt sich wunderbar müde nach einem ganzen Tag auf den Brettern, aber kann man es Training nennen? Wir möchten hier unbedingt zwischen Vergnügen und Masochismus unterscheiden.

Wir wollen nicht abstreiten, daß ein regelmäßiger Skiläufer in guter Form sein kann. Aber es ist die Frage, was hier Mittel zum Zweck ist. Viele Fitneß-Freaks trainieren, um in Form zu sein. Skifahrer bringen sich in Form, um Ski fahren zu können – und nicht damit ihr Herz-Kreislauf-System gut funktioniert.

Spannung! Abenteuer! Romantik! Spaß! Oh ja, GEFAHR! Das ist alpines Skifahren für die meisten Menschen, mehr oder weniger. Würden diese Begriffe zum

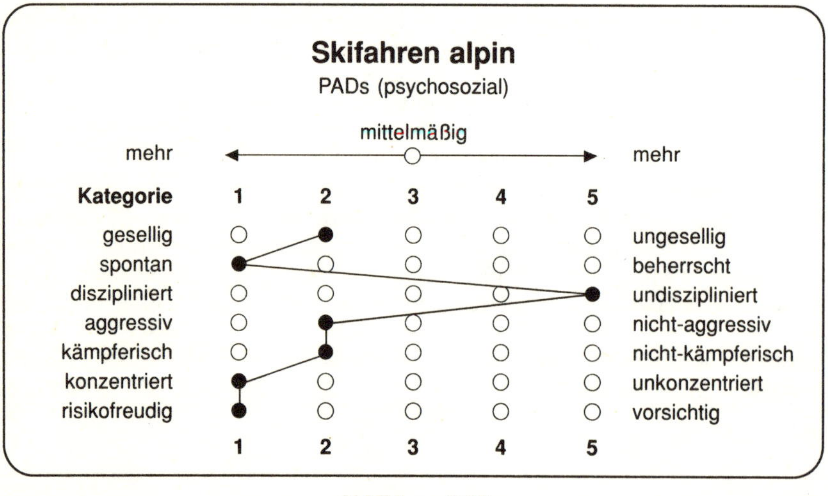

Abbildung 8.33

Langlauf passen? Das wäre höchst unwahrscheinlich. Vielleicht macht es Spaß, aber nur wenn man mit viel Mühe einen Hügel erklommen hat, um ihn dann wieder hinunterzufahren.
Wir wollen einmal sehen, wie Skifahren in unserer Analyse abschneidet. Wir werden uns dabei sowohl mit den Abfahrtsläufern als auch den Langläufern beschäftigen. Seien Sie sich bewußt, daß mancher Kommentar zum Langlauf mehr auf Laufen zutrifft als auf Abfahrtslauf.

PADs/psychosoziale Dimensionen des Skifahrens
Nur wenige Gegenden in Nordamerika ermöglichen das Skifahren über das ganze Jahr hinweg. Wir konzentrieren uns auf die Ski-Besessenen, die schon am Freitag mittag das Büro verlassen und Montag morgen erschöpft wieder im Büro auftauchen, nachdem sie am Sonntag so lange auf der Piste waren, bis der letzte Lift ging. Sie fahren lange Strecken, um in den Skiort zu kommen, aber ihre Aufregung steigt mit jedem km. Sie besitzen einen Saison-Paß und den allerneuesten Ski. Im September beginnen sie, sich mit Skigymnastik auf die Saison vorzubereiten. Der Skiurlaub im Winter bedeutet ihnen mindestens so viel wie ein Sommerurlaub. Das sind Skifahrer. Der Rest von uns kann sich im Vergleich dazu nur als Dilettant bezeichnen. Was fordert der Sport von den richtigen Skifahrern? Welche psychischen Merkmale werden verstärkt (Abb. 8.33 und 8.34)?

Gesellig – ungesellig: Beurteilung: Ski alpin – **wenig gesellig;**
Skilanglauf – **mittelmäßig**
Um einen Hang hinunterzufahren, braucht man keinerlei Kontakt zu anderen Personen aufzunehmen. Den geselligen Aspekt bekommt der Abfahrtslauf auf andere Art. Wer regelmäßig Ski fährt, fährt gewöhnlich mit einem Freund oder einer ganzen Clique. Die Fahrt zum Skiort ist meist lang, und mit mehreren ist sie angenehmer. Da die meisten übers Wochenende bleiben, mietet meist eine

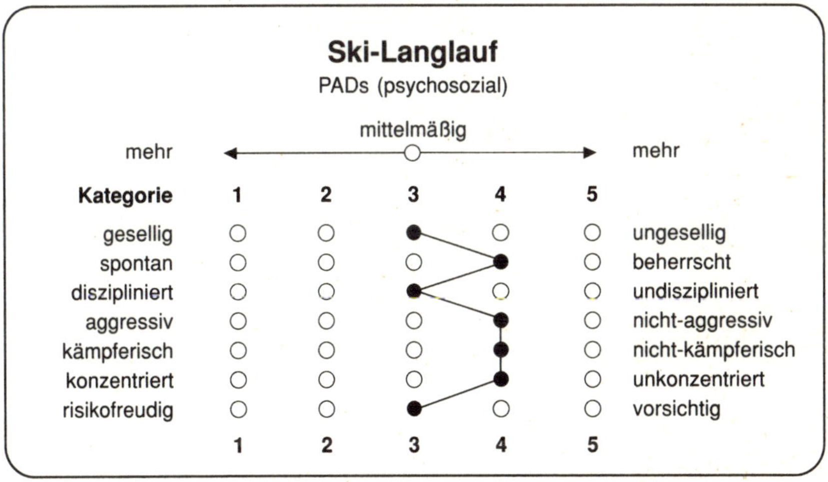

Abbildung 8.34

Clique ein Chalet. Dann geht es mit Lift oder Gondel auf den Berg. Es ist unangenehm, mit jemandem 5 bis 10 Minuten zusammenzusein, ohne wenigstens ein paar Worte zu wechseln. Daher halten wir diese Sportart dafür geeignet, Kontakte zu knüpfen. Man hat ein gemeinsames Gesprächsthema, und es gibt genug Zeit, um sich Geschichten zu erzählen oder schmerzende Muskeln zu massieren.
Beim Langlauf sieht die Sache anders aus. Die meisten Langläufer finden eine Loipe mehr oder weniger vor der Haustür, auf der sie allein ihr Training durchführen. Dennoch ist unsere Beurteilung »mittelmäßig«, denn obwohl man vollkommen allein trainieren kann, sind die Chancen größer als beim Laufen, daß man mit jemandem zusammen trainieren möchte, und sei es nur aus Sicherheitsgründen.

Spontan – beherrscht: Beurteilung: Ski alpin – **spontan;**
Skilanglauf – **mittelmäßig beherrscht**
Es gibt keine festen Regeln, denen der Abfahrtsläufer zu folgen hat. Stattdessen bietet diese Sportart viel Freiheit und Spontaneität. Im Gegensatz dazu muß man beim Langlauf einer vorgegebenen Spur, der Loipe, folgen und das rhythmisch und mit gleichmäßiger Geschwindigkeit. Der Abfahrtsläufer reagiert fast instinktiv auf alle Veränderungen der Bedingungen und des Geländes. Der Langläufer fährt in den Spuren der anderen. Abfahrtslauf verlangt Spontaneität, Langlauf hingegen Beständigkeit und Ausdauer.

Diszipliniert – undiszipliniert: Beurteilung: Ski alpin – **undiszipliniert;**
Skilanglauf – **mittelmäßig**
Eine undisziplinierte Sportart zieht einen gewöhnlich an. Sie reizt und macht Spaß. Im Gegensatz dazu muß man in einer disziplinierten Sportart arbeiten. Wie wir schon feststellten, hat Gewichtstraining eigentlich nichts an sich, was besonderen Spaß macht. Langlauf ist Arbeit, aber er hat Elemente, die Spaß machen, so daß wir ihn als mittelmäßig einstufen. Manch einer sagt jetzt vielleicht, daß auch Abfahrtslauf Arbeit sei. Das glauben wir aber kaum. Abfahrtslauf ist aufregend, spannend, und man schwitzt vielleicht gelegentlich ein bißchen.

Aggressiv – nicht-aggressiv: Beurteilung: Ski alpin **mittelmäßig aggressiv;**
Skilanglauf – **mittelmäßig nicht-aggressiv**
Man braucht viel Kraft, um Slalom zu fahren. Man muß mit der Piste fertig werden. Man muß mutig einem Berg entgegentreten, der einen zu Fall bringen will. Beim Langlauf sieht die Sache ganz anders aus. Man gleitet gleichmäßig voran. Langlauf ähnelt eher dem Eislaufen als dem Laufen. Dennoch braucht man etwas Antrieb, zumindest um seine Trägheit zu überwinden.

Kämpferisch – nicht-kämpferisch: Beurteilung: Ski alpin – **mittelmäßig kämpferisch;**
Skilanglauf – **mittelmäßig nicht-kämpferisch**
Nicht alle Abfahrtsläufer sind heiß auf eine Wettfahrt, aber wenn man die ganze Saison lang jedes Wochende Ski fährt, gibt es schon den Nervenkitzel, besser und schneller als die anderen zu sein. Langlauf ist eher ein Gemeinschaftsunterneh-

men. Wenn man mit einer Gruppe läuft, ist das Ziel, zusammen anzukommen und nicht als erster.

Konzentriert – unkonzentriert: Beurteilung: Ski alpin – **konzentriert;** Skilanglauf – **mittelmäßig unkonzentriert**

Der Unterschied zwischen beiden Sportarten ist eindeutig. Wenn man sich langsam auf einer Loipe vorwärts bewegt, muß man sich nicht jede Sekunde voll konzentrieren. Wenn man jedoch mit einer Geschwindigkeit von 60 km/h eine Piste hinunterfährt, paßt man besser auf. Das ist der Unterschied zwischen einer Sportart, die Konzentration verlangt, und einer, wo man ruhig einmal träumen kann.

Riskant – sicher: Ski alpin – **riskant;** Skilanglauf – **mittelmäßig**

Nähere Erläuterungen sind zu diesem Punkt nicht notwendig. Beim Abfahrtslauf gibt es jährlich mehrere verhängnisvolle Unfälle und unzählige Knochenbrüche. Auch für das Ego ist es riskant, aber das verblaßt im Vergleich zu den körperlichen Schäden. Auch beim Langlauf kann es zu Verletzungen kommen, aber die Zahlen sind vergleichsweise äußerst niedrig. Für Draufgänger hat der Abfahrtslauf alles zu bieten, was sie sich wünschen. Viele Abfahrtsläufer betrachten Langlauf noch nicht einmal als Variante ihres Sports.

BADs/Körperpsychologie des Skifahrens

Beim Abfahrtslauf braucht man viel Kraft im unteren Körperbereich. Langlauf erfordert wesentlich mehr Ausdauer als Kraft. Wenn wir die beiden Arten näher untersuchen, werden wir auf ziemlich unterschiedliche Körperentwicklungen stoßen (Abb. 8.35 und 8.36).

Der Abfahrtsläufer braucht kräftige Beine mit einer gewissen Schnellkraft, um z.B. einen Slalom zu bewältigen. Hüften und Knie müssen beweglich sein, ebenso der Oberkörper und die Arme. Um Bogen zu fahren, braucht man nicht viel Kraft im Oberkörper. Das hat mehr mit Koordinationsvermögen zu tun. Durch Skifahren lernt man viel über Balance und Gewichtsverlagerung im unteren Körperbereich. Es ist ein ausgezeichneter Sport, um Standfestigkeit zu erlernen. Wenn wir sagen, daß der Oberkörper beim Abfahrtslauf nicht gestärkt wird, soll das nicht bedeuten, daß Arme und Rumpf vernachlässigt werden. Alle Gewichtsverlagerungen im unteren Körperbereich sind viel einfacher, wenn der Oberkörper mitgeht.

Was sind die Auswirkungen des alpinen Skisports? Aus psychologischer Sicht tut man viel für Balance und Standfestigkeit. Man findet heraus, wo der Körperschwerpunkt liegt und wie weit man gehen kann, bevor es zum Sturz kommt. Durch die erforderliche Flexibilität wird der Energiestrom durch den Körper ziemlich gut sein. Wer regelmäßig Ski fährt, will nicht steif sein. Da die Gelenke als psychosomatische Kreuzung gelten, kann man davon ausgehen, daß jemand, der regelmäßig alpin Ski fährt, einen guten Emotionsfluß durch den Körper hat. Andererseits sind die Muskeln kontrahiert, solange die Abfahrt andauert. Abfahrtsläufer müssen zusätzlich viel Stretching für ihre Flexibilität betreiben, damit die Muskeln nicht steif und hart werden.

Der Langläufer entwickelt einen anderen Körperbau. Er braucht viel mehr Ausdauer als Kraft. Spitzenlangläufer sind gewöhnlich dünn und drahtig, ähnlich

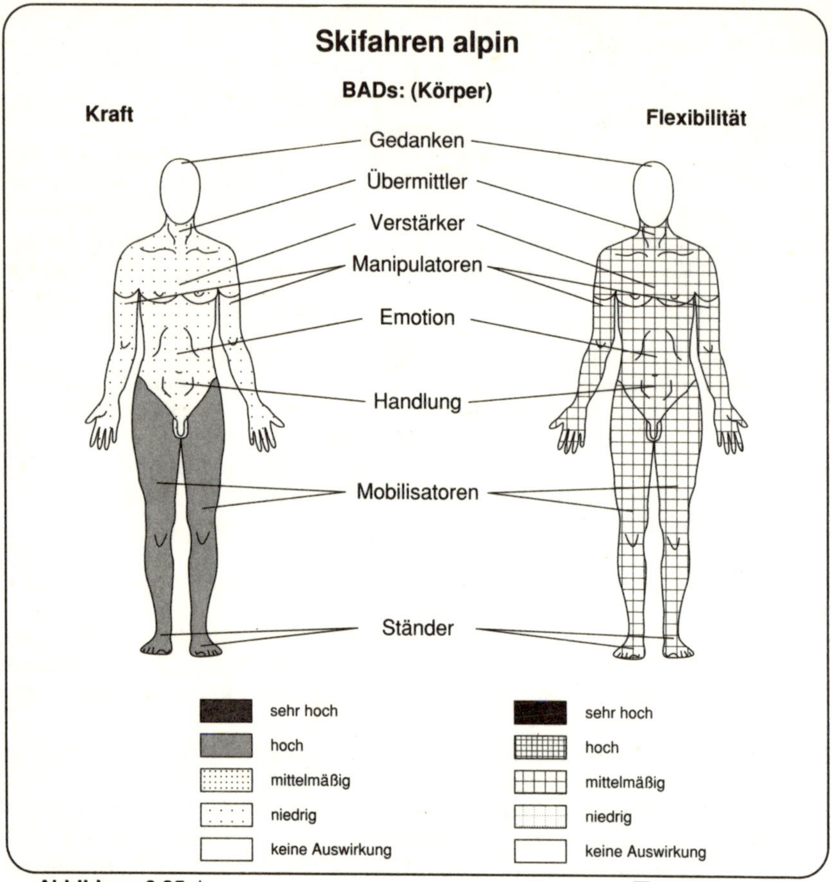

Abbildung 8.35 △

▽ Abbildung 8.37

Skifahren alpin

MADs: (Bewegung)

kraftvoll	sehr		mittelmäßig		sehr	leicht
präzise	sehr		mittelmäßig		sehr	unpräzise
linear	linear		nicht-linear einfach		nicht-linear komplex	nicht-linear
schnell	sehr		mittelmäßig		sehr	langsam
ausgedehnt	sehr		mittelmäßig		sehr	begrenzt

Ski-Langlauf

BADs: (Körper)

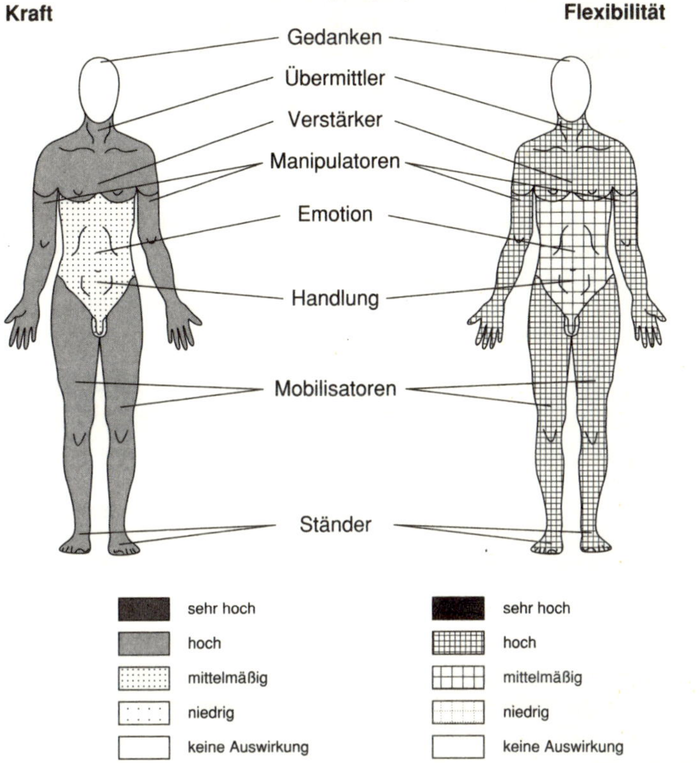

Abbildung 8.36 △ **▽ Abbildung 8.38**

Ski-Langlauf

MADs: (Bewegung)

kraftvoll	sehr		mittelmäßig		sehr	leicht
präzise	sehr		mittelmäßig		sehr	unpräzise
linear	linear		nicht-linear einfach		nicht-linear komplex	nicht-linear
schnell	sehr		mittelmäßig		sehr	langsam
ausgedehnt	sehr		mittelmäßig		sehr	begrenzt

den Marathonläufern. Die Betonung liegt auf starker Muskulatur im Oberkörper, besonders des Delta- und Trizepsmuskels in Armen und Schultern, sowie in den Beinen. Im Gegensatz zum Abfahrtslauf, wo die Beweglichkeit von Knöcheln und Füßen durch den Skischuh eingeschränkt ist, benutzt der Langläufer die gesamten Bein- und besonders die Fußmuskeln. Je fortgeschrittener der Läufer ist, desto mehr Muskelausdauer entwickelt sich im gesamten Körper. Da die Bewegungen beim Langlauf weniger Kraft benötigen als beim Abfahrtslauf, ist die Muskelkraft von untergeordneter Bedeutung.
Auch der Langlauf fördert Flexibilität und Balance. Die neueren Skier sind extrem schmal, so daß der Langläufer sich gut ausbalancieren muß, während er lange, gleitende Bewegungen macht. Dieses Ausstrecken von Armen und Beinen fördert die Flexibilität und Dehnfähigkeit der Muskulatur.
Die Entwicklung im Arm- und Schulterbereich bedeutet, daß ausdrucksstarke, manipulierende Funktionen des Oberkörpers gesteigert werden. Da diese Entwicklung des Oberkörpers mit einer entsprechenden Entwicklung im unteren Körperbereich einhergeht, zeigt der Körper eines Langläufers meist eine starke Symmetrie.
Um die Unterschiede zwischen Abfahrts- und Langlauf deutlich zu machen, stellen Sie sich diese aufblasbaren Spielzeuge vor, die mit etwas Sand gefüllt sind. Sie sehen kegelförmig aus, und man kann sie umwerfen oder dagegen treten, aber sie stehen immer wieder auf, da sich im Innern der Sand befindet. Denselben Effekt hat der Abfahrtslauf auf Ihren Körper. Der Sportler bekommt Standfestigkeit und lernt, sich auszubalancieren und auf Druck zu reagieren. Langlauf ist weniger auf Standfestigkeit bezogen, sondern orientiert sich auf die Vorwärtsbewegung. Der Langläufer ist mehr darauf bedacht, sich vorwärts zu bewegen, als sich auf den Beinen zu halten.

MADs/Bewegungsanalyse des Skifahrens

Die Unterschiede zwischen Abfahrts- und Langlauf werden noch deutlicher, wenn wir unsere Bewegungsanalyse machen (Abb. 8.37 und 8.38).

Kraft: Beurteilung – Ski alpin: **Bereich: sehr kraftvoll bis sehr leicht;**
Skilanglauf: **Bereich: kraftvoll bis leicht**

Der Abfahrtslauf braucht kraftvolle, starke Bewegungen, aber auch leichte Bewegungen, wie etwa wenn man von einem Ski auf den anderen umsteigt. Aufgrund dieser ständigen Gewichtsverlagerung und dem wechselnden Einsatz von leichtem und starkem Druck, beurteilen wir den Abfahrtslauf als »sehr kraftvoll bis sehr leicht«. Aus psychologischer Sicht bedeutet das, daß ein ausgewogenes Verhältnis zwischen Durchsetzungskraft und Empfänglichkeit besteht.
Auch beim Langlauf variiert der Einsatz von Kraft, bleibt aber immer im mittleren Bereich. Wir stufen Langlauf in bezug auf Krafteinsatz als »kraftvoll bis leicht« ein, da der Krafteinsatz nicht so extrem ist wie beim Abfahrtslauf.

Beherrschung: Beurteilung – Ski alpin: **Bereich: präzise bis mittelmäßig;**
Skilanglauf: **mittelmäßig**

Ein guter Langläufer setzt seine Ski und Stöcke ziemlich präzise ein, aber der Sport als solches verlangt keine große Genauigkeit. Außerdem kann sich nach einer Stunde Langlauf die beabsichtigte Präzision ändern, da der Sportler müde wird. Daher stufen wir Langlauf als mittelmäßig ein. Vielleicht verstehen Sie diese Beurteilung besser, wenn Sie einmal an die Präzision denken, die beim Slalom erforderlich ist. Den Grad der Präzision, den der Skifahrer hier anwenden muß, ist viel größer als beim Langlauf. Unsere Beurteilung für den Abfahrtslauf lautet daher »präzise bis mittelmäßig«. Beide Sportarten fördern Selbstbeherrschung und Selbstdisziplin, aber der Abfahrtslauf verstärkt die mentale Konzentrationsfähigkeit weitaus mehr als der Langlauf.

Linearität: Beurteilung – Ski alpin: **Bereich linear bis nicht-linear** (einfach); Skilanglauf: **linear**
Wenn ein Langläufer auf einer Loipe läuft, ist die Mehrzahl der Bewegungen linear. Es gibt nur wenige nicht-lineare Bewegungen in diesem Sport. Beim Abfahrtslauf jedoch sind die Bewegungen sowohl linear als auch nicht-linear (einfach), da sich der Körper während der Abfahrt ständig biegt und dreht. Bei beiden Sportarten sind die Bewegungen direkt. Aus psychologischer Sicht bedeutet das, daß Skifahren ein beherrschtes, diszipliniertes Verhalten fördert. Beim Abfahrtslauf kommt durch die nicht-linearen Bewegungen noch der Aspekt der Spontaneität hinzu.

Geschwindigkeit: Beurteilung – Ski alpin: **schnell bis sehr schnell;** Skilanglauf: **mittelmäßig** (im Bereich langsam bis schnell)
Beim Abfahrtslauf ist das Tempo typischerweise schnell bis sehr schnell. Hier kommt der Nervenkitzel ins Spiel – man versucht, immer besser *und* schneller den Hang hinunterzufahren. Beim Langlauf ist das Tempo eher gemäßigt und durchschnittlich. Der Langläufer versucht ebenso wie der Läufer, eine gleichbleibende Geschwindigkeit über einen längeren Zeitraum beizubehalten. Wie auch bei anderen Ausdauersportlern gibt es natürlich unter den Langläufern schnellere und langsamere. Der Unterschied zwischen beiden Sportarten liegt darin, daß die eine (Langlauf) mehr den Aspekt der Sicherheit und Vorsicht betont, während es bei der anderen (Abfahrtslauf) mehr um Abenteuer und Risiko geht.

Bewegungsumfang: Beurteilung – Ski alpin: **kontrahiert;** Skilanglauf: **Bereich: kontrahiert bis ausgedehnt**
Abfahrtsläufer müssen ihren Körper ständig unter Kontrolle haben und ihren Körperschwerpunkt in Bodennähe halten. Das bedeutet, daß die Betonung auf kontrahierten Bewegungen liegt. Im Gegensatz dazu muß der Langläufer sich vollkommen dehnen und zusammenziehen, damit er mit Hilfe seiner Ski und Stöcke Boden gewinnen kann. Die Beurteilung lautet daher für Abfahrtslauf kontrahiert und ausgedehnt bis kontrahiert für Langlauf. Obwohl das bedeuten würde, daß der Abfahrtsläufer nicht besonders gesellig ist und eher vorsichtig ans Leben geht, wissen wir, daß andere MAD- und PAD-Faktoren dieser Interpretation widersprechen.

Skisport im Überblick
Nach der Gegenüberstellung von Abfahrts- und Langlauf in punkto Bewegung, Körperentwicklung und psychosozialer Ansprüche kann man besser verstehen,

warum so verschiedene Menschen von diesen Sportarten angezogen werden und warum sie so unterschiedliche Charakterzüge ausprägen. Die Hauptsache beim Abfahrtslauf ist der Touch von Risiko und Abenteuer. Der Bedarf an Nervenkitzel wird befriedigt. Eine gewisse Spontaneität und Aggressivität in den zwischenmenschlichen Beziehungen wird gefördert. Aufgrund der Betonung von Kraft und Beherrschung im unteren Körperbereich, lernt der Sportler, sich auszubalancieren, selbst wenn er aggressiv nach vorne strebt. Obwohl es ein gefährlicher Sport ist, lernt man dennoch, sich zu beherrschen und zu konzentrieren und sich nur bis an die eigenen Grenzen auszudehnen.
Langlauf ist bei weitem nicht so aggressiv, obwohl die linearen Bewegungen und das Vorwärtsstreben bedeuten, daß das Training dieser Sportart eine Beharrlichkeit, wenn nicht sogar Sturheit im Alltagsleben fördert. Langlauf ist geselliger als Laufen, wenn auch nicht so gesellig wie der alpine Skisport. Bei der Beurteilung der Körperentwicklung schneidet Langlauf besser ab, weil hier sowohl die Muskulatur im unteren als auch im oberen Körperbereich entwickelt wird.
Beide Sportarten können aufregend sein und ein Gefühl von Abenteuer geben. Der alpine Skisport lehrt den Sportler etwas mehr, mit sich ständig ändernden und sogar unerwarteten Umständen fertig zu werden, als der Langlauf, aber beide Sportarten verlangen eine gute Balance. Der Sportler erfährt, was es bedeutet, zu schnell zu sein, nicht genug aufzupassen oder seinen Körper nicht zu beherrschen. Er lernt, wie er sein Gewicht oder seine Kraft einsetzen muß, um eine schwierige Abfahrt zu bewältigen – und sein eigenes Leben.

Golf

Auch Golf kann zur Sucht werden. Beim Golfspiel werden wahrscheinlich keine Endorphine freigesetzt, aber die Spieler verfallen anderen Dingen. Das heißt, unter der Voraussetzung, daß sie alle Frustrationen dieses Spiels überwinden können. Abgesehen von den Kosten gibt es noch andere Faktoren, die einen davon abhalten können, regelmäßig Golf zu spielen. Man braucht viel Zeit, alle 18 Löcher zu spielen, selbst wenn man nicht zu Fuß läuft, sondern in einem Golf-Cart fährt. Hinzu kommt, daß man einen Partner braucht, der ein ähnliches Handicap hat.
Nehmen wir einmal an, daß Sie alle Voraussetzungen erfüllen, um regelmäßig Golf spielen zu können. Sie leben in einer sonnigen Gegend, haben viel Zeit, genug Geld und können ein oder zwei Partner auftreiben, wann immer Sie Lust zum Spielen haben. Was haben Sie vom Golfspielen? Wir wollen nicht darüber streiten, wieviel Sie für Ihre Fitneß tun, wenn Sie in einem Golf-Cart herumfahren, denn es gibt einige wichtige psychische Faktoren, die durch Golf verstärkt werden.
Wir wollen uns nun unserer dreifachen Analyse zuwenden, um herauszufinden, welche Auswirkungen Golf auf die Persönlichkeit hat.

PADs/psychosoziale Dimensionen des Golfs

Wenn man mehrmals in der Woche auf den Golfplatz geht, welche Persönlichkeitsmerkmale werden dadurch verstärkt (Abb. 8.39)?

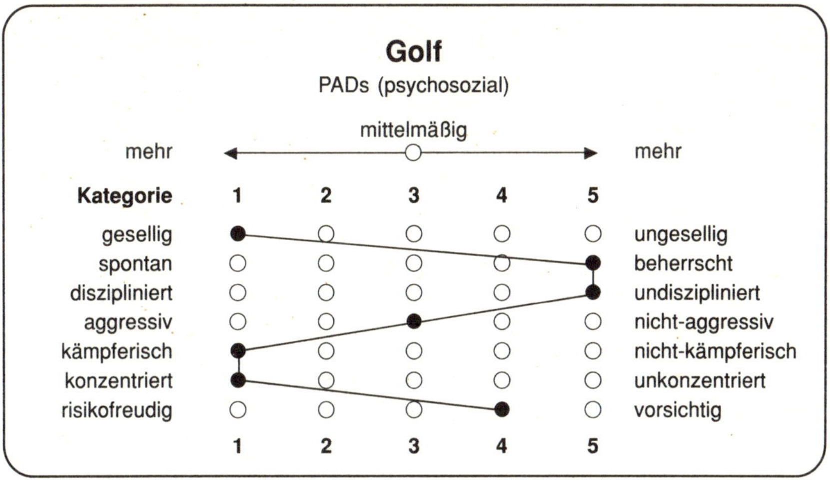

Abbildung 8.39

Gesellig – ungesellig: Beurteilung – **gesellig**

Von all den Sportarten, die wir untersucht haben, ist Golf mit Sicherheit am geselligsten. Man beginnt mit mindestens einem Partner, der während der ganzen 18 Löcher bei einem ist. Während des Spiels hat man viel Zeit, um sich zu unterhalten und gemeinsame Interessen durchzusprechen.

Spontan – beherrscht: Beurteilung – **beherrscht**

Golf erfordert Konzentration und die Fähigkeit, seine Handlungen zu analysieren und zu planen. Wenn Sie all Ihre Emotionen in einem Schlag freisetzen, schwingen Sie in einem Winkel von 45 Grad. Sie müssen sich und Ihre Gefühle unter Kontrolle haben. Sie müssen Ihre Aufmerksamkeit lenken. Sie können sich keine impulsiven Reaktionen erlauben. Golf ist hervorragend geeignet, um Geduld und Beherrschung zu erlernen. Das hängt natürlich davon ab, wieviel Sie aus Ihren Golfstunden lernen. Sie brauchen viel Beherrschung, um Ihre Putts und Pitches zu planen. Sie müssen alle physikalischen Gesetze im Kopf haben, den Windwiderstand berechnen sowie Winkel und Fluggeschwindigkeit, um den Ball dahin zu bekommen, wo Sie ihn haben wollen. Man kann nicht intuitiv schätzen, obwohl viele erfahrene Spieler nach einem Jahrzehnt sagen, es sei »Intuition«.

Diszipliniert – undiszipliniert: Beurteilung – **undiszipliniert**

Bedenken Sie, wenn wir von Disziplin sprechen, meinen wir damit, wie sehr eine Sportart Sie durch ihre Anziehungskraft begeistert. Fragen Sie einen Golfspieler, ob er eine Runde Golf gegen 7,5 km Joggen tauschen möchte, und Sie werden ein herzliches Lachen ernten. Ein Golfer hat Spaß an der Sache. Er freut sich darauf, morgens um 5 Uhr aufzustehen, damit er einer der ersten auf dem Golfplatz ist. Das 19. Loch ist nur eine der vielen Belohnungen, die ein Golfer genießt. Vielleicht spielt auch der Aspekt, daß es sich dabei um ein »Spiel«

handelt, eine Rolle. Golf ist ein Spiel, das es einem ermöglicht, von allem abzuschalten. (Natürlich kann man sich auch zu sehr mit Golf beschäftigen.)

Aggressiv – nicht-aggressiv: Beurteilung – **mittelmäßig**
Zuviel Krafteinsatz und alles ist aus. Zuwenig und der Ball kullert das Fairway entlang. Sie müssen den Ball mit dem genau richtigen Krafteinsatz schlagen. Das ist das A und O dieses Spiels. Sie müssen die Situation mit enormer Genauigkeit einschätzen.

Kämpferisch – nicht-kämpferisch: Beurteilung – **kämpferisch**
Viele Golfer würden sagen, daß sie nur daran interessiert seien, ihr Spiel zu verbessern. Wenn man jedoch mit jemanden spielt und gegenseitig auf die Schlagzahl achtet und in eine Scorekarte einträgt, hat man schon alle Elemente eines Wettkampfs oder -spiels. Und wie reagiert der Spieler? Er spielt um die Wette und kämpft. Golf ist nicht unbedingt so wettkampforientiert wie die Rückschlagspiele, da beide Spieler mehr gegen sich selbst als gegeneinander spielen können. Das hängt ganz davon ab, welche Einstellung die einzelne Person hat und wie gut die Spieler zueinander passen.

Konzentriert – unkonzentriert: Beurteilung – **konzentriert**
Durch Golf lernt man, sich zu konzentrieren. Wenn Sie sich ablenken lassen, wenn Sie Ihren Schwung vorbereiten, merken Sie schnell, was Sie davon haben. Auf diese Art zähmt Golf den Geist. Wenn Sie zwischen den einzelnen Schlägen laufen oder fahren, können Sie Ihren Gedanken freien Lauf lassen. Aber sogar dann, bietet das Spiel genug Stoff zum Nachdenken.

BADs/Körperpsychologie des Golfs
Hier kommen wir ein wenig in Bedrängnis. Welche Körperentwicklung wird durch Golf gefördert? Es gibt alle Größen und Körperformen auf dem Golfplatz, und selbst Champions passen in keine Schablone, wie bei vielen anderen Sportarten (Abb. 8.40).
Besondere Aufmerksamkeit gilt der Schwungebene und dem Schwungradius. Die Körperbewegung muß einen weichen und äußerst kontrollierten Schlag ermöglichen. Es darf keine Ablenkung des Energieflusses geben, wenn die Kraft des Schlägers auf den Ball trifft.
Das bedeutet, daß der Golfer seinen Körper unter äußerster Kontrolle haben muß, über die Gewichtsverteilung Bescheid wissen muß und den Körperschwerpunkt kennen muß. Er muß dem Ball die der gewünschten Flugstrecke entsprechende Kraft übermitteln. Dazu muß er seine Kraft kennen und wissen, wie er sie einsetzen kann.
Jeder Golfer bevorzugt eine bestimmte Körperseite, er schwingt entweder von rechts nach links oder umgekehrt. Daraus ergibt sich eine stärkere Entwicklung der einen oder anderen Körperseite. Genau wie beim Tennis ergibt sich daraus eine Überentwicklung der aggressiven Eigenschaften. Heißt das, daß Golfer mehr Durchsetzungskraft besitzen als passive, annehmende Eigenschaften? Ja, das glauben wir. Aber da das Durchsetzungsvermögen sehr beherrscht und kontrolliert wird, lernt der Golfer, wie man seine Durchsetzungskraft vorsichtig und ohne emotionelle Störungen einsetzt. Das ist eine wichtige Erkenntnis.

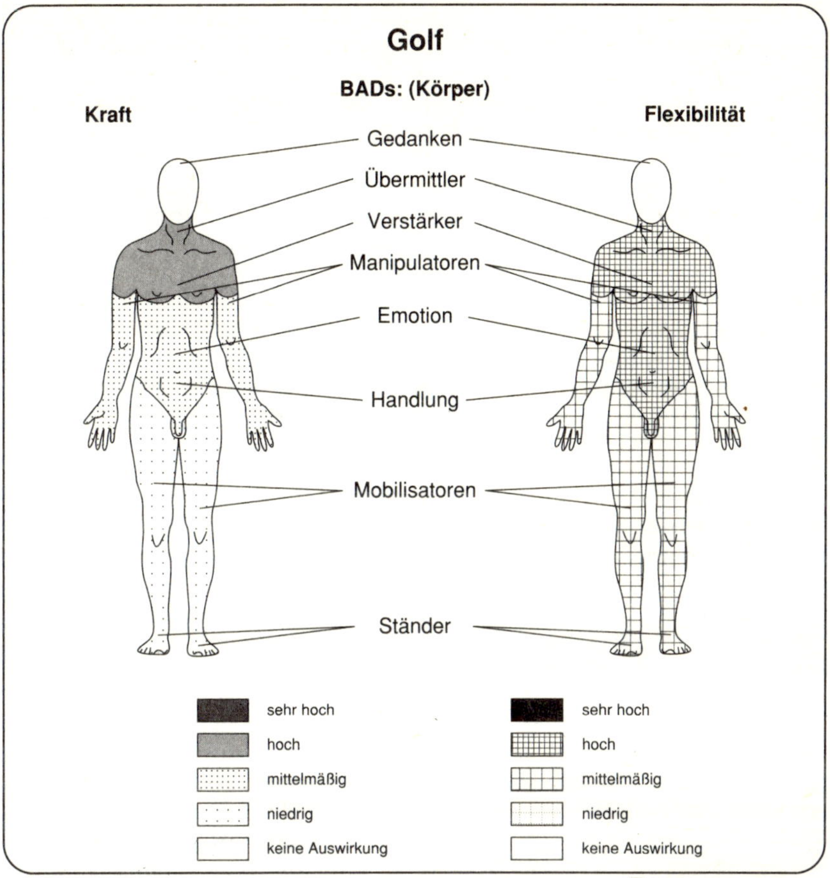

Abbildung 8.40 △ **▽ Abbildung 8.41**

Golf

MADs: (Bewegung)

kraftvoll	sehr		mittelmäßig		sehr	leicht
präzise	sehr		mittelmäßig		sehr	unpräzise
linear	linear		nicht-linear einfach		nicht-linear komplex	nicht-linear
schnell	sehr		mittelmäßig		sehr	langsam
ausgedehnt	sehr		mittelmäßig		sehr	begrenzt

Hinsichtlich der Körperentwicklung ist Golf keine ausgeglichene Sportart. Um den Schläger zu schwingen, braucht der Spieler jedoch alle wichtigen Muskeln und eine gute Balance und Standfestigkeit. Außerdem muß er wissen, wieviel Kraft er hat und wie er sie einsetzen kann. Er muß flexibel sein, besonders im Bereich der Schulter- und Armgelenke. Er muß genau wissen, wo sein Körperschwerpunkt liegt.
Negativ ist, daß auf der einen Körperseite mehr Muskulatur entwickelt wird als auf der anderen. Außerdem werden auch die Muskeln im Oberkörper, besonders in Schultern, Armen und Rücken, stärker entwickelt als die im unteren Körperbereich. Daraus ergibt sich ein leichtes Ungleichgewicht zwischen den Funktionen des Oberkörpers (Manipulation, Beherrschung, Selbstverwirklichung) und denen des Unterkörpers (Standfestigkeit und Mobilität). Dieses Ungleichgewicht wird allerdings selten groß sein, denn durch Golf lernt der Spieler auch, wie er den Boden für seine Standfestigkeit und Balance einsetzt. Die eingeschränkte Aktivität bei einem Golfspiel, besonders wenn der Golfer auch noch in einem Golf-Cart fährt, bedeutet, daß er anderswo etwas für seine Kraft und Flexibilität tun muß, denn das Golfspiel selber tut nichts dafür.

MADs/Bewegungsanalyse des Golfs
Einige der Fragen, wie Golf durch die erforderlichen Körperbewegungen auf den Körper Einfluß nimmt, werden im folgenden Abschnitt, der Bewegungsanalyse, beantwortet. Die Analyse basiert auf den Bewegungen des Golfers, wenn er den Schläger schwingt, und nicht darauf, wie er sich sonst auf dem Golfplatz bewegt (Abb. 8.41).

<u>Kraft: Beurteilung – **Bereich: sehr kraftvoll bis sehr leicht**</u>
Der Golfer muß lernen, seinen Krafteinsatz beim Schlag zu variieren. In unserer Analyse bedeutet das, daß der Krafteinsatz von sehr stark bis sehr leicht ist, je nachdem, ob der Golfer einen Putt oder einen Pitch ausführt. Aus psychologischer Sicht bedeutet das, daß man seine Bemühungen ausbalanciert, angemessen aggressiv ist und genügend Nachdruck einsetzt, um seine Ziele zu erreichen.

<u>Beherrschung: Beurteilung – **sehr präzise**</u>
Wenn der Schläger nur Bruchteile eines Zentimeters anders auf den Ball trifft, kann er im Aus landen oder verloren sein. Das ist das Schöne und auch das Frustrierende an diesem Spiel. Der Golfer lernt, seine Bewegungen zu beherrschen und sehr exakt und präzise zu sein. Psychologisch gesehen bedeutet das, daß man durch Golf Selbstdisziplin lernt, seine Emotionen zügeln kann und Konzentration lernt. Golf fördert überlegtes Verhalten und dämpft eine riskante, impulsive Lebensweise.

<u>Linearität: Beurteilung – **linear**</u>
Beim Golf gibt es nicht viele Bewegungen, die indirekt sind, es sei denn, wir beziehen auch die Schlängerwege über das Fairway oder die Suche nach einem verlorenen Ball mit ein. Wenn wir die eigentliche Bewegung im Golf untersuchen – den Golfball ins Loch zu schlagen –, haben wir es mit linearen und direkten Bewegungen zu tun. Diese Art der Bewegungen fördert psychische Faktoren wie Beherrschung, Disziplin, Konzentration und Durchsetzungskraft.

Geschwindigkeit: Beurteilung – **Bereich: sehr schnell bis mittelmäßig**
Manchmal schwingt der Spieler den Schläger sehr schnell, manchmal ist die Bewegung eher sacht. Unsere Beurteilung in punkto Geschwindigkeit geht daher von sehr schnell bis mittelmäßig, je nachdem, wo der Ball liegt und wohin er soll. Dieser der Situation angepaßte Umgang mit der Geschwindigkeit weist auf die Fähigkeit hin, sein Vorgehen oder seine Zurückhaltung auch im täglichen Leben der Situation anzupassen.

Bewegungsumfang: Beurteilung – **Bereich: ausgedehnt bis kontrahiert**
Der Golfer kontrahiert bestimmte Muskeln, besonders im Oberkörper, wenn er seinen Schlag vorbereitet, aber die Betonung liegt auf den ausgedehnten Bewegungen, wenn der Golfer ausholt und den Schläger schwingt, um den Ball an seinen Bestimmungsort zu schlagen. Die Muskeln müssen sich genügend kontrahieren, um den Schlag herauszulassen. Während des Puttens sind die Muskeln fortwährend kontrahiert. Unsere Beurteilung »ausgedehnt bis kontrahiert« trägt dem Umstand Rechnung, daß beides für ein effektives Spiel wichtig ist.

Golf im Überblick
Viele Leute stellen sich unter Golf ein Spiel für den Geist, eine Art Willenskampf, vor. Anhand dieser Analyse haben wir erfahren, daß es Geduld und Beherrschung fördert, daß man sich selbst zu beurteilen lernt und daß man lernt, sich zu konzentrieren. Es kann sein, daß ein sehr impulsiver und ungeduldiger Mensch niemals Gefallen an diesem Spiel finden wird. Wenn es Ihnen sehr schwer fällt, mit sich einig zu werden und zu überlegen, bevor Sie handeln, scheint es Ihnen beim Golf zu sehr auf Beherrschung anzukommen. Wenn Sie aber, aus welchen Gründen auch immer, weiterhin Golf spielen, wird dieser Sport gewisse Charakterzüge bei Ihnen ausprägen. Mit der Zeit wird es zum Verhaltensschema werden, ein erworbenes Verhaltensschema, falls Sie nicht von Anfang an diesen Charakterzug aufwiesen.
Ein Golfer versteht es, sich zu behaupten und Kraft einzusetzen. Die Strategie des Spiels bringt einen dazu, seine spontanen und impulsiven Neigungen zu unterdrücken. Während wir feststellen können, wie wichtig Durchsetzungskraft und direkte Handlungen im Golf sind, müssen wir auch feststellen, daß nur sorgfältig abgewägte Handlungen zum Erfolg führen können. Man lernt, sein Verhalten zu durchdenken, den Schwung gedanklich durchzuproben, bevor man seine Gedanken in die Tat umsetzt.
Wir haben festgestellt, daß Golf keine ausgeglichene Aktivität ist, wenn es darum geht, aus dem Menschen eine vielseitige Person zu machen. Golf spielt eine kleine, aber wichtige Rolle in der Körperentwicklung. In mancher Hinsicht kann man Golf mit den Rückschlagspielen vergleichen, wo die Betonung auf direkter, aggressiver Handlung liegt, aber das Planerische beim Golfspiel ist ziemlich einzigartig. Wenn der Aufschlag beim Tennis erfolgt ist, liegt es bei einer anderen Person, den Ball zurückzuschlagen, und uns bleibt keine Zeit zum Überlegen, sondern wir müssen sofort auf diesen Ball reagieren. Beim Golf kann man sein eigenes Tempo spielen; man schlägt den Ball, wenn man sich innerlich so weit fühlt und sich genau überlegt hat, wie man vorgeht. Es scheint fast wie eine beherrschte Spontaneität. Vielleicht aus diesem Grund ist Golf dafür bekannt, einen Menschen zu formen oder zu zerbrechen.

9

Die Auswahl des persönlichen Fitneßtrainings

Was nun?

Sie haben sich selbst in jeder Hinsicht analysiert. Sie haben alles über die psychologischen Aspekte der verschiedenen Sportarten gelesen. Was fangen Sie jetzt mit diesen Informationen an? Wo beginnen Sie?

Zuerst noch einmal eine kurze Vorrede: Niemand ist vollkommen! Jedem tut eine kleine Verbesserung gut. Das bedeutet keine totale psychische Umkrempelung, aber vielleicht ein paar geringfügige Änderungen. In diesem Kapitel wollen wir erläutern, wie Sie erkennen können, was Sie ändern sollten und wie Sie die zu Ihren Bedürfnissen passende Sportart finden.

Bevor wir das Schritt für Schritt erläutern, hier noch ein paar grundsätzliche Überlegungen. Wenn Sie bei der dreifachen Selbst-Analyse (Persönlichkeit, Körperstruktur und Bewegungsablauf) vollkommen ehrlich waren, liegt die gewünschte Antwort praktisch vor Ihnen. Sie können aus Ihrem Profil Ihren größten Schwachpunkt ersehen – Ihr größtes Problem. Es bereitet Ihnen die meisten Sorgen. Vielleicht haben Sie dadurch sogar Probleme mit Ihren Mitmenschen; zumindest sind Sie aber nicht glücklich darüber. Ihr PAD-Profil zeigt es vermutlich am deutlichsten – MAD und BAD untermauern es nur noch.

Im vorangegangenen Kapitel untersuchten wir die verschiedenen Sportarten, und Sie haben vermutlich bei »Ihrem« Sport besonders aufmerksam gelesen. Vielleicht wollen Sie der einen oder anderen Beurteilung nicht so ganz zustimmen, aber Sie werden zugeben, daß zumindest ein Körnchen Wahrheit daran ist. Vielleicht ist Ihnen jetzt auch klar geworden, warum Sie andere Sportarten bislang umgangen haben.

Nun stellt sich die große Frage, wieviel Sie wirklich ändern wollen. Sind Sie genug motiviert, um etwas Neues auszuprobieren, selbst wenn es zu Anfang gar nicht angenehm ist? Wahrscheinlich hätten Sie gern eine Garantie dafür, daß es Ihnen nicht zu schwer fällt und die versprochenen Ergebnisse nicht zu lange auf sich warten lassen. Nun, diese Garantie können Sie haben. Wenn Sie die Änderung vernünftig vornehmen, kann es sein, daß Sie gar nicht bemerken, daß sich etwas verändert. Wenn Sie regelmäßig trainieren, werden Sie wie gewöhnlich die Vorteile des Trainings genießen und zusätzlich noch die neuen Auswirkungen der psychischen Änderung. Natürlich kann man eine Art Schocktherapie machen, d.h. man macht etwas, das so anders ist, daß Schmerz und Mißerfolg auftreten, z.B. wenn ein begeisterter Tennisspieler sich entscheiden würde, plötzlich intensiv Yoga zu machen. Die Umstellung kann einfach zu groß sein.

Vielleicht hatten Sie schon vorher intuitiv eine Ahnung von dem, was dieses Buch Ihnen vermitteln will, aber Sie wußten nicht, wie Sie es in Worte kleiden und vor allem, was Sie damit anfangen könnten. Was Sie bis jetzt gelesen haben, bringt Sie in die ideale Ausgangsposition für eine Änderung. Sie wissen jetzt, was Sie zu tun haben.

Selbst wenn Sie schon wissen, was zu tun ist, sollten Sie doch systematisch vorgehen. Im folgenden erläutern wir genau die Vorgehensweise und geben Ihnen das entsprechende »Werkzeug« an die Hand.

Schritt für Schritt

Um herauszufinden, was das Beste für Sie ist, müssen Sie sich 4 Fragen stellen:

1. Was muß ich ändern?
2. Was mache ich zur Zeit?
3. Was ist mein neues Ziel?
4. Wie erreiche ich es am besten?

Wenn wir diese Fragen durchsprechen, werden wir jeweils anhand einer Fallstudie ein paar Erläuterungen geben. Zuerst beschreiben wir die Vorgehensweise und zeigen dann die Anwendung in einem realen Fall. Bitte benutzen Sie dazu das Arbeitsblatt in Abb. 9.1.

Zu Frage 1: Was muß ich ändern?

Die Frage lautet **muß**, nicht **will**. Das ist eine Mutprobe. In der Psychologie sagt man, daß »der Mensch immer mehr möchte, als er hat«. Ein schöner Mensch wünscht sich mehr Schönheit. Ein Reicher möchte reicher sein. Jemand, der fit ist, wünscht sich mehr Fitneß.

Wir sind das, was wir sind, weil es uns guttut. Unsere Lebensweise hat ihre Vorteile. Eine bewußte oder plötzliche Änderung bedeutet, einige dieser Vorteile aufzugeben. Das fällt nicht leicht und löst oft Bedauern aus. Fritz Perls, ein bekannter Psychotherapeut, sagte einmal: »Zu sterben und neugeboren zu werden, ist nicht leicht!«

Hoppla, wir sprechen nur von sportlicher Betätigung und nicht von Leben und Tod. Wenn Sie das auch so sehen, warum wird dann so viel Theater gemacht nach dem Motto »Mein Sport ist besser als deiner.« oder »Lieber **sterben**, als a) zu joggen, b) ein Fitneß-Center zu betreten, c) auf einen Golfplatz zu gehen, d) zum Ballett-Unterricht zu gehen. Erwischt? Die Bindung an eine bestimmte Sportart ist wahrscheinlich tiefer in der Persönlichkeit verwurzelt als manch einer zugeben mag. Das Umsteigen von einer Sportart auf die andere bedeutet oft mehr, als in ein Sportgeschäft zu gehen und sich neu einzukleiden.

Arbeitsblatt zur Erstellung eines Trainingsplanes

Schritt 1a: **Beschreibung des zur Änderung anstehenden Problems oder Bereichs:**

Schritt 1b: **Wie stellt sich das in Ihrer Analyse dar?**

PADs

BADs

MADs

Schritt 2 **Welche Sportart betreiben Sie zur Zeit?**

Schritt 3 **Welche Änderungen sollten vorgenommen werden?**

Schritt 4 **Wann, wie, wo und was werden Sie unternehmen?**

Abbildung 9.1

Zurück zu dem Wörtchen **muß**. Was geändert werden muß, ist das, was einem Probleme bereitet. Sie müssen ein wenig über sich selbst und Ihre Gewohnheiten nachdenken. Sie haben vielleicht immer dieselben Schwierigkeiten »im Beruf, in der Liebe oder mit der Familie«. Hier einige Beispiele:

- Sie treffen sich immer mit Leuten, die Ihre Gutmütigkeit ausnutzen.
- Sie bekommen immer Schwierigkeiten, weil Sie erst handeln und dann nachdenken.
- Sie können sich nicht entspannen, weil Sie das Gefühl haben, dadurch anderen ausgeliefert zu sein.
- Sie mögen empfindsame Menschen, diese aber schrecken vor Ihnen zurück.
- Auf Parties fühlen Sie sich entsetzlich steif.
- Sie können Ihre Kraft nicht steuern; Sie setzen immer mehr als genug ein.
- Ihr Ego ist wie ein Nadelkissen.
- Sie harren niemals lange genug aus, um den Nutzen einer Sache genießen zu können.
- Sie sind ein 40jähriger Draufgänger, und Ihr Körper will nicht mehr mitmachen.

Die Liste könnte endlos fortgeführt werden. Wenn Sie sich bei diesen Beispielen nicht finden, können Sie sicherlich eine Sie charakterisierende Bemerkung hinzufügen.
Bei Schritt 1a schreiben Sie einfach nur auf, was Sie an Ihrer eigenen Person stört. Es sollte eine ähnliche Bemerkung wie in der vorstehenden Liste sein, aber in Ihren eigenen Worten.

PADs, BADs und MADs: Wenn Sie darüber nachgedacht haben, was Sie an sich nicht mögen oder welche Schwierigkeiten Sie regelmäßig haben, wäre es gut, wenn Sie sich noch einmal die Profile ansehen, die Sie von Ihrer Person erarbeitet haben. Am besten fangen Sie mit den PADs an. Hier sollten sich die Gründe für Ihre Probleme zeigen. Wenn Sie sich Ihre Ergebnisse ansehen, finden Sie wahrscheinlich ziemlich hohe oder niedrige Punktzahlen, was Sie aber nicht weiter stört. Sie mögen sich so. In Ordnung – kein Problem. Wenn Sie sich selbst als ungesellig empfinden und das Alleinsein genießen, haben Sie vermutlich kein Verlangen, geselliger zu werden. Niemand sagt, Sie müßten das ändern. Das richtet sich nach Ihrem Empfinden. Es gibt gute Gründe, warum jemand so ist und nicht anders, auch wenn seine Art auf andere eigenartig oder extrem wirkt. Andererseits werden Ihre PAD-Ergebnisse es anzeigen, wenn Sie irgendwo Schwierigkeiten haben oder sich Ihre Persönlichkeit einfach abgerundeter wünschen. Irgendein Bereich wird dann sehr hohe oder sehr niedrige Punktzahlen aufweisen.
Schritt 1b wäre, die PADs aufzuschreiben, die das Problem widerspiegeln. Statt die Punktzahl aufzuschreiben, sollten Sie Bemerkungen wie »zu aggressiv«, »zu vorsichtig« oder »übertrieben impulsiv« notieren.
Was ist mit den MADs und BADs? Sehen Sie sich auch diese Ergebnisse noch einmal an. Versuchen Sie herauszufinden, wie sich Ihr Problem in Ihrer Körperstruktur und in Ihren Bewegungen zeigt, und notieren Sie das, was zu Ihrem PAD-Ergebnis paßt.

Es ist wichtig, daß man das Problem von allen Seiten betrachtet. Wenn Sie die Körperdynamik oder Bewegungscharakteristiken außer acht lassen, kann es passieren, daß Sie sich einen Sport verordnen, der nicht ganz so viel Nutzen für Sie hat, wie es sein könnte. Wenn Sie z.B. zu passiv sind und wenig Selbstvertrauen haben, könnte Bodybuilding richtig für Sie sein. Wenn Ihre Bewegungen aber gewöhnlich langsam sind, brauchen Sie eine schnelle Sportart, damit Sie mehr Energie bekommen. In diesem Fall wäre Bodybuilding weniger ideal. Geeignet wäre ein Kampfsport oder auch Laufen.

Die Fallstudie zu Schritt 1: »Susan« ist 26 Jahre alt und arbeitet seit drei Jahren als Grundstücksmaklerin. Sie überraschte ihre Freunde und ihre Familie mit ihrer Berufswahl, aber auch mit ihrem Erfolg in diesem Beruf. Ursprünglich wollte Sie Ballettänzerin werden, aber das gab sie mittendrin auf und entschloß sich, als Maklerin zu arbeiten. Nach einer Übergangsphase von einem Jahr hatte sie alles im Griff. Seit 9 Monaten ist sie die erfolgreichste in dem Maklerbüro. Sie fühlt den Druck, das beizubehalten.

Im Beruf ist sie sehr aggressiv – eine Frau, die anpackt. Sie hat Energie. Ihre Leistungen sind beeindruckend, umso mehr da sie noch als Anfängerin in diesem Metier gilt. Aber sie hat Schwierigkeiten, einen niedrigeren Gang einzulegen. Sie legt Tempo vor, ist fordernd und »pusht« gerne. Im Freundeskreis mußte sie registrieren, daß sich einige von ihr abwandten. Man sagte ihr, sie würde energisch vorankommen. Dieses Feedback gefiel ihr gar nicht.

Sie ist nicht in der Lage, den Dingen ihren Lauf zu lassen. Sie kann auch niemand anderem das Ruder überlassen. Sie muß alles erledigen, damit etwas geschieht. Erzählt man ihr etwas von einem Problem, schon kümmert sie sich darum. Sie löst es – auf der Stelle! Kein Warten, kein Zögern. Erstaunlicherweise erntet sie kaum Dank. Wenn sie das Problem gelöst hat, hat sie so viel Porzellan dabei zerschlagen, daß ihr niemand mehr dankbar ist.

Schritt 1a: Wie sieht sie ihr Problem? Sie glaubt, sie sei zu aggressiv, zu kraftvoll in ihren Handlungen. Manchmal ist es ganz in Ordnung, wenn man etwas pusht, aber gegenüber Freunden und Familie muß sie lernen, etwas zurückhaltender zu sein. Sie macht sich Sorgen, daß sie sich im Laufe der nächsten Jahre alle Kollegen zu Feinden macht.

Schritt 1b: Ihre in Abb. 9.2 gezeigten Ergebnisse stellen klar den Aspekt Aggressivität heraus. Bei den PADs hat sie in punkto Aggressivität die höchsten Punkte. Ihre Körperstruktur ist kein Problem, aber sie verspürt eine enorme Verspannung in Rücken und Brust. Was die Bewegungen angeht, so hat sie eine Wandlung seit der Zeit, als sie tanzte, festgestellt. Sie ist extremer geworden. Ihre Bewegungen sind schnell und direkt, kraftvoll und präzise, äußerst selten einmal leicht und sanft. Obwohl sie durch das Tanzen viel an Flexibilität gewonnen hatte, beurteilt sie ihren Bewegungsumfang nur als mittelmäßig, da sie glaubt, daß sich ihr Körper unter Streß verspannt.

Frage 2: Was mache ich zur Zeit?

Es gibt viele Antworten auf diese Frage, uns interessiert aber nur Fitneß und Sport. Daher sollten Sie jetzt einmal Ihren Sport oder Ihr Fitneßtraining unter die Lupe nehmen. Dazu gehören Aspekte wie Häufigkeit, Intensität und Dauer. Wenn Sie das ganze nur als Hobby betrachten, sollten Sie auch das vermerken. Als 2. Schritt sollten Sie ein paar Bemerkungen über Ihre derzeitige sportliche

Die Empfehlung für Susan

Arbeitsblatt für die Verordnung eines Fitneß-Trainings

Schritt 1a:	**Beschreibung des Problems oder Bereichs, der geändert werden soll.**
Zu aggressiv.	Meine Freunde sagen, ich sei zu fordernd. Außerdem kann ich mich nicht zurückhalten, ich muß immer alles in die Hand nehmen.
Schritt 1b:	**Wie zeigt sich das in Ihren Ergebnissen?**
PADs	Die meisten Punkte bekam ich bei Aggressivität. Die anderen Ergebnisse waren im normalen Rahmen.
BADs	Mein Körper ist in Ordnung, abgesehen von starken Verspannungen im Rücken- und Brustbereich. Außerdem scheine ich im oberen Körperbereich mehr Kraft zu haben als im unteren.
MADs	Meine Bewegungen sind kraftvoll, selten leicht. Sie sind sehr kontrahiert, besonders wenn ich im Streß bin.
Schritt 2	**Wie sieht Ihr derzeitiges Trainingsprogramm aus?**
	3 × pro Woche mache ich Gewichtstraining von jeweils 20 Minuten oder ich laufe auf dem Laufband, fahre auf dem Heimtrainer oder schwimme. 3 × pro Woche mache ich ausgiebig Aerobic von etwa 1 Stunde. Ich trainiere morgens und abends nach der Arbeit, wobei ich zwischen Schwimmen, Radfahren und Laufen abwechsle.
Schritt 3	**Welche Änderungen sollten durchgeführt werden?**
	Ich möchte gern Tai-chi-chuan lernen. Ich glaube, das täte mir gut. Ich habe vor, es in mein tägliches Training entweder zum Aufwärmen oder Abkühlen einzubeziehen. Ich würde ca. 20 Minuten Tai-chi-chuan machen und das andere Training etwas kürzen.
Schritt 4	**Wie, wo, wann und was werden Sie beginnen?**
	Ich habe etwas gefunden, wo ich zweimal in der Woche Tai-chi-chuan-Unterricht nehmen kann. Ich lasse einmal morgens das Training ausfallen und kürze mein Samstags-Programm, so daß ich Zeit für den Unterricht habe. Ich fange in zwei Wochen damit an, wenn die neuen Kurse in der Tai-chi-Schule beginnen.

Abbildung 9.2

Betätigung notieren, wozu Sie das durchgehen, was Sie im letzten Jahr mit ziemlicher Regelmäßigkeit durchgeführt haben. Die zweitägige Kanutour im letzten Sommer zählt also nicht, aber das wöchentliche Golfspiel während der Sommermonate zählt schon.

Warum ist es wichtig, das zu erwähnen? Wir haben über das Risiko gesprochen, das Kind mit dem Badewasser auszuschütten. Ihr bisheriges Fitneßtraining kann durchaus nützliche Komponenten aufweisen, so daß lediglich eine Änderung der Art, wie Sie Ihr Training betreiben, erforderlich ist und Sie nicht gleich alles total ändern müssen. Vielleicht müssen Sie auch nur etwas zusätzlich zu Ihrem normalen Training tun, so daß zu dem bisherigen Nutzen ein neuer hinzukommt.

Wie das funktioniert, werden wir im nächsten Schritt sehen. Zuerst einmal wollen wir uns wieder mit Susan beschäftigen.

Die Fallstudie – Schritt 2: Susan trainierte bis Anfang zwanzig Tanz, dann fing sie mit dem Laufen an. Zur selben Zeit begann sie auch ihre Tätigkeit in dem Maklerbüro. Laufen war ihr nicht vollkommen neu. Für kurze Zeit hatte sie schon einmal mit dem Laufen begonnen, als ihre Leidenschaft für Tanzen, kurz bevor sie 20 wurde, zu erlöschen begann. Es paßte ihr zeitlich besser als die Tanzstunden, und sie glaubte, sie hätte mehr davon.

Sie war die geborene Sportlerin. 1,72 m groß, 61 kg schwer, 12,7% Körperfett, VO_2 max. bei etwa 99% – und was für Bewegungen. Im ersten Monat lief sie 1,5 km in 8 Minuten, im zweiten in 7 Minuten, und nach einem halben Jahr war sie so gut, daß ihr Freund meinte, sie sollte doch Triathlon machen. Sie war sehr ehrgeizig und nahm ihn beim Wort.

In einem Fitneß-Center arbeitete ein Trainer, der zweimal am »Ironman-Triathlon« teilgenommen hatte und ihr einen Trainingsplan aufstellte. Es war hart, sich an diesen Plan zu halten, aber sie schaffte es. Sie opferte viel Zeit für ihr Training, aber es tat ihr auch gut, am Ende eines Arbeitstages richtig Dampf abzulassen. Manchmal trainierte sie auch morgens. Es gab nichts, was besser in Form brachte für eine 9-Uhr-Besprechung, als ein paar Tausend Meter zu schwimmen.

Ihr gefiel das Training, aber sie hatte das Gefühl, davon aggressiver zu werden. Einem Freund sagte sie einmal: »Als ich noch tanzte, habe ich mich nie besonders stark gefühlt. Inzwischen aber möchte ich jemanden, der mich nervt, gleich rausprügeln.« Sie wäre dazu in der Lage gewesen, und sie fürchtete, daß sie es eines Tages tatsächlich tun würde.

Schritt 2: Wie sah ihr Programm aus? Sie trainierte 6 Tage in der Woche. Dreimal wöchentlich Gewichtstraining für die Ausdauer. Sie benutzte nur mittlere Gewichte, aber führte ihre Übungen schnell und mit vielen Wiederholungen durch. An den Tagen, wo sie Gewichttraining machte, gab es nur leichte aerobe Übungen: 20 Minuten Radfahren und Laufen auf der Stelle, dann 20 Minuten Schwimmen. An den anderen Tagen lief oder schwamm sie morgens lange, nach der Arbeit folgte weiteres aerobes Training. Sie fühlte sich immer stärker, aber sie mußte sich die ganze Zeit selbst antreiben.

Schritt 3: Wie sieht mein neuer Plan aus?

Wenn Sie wissen, was Sie ändern müssen und was Sie momentan tun, sind Sie bereit für den nächsten Schritt: die Aufstellung einer Alternative. Damit Sie nicht

gleich über die Stränge schlagen, sollten Sie darauf achten, daß Sie keine drastischen Änderungen vornehmen. D.h. die Änderung sollte so aussehen, daß Sie sie seelisch und körperlich verkraften. Woher aber weiß man, was gerade richtig und was zu viel wäre?
Wir geben Ihnen ein paar weitere Hilfsmittel: Die Abbildungen 9.3 bis 9.9 geben Ihnen einen Überblick über alle Sportarten, die wir in Kapitel 8 analysiert haben. Zu jeder der sieben psychosozialen Handlungsdimensionen (PADs) sind die einzelnen Sportarten entsprechend ihrer Beurteilung zugeordnet worden. Sie können z.B. auf einen Blick sehen, wie alle Sportarten in bezug auf Geselligkeit abschneiden. Wenn Sie also geselliger werden möchten, sollten Sie nicht vom »ungeselligen« Ende der Skala an das andere Ende springen. Sie sollten die Änderung weniger drastisch gestalten, d.h. Sie sollten eine Aktivität aussuchen, die mehr in der Mitte liegt, wie etwa Aerobic. Oder Sie sollten ändern, *wie* Sie trainieren. Beispiel: Wenn Sie ungesellig sind und immer allein laufen, sollten Sie einen Freund fragen, ob er ein- oder zweimal die Woche mit Ihnen läuft.
Kurzer Themawechsel: Einer der Gründe, warum Sport und Fitneßtraining so geeignet sind, Änderungen vorzunehmen, ist, daß ein Teil des emotionellen Unbehagens auf das Konto des Sports geht, während Sie neue Wege gehen. Wenn Sie schüchtern sind und Schwierigkeiten haben, neue Freunde zu finden, ist es wirklich schwer, den Mut aufzubringen und z.B. auf einer Party fremde Leute anzusprechen oder jemanden in einer Kneipe kennenzulernen. Aber es ist nicht allzu schwer, jemanden zu finden, der gerne läuft, und gemeinsam mit dieser Person zu laufen. In den Fitneß-Clubs erfährt man schnell, wann man sich einer Gruppe anschließen kann. Oder man fragt die Arbeitskollegen im Büro. Es gibt sicherlich einige, wo man sich anschließen kann.
Was passiert nun mit der Angst vor Geselligkeit, wenn Sie laufen? Es ist erstaunlich, aber Sie denken kaum daran. Sie denken darüber nach, wie schwer Ihnen das Atmen fällt oder wie sehr Ihre Muskeln schmerzen – aber an die anderen? Abgesehen davon muß man, wenn man zusammen läuft, nicht die ganze Zeit plaudern, besonders wenn man bergauf und bergab läuft. Sie brauchen also nicht viel zu reden – hier und da mal eine Bemerkung, wenn es unterwegs etwas Interessantes zu sehen gibt.
Was geschieht sonst noch, wenn man zusammen mit anderen Sport treibt? Überraschenderweise findet man schneller Kontakt. Das liegt nicht nur an dem gemeinsamen Interesse, sondern die körperliche Anstrengung, die man miteinander erlebt, wenn man km für km läuft und sich abkämpft, bringt einander näher als viele Stunden, die man gemeinsam beim Essen oder auf Parties zubringt. Es schweißt einen zusammen, wenn man gemeinsam Freud und Schmerz beim Sport erlebt.
Zurück zu der Frage: Wie setzt man diesen Schritt am besten in die Praxis um? Die Aufstellung der PADs in den Abbildungen 9.3 bis 9.9 zeigt Ihnen, wie Sie langsam vorgehen können und sich nicht mehr vornehmen, als Sie schaffen. Vielleicht sehen Sie sich auch noch einmal die BAD-Profile in Kapitel 8 an, um eine Aktivität zu finden, die physisch als auch psychisch gut für Sie ist. Sie können herausfinden, ob eine Sportart mehr für den Ober- oder Unterkörper oder für den ganzen Körper tut. Außerdem können Sie feststellen, in welcher Beziehung sich Ihr Körper entwickeln würde. Bekommen Sie mehr Kraft oder mehr Flexibilität?

Wie sieht es mit den Bewegungen aus? Sehen Sie sich noch einmal die MAD-Profile in Kapitel 8 an. Bedenken Sie, daß manche Sportarten einen großen Wirkungsbereich haben. Sie beinhalten die ganze Skala der Bewegungsmuster, wie z.B. Tanz oder die Kampfsportarten. Andere sind ganz spezifisch, wie z.B. Laufen oder Bodybuilding. Man könnte sagen, daß die Sportarten mit einem großen Wirkungsbereich besser sind, aber das hängt wirklich vollkommen davon ab, was Sie brauchen. Wenn Sie mehr Konzentration, Richtung und Vorwärtskommen im Leben brauchen, wollen Sie sicherlich nicht alles durcheinander bringen, indem Sie alle Bewegungsmuster mischen. Tanz etwa wäre weniger geeignet als Laufen, da es direkter und eindimensional ist.
Schritt 3 beinhaltet, daß Sie sich die Sportart aufschreiben, die Ihren Bedürfnissen entspricht. Anhand der drei Analysen (PAD, BAD, MAD) bekommen Sie ein Gesamtbild dessen, was diese Sportart für Sie tun kann, aber auch welch unerwünschte Änderungen auftreten könnten.
Die Fallstudie – Schritt 3: Susan's Trainingsplan beinhaltete vier Aktivitäten: Laufen, Radfahren, Schwimmen und Gewichtstraining. Da sie auf einen Wettkampf hin trainierte, betrieb sie alle mit Ehrgeiz. Sie gab ihr Bestes und verstärkte ihre aggressiven Züge noch. Obwohl Schwimmen nicht als so aggressiv wie Laufen eingestuft wird, bekam auch diese Sportart ihren aggressiven Touch, da Susan sich ständig bemühte, schneller zu werden.
Sie müßte ein wenig zurückschrauben, langsamer machen, sich mehr auf ihre Umwelt einstellen, anstatt immer allen anderen voraus zu sein. Sie brauchte kein Aerobic, und sie hatte auch nicht vor, wieder zum Ballett zurückzukehren. Denken Sie daran, daß sie ihre aggressive Art in ihrem Job braucht – sie muß nur ausgeglichener werden. Zwei Möglichkeiten taten sich auf. Yoga und Tai-chi. Wieso? Yoga ist vielleicht eindeutiger, denn wir haben es schon besprochen. Als nicht-aggressive, nicht-kämpferische, langsame, konzentrationsfördernde Aktivität ist es für Susan geeignet. Mit einer Ausnahme: Susan denkt, daß es sich bei den Leuten, die Yoga machen, um schlappe, mittelalte Damen handelt, die einfach nicht genug Energie für Aerobic aufbringen. »Vergiß es! Auf keinen Fall! Yoga – vielleicht, wenn ich mal 80 bin!« Das ist ihre Meinung dazu.
Wie sieht es mit Tai-chi aus? Das reizte sie. Es ist eine Kampfsportart, es ist einmal etwas anderes. Es handelt sich dabei um eine tänzerische Aktivität, so daß es nicht allzu schlimm sein kann. Als sie sich näher mit Tai-chi beschäftigte, fand sie heraus, daß ein Teil des Trainings aus dem Erlernen eines 10 bis 15 Minuten dauernden Rituals besteht, das man als Bewegungs-Meditation bezeichnen könnte. Es wird sehr langsam ausgeführt, und man muß sich währenddessen sehr konzentrieren. Es fördert eine Öffnung der Muskulatur und verbessert die Flexibilität des Körpers. Wenn man es einmal beherrscht, kann man es überall und jederzeit ausüben. In etwa einem Jahr kann man es erlernen, und dann hat man sein Leben lang etwas davon. Weiterhin ist für Susan interessant, daß sie es als Abkühlphase nach dem Training oder zum morgendlichen Aufwärmen der steifen Muskeln einsetzen kann.

Schritt 4: Wie fange ich an?

Nun geht es an die Umsetzung in die Praxis. Es hat Spaß gemacht, all diese Analysen durchzuführen, aber hier kommt der schwierige Teil: die Umsetzung in die Tat.

Regel Nr. 1 – Seien Sie realistisch! Gehen Sie in Ihrer Planung nach realistischen Gesichtspunkten vor, d.h. was kann ich tun und was will ich erreichen. Wenn Sie sich etwas vornehmen, das viel Zeit, Geld oder emotionelle Kraft erfordert, wird es schwierig, besonders wenn Sie eins der genannten Dinge nicht ausreichend aufwenden können.

Regel Nr. 2 – Gehen Sie die Sache langsam an! Zu Anfang sollten Sie es leicht nehmen. Stellen Sie sich nicht vollkommen um, sondern fügen Sie Ihren neuen Sport langsam in Ihren Tagesablauf ein. Statt an 5 Tagen in der Woche zu laufen (alter Plan), können Sie versuchen, nur noch an 4 Tagen zu laufen und am 5. Tag Squash zu spielen (neuer Plan). Mit der Zeit können Sie dann auf ein 3:2-Verhältnis übergehen, d.h. an 3 Tagen laufen und an 2 Tagen Squash. Wenn Sie das richtige Verhältnis erreicht haben, werden Sie es spüren!

Regel Nr. 3 – Seien Sie geduldig! Denken Sie immer daran, daß wir über langfristige Vorteile sprechen, über Änderungen an der Persönlichkeit und der Lebensweise. Das ist keine leichte Sache. Unter Umständen kann es sogar recht unbequem sein. Rechnen Sie damit, daß Sie Schwierigkeiten haben könnten, und überlegen Sie schon im voraus, wie Sie damit fertig werden können. Lassen Sie sich nicht entmutigen. Wenn Sie glauben, Sie schaffen es nicht, überlegen Sie noch einmal, was Sie machen und was Sie erwarten. Vielleicht verlangen Sie zu viel und zu schnell. Eine Änderung über Nacht zu erwarten, ist einfach nicht realistisch. Es vergeht viel Zeit, bis aus einem Pykniker ein Athletiker wird, aber es ist langfristig möglich und auch mehrfach bewiesen. Die schnellen Änderungen dauern wahrscheinlich nicht lange an. Die Änderungen, für die Sie arbeiten und Geduld aufbringen müssen, werden Ihnen eher das gewünschte Ergebnis und die Befriedigung geben.

Schritt 4 bedeutet, alles aufzuschreiben: wann, wo und wie. Wenn Sie Hindernisse vermuten, versuchen Sie, sie zu erkennen. Wenn Sie nicht alles auf einmal tun können, finden Sie heraus, was Sie jetzt tun müssen und was Sie vielleicht später tun können.

Die Fallstudie – Schritt 4: Susan war klar, daß sie schnell handeln mußte. Sie wollte sich nicht verschleißen oder alle ihre Freunde vergraulen. Andererseits aber war sie auch nicht bereit, Ihr Trainingsprogramm aufzugeben. Der Triathlon gefiel ihr. Vielleicht könnte eine kleine Anpassung vorgenommen werden, wie etwa eine Kürzung ihres Programms. Immerhin war sie erst seit einem Jahr dabei und könnte damit zufrieden sein, einen Wettkampf zu beenden, geschweige denn, in Führung zu liegen.

Sie fand ein Studio in der Nähe, wo Tai-chi zu verschiedenen Tageszeiten angeboten wird. Obwohl es sich um Gruppen handelt, wird individuell unterrichtet. Es spielte keine Rolle, in welche Gruppe sie ging. Mit einigen Tricks konnte sie an zwei Kursen in der Woche teilnehmen. Ihr Triathlon-Training würde etwas gekürzt werden, z.B. ging sie an einem Morgen zum Tai-chi statt zu laufen.

Es kam ihr nicht so sehr unbequem vor. Sie freute sich schon darauf, die sogenannte »Form« zu erlernen. Das würde Ihr helfen, Ihren Geist zu beruhigen. Sie erhoffte sich davon, auf die Dauer etwas empfänglicher für ihre Umwelt zu werden.

Abb. 9.3

mehr —— gesellig —— weniger

Abb. 9.4

mehr —— spontan —— weniger

Abb. 9.5

mehr —— diszipliniert —— weniger

Abb. 9.6

mehr —— aggressiv —— weniger

Abb. 9.7

mehr —— kämpferisch —— weniger

Abb. 9.8

mehr —— konzentriert —— weniger

Abb. 9.9

mehr —— riskant —— weniger

Es hängt von Ihnen ab!

Sie haben jetzt eine Menge Informationen und Anleitungen zur Verfügung. Es liegt an Ihnen, was Sie damit anfangen. Mit etwas Kreativität läßt sich auch für Sie ein Plan aufstellen. Es funktioniert natürlich nicht so, als ob Sie Ihre Psyche einfach umschalten und schon die gewünschten Ergebnisse bekommen. Es erfordert viel Nachdenken und Einsatzbereitschaft.

Es ist sehr gut möglich, daß Sie nur geringfügige Änderungen vornehmen müssen. Auch in Susan's Fall waren keine drastischen Änderungen erforderlich. Dennoch kann man davon ausgehen, daß mit einer gewissen Einsatzbereitschaft der neue Trainingsplan sich langfristig auszahlt für Susan. Durch das Erlernen dieser »Bewegungs-Meditation«, Tai-chi, hat sie ein Ventil. Sie kann es morgens als erstes tun. Wenn sie Tai-chi in ihr Leben einbaut, kann sie ihre aggressiven Züge ausgleichen. Andererseits nimmt es aber nichts von der Energie, die sie durch die anderen Sportarten bekommt.

Wenn Sie glauben, sich total umkrempeln zu müssen, sollten Sie langsam vorgehen. Seien Sie sich darüber klar, daß Sport und Fitneßtraining Ihnen Zugang zu Bereichen Ihres Ichs gibt, deren Existenz Sie nicht vermuten. Vielleicht finden Sie die Koordination, die der Basketball-Coach auf der High School Ihnen nicht zutraute, als er Sie von seiner Teamliste strich. Vielleicht schläft ein Löwe in Ihnen, und Sie sind bloß kein Überflieger. Sie könnten ein Potential entdecken, Ihre Energie zu steuern und Leistungen zu erbringen, von denen Sie bislang nur träumten. Aber nichts geschieht über Nacht. Es geschieht jedoch überhaupt nichts, wenn Sie lediglich darüber nachdenken.

10

Fitneß und die Änderung des Lebensstils

Was man nicht weiß, macht einen nicht heiß

Manches Buch, das man gelesen hat, gibt einem etwas fürs Leben. Wir hoffen, daß das auch hier der Fall ist. Sie haben viel zu verarbeiten an Informationen über sich selbst, Sport und Fitneß. Ob Sie allem, was Sie gelesen haben, zustimmen oder nicht, Sie können nicht mehr umkehren und zurück in die Unwissenheit fallen. Sie werden die Dinge nie wieder so sehen wie früher, als Sie dieses Buch noch nicht kannten. Wenn Sie laufen, werden Sie darauf achten, welchem Körpertyp die anderen Jogger zuzuordnen sind. Sie werden darauf achten, ob sie verspannt und steif sind und ob ihre Gesichter von Sorgen geprägt sind. Wenn Sie in ein Fitneß-Center gehen, werden Sie genau registrieren, wer Aerobic macht und wer Squash spielt. Wenn Freunde über ihre Fitneß-Aktivitäten sprechen, werden Sie sich die eine oder andere Frage zu ihrer Persönlichkeit stellen, und Sie werden versuchen, sie ein wenig in Hinblick auf ihre Psyche einzuordnen.

Ein Psychiater, der eine Untersuchung bei Fitneß-Fanatikern durchführte, sagte, daß die Chancen bei mehr als 75% lägen, daß ein verheirateter Mann, der plötzlich wie besessen ein Lauftraining betreibt, über seine Ehe nachdenken wird oder sogar eine Scheidung anstreben wird.[1] Wenn Sie dies auf der ersten Seite gelesen hätten, hätten Sie wahrscheinlich gespottet. Jetzt fragen Sie sich sicher, warum das so ist. Die Verbindung zwischen physischer und psychischer Aktivität ist Ihnen inzwischen viel klarer.

Wer nichts weiß, ist unbedarft. Wissen gibt Macht. Wissen ist auch Verantwortung. Wenn man etwas weiß, kann man nicht mehr naiv tun. Gesunde Menschen benutzen ihr Wissen, um ihr Leben zu verbessern, selbst wenn es schwierig sein sollte. Sie hören auf zu rauchen, sie stellen ihre Ernährung um, und sie treiben Sport. Wir bitten Sie nun um eine weitere Änderung aufgrund des neuen Wissens. Wie notwendig ist diese Änderung? Wieviel muß geändert werden?

Die Notwendigkeit einer Änderung basiert auf Ihren Erfahrungen. Sie beurteilen, ob und wieviel geändert werden muß. Wenn Sie sich Ihr Leben lang fit halten wollen, müssen Sie bedenken, daß viele Jahre vor Ihnen liegen, in denen Körper und Psyche dem Training unterworfen sein werden. Kleine Änderungen können Ihr Leben in eine neue Richtung lenken, selbst wenn die Änderungen jahrelang kaum wahrnehmbar ist.

Variationen

Kleine Änderungen sind ein guter Anfang. Wenn man sich zuviel vornimmt, wird man leicht entmutigt und verliert das Interesse. Was Sie in diesem Buch gelernt haben, kann man in zwei große Kategorien unterteilen: Selbsterfahrung und Kenntnisse über Sport und Fitneß. Wenn Sie das nehmen, was Sie über sich selbst erfahren haben, so haben Sie eine gute Basis, um Änderungen vorzunehmen. Was können Sie mit Ihrem neuen Wissen in Hinblick auf kleine Veränderungen anfangen?

Änderung Ihres Fitneßtrainings

Als wir in Kapitel 8 die verschiedenen Sportarten analysiert haben, mußten wir nach der Vermutung gehen, wie eine Sportart »typischerweise« durchgeführt wird. Wenn wir von typisch sprechen, meinen wir die durchschnittliche amerikanische Familie mit 2,3 Kindern. Damit können Sie in der Praxis natürlich nichts anfangen – jeder Mensch ist ein bißchen anders.

Zur Veranschaulichung stellen Sie sich einmal eine Frau vor, die sich selbst als Schwimmerin bezeichnet. Sie beklagte sich von Zeit zu Zeit über Depressionen, Angstzustände und die Unfähigkeit, lange bei einer Sache zu bleiben. Sie begann alles auf einmal und kam dann nicht mehr klar. Sie hatte etwa 40 Pfund Übergewicht und besaß wenig Muskelkraft. Ihre Bewegungen waren schwerfällig, langsam und verspannt. Bedenken Sie, daß sie schwamm. Hörte sich das nicht widersprüchlich an? In der Tat, und zwar aus gutem Grund. Wenn sie schwamm, bewegte sie sich mit langsamen, schweren Armbewegungen durch das Wasser. Gelegentlich geriet sie in Panik und dachte, sie würde ertrinken, denn sie hatte das Gefühl, als würde ihr Körper gleich untergehen. Wenn man sie beobachtete, bekam man tatsächlich denselben Eindruck.

Wie sollte man Änderungen durchführen? Für diese Frau gab es ein besseres Fitneßtraining als das Schwimmen, aber sie war stur. Sie wollte nichts anderes machen. Sie sagte, sie habe es schon versucht. Bei Aerobic fühlte sie sich unwohl, Tennis konnte sie nicht, zum Laufen war sie zu dick und vor Yoga hatte sie schlichtweg Angst. Würde sie bereit sein, ihre Art zu schwimmen zu ändern? Ja, dazu wäre sie bereit. Sie nahm bei einem guten Schwimmlehrer Unterricht, der ihr die richtige Atem- und Schwimmtechnik beibrachte. Danach bekam sie einen neuen Trainingsplan: kurze Sprints – Intervalltraining. Nicht mehr einfach mühsames Fortbewegen durch das Wasser. Schnelles Schwimmen. 1000 m Aufwärmen und dann 50 m Sprint. Gefiel ihr das? Überhaupt nicht – am Anfang zumindest. Dann fühlte sie sich langsam besser, stärker. Sie wurde ausdauernder.

Die Stimmungsschwankungen nahmen ab, sie konnte sich besser konzentrieren. Während eines Sprints konnte sie nicht mehr ihren Gedanken nachhängen. Nie wieder machte sie sich Sorgen, daß sie ertrinken könnte.

Hier wurde das Wie, nicht das Was geändert. War es wirkungsvoll? Ja, auf jeden Fall. War es schwierig? Ja, etwas. Woher wußten wir, was geändert werden mußte? Aus ihrer Analyse. Bei Ausdauersportarten wie Schwimmen, Laufen und Radfahren braucht man sich nicht so sehr konzentrieren, da der Bewegungsablauf mit der Zeit mechanisch wird. Man muß nicht mehr auf die Bewegung achten. Beim Intervalltraining jedoch mit seinen Sprints muß man voll bei der Sache sein. Danach ist man dann zu müde, um zu grübeln. Desweiteren neigt man bei Ausdauersportarten dazu, nachlässig und langsam zu werden, so daß man kaum neue Energie verspürt. Wenn das passiert, sollte man auf jeden Fall das Tempo wechseln. Man kann viele Läufer beobachten, die das tun, indem sie z.B. die letzen 1,5 km eines 7,5 km-Laufes spurten. Der Schlüssel zum Erfolg für die Frau in unserem Beispiel war der Lehrer bzw. Trainer. Darauf werden wir später noch eingehen. Fürs erste merken Sie sich, daß nicht nur wichtig ist, **was** man macht, sondern auch, **wie** man es macht. Es gibt 23 Mio. Jogger in den Vereinigten Staaten, aber wieviele von ihnen laufen wohl mit der richtigen Lauftechnik?

Um es noch einmal zu sagen: Welch kleine Änderungen empfehlenswert sind, können Sie der Analyse entnehmen. Wenn Sie sich selbst als beherrscht einschätzen, können Sie etwas Abwechslung in Ihr Trainingsprogramm bringen. »Retro-Running« (= Rückwärtslaufen) ist zur Zeit absolut in. Versuchen Sie doch einmal, rückwärts durch den Park zu laufen oder Zick-zack. Versuchen Sie, Ihre Arme beim Laufen zu schwingen, zu singen, zu hüpfen oder zu springen. Vielleicht möchten Sie gern einen Freund mitnehmen, damit Sie etwas emotionelle Unterstützung bekommen oder einfach einen Zeugen für Ihre Gesundheit haben.

Wenn Sie sich langsam und verspannt bewegen, machen Sie Stretching und dann Intervalltraining. Überwinden Sie sich und strecken und dehnen Sie sich – strecken Sie sich nach der Decke. Wenn Sie geselliger werden müssen, bemühen Sie sich, einen Partner zu finden. Wenn Sie ständig unter Leuten sind, nutzen Sie Ihr Training als Zeit, die Sie einmal mit sich allein verbringen. Gönnen Sie sich zur Abwechslung nur die Gesellschaft der eigenen Person.

Die Ergebnisse der Analyse können also durchaus bedeuten, daß Sie nur geringfügige Änderungen an Ihrem Training vornehmen müssen, ohne gleich Ihr ganzes Leben umzukrempeln. Probieren Sie es aus – vielleicht gefällt es Ihnen!

Andere geringfügige Änderungen

Einer der Vorteile Ihres neu erworbenen Wissens ist, daß Sie die Sache jetzt unter drei Gesichtspunkten angehen können. Wir haben genaue Vorstellungen von Fitneßtraining unter Berücksichtigung der Persönlichkeit, und wir haben den Aspekt der Bewegungsqualität eingehend abgehandelt. Worüber wir noch nicht viel gesagt haben, ist der Körper. Welche Rolle spielt der Körper bei der Umgestaltung der Persönlichkeit?

In Kapitel 6 haben wir den Körper Stück für Stück, Muskel für Muskel analysiert. Sie haben dasselbe mit Ihrem Körper getan und eine Beurteilung in Bezug auf

Kraft, Flexibilität und Form durchgeführt. Wie lassen sich aufgrund dieser Beurteilung kleine Änderungen vornehmen? Wenn bestimmte Körperbereiche schwach, nicht flexibel oder so geformt sind, daß sie auf emotionelle Blockierungen hinweisen, läßt sich das ändern? Die Antwort lautet ja. Jeder Bodybuilding-Trainer kann einem sagen, was man tun muß, um seine Brust- oder Bauchmuskulatur, Hüften, Oberschenkel, Arme oder seinen Hals zu kräftigen. Wenn der Kopf nach vorne fällt, gibt es Übungen, um eine aufrechte Haltung zu gewährleisten. Wenn der untere Rückenbereich schwach ist, kann man ihn mit entsprechenden Übungen stärken. Wenn die Schultern schlaff herunterhängen, gibt es Übungen, die sie straffen.

Aber es kommt nicht nur auf die Kräftigung an. Es kann sein, daß Sie bestimmte Muskeln lockern müssen. Sie müssen sich dem Stretching widmen, damit Ihre Flexibilität in bestimmten Bereichen zunimmt, oder Sie müssen die Flexibilität im Brustbereich erhöhen, damit Ihre Atmung sich bessert. Vielleicht müssen Sie etwas für Ihre Arme tun, indem Sie sich den Rücken- und Schultermuskeln zuwenden. Sie können die Energie in Ihren Händen freisetzen, indem Sie die Flexibilität der Finger- und Handgelenke steigern.

Wie effektiv kann das sein? Eine kleine Geschichte beantwortet diese Frage zum Teil. Eine Bewegungstherapeutin arbeitete mit einer Gruppe Erwachsener in einem Kurs, der unter dem Motto »Fundamentale Bewegungen« stand. Dieser Kurs baute auf den allgemein anerkannten Prinzipien der Physiologie und Persönlichkeitsentwicklung auf. Die Teilnehmer lagen auf dem Rücken, die Arme waren seitlich abgestreckt in der Form eines Kreuzes. Als sie zur nächsten Übung übergehen wollte, sagte sie einem Beobachter, daß diese Übung oft zu einer Entladung von Emotionen führe, wobei einige Teilnehmer plötzlich anfingen zu weinen. Die Übung sah vor, daß man mit dem einen Arm über die Brust reichen sollte, um den anderen Arm zu berühren, und ihn dann langsam zurück über die Brust wieder auf den Boden legen sollte. Diese Übung zielte darauf ab, Spannungen im Brustbereich zu lösen. Die Übung schien einfach, und es war zweifelhaft, ob sie irgendwelche Auswirkungen emotioneller Art zeigen würde. Aber innerhalb von wenigen Minuten, als die Teilnehmer die Übungen wiederholt durchführten, strömten zwei von ihnen Tränen über das Gesicht. Die Therapeutin sagte zu dem Beobachter: »Das passiert immer wieder bei dieser Übung.«

Was beweist das? Vielleicht veranschaulicht dieses Beispiel mehr als es beweist, daß die Beseitigung von Verspannungen in bestimmten Körperbereichen emotionelle Nebeneffekte haben kann. Das ist mit Sicherheit einer der Gründe, warum manche Leute mit großer Hingabe Yoga betreiben oder laufen.

Körperliche Änderungen beeinflussen auch die Psyche. Zumindest wird das Feedback, das Sie aufgrund der körperlichen Veränderungen bekommen, Ihnen eine andere Einstellung zu sich selbst geben. Wenn Sie bislang eher wie ein dünner Hänfling aussahen und nun die Leute durch ihre Muskelpakete einschüchtern, wird das Feedback Ihre Einstellung zu sich selbst verändern. Wir glauben natürlich, daß noch viel mehr dahintersteckt. Eine Änderung der Stärke, Flexibilität und Form bestimmter Körperregionen hat entsprechende Auswirkungen auf die Psyche. Wenn Sie mehr Kraft in den Armen verspüren, ist es für Sie nicht mehr so schwer, die Welt in der Hand zu haben. Wenn Ihre Beine Sie in

die Lage versetzen, mit mehr Gewicht und Kraft aufzutreten, werden Sie mehr Selbstvertrauen und Entschlußkraft bekommen.
Wenn man sich bewußt wird, daß man nicht mit hängenden Schultern oder schwachen Armen geboren wird, so hat man zwar auch keine Ausrede mehr dafür, aber es wird einem klar, daß man die Verantwortung für seine Körperform trägt – mit allem, was dazu gehört.

Alternativen

Vielleicht fühlen Sie sich überwältigt von der Flut von Informationen, dabei haben wir uns nur auf das Notwendigste beschränkt. Wir haben uns mit etwa 20 Sportarten beschäftigt – ein kleiner Auschnitt. Es gibt Frisbee, Rollschuhlaufen, Skateboardfahren, Surfen, Tauchen, Rugby, Bergsteigen, Kanufahren, Wasserballett, Volleyball und noch viele weitere neue Kreationen im Fitneß-Bereich. Die Liste ist endlos. Wie stufen wir sie ein? Das Problem ist, daß das nicht möglich ist. Das wollen wir Ihnen überlassen.
Um die für Sie richtige Sportart zu finden, gehen Sie idealerweise die Beurteilungen der jeweiligen Sportart durch. Aber wie wir gerade gesehen haben, ist es auch von großer Bedeutung für die Auswirkungen auf die Psyche, **wie** man eine Sportart betreibt und nicht nur, welche Sportart. Dann geht man seine eigene Beurteilung durch und bestimmt die Sportarten, die am besten dazu passen. Hier kann ein wenig Brainstorming ganz natürlich sein.
Sehen wir uns ein Beispiel an. »Arnie« war ein kreativer Künstler bei einer Werbeagentur. Er machte so gern Aerobic, daß er fünfmal die Woche in einen Kurs ging. Er fiel in der Gruppe auf, nicht nur weil er männlich war, sondern wegen seiner Bewegung. Er sprang herum wie ein Hampelmann. Seine Arme bewegte er wie wild und sein Kopf schien mit einem Gummiband am Körper befestigt zu sein. Sobald der Aerobic-Kurs begann, schienen seine Fersen den Boden nicht mehr zu berühren. Manchmal hatte man den Eindruck, er würde gleich abheben. Auch im Alltagsleben war er so. Er hatte kein bißchen Beherrschung, und obwohl er ein guter Künstler war, hatte diese Art ihre Nachteile. Was würden Sie ihm verordnen? Sie finden es nicht in der Liste in Kapitel 8. Sind Sie bereit? Fechten!
Warum Fechten? Denken Sie einmal eine Minute nach. Man steht mit seinen Füßen fest auf dem Boden, der Schwerpunkt liegt genau unter einem, der Rücken ist gerade und der Kopf ruht aufrecht auf den Schultern. Viel Beherrschung, viel Balance und viel Geschicklichkeit. Braucht Arnie das? Darauf können Sie wetten. Wenn Sie mehr über sein Leben wüßten, würden Sie erkennen, daß er genau das braucht. Raten Sie mal, ob es ihm gefiel. Und ob! Es war eine Herausforderung für Ihn. Er bekam etwas, was ihm Aerobic nie hatte geben können. Er fühlte sich stärker. (Er sah auch so aus.)
Ein Jahr später konnte auch Arnie über eine Geschichte aus seinen ersten Wochen im Fechtunterricht lachen. Der Lehrer, ein alter polnischer Graf, war so frustriert wegen Arnie's flatterigen Bewegungen, daß er die halbe Zeit auf den Knien zubrachte, Arnie's Knöchel umklammerte und seine Füße auf den Boden

drückte. Bei einem der nächsten Male bekam Arnie schwere Gewichte um die Knöchel geschnallt. Ist Ihnen alles klar?
Fechten ist nicht gerade eine der populärsten Fitneß-Sportarten, aber es gibt in den meisten Städten eine Schule. Wenn Fechten nicht geeignet ist, gibt es eine Menge Alternativen, die Sie sich ansehen können. Es ist wichtig, sich nicht nur an das zu halten, was modern und populär ist. Sie brauchen vielleicht etwas, das ganz aus der Reihe fällt, oder sogar etwas, das Sie noch erfinden müssen. Wer weiß, Vielleicht kreieren Sie den nächsten Fitneß-Hit!

Übergänge

Ein Übergang ist die Strecke zwischen einem Zustand und dem nächsten, ein Zeitraum des Wandels. Ein solcher Übergang kann abrupt geschehen, wie bei einem plötzlichen Stellenwechsel oder einem Unfall, oder langwierig sein, wie bei der vielzitierten Midlife-Krise. Wenn man einen solchen Übergang durchmacht, hat man andere Bedürfnisse. Das, was einmal gut war, kann jetzt nutzlos sein. Alte Methoden, ein Gleichgewicht zu halten, erhöhen nur die Konfusion.
Ein Übergang ist eine Krise mit Entwicklungsmöglichkeiten. Es ist ein Moment in unserem Leben, wo wir uns einen neuen Weg suchen können oder aber wir weigern uns, uns zu ändern, und beharren auf dem bisherigen Verhalten, das aber inzwischen unproduktiv geworden ist. Ein kleines Kind kann heulen, um seinen Willen zu bekommen, aber bei einem Erwachsenen ist dieses Verhalten unangebracht und nutzlos. Eine Person, die ständig aufgrund ihres Unabhängigkeitswillens entlassen wird, kann sich wieder eine neue Stelle suchen oder aber sie macht sich selbständig. Ein Aspekt der Übergangsphase ist, daß man sich fühlt, als ob man trudele – und manchmal keine Kontrolle mehr habe. Das alte Verhalten funktioniert nicht mehr, aber man hat noch nicht herausgefunden, wie das neue ist. Auf welche Weise kann Fitneßtraining helfen oder behindern?
Ein kleines Beispiel: »Becky« hatte eine Reihe von Trennungen und Versöhnungen mit ihrem Mann in den letzten 7 Jahren hinter sich gebracht. Er hatte eine Freundin, dann hatte er keine und dann hatte er wieder eine. Sie hatte das Gefühl, den Verstand zu verlieren. Sie liebte ihn und konnte sich nicht entscheiden, was sie tun sollte. Sie fing an zu laufen, zuerst 800 m und dann steigerte sie ihr Pensum langsam. Sie setzte sich selbst Ziele und am Ende des Jahres nahm sie an Wettläufen teil. Währenddessen ging das Theater zu Hause weiter. Überraschenderweise sah sie jetzt alles objektiver. Sie fühlte sich nicht mehr wie in einem Strudel. Sie wurde sich klar über ihre Bedingungen und teilte sie ihrem Mann mit. Der aber wollte seine Frau und seine Geliebte. Zum Schluß hate er keine von beiden. Becky war nicht gerade zufrieden damit, geschieden zu werden, zumindest komme sie jetzt vorwärts, statt sich immer nur im Kreis zu bewegen.
Je nachdem, was Sie brauchen, kann Sport Ihnen bei einer Neu-Orientierung helfen. Genau wie es auf lange Sicht richtige oder falsche Handlungen gibt, kann es Aktivitäten geben, die in der Übergangsphase das Vorwärtskommen unterstützen oder behindern. Sehen wir uns einmal den negativen Fall an.

»Bill« war ein großer Yoga-Fan. Er trainierte regelmäßig und fühlte sich wirklich besser dadurch, besonders wenn er im Streß war. Er meditierte und versuchte, seine Probleme wegzuatmen. Er löste die Spannung in seinem Körper durch Streckübungen. Nach einer Stunde Yoga war er richtig erleichtert. Er war cool; er floß dahin durch sein Leben wie ein Fluß. Aber seine Mitmenschen waren anders. Sein Chef war sogar der Meinung, Bill sei desinteressiert und wolle mit nichts etwas zu tun haben. Die Firma befand sich in Schwierigkeiten – jeder war aufgeschreckt, aber Bill rezitierte seine Mantra. Als sich seine Frau darüber beklagte, daß sie sich um die zwei Kinder kümmern müsse und keine Zeit habe, ihr Studium zu beenden, atmete er Entspannung ein und seine Spannungen aus. Es schien ihn nicht zu berühren. Als die Welt unterzugehen schien und er sowohl seinen Job als auch seine Frau verlor, ging er einfach öfter in das Yoga-Zentrum. Morgens und abends, manchmal sogar um die Mittagszeit. Er dachte, es würde ihm helfen.
Übergänge: Manchmal braucht man in der Übergangsphase einen Richtungshinweis. Manchmal muß man Stellung beziehen. Manchmal muß man flexibler sein. Sportarten, die Elemente enthalten, die einem fehlen, helfen weiter. Die, die den alten Stil beibehalten, lassen uns auf der Stelle treten oder verschlimmern alles. Wenn sich in der Familie oder im Beruf Änderungen ergeben, kann das auch Änderungen im Fitneßtraining bedeuten – zumindest für den Augenblick. Man sollte nicht sein Fitneßtraining vollkommen über den Haufen werfen, aber der Situation anpassen, damit es einem hilft, mit der Situation fertig zu werden.

Anleitung

In der Schulzeit traf man überall auf einen Coach, auf den Korridoren und in den Umkleideräumen. Was ist aus ihnen geworden? In den Fitneß-Zentren gibt es Lehrer, Trainer oder Kursleiter, aber wo ist ein Coach? Lehrer leiten gewöhnlich Kurse wie z.B. Aerobic. Trainer laufen herum und achten darauf, daß die Ausrüstung funktioniert, und helfen ab und zu dem einen oder anderen bei der Ausführung einer Übung. Wer aber ist Ihr Coach? Wer steht bei Ihnen und beobachtet Sie, wie Sie Ihre Übung machen? Wer schreit Ihnen ins Ohr, sich mehr anzustrengen?
Sicherlich sind wir zu alt für einen Coach. Das gibt es auf der High School und dem College, wenn man in einem Team spielt oder in einem Wettkampf steht. Wir beschäftigen uns hier mit der Welt der Erwachsenen. Uns kommt es nicht darauf an, jemanden zu besiegen, sondern in Form zu bleiben und die Rettungsringe an den Hüften zu verlieren. Tennisspieler werden dem nicht zustimmen und die Golfer erst recht nicht, ebenso wenig die Skifahrer. Aber die Mehrheit der Freizeitsportler hat nicht das Verlangen nach einem Coach. Sie wollen nicht den »Boston Marathon« gewinnen, allenfalls dabei sein. Außerdem gibt es viele Bücher, die Anleitungen und Tips für richtiges Fitneßtraining geben.
Wer braucht einen Coach? Jeder von uns. Wir alle brauchen ein Feedback zu unseren Bewegungen, unserer Technik und dem Trainingsprogramm. Wir brauchen Beratung und Anleitung. Wir brauchen jemanden, der uns beobachtet

und uns über unsere Körperhaltung und die Bewegungsabläufe aufklärt. Von Zeit zu Zeit brauchen wir jemanden, der uns anleitet, uns bremst, wenn wir etwas falsch machen, und uns zeigt, wie es richtig geht.
Nicht jeder Couach oder Trainer weiß, was für den einzelnen am besten ist. Manch ein Coach geht nach einer fast sadistischen Trainingsphilosophie vor. Andere sind der Meinung, jeder Körper müsse auf dieselbe Weise trainiert werden. Wir brauchen einen Coach, der uns ansieht und die individuellen Besonderheiten erkennt, der uns so annimmt, wie wir sind, und uns auf einfühlsame und vernünftige Weise Feedback gibt. Wo gibt es einen solchen Coach und wie findet man ihn? Manchmal arbeitet so jemand in einem Club oder Fitneß-Center. In den meisten Fällen ist es ein ehemaliger Athlet, der ein gutes Auge für Form und Technik hat. Es kann ein Klassenkamerad sein, der uns ansport. Man muß danach suchen. Wenn man jemanden gefunden hat, muß man seinen Stolz vergessen und um Unterstützung bitten. Sie werden sich wundern, wie gern man Ihnen hilft.
Eine Rose ist eine Rose, aber sind alle Läufer gleich? Um zur Sache zu kommen: Nur weil wir uns Bodybuilder, Schwimmer, Tänzer oder Kegler nennen, heißt das nicht, daß wir unseren Sport alle auf dieselbe Art und Weise ausführen bzw. ausführen sollten. Fragen Sie Ihren Coach – er wird Ihnen sagen, wie es für Sie am besten ist.

Zeitaufwand

Zu guter Letzt: Ron Hill, dreifacher Olympia-Teilnehmer und Sieger im »Boston Marathon«, ist an über 8000 Tagen hintereinander mindestens einmal pro Tag gelaufen – das sind mehr als 22 ½ Jahre! Das ist Besessenheit. Wir sind nicht alle Olympioniken oder Marathonläufer, aber wir müssen uns die Frage stellen: »Wie besessen bin ich?«
Der Körper verändert sich langsam. Der durchschnittliche Amerikaner nimmt im Alter von 25 bis 55 Jahren pro Jahr ein Pfund zu. Die Veränderung geschieht langsam, aber im Alter von 55 Jahren, wenn man 30 Pfund mehr wiegt, wird einem der Unterschied bewußt. Ein 19jähriger, der täglich eine Schachtel Zigaretten raucht, merkt kaum etwas von den Auswirkungen, aber mit 60 Jahren und einer obstruktiven Bronchopneumonie bemerkt er das Kratzen beim Atmen. Auch psychische Veränderungen vollziehen sich langsam, aber ebenso wie die Gewichtszunahme von einem Pfund finden sie statt.
Wenn Sie regelmäßig trainieren und besonders, wenn Sie immer dasselbe machen, formen Sie Ihren Körper in einer bestimmten Art und Weise und wie Sie inzwischen wissen auch Ihre Persönlichkeit. Welche Persönlichkeitsmerkmale sich verstärken, liegt bei Ihnen. Zumindest ist Ihnen bekannt, daß Sie darauf Einfluß nehmen können.
Wenn Sie nicht regelmäßig trainieren, aber aus Ihrem Training das beste machen wollen, ist Ihnen jetzt klar, daß Sie mehr tun müssen, um die Vorteile nutzen zu können. Dazu zählen auch positive Auswirkungen auf Ihre Persönlichkeit. Aber wir sprechen hier von den langsamen Veränderungen.

Das ist eine Investition in die eigene Person, so wie wenn man immer wieder Geld beiseite legt für den Ruhestand. Jüngste Untersuchungen sagen, daß man für jede Stunde Fitneßtraining zwei Stunden länger lebt.[4] Das bedeutet, wenn Sie zusammengerechnet etwa 1 Jahr Ihres Lebens mit Fitneßtraining verbracht haben, können Sie von zwei zusätzlichen Lebensjahren ausgehen, die Ihnen obendrein zu den vielen schönen Stunden beim Sport geschenkt werden. Das ist die physische Seite.

Was die Psyche angeht, muß man sich fragen, was man erntet im Alter von 75 Jahren, wenn man durch Fitneßtraining in seine Kreativität investiert. Wenn man in seine Isolation investiert, wie zahlt sich das auf lange Sicht aus? Es besteht kein Zweifel, daß man durch sportliche Betätigung seine Persönlichkeit beeinflussen kann. Es mag nur eine minimale Änderung sein, aber auf lange Sicht macht sich dies doch bemerkbar.

Literaturhinweise

Kapitel 1

1. Johnson, W. O. Marching to euphoria. *Sports Illustrated*, 1980, 53 (3), 72–76, 78–79, 81–82.
2. Sheldon, W. H. *The varieties of human temperament.* New York: Harper and Row, 1942. s. S. 285
3. Friedman, M., and Rosenman, R. H. *Type A behavior and you heart.* New York: Alfred A. Knopf, 1974; Kraiuhin, C. et al. The Type A behaviour pattern and physique. *Journal of Psychosomatic Research*, 1983, 27 (6), 479–483.
4. Murphy, M., and White, R. *The psychic side of sport.* New York: Addison-Wesley, 1978.

Kapitel 2

1. Die zehn Fallstudien setzen sich aus tatsächlichen Erfahrungen einer großen Zahl von Sportlern und Fitneß-Anhängern zusammen. So gesehen handelt es sich nicht um Berichte über einzelne Personen, sondern um typischerweise auftretende Verhaltensmuster.

Kapitel 3

1. Sheehan, G. Body and soul. In M. H. Sacks and M. L. Sachs (Eds.), *Psychology of running.* Champaign, Ill.: Human Kinetics, 1981, 189–190.
2. Hughes, J. r. Psychological effects of habitual aerobic exercise: A critical review. *Preventive Medicine*, 1984, 13 (1), 66–78.
3. Armstrong, H. E. Jr., and Armstrong, D. C. Relation of physical fitness to a dimension of body image. *Perceptual and Motor Skills,* 1968, 26, 1173–1174;
   Bahrke, M. S., and Morgan, W. P. Anxiety reduction following exercise and meditation. In M. H. Sacks and M. L. Sachs (Eds.), *Psychology of running.* Champaign, Ill.: Human Kinetics, 1981, 57–66; Buffone, G. W. Future directions: the potential for exercise as therapy. In M. L. Sachs and G. W. Fuffone (Eds.), *Running as therapy.* Lincoln, Neb.: University of Nebraska Press, 1984, 215–226; Cooper, L. Athelitc, activity and personality; a review of the literature. *Research Quarterly,* 1969, 40 (1), 17–22; Flippin, R. Are runners better lovers? *The Runner,* 1987, 9 (6), 32–35; Folkins, C. H. Effects of physcal training on mood. *Journal of Clinical Psychology,* 1976, 32 (2), 385–388; Folkins, c. H., and Sime, W. E. Physical fitness training and mental health. *American Psychologist,* 1981, 36 (4), 373–389; Haskell, W. L. Overview: health benefits of exercise. In. J. D. Matarazzo, S. M. Weiss, N. E. Miller, and S. M. Weiss (Eds.), *Behavioral health: a handbook of health enhancement and disease prevention.* New York: Wiley, 1984, 409–423; Jasnoski, M. L., and Holmes, D. S. Influence of initial aerobic fitness, aerobic training and changes in aerobic fitness on personality functioning. *Journal of Psychosomatic Research,* 1981, 25 (6), 553–556; Joesting, J. Comparison of students who exercise with those who do not. *Perceptual and Motor Skills,* 1981, 53 (2), 426 Kostrubala, T. *The joy of running.* New York: Lippincott, 1976; Morgan, W. P., and Roberts, J. Psychological effects of chronic physical activity. *Medicine and Sience in Sports and Exercise,* 1970, 2, 213–218; Perri, T., and Templer, D. I. The effects of an aerobic exercise program on

psychological variables in older adults. *International Journal of Aging and Human Development,* 1985, 20, 167–172; Powell, R. R. Psychological effects of exercise therapy upon institutionalized geriatric mental patients. *Journal of Gerontology,* 1974, 29, 157–172; Powell, R. R. Psychological effects of exercise therapy upon institutionalized geriatric mental patients. *Journal of Gerontology,* 1974, 29, 157–161; Powell, R. R., and Pohndorf, R. H. Comparison of adult exercisers and nonexercisers on fluid intelligence and selected physiological variables. *Research Quarterly,* 1971, 42 (1), 70–77; Sacks, M. H., and Salchs, M. L. *The psychology of running.* Champaign, Ill.: Human Kinetics, 1981; Sharp, M. W., and Reilley, R. R. The relationship of aerobic physical fitness to selected personality traits. *Journal of Clinical Psychology,* 1975, 31 (3), 428–430; Sime, W. E. Psychological benefits of exercise training in the healthy individual. In J. D. Matarazzo, S. M. Weiss, N. E. Miller, and S. M. Weiss (Eds.), *Behavioral health: a handbook of health enhancement and disease prevention.* New York: Wiley, 1984, 488–507; Slusher, H. Personality and intelligence characteristics of selected high school athletes and non-athletes. *Research Quarterly,* 1964, 35, 539–543; Solomon, E. G., and Bumpus, A. K. The running meditation response: an adjunct to psychotherapy. In M. H. Sacks and M. L. Sachs (Eds.), *Psychology of running.* Champaign, Ill.: Human Kinetics, 1981; Sonstroem, R. J. Exercise and self-esteem. In R. Terjung (Ed.), *Exercise and sport science reviews.* (Volume 12). Lexington, Mass: D. C. Heath, 1984, 123–155; Sutton, R. *Body worry.* New York: Viking, 1987; Dishman, R. K. Exercise compliance: A new view for public health. *The Physician and Sportsmedicine,* 1986, 14 (5), 127–145. Weitere Hinweise siehe Bibliographie.

4. Altshul, V. A. Should we advise our depressed patients to run? In M. H. Sacks and M. L. Sachs (Eds.), *Psychology of running.* Champaign, Ill.: Human Kinetics, 1981, 50–56; Blue, F. R. Aerobic running as a treatment for moderate depression. *Perceptual and Motor Skills,* 1979, 48, 228; Blumenthal, J. A., Williams, R. S., Williams, R. B. Jr., and Wallace, A. G. Effects of exercise on the Type A (coronary prone) behavior pattern. *Psychosomatic Medicine,* 1980, 42 (2), 289–296; Buffone, G. W. *Running and depression.* In M. L. Sachs and G. W. Buffone (Eds.), *Running as therapy.* Lincoln, Neb.: University of Nebraska Press, 1984, 6–22; Dishman, »Medical psychology«; Driscoll, R. Anxiety reduction using physical exertion and positive images. *Psychological Records,* 1979, 26, 87–94; Gal, R., and Lazarus, R. S. The role of activity in anticipating and confronting stressful situations. *Journal of Human Stress,* 1975, 7, 4–20; Griest, J. H., et al. Running through your mind. *Journal of Psychosomatic Research,* 1978, 22, 259–294; Griest, J. H., et al. Running as a treatment for depression. *Comprehensive Psychiatry,* 1979, 20, 41–54; Haskell, »Health benefits«; Hughes, »Psychological effects«; Kobasa, S. C., Maddi, S. R., and Puccetti, M. C. Personality and exercise as buffers in the stress-illness relationship. *Journal of Behavioral Medicine,* 1982, 5 (4), 391–404; Kostrubala, T. Running and therapy. In M. L. Sachs and G. W. BUffone (Eds.), *Runing as therapy.* Lincoln, Neb.: University of Nebraska Press, 1984, 112–124; Lake, B. M., et al. The Type A behavior pattern, physical fitness, and psychophysical reactivity. *Health psychology,* 1985, 4 (2), 169–187; Lion, L. S. Psychological effects of jogging: a preliminary study. *Perceptual and Motor Skills,* 1978, 47 (3, Pt. 2), 1215–1218; Martin, J. E., and Dubbert, P. M. Exercise in hypertension. *Annals of Behavioral Medicine,* m1985, 7, 13–18; Monahan, T. Exercise and depression: Swapping sweat for serenity. *The Physician and Sports Medicine,* 1986, 14 (9), 192–197; Orwin, A. Treatment of a situational phobia – A case for running. *British Journal of Psychiatry,* 1974, 125, 95–98; Orwin, A. »The running treatment«: a preliminary communication on a new use for an old therapy (physical activity) in the agoraphobia syndrome. In M. H. Sacks and M. L. Sachs (Eds.), *Psychology of running.* Champaign, Ill.: Human Kinetics, 1981, 32–39; Price, W. A., Dimarzio, and Gardner, P. R. Biopsychosocial approach to premenstrual

syndrome, *American Family Physician,* 1986, 33 (6), 117–122; Roth, D. L., and Holmes, D. S. Influence of physical fitness in determining the impact of stressful life events on physical and psychologic health. *Psychosomatic Medicine,* 1985, 47 (2), 164–173; Sime, »Psychological benefits«; Simons, A. D., Epstein, L. H., McGowan, C. R., and Kupfer, D. J. Exercise as a treatment for depression: an update. *Clinical Psychology Review,* 1985, 5, 553–568; Williams, J. M., and Getty, D. Effect of levels of exercise on psychological mood states, physical fitness, and plasma betaendorphin. *Perceptual and Motor Skills,* 1986, 63 (3), 1099–1105; Young, R. J., and Ismail, A. H. Personality differences of adult men before and after a physical fitness program. *Research Quarterly,* 1976, 47 (3), 513–519; Young, R. J., and Ismail, A. H. Ability of biochemical and personality variables in discriminating between high and low physical fitness levels. *Journal of Psychosomatic Research,* 1978, 22, 193–199.

5. Colt, E. W., Dunner, D. L., Hall, K., and Fieve, R. R. A high prevalence of affective disorders in runners. In M. H. Sacks and M. L. Sachs (Eds.), *Psychology of running.* Champaign, Ill.: Human Kinetics, 1981, 234–248; Cooper, A. M. Masochism and long-distance running. In M. H. Sacks and M. L. Sachs (Eds.), *Psychology of running.* Champaign, Ill.: Human Kinetics, 1981, 267–273; Dickhoff, G. M. Running amok: Injuries in compulsive runners. *Journal of Sport Behavior,* 1984, 7 (3), 120–129; Dielens, S. Narcissism and fashionable physical activites: psychological profiles of aerobic dancers, joggers and bodybuilders. *Revue de l'Education Physique,* 1984, 24 (1), 21–25; Little, J. C. Neurotic illness in fitness fanatics. *Psychiatric Annals,* 1979, 9 (3), 49–56; Morgan, W. P. Negative addiction in runners. *The Physician and Sports Medicine,* 1979, 7, 57–70; Sachs, M. L. Running addiction. In M. H. Sacks and M. L. Sachs (Eds.), *Psychology of running.* Champaign, Ill.: Human Kinetics, 1981, 116–126; Sachs, M. L., and Pargman, D. Running addiction. In M. L. Sachs and G. W. Buffone (Eds.), *Running as therapy.* Lincoln, Neb.: University of Nebraska Press, 1984, 231–252; Sacks, M. H. Running addiction: a clinical report. In M. H. Sacks and M. L. Sachs (Eds.), *Psychology of running.* Champaign, Ill.: Human Kinetics, 1981, 127–130; Sours, J. A. Running, anorexia nervosa and perfection. In M. H. Sacks and M. L. Sachs (Eds.), *Psychology of running.* Champaign, Ill.: Human Kinetics, 1981, 80–91; Valliant, P. M. Personality and injury in competitive runners. *Perceptual and Motor Skills,* 1981, 53 (1), 251–253; Wrenn, M. Running to extremes. *Life,* 1987, 10 (2), 46–53; Yates, A., Leehey, K., and Shisslak, C. M. Running – An analogue of anorexia? *New England Journal of Medicine,* 1983, 308 (5), 251–255.
6. American Colleges of Sports Medicine. *Guidelines for exercise testing and prescription.* Philadelphia: Lea and Febiger, 1986; ACSM, *Guidelines.*
7. American Psychiatric Association, *A psychiatric glossary* (Fourth Edition). New York: Basic Books, 1975.
8. Spielberger, C. D. *Anxiety and behavior.* New York: Academic Press, 1966.
9. Schwartz, G. E., Davidson, R. J., and Goleman, D. J. Patterning of cognitive and somatic processes in the self-regulation of anxiety: effects of medication versus exercise. *Psychosomatic Medicine,* 1978, 40, 321–328.
10. Dishman, »Medical psychology«.
11. Bahrke and Morgan, »Anxiety reduction«; Dishman, »Medical psychology«; Morgan, W. P. Anxiety reduction following acute physical activity. *Psychiatric Annals,* 1979, 9, 141–147.
12. Bahrke and Morgan, »Anxiety reduction«.
13. Buffone, »Running and depression«; Dishman, »Medical psychology«; Monahan, »Swapping sweat«; Simons, et al., »Exercise as a treatment«; Sime, »Psychological benefits.«
14. Griest, et al., »Running as a treatment.«
15. Dishman, »Medical psychology«; Buffone, »Running and depression«; Simons, et al., »Exercise as a treatment«; Sime, »Psychological benefits.«

16. Monahan, »Swapping sweat«; Griest, et al., »Running through mind«; Simons, et al., »Exercise as a treatment.«
17. Eischens, R. R., and Griest, J. H. Beginning and continuing running: steps to psychological well-being. In M. L. Sachs and G. W. Buffone (Eds.), *Running as therapy.* Lincoln, Neb.: University of Nebraska Press, 1984, 63–82; Griest, et al., »Running through mind«; Griest, et al., »Running as treatment«.
18. Simons, et al., »Exercise as a treatment«.
19. Morgan, »Negative addiction«.
20. Selye H. *The stress of life.* New York: McGraw Hill, 1956.
21. American College of Sports Medicine. *Position stands and opinion statements.* Sixth Edition. Indianapolis, Ind.: ACSM, April 1987; Cooper, K. H., Gallmann, J. S., and McDonald, J. L. Jr. Role of aerobic exercise in reduction of stress. *Dental Clinics of North America,* 1986, 30 (4), S133–142; Diensbier, R. A., et al. Exercise and stress tolerance. In M. H. Sacks and M. L. Sachs (Eds.), *Psychology of running.* Champaign, Ill.: Human Kinetics, 1981, 102–210; McMahon, M., and Palmer, R. M. Exercise and hypertension. *Medical Clinics of North America,* 1985, 69 (1), 57–70; Paffenbarger, R. A., and Hyde, R. T. Exercise in the prevention of coronary heart disease. *Preventive Medicine,* 1984, 13, 3–22; Paffenbarger, R. A., et al. A natural history of athleticism and cardiovascular disease. *Journal of the American Medical Association,* 1984, 252, 491–495; Paffenberger, R. A. Physical activity, coronary heart disease and longevity. *Proceedings of the American College of Sports Medicine,* Las Vegas: May 1987; Sharkey, B. J. *Physiology of fitness* (second edition). Champaign, Ill.: Human Kinetics, 1984; Hammond, H. K., and Froelicher, V. F. The physiologic sequelae of chronic dynamic exercise. *Medical Clinics of North America,* 1985, 69 (1), 21–39; Leon, A. S. Physical activity levels and coronary heart disease: analysis of epidemiologic and supporting studies. *Medical Clinics of North America,* 1985, 59 (1), 3–20.
22. Goldberg, L., and Elliot, D. L. The effect of physical activity on lipid and lipoprotein levels. *Medical Clinics of North America,* 1985, 69 (1), 41–55; McCunny, R. J. Fitness, heart disease, and high-density lipoproteins: a look of the relationships. *The Physician and Sportsmedicine,* 1987, 15 (2), 67–79.
23. Driscoll, »Anxiety reduction«; Gal and Lazarus, »Role of activity«; Dishmann, »Medical psychology«; Martin and Dubbert, »Exercise and hypertension«.
24. Bahrke and Morgan, »Anxiety reduction«.
25. Rosenberg, M. *Conceiving the self.* New York: Basic Books, 1979.
26. Sonstroem, »Exercise and self-esteem«.
27. Folkins and Sime, »Physical fitness«.
28. Grossman, A. Endorphins: »opiates for the masses«. *Medicine and Science in Sports and Exercise,* 1985, 17 (1), 101–105; Grossmann, A., and Sutton, J. R. Endorphins: What are they? How are they measured? What is their role in exercise? *Medicine and Science in Sports and Exercise,* 1985, 17 (1), 74–81; Bulbulian, R., and Darabos, B. L. Motor neuron excitability: the Hoffman reflex following exercise of low and high intensity. *Medicine and Science in Sports and Exercise,* 1986, 18 (6), 697–702; Heller, G. V., et al. Plasma beta-endorphin levels in silent myocardial ishemia induced by exercise. *American Journal of Cardiology,* 1987, 59 (89), 735–739.
29. Markoff, R. A., Ryan, P., and Young, T. Endorphins and mood changes in long distance running. *Medicine and Science in Sports and Exercise,* 1982, 14, 11–15.
30. Lilliefors, J. *The running mind.* Mountain View, Calif.: World Publications, 1978; Sachs, M. L. The runner's high. In M. L. Sachs and G. W. Buffone (Eds.), *Running as therapy.* Lincoln, Neb.: University of Nebraska Press, 1984, 273–287; Dishman, »Medical psychology«.
31. Sachs. »The runner's high«.
32. Ateyo, O. *Blood and guts: violence in sports.* New York: Paddington Press, 1979; Bredemeier, B. J., and Shields, D. L. Values and violence in sports today. *Psychology*

Today, 1985, 19 (10), 22–25; 28–32; McCutcheon, L. E. Does running make people more creative? *Journal of Sport Behavior,* 1982, 5 (4), 202–206; McCutcheon, L. E., and Yoakum, M. E. Personality attributes of ultramarathoners. *Journal of Presonality Assessment,* 1983, 47 (2), 178–180; Rummele, E. Sexuality in marathon runners. *Leistungssport,* 1985, 15 (5), 23–26. See Note 5 for additonal references.
33. Glasser, W. *Positive addiction.* New York: Harper and Row, 1976; Morgan, »Negative addiction«; Sachs, »Running addiction; Sachs and Pargman, »Running addiction«; Sacks, »Running addiction«.
34. Glasser, *Positive addiction.*
35. Dishman. »Medical psychology«; Glasser, *Positive addiction;* Morgan, »Negative addiction«; Sachs, »Running addiction«; Sachs and Pargman, »Running addiction«; Sacks, »Running addiction«.
36 Grossman, »Endorphins«; Grossman and Sutton, »Endorphins«.
37. Morgan, »Negative addiction«; Sachs, »Running addiction«; Glasser, *Positive addiction.*
38. Morgan, »Negative addiction«; Glasser, *Positive addiction.*
39. Morgan, »Negative addiction«.

Kapitel 4

1. Solomon, H. A. *The exercise myth.* New York: Harcourt Brace Jovanovich, 1984.
2. Haskell, W. L. Overview: Health benefits of exercise. In J. D. Matarazzo, S. M. Weiss, N. E. Miller, and S. M. Weiss (Eds.), *Behavioral health: a handbook of health enhancement and disease prevention.* New York: Wiley, 1984, 409–423.
3. Weltman, A. Exercise and diet to optimize body composition. In J. D. Matarazzo, S. M. Weiss, N. E. Miller, and S. M. Weiss (EDS.), *Behavioral health: a handbook of health enhancement and disease prevention.* New York: Wiley, 1984, 509–523.
4. Toufexis, A. Getting an F for flabby. *Time,* January 26, 1987, 54–56.
5. American College of Sports Medicine. *Position stands and opinion statements.* Sixth Edition. Indianapolis. Ind.: ASCM, April 1987; Elliot, D. L., and Goldberg, L. Nutrition and exercise. *Medical Clinics of North America,* 1985, 69 (1), 71–82; Nieman, D. C. *The sports medicine fitness course.* Palo Alto, Calif.: Bull Publishing, 1986.
6. ACSM, *Position stands;* American College of Sports Medicine. *Guidelines for exercise testing and prescription.* Philadelphia: Lea and Febiger, 1986.
7. Weltman, »Exercise and diet«; Elliot, D. L., and Goldberg, L. Nutrition and exercise. In J. D. Matarazzo, S. M. Weiss, N. E. Miller, and S. M. Weiss (Eds.), *Behavioral health: a handbook of health enhancement and disease prevention.* New York: Wiley 1984; Golding, L. A., Myers, C. R., and Sinning, W. E. *The Y's way to physical fitness.* Champaign, Ill.: Human Kinetics, 1982.
8. Leon, A. S. Physical ctivity levels and coronary heart disease: analysis of epidemiologic and supporting studies. *Medical Clinics of North America,* 1985, 69 (1), 3–20; Levy, R. I., and Feinleib, M. Risk factors for coronary artery disease and their management. In E. Braunwald (Ed.), *Heart disease: a textbook of cardiovascular medicine (volume 2).* Second Edition. Philadelphia: W. B. Saunders, 1984, 1205–1234; LaPorte R. The relationship of physical activity and physical fitness to cardiovascular disease and health. *Proceedings of the American College of Sports Medicine,* Las Vegas: May 1987; Nieman, *Sports medicine;* Pfaffenbarger, R. A., and Hyde, R. T. Exercise in the prevention of coronary heart disease. *Preventive Medicine,* 1984, 13, 3–22; Paffenbarger, R. A. Physical activity, coronary heart disease and longevity. *Proceedings of the American College of Sports Medicine,* Las Vegas: May 1987; Paffenbarger, R. A. Physical activity and cancer in college alumni. *Proceedings of the American College of Sports Medicine,* Las Vegas: May 1987.
9. Hammond, H. K., and Froelicher, V. F. The physiologic sequelae of chronic dynamic exercise. *Medical Clinics of North America,* 1985, 69 (1), 21–39; Martin, J. E. and

Dubbert, P. M. Exercise in hypertension. *Annals of Behavioral Medicine,* 1985, 7, 13–18;f Nieman, *Sports medicine;* Golding, et al., *Y's way;* Perkins, K. A., Dubbert, P.M., Martin, J. E., Faulstich, M. E., and Harris, J. K. Cardiovascular reactivity to psychological stress in aerobically trained versus untrained mild hypertensives and normotensives. *Health Psychology,* 1986, 5, 407–421; Stone, M. H. and Wilson, G. D. Resistive training and selected effects. *Medical Clinics of North America,* 1985, 69 (1), 109–112.

10. American Heart Association Subcommittee on Exercise/Cardiac Rehabilitation. Statementon exercise. *Circulation,* 1981, 64, 1302–1304.
11. Nieman, *Sports medicine;* Leon, »Activity and CHD«; Levy and Feinleib. »Risk factors«; LaPorte, »Cardiovascular disease«; Paffenbarger, R. A., et al. A natural history of athleticism and cardiovascular disease. *Journal of the American Medical Association,* 1984, 252, 491–495.
12. Dishman, R. K. Exercise compliance: A new view for public health. *The Physician and Sportsmedicine,* 1986, 14 (5), 127–145; Dishman, R. K. *Exercise adherence: Its impact on public health.* Champaign, Ill.: Human Kinetics, 1987.
13. Reid, J. G., and Thomson, J. M. *Exercise prescription for fitness.* Englewood Cliffs, N.J.: Prentice Hall, 1985.
14. Fixx, J. G. Das komplette Buch vom Laufen, rororo Taschenbuch.
15. Reid and Thomson, *Exercise prescription.*
16. Reid and Thomson, *Exercise prescription;* ACSM, *Guidelines;* Nieman, *Sports medicine;* Golding et al., *Y's way.*
17. Normdaten entnommen aus: *Standardized test of fitness: Operations manual.* (Second Edition). Ottawa: Fitness and Amateur Sport Canada, 1981.
18. Weltman, »Exercise and diet«.
19. Cohen, M. *The Marine Corps 3X fitness program.* New York: Little, Brown and Co., 1986.
20. Nieman, *Sports medicine.*
21. Reid and Thomson, *Exercise prescription.*
22. *Canadian standardized test of fitness (CSTF): Operations manual* (Third Edition). ottawa: Fitness and Amateur Sport Canada, 1986: Golding et al., *Y's way;* Nieman, *Sports medicine;* Reid and Thomson, *Exercise prescription;* ACSM, *Guidelines;* Ribisl, P. M. Developing an exercise prescription for health. In J. D. Matarazzo, S. M. Weiss, N. E. Miller, and S. M. Weiss (Eds.), *Behavioral health: a handbook of health enhancement and disease prevention.* New York: Wiley, 1984, 448–465; Shrkey, B. J. *Physiology of fitness* (second edition). Champaign, Ill.: Human Kinetics, 1984.
23. Golding et al., *Y's way;* Nieman, *Sports medicine;* Reid and Thomson, *Exercise prescription.*
24. Normdaten entnommen aus: Canadian Standardized Test of Fitness: Operations Manual (Third Edition)
25 Normdaten entnommen aus: Canadian Standardized Test of Fitness: Operations Manual (Third Edition)
26. Spence, A. P. *Basic human anatomy.* Menlo Park, Calif.: Benjamin/Cummings, 1982.
27. Cooper, K. H. *The aerobics way.* New York: Bantam, 1977.
28. ACSM, *Guidelines.*
29. Normdaten entnommen aus: Canadian Standardized Test of Fitness: Operations Manual (Third Edition)
30. Reid and Thomson, *Exercise prescription.*
31. ACSM, *Guidelines,* p. 31.
32. Arnot, R. B., and Gaines, C. L. *Sportselection.* New York: Viking Press, 1984.
33. Pesman, C. Five athletic body types. *Esquire,* 1986, 105 (5), 109–118.
34. ACSM, *Position stands;* ACSM, *Guidelines.*

Kapitel 5

1. Dishman, R. D. Contemporary sport psychology. *Exercise and Sport Science Reviews,* 1982, 10, 120–159; Bird, A. M. and Cripe, B. K. *Psychology and sport behavior.* Toronto: Times Mirror/Mosby, 1986; Wiggins, D. k. The history of sport psychology in North America. In Silva, J. M., and Weinberg, R. S. (Eds.), *Psychological foundations of sport.* Champaign, Ill.: Human Kinetics, 1984, 9–34.
2. Henry, F. M. Personality differences in athletes, physical education and aviation students. *Psychological Bulletin,* 1941, 38, 745.
3. Aamodt, M. G., Alexander, C. J., and Kimbrough, W. W. Personlity characteristics of college non-athletes and baseball, football, and track team members. *Perceptual and Motor Skills,* 1983, 57, (1), 143–146; Buffone, G. W. Running and depression. In M. L. Sachs and G. W. Buffone (Ed.), *Running as therapy.* Lincoln, Neb.: University of Nebraska Press, 1984, 6–22; Canada Fitness Survey. *Fitness and lifestyle in Canada.* Ottawa: Government of Canada, 1983; Cooper, L. Athletics, activity and personality: a review of the literature. *Research Quarterly,* 1969, 40 (1), 17–22; Diensbier, R. A., et al. Exercise and stress tolerance. In M. H. Sacks and M. L. Sachs (Eds.), *Psychology of running.* Champaign, Ill.: Human Kinetics, 1981, 192–210; Eysenck, H. J. Sport and personality. *Advances in Behavior Research and Therapy,* 1982, 4 (1), 1–56; Folkins, C. H. Effects of physical training on mood. *Journal of Clinical Psychology,* 1976, 32 (2), 385–388; Folkins, C. H., and Sime, W. E. Physical fitness training and mental health. *American Psychologist,* 1981, 36 (4), 373–389; Griest, J. H., et al. Running as a treatment for depression. *Comprehensive Psychiatry,* 1979, 20, 41–54; Hughes, J. R. Psychological effects of habitual aerobic exercise: A critical review. *Preventive Medicine,* 1984, 13 (1), 66–78; Morgan, W. P. The trait psychology controversy. *Research Quarterly,* 1980, 51 (1), 50–76; Morgan, W. P., and Roberts, J. Psychological effects of chronic physical activity. *Medicine and Science in Sports and Exercise,* 1970, 2, 213–218; Murphy, M., and White, R. *The psychic side of sport.* New York: Addison-Wesley, 1978; Nideffer, R. M. *The inner athlete.* New York: Thomas Crowell, 1976; Sime, W. E. Psychological benefits of exercise training in the healthy individual. In J. D. Matarazzo, S. M. Weiss, N. E. Miller, and S. M. Weiss (Eds.), *Behavioral health: a handbook of health enhancement and disease prevention.* New York: Wiley, 1984, 488–507; Simons, A. D., Epstein, L. H., McGowan, C. R., and Kupfer, D. J. Exercise as a treatment for depression: an update. *Clinical Psychology Review,* 1985, 5, 553–568; Sonstoem, R. J. Exercise and self-esteem. In R. Terjung (Ed.), *Exercise and sport science reviews.* (Volume 12). Lexington, Mass.: D. C. Heath, 1984, 123–155; Valliant, P. M., Simpson-Housley, P., and McKelvie, S. J. Personality in athletic and non-athletic college groups. *Perceptual and Motor Skills,* 1981, 52 (3), 963–966; Zuckerman, M. Sensation seeking and sports. *Personality and Individual Differences,* 1983, 52 (2), 511–516.
4. Eysenck, »Sport and personality«.
5. Dielens, S. Narcissism and fashionable physical activities: psychological profiles of aerobic dancers, joggers and bodybuilders. *Revue de l'Education Physique,* 1984, 24 (1), 21–25.
6. Eysenck, »Sport and personality«.
7. Slusher, H. Personality and intelligence characteristics of selected high school athletes and non-athletes. *Research Quarterly,* 1964, 35, 539–543.
8. Cattell, R., Eber, H., and Tatzucka, M. *Handbook of the sixteen Personality Factor Questionnaire.* Champaign, Ill.: Institute for Personality and Ability Testing. 1970.
9. Gabler, H. Leistungsmotivation im Hochleistungssport. Hofmann, Schorndorf, 1972.
10. Ogilvie, B. Psychological consistencies within the personalities of high level competitors. *Journal of the American Medical Association,* 1968, 205, 156–202.
11. Slusher, »Personality and intelligence«.

12. Hendry, L. Assessment in personality traits in the coach-swimmer relationship. *Research Quarterly,* 1968, 39, 543–551.
13. Rushall, B. S. Personality profiles and a theory of behavior modification for swimmers. *Swimming Techniques,* 1967, 4, 66–71.
14. Dickhoff, G. M. Running amok: Injuries in compulsive runners. *Journal of Sport Behavior,* 1984, 7 (3), 120–129.
15. Yates, A., Leehey, K., and Shisslak, C. M. Running – an analogue of anorexia? *New England Journal of Medicine,* 1983, 308 (5), 251–255.
16. Mikel, K. V. Extraversion in adult runners. *Perceptual and Motor Skills,* 1983, 57 (1), 143–146.
17. Dolphin, C., O'Brien, M., Cahill, N., and Cullen, J. Personality factors and some physiological correlates in athletes. *Journal of Psychosomatic Research,* 1980, 24 (5), 281–285.
18. Kostrubala, T. *The joy of running.* New York: Lippincott, 1976; Sachs, M. L., and Buffone, G. W. (Eds.), *Running as therapy.* Lincoln, Neb.: University of Nebraska Press, 1984; Dielens, »Narcissism.«
19. Flippin, R. Are runners better lovers? *The Runner,* 1987, 9 (6), 32–35.
20. Zarski, J. J., West, J. D., and Bubenzer, D. L. Social interest, running and life adjustment. *Personel and Guidance Journal,* 1982, 61 (3), 146–149.
21. Hall, C. S., and Lindzey, G. *Theories of personality* (Second Edition). New York: John Wiley, 1970.
22. Morgan, »Trait psychology«; Martens, R. The paradigmatic crisis in American sport personology. *Sportwissenschaft,* 1975, 5, 9–24.
23. Allport, G. W. *Personality: a psychological interpretation.* New York: Holt, 1937.

Kapitel 6

1. Hall, E. T. *The silent language.* Greenwich, Conn.: Fawcett, 1959.
2. Fast, J. *Body language.* New York: M. Evans and Company, 1970.
3. Morris, D. *Bodywatching: a field guide to the human species.* London: Jonathon Cape, 1985.
4. Selye, H. *The stress of life.* New York: McGraw Hill, 1956.
5. Kobasa, S. C., Maddi, S. R., and Puccetti, M. C. Personality and exercise as buffers in the stress-illness relationship. *Journal of Behavioral Medicine,* 1982, 5 (4), 391–404; Levy, R. I., and Feinleib, M. Risk factors for coronary artery disease and their management. In E. Braunwald (Ed.), *Heart disease: a textbook of cardiovascular medicine (volume 2).* Second Edition. Philadelphia: W. B. Saunders, 1984, 1205–1234; Rice, P. L. *Stress and health.* Monterey, Calif.: Brooks/Cole, 1987.
6. Siegel, B. S. *Love, medicine and miracles.* New York: Harper and Row, 1986.
7. Cassileth, B. R., et al. Psychosocial correlates of survival in advanced malignant disease? *New England Journal of Medicine,* 1985, 312, 1551–1555; Teshima, H., et al. Psychosomatic aspects of skin diseases from the standpoint of immunology. *Psychotherapy and Psychosomatics,* 1982, 37, 165–175; Gliner, J. A., Bedi, J. F., and Horvath, S. M. Somatic and non-somatic influences on the heart: hemodynamic changes. *Psychophysology,* 1979, 16, 358–362.
8. Granville-Grossman, K. Mind and body. In Million, T., et al. (Eds), *Handbook of clinical health psychology.* New York: Plenum Press, 1982, 5–13.
9. World Health Organization. *World Health Organization's Expert Committee on Mental Health.* (Report No. 13). New York: WHO, 1964.
10. Sheldon, W. H. *The varieties of human temperament.* New York: Harper and Row, 1942; Sheldon, W. H. *The varieties of human physique.* New York: Harper and Row, 1940.
11. Sheldon, *Varieties of temperament;* Sheldon, *Varieties of physique.*

12. Sheldon, *Varieties of temperament;* Sheldon, *Varieties of physique;* Smith, E. W. *The body in psychotherapy.* London: McFarland, 1985.
13. Reich, W. *Character analysis.* New York: Farrar, Strauss, and Giroux, 1949.
14. Lowen, A. *The language of the body.* New York: Collier Books, 1958.
15. Lowen, A. *The betrayal of the body.* New York: Collier Books, 1972.
16. Lowen, A. *Bioenergetics.* New York: Coward, McCann, and Geoghegan, 1975.
17. Lowen, *Body reveals;* Lowen, *Bioenergetics;* Lowen, A. The body in personality theory: Wilhelm Reich and Alexander Lowen. In A. Burton (Ed.), *Operational theories of personality.* New York: Brunner/Mazel, 1974.
18. Kurz, R., and Prestera, H. *The body reveals: An illustrated guide to the psychology of the body.* New York: Harper and Row, 1976.
19. Lowen, *Betrayal of body.*
20. Lowen, *Language of body;* Lowen, *Betrayal of body;* Lowen, *Bioenergetics;* Lowen, »Personality theory«. Also see Smith, *Body in psychotherapy.*
21. Dychtwald, K. *Bodymind.* New York: Pantheon Books, 1977.
22. See Note 21.
23. See Note 21.
24. See Note 21.
25. Bertherat, T., and Bernstein, C. *The body has its reasons.* New York: Random House, 1977; Espenak, L. *Dance therapy: theory and application.* Springfield, Ill.: Charles C. Thomas, 1981; Fisher, S. *Body consciousness: You are what you feel.* Englewood Cliffs, N. J.: Prentice-Hall, 1973; Harrison, R. P. *Beyond words: An introduction to nonverbal communication.* Englewood Cliffs, N. J.: Prentice-Hall, 1974; Morris, D. *Bodywatching: a field guide to he human species.* London: Jonthon Cape, 1985; Prestera, H., and Kurz, R. *The body reveals.* New York: Harper and Row, 1976; Todd, M. E. *The thinking body.* New York: Dance Horizons, 1972; Vaughan, B. L. *Body talk.* Allen, Tex.: Argus Communications, 1982; Dychtwald *Bodymind;* Smith, *Body in psychotherapy;* North, M. *Personality assessment through movement.* Boston: Plays, 1972; Lowen, *Bioenergetics;* Lowen, *Betrayal of body.*
26. Dychtwald, *Bodymind.*
27. Espenak, *Dance therapy;* Todd, *Thinking body;* Kurz and Prestera, *Body reveals;* Dychtwald, *Bodymind;* North, *Personality assessment.*
28. Dychtwald, *Bodymind;* Lowen, *Betrayal of body;* Lowen, *Bioenergetics;* Espenak, *Dance therapy.*
29. Dychtwald, *Bodymind.*
30. Espenak, *Dance therapy;* Dychtwald, *Bodymind.*
31. Dychtwald, *Bodymind.*
32. See Note 31.
33. Lowen, *Bioenergetics.*
34. Espenak, *Dance therapy;* Dychtwald, *Bodymind.*
35. Espenak, *Dance therapy.*
36. Dychtwald, *Bodymind.*
37. Lowen, *Betrayal of the body;* Lowen, *Bioenergetics;* Espenak, *Dance therapy;* Todd, *Thinking body;* Morris, *Bodywatching;* Dychtwald, *Bodymind;* Kurz and Prestera, *Body reveals.*
38. Siehe Hinweis 37.

Kapitel 7

1. North, M. *Personality assessment through movement.* Boston: Plays, 1972.
2. Birdwhistle, R. *Introduction to kinesics.* Louisville, Ken.: University of Louisville Press, 1952; also, Birdwhistle, R. *Kinesics and context: essays on body motion communication.* Philadelphia: University of Pennsylvania Press, 1970.
3. Goffman, E. *Interaction ritual.* New York: Anchor, 1967.

4. Goffman, E. *Behavior in public places.* New York: Free Press, 1963.
5. Morris, D. *The naked ape.* London: Jonathon Cape, 1967.
6. Morris, D. *Manwatching: a field guide to human behavior.* New York: Harry N. Abrams, 1977.
7. Morris, D. *Bodywatching: a field guide to the human species.* London: Jonathon Cape, 1985.
8. Fast, J. *Body language.* New York: M. Evans and Company, 1970.
9. Vaughan, B. L. *Body talk.* Allen, Tex.: Argus Communications, 1982.
10. Laban, R., and Lawrence. F. C. *Effort.* London: MacDonald and Evans, 1947; Laban, R. *The mastery of movement.* Boston: Plays, 1971; Laban, R. *The language of movement.* Boston: Plays, 1974; Laban, R. *Modern educational dance.* Boston: Plays, 1975.
11. Bartenieff, I., Davis, M., and Paulay F. *Four adaptations of effort theory in research and teaching.* New York: Dance Notation Bureau, 1970; Bartenieff, I. *Body movement: coping with the environment.* New York: Gordon and Breach, 1980; Bertherat, T., and Bernstein, C. *The body has its reasons.* New York: Random House, 1977; Bruya, L. D. Effect of selected movement skills on positive self-concept. *Perceptual and Motor Skills,* 1977, 45, 252–254; Christiansen, B. *Thus speaks the body: attempts toward a personology from the point of view of respiration and posture.* Oslo, Norway: Institute for Social Research, 1963; Condon, W. S., and Ogston, W. D. Sound-film analysis of normal and pathological behavior patterns. *Journal of Nervous and Mental Disease,* 1966, 143, 338–347; Dosamantes-Alperson, E., and Merrill, N. Growth effects of experiential movement psychotherpy. *Psychotherapy: Theory, Research and Practice,* 1980, 17 (1), 63–68; Espenak, L. *Dance therapy: theory and application.* Springfield, Ill.: Charles C. Thomas, 1981; Preston, V. *A handbook for modern educational dance.* London: MacDonald and Evans, 1963; Pritchard, O. H. Movement and personality: a component analysis and descriptive model. m*Momentum,* 1980, 5 (3), 23–32; Puretz, S. L. Modern dance's effect on the body image. *International Journal of Sport Psychology,* 1982, 13 (3), 176–186; Redfern, H. B. *Concepts in modern educational dance.* London: Henry Kimpton, 1973; Rosenthal, M. M., and Beutell, N. J. Movement and body image: a preliminary study. *Perceptual and Motor Skills,* 1981, 53, (3), 758; Sweigard, L. E. *Human movement potential.* New York: Harper and Row, 1974; Todd, M. E. *The thinking body.* New York: Dance Horizons, 1972.
12. North, *Personality assessment;* Dell, C. *A primer for movement description using effort-shape and supplementary concepts.* New York: Dance Notation Bureau, 1970; Lamb, W. *Body code.* London: Routledge and Kegan Paul, 1979. Also see Note 11.
13. North, *Personality assessment.*

Kapitel 8

1. Flippin, R. Are runners better lovers? *The Runner,* 1987, 9 (6), 32–35; Hughes, J. R. Psychological effects of habitual aerobic exercise: A critical review. *Preventive Medicine,* 1984, 13 (1), 66–78; Monahan, T. Exercise and depression: Swapping sweat for serenity. *The Physician and Sports medicine,* 1986, 14 (9), 192–197; Sachs, M. L., and Buffone, G. W. (Eds.), *Running as therapy.* Lincoln, Neb.: University of Nebraska Press, 1984; Sacks, M. H., and Sachs, M. L. *The psychology of running.* Champaign, Ill.: Human Kinetics, 1981; Zarski, J. J., West, J. D., and Bubenzer, D. L. Social interest, running and life adjustment. *Personnel and Cuidance Journal,* 1982, 61 (3), 146–49.
2. *USA Today,* Walkers outpacing joggers. May 28, 1987.
3. Harlow, R. G. Masculine inadequacy and compensatory development on physique. In W. P. Morgan (Ed.), *Contemporary readings in sport psychology.* Springfield, Ill.: Thomas, 1970, 271–283; Thune, J. B. Personality of weight-lifters. *Research Quarterly,* 1949, 20, 296–306; Tucker, L. A. Weight training experience and psychological

well-being. *Perceptual and Motor Skills,* 1982, 55 (2), 553–554; Tucker, L. A. Muscular strength and mental health. *Journal of Personality and Social Psychology,* 1983, 45 (6), 1355–1360; Darden, E. A comparison of body image and self-concept variables among various sport groups. *Research Quarterly,* 1972, 43 (1), 7–15.

4. Konzak, B., and Boudreau, F. Martial arts training and mental health: an exercise in self-help. *Canada's Mental Health,* 1984, 32 (4), 2–8; Pyecha, J. Comparative effects of judo and selected physical education activities on male university freshman personality traits. *Research Quarterly,* 1970, 41 (3), 425–431; Rothpearl, A. Personality traits in martial artists: a descriptive approach. *Perceptual and Motor Skills,* 1980, 50 (2), 395–401.
5. See Note 4.

Kapitel 10

1. Altshul, V. A. Should we advise our depressed patients to run? In M. H. Sacks and M. L. Sachs (Eds.), *Psychology of running.* Champaign, Ill.: Human Kinetics, 19081, 50–56.
2. Miller, P. Forwrd thinking. *Runner's World,* 1986, 21 (7), 74–75.
3. Gambaccini, P. Get in gear. *Runner's World,* 1987, 22 (5), 85–94.
4. Paffenbarger, R. A. Physical activity, coronary heart disease and longevity. *Proceedings of the American College of Sports Medicine,* Las Vegas: May 1987.

Bibliographie

Aamodt, M. G., Alexander, C. J., and Kimbrough, W. W. Personality characteristics of college non-athletes and baseball, football, and track team members. *Perceptual and Motor Skills,* 1983, 57 (1), 143–146.

Allport, G. W. *Personality: a psychological interpretation.* New York: Holt, 1937.

Alter, J. B. Creativity profile of university and conservatory dance students. *Journal of Personality Assessment,* 1984, 48, (2), 153–158.

Altshul, V. A. Should we advise our depressed patients to run? In M. H. Sacks and M. L. Sachs (Eds.), *Psychology of running.* Champaign, Ill.: Human Kinetics, 1981. Pp. 50–56.

American College of Sports Medicine. *Guidelines for exercise testing and prescription.* Philadelphia: Lea and Febiger, 1986.

American College of Sports Medicine. *Position stands and opinion statements.* Sixth Edition. Indianapolis, Ind.: ACSM, April 1987.

American Heart Association Subcommittee on Exercise/Cardiac Rehabilitation. Statement on exercise. *Circulation,* 1981, 64, 1302–1304.

American Psychiatric Association. *A psychiatric glossary* (Fourth Edition). New York: Basic Books, 1975.

Armstrong, H. E. Jr., and Armstrong, D. C. Relation of physical fitness to a dimension of body image. *Perceptual and Motor Skills,* 1968, 26, 1173–1174.

Arnot, R. B., and Gaines, C. L. *Sportselection.* New York: Viking Press, 1984.

Ateyo, O. *Blood and guts: violence in sports.* New York: Paddington Press, 1979.

Bahrke, M. S., and Morgan, W. P. Anxiety reduction following exercise and meditation. In M. H. Sacks and M. L. Sachs (Eds.), *Psychology of running.* Champaign, Ill.: Human Kinetics, 1981. Pp. 57–66.

Bartenieff, I., Davis, M., and Paulay, F. *Four adaptations of effort theory in research and teaching.* New York: Dance Notation Bureau, 1970.

Bartenieff, I. *Body movement: coping with the environment.* New York: Gordon and Breach, 1980.

Berger, B. B. Effect of uncertainty, physical harm, and competition upon selected characteristics of athletes. *International Journal of Sports Psychology,* 1977, 8 (3), 198–209.

Bertherart, T., and Bernstein, C. *The body and sport behavior.* Toronto: Times Mirror/ Mosby, 1986.

Birdwhistle, R. *Kinesics and context: essays on body motion communication.* Philadelphia: University of Pennsylvania Press, 1970.

Blair, S. N. How to assess exercise habits and physical fitness. In J. D. Matarazzo, S. M. Weiss, N. E. Miller, and S. M. Weiss (Eds.), *Behavioral health: a handbook of health enhancement and disease prevention.* New York: Wiley, 1984. Pp. 424–447.

Blue, F. R. Aerobic running as a treatment for moderate depression. *Perceptual and Motor Skills,* 1979, 48, 228.

Blumenthal, J. A., Williams, R. S. Williams, R. B. Jr., and Wallace, A. G. Effects of exercise on the Type A (coronary prone) behavior pattern. *Psychosomatic Medicine,* 1980, 42 (2), 289–296.

Brant, J. And the word was aerobics. *Runner's World,* 1987, 22 (5), 68–76.

Bredemeier, B. J., and Shields, D. L. Values and violence in sports today. *Psychology Today,* 1985, 19 (10), 22–25; 28–32.

Brooks, C. M. Adult participation in physical activites requiring moderate to high levels of

energy expenditure. *The Physician and Sportsmedicine.* 1987, 15 (4), 119–121; 124–132.
Bruya, L. D. Effect of selected movement skills on positive self-concept. *Perceptual and Motor Skills,* 1977, 45, 252–254.
Buffone, G. W. Running and depression. In M. L. Sachs and G. W. Buffone (Eds.), *Running as therapy.* Lincoln, Neb.: University of Nebraska Press, 1984. Pp. 6–22.
Buffone, G. W. Future directions: the potential for exercise as therapy. In M. L. Sachs and G. W. Buffone (Eds.), *Running as therapy.* Lincoln, Neb.: University of Nebraska Press, 1984. Pp. 215–226.
Bulbulian, R., and Darabos, B. L. Motor neuron excitability: the Hoffman reflex following exercise of low and high intensity. *Medicine and Science in Sports and Exercise,* 1986, 18 (6), 697–702.
Canada Fitness Survey. *Fitness and lifestyle in Canada.* Ottawa: Government of Canada, 1983.
Canadian standardized test of fitness (CSTF): Operations manual (Third Edition). Ottawa: Fitness and Amateur Sport Canada, 1986.
Cassileth, B. R., et al. Psychosocial correlates of survival in advanced malignant disease? *New England Journal of Medicine,* 1985, 312, 1551–1555.
Cattell, R., Eber, H., and Tatzucka, M. *Handbook of the sixteen Personality Factor Questionnaire.* Champaign, Ill.: Institute for Personality and Ability Testing, 1970.
Chelladurai, P. and Saleh, S. D. Person-task congruence in sports. *Canadian Journal of Applied Sports Sciences,* 1979, 4 (2), 172–177.
Christiansen, B. *Thus speaks the body: attemps toward a personology from the point of view of respiration and posture.* Oslo, Norway: Institute for Social Research, 1963.
Cohen, M. *The Marine Corps 3X fitness program.* New York. Little, Brown and Co., 1986.
Colt, E. W., Dunner, D. L., Hall, K., and Fieve, R. R. A high prevalance of affective disorders in runners. In M. H. Sacks and M. L. Sachs (Eds.), *Psychology of running.* Champaign, Ill.: Human Kinetics, 1981. Pp. 234–248.
Condon, W. S., and Ogston, W. D. Sound-film analysis of normal and pathological behavior patterns. *Journal of Nervous and Mental Disease,* 1966, 143, 338–347.
Conforto, C. and Marcenaro, M. Psychometric and psychodynamic investigation of the personality of tennis players. *International Journal of Sport Psychology,* 1979, 10 (4), 217–230.
Cooper, A. M. Masochism and long-distance running. In M. H. Sacks and M. L. Sachs (Eds.), *Psychology of running.* Champaign, Ill.: Human Kinetics, 1981. Pp. 267–273.
Cooper, K. H. *The aerobics way.* New York: Bantam, 1977.
Cooper, K. H., Gallman, J. S., and McDonald, J. L. Jr. Role of aerobic exercise in reduction of stress. *Dental Clinics of North America,* 1986, 30 (4), S133–142.
Cooper, L. Athletics, activity and personality: a review of the literature. *Research Quarterly,* 1969, 40 (1), 17–22.
Darden E. A. comparison of body image and self-concept variables among various sport groups. *Research Quarterly,* 1972, 43 (1), 7–15.
Darden, E. Sixteen personality factor profiles of competitive body builders and weightlifters. *Research Quarterly,* 1972, 43 (2), 142–147.
Delk, J. L. Some personality characteristics of skydivers. *Life-Threatening Behavior,* 1973, 3 (1), 51–57.
Dell. C. *A primer for movement description using effort-shape and supplementary concepts.* New York: dance Notation Bureau, 1970.
DeMan, A. F., and Blais, G. Relationship between preference for a type of sport and two aspects of personality: social alienation and self-esteem. *Perceptual and Motor Skills,* 1982, 54 (1), 11–14.
DeMan, A. F., and Blais, G. Relationship between preference for a type of sport and two aspects of personality: revised data. *Perceptual and Motor Skills,* 1982, 55 (3), 982.

Dickhoff, G. M. Running amok: Injuries in compulsive runners. *Journal of Sport Behavior,* 1984, 7 (3), 120–129.
Dielens, S. Narcissism and fashionable physical activities: psychological profiles of aerobic dancers, joggers and bodybuilders. *Revue de l'Education Physique,* 1984, 24 (1), 21–25.
Diener, E. Subjective well-being. *Psychological Bulletin,* 1984, 95 (3), 542–575.
Diensbier, R. A., et al. Exercise and stress tolerance. In M. H. Sacks and M. L. Sachs (Eds.), *Psychology of running.* Champaign, Ill.: Human Kinetics, 1981. Pp. 192–210.
Dishman, R. K. Contemporary sport psychology. *Exercise and Sport Sciences Reviews,* 1982, 10, 120–159.
Dishman, R. K. Medical psychology in exercise and sport. *Medical Clinics of North America,* 1985, 69 (1), 123–143.
Dishman, R. K. Exercise compliance: A new view for public health. *The Physician and Sportsmedicine,* 1986, 14 (5), 127–145.
Dishman, R. K. *Exercise adherence: Its impact on public health.* Champaign, Ill.: Human Kinetics, 1987.
Dishman, R. K., Sallis, J. F., and Orenstein, D. R. The determinants of physical activity and exercise. *Public Health Reports,* 1985, 100 (2), 158–171.
Dolphin, C., O'Brien, M., Cahill, N., and Cullen, J. Personality factors and some physiological correlates in athletes. *Journal of Psychosomatic Research,* 1980, 24 (5), 281–285.
Dosamantes-Alperson, E., and Merrill, N. Growth effects of experiential movement psychotherapy. *Psychotherapy: Theory, Research and Practice,* 1980, 17 (1), 63–68.
Dowed, R., and Innes, J. M. Sport and personality: effects of type of sport and level of competition. *Perceptual and Motor Skills,* 1981, 53 (1), 79–89.
Driscoll, R. Anxiety reduction using physical exertion and positive images. *Psychological Recores,* 1979, 26, 87–94.
Dychtwald, K. *Bodymind.* New York: Pantheon Books, 1977.
Eischens, R. r., and Griest, J. H. Beginning and continuing running: steps to psychological well-being. In M. L. Sachs and G. W. Buffone (Eds.), *Running as therapy.* Lincoln, Neb.: University of Nebraska Press, 1984. Pp. 63–82.
Elliot, D. L., and Goldberg, L. Nutrition and exercise. *Medical Clinics of North America,* 1985, 69 (1), 71–82.
Engleman, S. r. Clance, P. R., and Imes, S. Self and body-cathexis change in therapy and yoga groups. *Journal of the American Society of Psychosomatic Dentistry and Medicine,* 1982, 29 (3), 77–88.
Espenak, L. *Dance therapy: theory and application.* Springfield, Ill.: Charles C. Thomas, 1981.
Eysenck, H. J. Sport and personality. *Advances in Behavior Research and Therapy,* 1982, 4 (1), 1–56.
Fast, J. *Body language.* New York: M. Evans and Company, 1970.
Fisher, S. *Body consciousness: You are what you feel.* Englewood Cliffs, N. J.: Prentice-Hall, 1973.
Fixx, J. G. *The complete book of running.* New York: Random House, 1977.
Flippin, R. Are runners better lowers? *The Runner,* 1987, 9 (6), 32–35.
Folkins, C. H. Effects of physical training on mood. *Journal of Clinical Psychology,* 1976, 32 (2), 385–388.
Folkins, C. H., and Sime, W. E. Physical fitness training and mental health. *American Psychologist*, 1981, 36 (4), 373–389.
Friedman, M., and Rosenman, R. H. *Type A behavior and your heart.* New York: Alfred A. Knopf, 1974.
Gabler, H. *Leistungsmotivation im Hochleistungssport.* Hofmann, Schorndorf, 1972.
Gal, R., and Lazarus, R. S. The role of activity in anticipating and confronting stressful situations. *Journal of Human Stress,* 1975, 7, 4–20.
Gambaccini, P. Get in gear. *Runner's World,* 1987, 22 (5), 85–94.

Gavin, J. *Psychosocial activity dimensions: Toward the development of an instrument for the measurement of sports/fitness activities and their participants.* Technical manuscript. Montreal: Concordia University, 1986.

Gavin, J. Psychotherapeutic dimensions of exercise. *Proceedings: Canadian Association of Sports Sciences.* Ottawa, 1986.

Glasser, W. *Positive addiction.* New York: Harper and Row, 1976

Gliner, J. A., Bedi, J. F., and Horvath, S. M. Somatic and non-somatic influences on the heart: hemodynamic changes. *Psychophysiology,* 1979, 16, 358–362.

Goffmann, E. *Behavior in public places.* New York: Free Press, 1963.

Goffman, E. *Interaction ritual.* New York: Anchor, 1967.

Goldberg, L., and Elliot, D. L. The effect of physical activity on lipid and lipoprotein levels. *Medical Clinics of North America,* 1985, 69 (1), 41–55.

Goldfarb, L. A., and Plante, T. G. Fear of fat in runners: an examination of the connection between anorexia nervosa and distance running. *Psychological Reports,* 1984, 55 (1), 296.

Golding, L. A., Myers, C. R., and Sinning, W. E. *The Y's way to physical fitness.* Champaign, Ill.: Human Kinetics, 1982.

Granville-Grossman, K. Mind and body. In Million, T., et al. (Eds), *Handbook of clinical health psychology.* New York: Plenum Press, 1982. Pp. 5–13.

Grossman, A. Endorphins: »opiates for the masses«. *Medicine and Science in Sports and Exercise,* 1985, 17 (1), 101–105.

Griest, J. H., et al. Running as a treatment for depression. *Comprehensive Psychiatry,* 1979, 22, 259–294.

Griest, J. H., et al. Running as a treatment for depression. *Comprehensive Psychiatry,* 1979, 20, 41–54.

Grossman, A., and Sutton, J. R. Endorphins: What are they? How are they measured? What is their role in exercise? *Medicine and Science in Sports and Exercise,* 1985, 17 (1), 74–81.

Hall, C. S., and Lindzey, G. *Theories of personality* (Second Edition). New York: John Wiley, 1970.

Hall, E. T. *The silent language.* Greenwich, Conn.: Fawcett, 1959.

Hammond, H. K., and Froelicher, V. F. The physiologic sequelae of chronic dynamic exercise. *Medical Clinics of North America,* 1985, 69 (1), 21–39.

Harlow, R. G. Masculine inadequacy and compensatory development on physique. In W. P., Morgan (Ed.), *Contemporary readings in sport psychology.* Springfield, Ill.: Thomas, 1970. Pp. 271–283.

Harris, D. V. *Involvement in sport: a somatopsychic rationale for physical activity.* Philadelphia: Lea and Febiger, 1973.

Harrison, R. P. *Beyond words: An inroduction to nonverbal communication.* Englewood Cliffs, N. J.: Prentice-Hall, 1974.

Haskell, W. L., Overview: health benefits of exercise. In J. D. Matarazzo, S. M. Weiss, N. E. Miller, and S. M. Weiss (Eds.), *Behavioral health: a handbook of health enhancement and disease prevention.* New York: Wiley, 1984. Pp. 409–423.

Heller, G. V., et al. Plasma beta-endorphin levels in silent myocardial ishemia induced by exercise. *American Journal of Cardiology,* 1987, 59 (8), 735–739.

Hendry, L. Assessment in personality traits in the coach-swimmer relationship. *Research Quarterly,* 1968, 39, 543–551.

Henry, F. M. Personality differences in athletes, physical education and aviation students. *Psychological Bulletin,* 1941, 38, 745.

Highlen, P. S., and Bennett, B. B. Elite divers and wrestlers: a comparison between open- and closed-skill athletes. *Journal of Sport Psychology,* 1983, 5 (4), 390–409.

Hughes, J. R. Psychological effects of habitual aerobic exercise: A critical review. *Preventive Medicine,* 1984, 13 (1), 66–78.

Janssen, B., and Whiting, H. T. Sheldon's physical-psychical typology revisited. *Journal of Research in Personality,* 1984, 18 (4), 432–441.

Jasnoski, M. L., and Holmes, D. S. Influence of initial aerobic fitness, aerobic training and changes in aerobic fitness on personality functionin. *Journal of Psychosomatic Research,* 1981, 25 (6), 553–556.

Jerome, W. C., and Valliant, P. M. Comparison of personalities between marathon runners and cross-country skiers. *Perceptual and Motor Skills,* 1983, 56 (1), 35–38.

Joesting, J. Comparison of students who exercise with those who do not. *Perceptual and Motor Skills,* 1981, 53 (2), 426.

Johnson, P. A. A comparison of personality traits of superior skilled women athletes in basketball, bowling, field hockey, and golf. *Research Quarterly,* 1972, 43 (4), 409–415.

Johnson, W. O. Marching to euphoria. *Sports Illustrated,* 1980, 53 (3), 72–76, 78–79, 81–82.

Kelly, B. R. Aggression, performance variables, and anger self-report in ice hockey players. *Journal of Psychology,* 1978, 99 (1), 97–101.

King, J. P., and Chi, P. S. Personality and the athletic social structure: A case study. *Human Relations,* 1974, 27 (2), 179–193.

Kirkcaldy, B. D. Personality profiles at various levels of athletic participation. *Personality and Individual Differences,* 1982, 3 (3), 321–326.

Kline, G. M., et al. Estimation of Vo_2 max from a one-mile track walk, gender, age, and body weight. *Medicine and Science in Sports and Exercise,* 1987, 19 (3), 253–259.

Kobasa, S. C., Maddi, S. R., and Puccetti, M. C. Personality and exercise as buffers in the stress-illness relationship. *Journal of Behavioral Medicine,* 1982, 5 (4), 391–404.

Konzak, B., and Boudreau, F. Martial arts training and mental health: an exercise in self-help. *Canada's Mental Health*, 1984, 32 64), 2–8.

Kostrubala, T. *The joy of running.* New York: Lippincott, 1976.

Kostrubala, T. Running and therapy. In M. L. Sachs and G. W. Buffone (Eds.), *Running as therapy.* Lincoln, Neb.: University of Nebraska Press, 1984. Pp. 112–124.

Kraiuhin, C., et al. The Type A behaviour pattern and physique. *Journal of Psychosomatic Research,* 1983, 27 (6), 479–483.

Kretschmer, E. *Physique and character.* (Second Edition, revised). London: Routledge and Kegan Paul, 1945.

Kurz, R., and Prestera, H. *The body reveals: An illustrated guide to the psychology of the body.* New York: Harper and Row, 1976.

Laban, R., and Lawrence, F. C. *Effort.* London: MacDonald and Evans, 1947.

Laben, R. *The mastery of movement.* Boston: Plays, 1971.

Laban, R. *The language of movement.* Boston: Plays, 1974.

Laban, R. *Modern educational dance.* Boston: Plays, 1975.

Lake, B. M., et al. The Type A behavior pattern, physical fitness, and psychophysical reactivity. *Health Psychology,* 1985, 4 (2), 169–187.

Lamb, W. *Body code.* London: Routledge and Kegan Paul, 1979.

LaPorte, R. The relationship of physical activity and physical fitness to cardiovascular disease and health. *Proceedings of the American College of Sports Medicine,* Las Vegas: May 1987.

Leon, A. S. Physical activity levels and coronary heart disease: analysis of epidemiologic and supporting studies. *Medical Clinics of North America,* 1985, 69 61), 3–20.

Leonard, G. *The ultimate athlete.* new York: Viking Press, 1975.

Leonard, G. (Ed.), Mastery: the secret of ultimate fitness. *Esquire,* 1987, 107 (5), 113–154.

Leunes, A., and Nation, J. R. Saturday's heroes: A psychological portrait of college football players. *Journal of Sport Behavior,* 1982, 5 (3), 139–149.

Levy, R. I., and Feinleib, M. Risk factors for coronary artery disease and their management.

In E. Braunwald (Ed.), *Heart disease: a textbook of cardiovascular medicine (volume 2).* Second Edition. Philadelphia: W. B. Saunders, 1984. Pp. 1205–1234.
Lion, L. S. Psychological effects of jogging: a preliminary study. *Perceptual and Motor Skills,* 1978, 47 (3, Pt. 2), 1215–1218.
Lilliefors, J. *The running mind.* Mountain View, Calif.: World Publications, 1978.
Little, J. C. Neurotic illness in fitness fanatics. *Psychiatric Annals,* 1979, 9 (3), 49–56.
Lowen, A. *The language of the body.* New York: Collier Books, 1958.
Lowen, A. *The betrayal of the body.* New York: Collier Books, 1972.
Lowen, A. The body in personality theory: Wilhelm Reich and Alexander Lowen. In A. Burton (Ed.), *Operational theories of personality.* New York: Brunner/Mazel, 1974.
Lowen, A. *Bioenergetics.* New York: Coward, McCann, and Geoghegan, 1975.
Lucas, J. A., and Smith, R. *The saga of American sports.* Philadelphia: Lea and Febiger, 1978.
Marcenaro, M. Psychometric and psychodynamic investigation of the personality of tennis players. *International Journal of Sport Psychology,* 1979, 10 (4), 217–230.
Markoff, R. A., Ryan, P., and Young, T. Endorphins and mood changes in long distance running. *Medicine and Science in Sports and Exercise,* 1982, 14, 11–15.
Martens, R. The paradigmatic crisis in American sport personology. *Sportwissenschaft,* 1975, 5, 9–24.
Martin, J. E., and Dubbert, P. M. Adherence to exercise. In R. L. Terjung (Ed.), *Exercise and sport sciences reviews.* New York: Macmillan, 1985. Pp. 137–167.
Martin, J. E., and Dubbert, P. M. Exercise in hypertension. *Annals of Behavioral Medicine,* 1985, 7, 13–18.
Mc Cain, G. A. Role of physical fitness training in the fibrositis/fibromyalgia syndrome. *American, Journal of Medicine,* 1986, 81 (Supplement 3A), 73–77.
McCarthy, J. F., and Kelly, B. R. Aggression, performance variables, and anger self-report in ice hockey players. *Journal of Psychology,* 1978, 99 61), 97–101.
McCunny, R. J. Fitness, heart disease, and high-density lipoproteins: a look at the relationships. *The Physician and Sportmedicine,* 1987, 15 (2), 67–79.
McCutcheon, L. E. Does running make people more creative? *Journal of Sport Behavior,* 1982, 5 (4), 202–206.
McCutcheon, L. E., and Yoakum, M. E. Personality attributes of ultramarathoners. *Journal of Personality Assessment,* 1983, 47 (2), 178–180.
McLeod, B. Field dependence as a factor in sports with a preponderance of open or closed skills. *Perceptual and Motor Skills,* 1985, 60 62), 369–370.
McMahon, M., and Palmer, R. M. Exercise and hypertension. *Medical Clinics of North America,* 1985, 69 (1), 57–70.
McPhedran, K. Giving yourself a sporting chance. *Verve,* 1986 (October), 22–40.
Mikel, K. V. Extroversion in adult runners. *Perceptual and Motor Skills,* 1983, 57 (1), 143–146.
Miller, P. Forward thinking. *Runner's World,* 1986, 21 (7), 74–75.
Mishra, r. s. *Fundamentals of yoga.* New York: Julian Press, 1959.
Monahan, T. Exercise and depression: Swapping sweat for serenity. *The Physician and Sports Medicine,* 1986, 14 (9), 192–197.
Moore, C. L. *Executives in action.* London: MacDonald and Evans, 1982.
Morgan, W. P. Negative addiction in runners. *The Physician and Sports Medicine,* 1979, 7, 57–70.
Morgan, W. P. Anxiety reduction following acute physical activity. *Psychiatric Annals,* 1979, 9, 141–147.
Morgan, W. P. The trait psychology controversy. *Research Quarterly,* 1980, 51 (1), 50–76.
Morgan, W. P., and Roberts, J. Psychological effects of chronic physical activity. *Medicine and Science in Sports and Exercise,* 1970, 2, 213–218.

Morris, D. *The naked ape.* London: Jonathon Cape, 1967.
Morris, D. *Manwatching: a field guide to human behavior.* New York: Harry N. Abrams, 1977.
Morris, D. *Bodywatching: a field guide to the human species.* London: Jonathon Cape, 1985.
Murphy, M., and White, R. *The psychic side of sport.* New York: Addison-Wesley, 1978.
Niedeffer, R. M. *The inner athlete.* New York: Thomas Crowell, 1976.
Nideffer,. R. M. Concentration and attention control training. In J. M. Williams (Ed.), *Applied sport psychology: Personal growth to peak performance.* Palo Alto, Calif.: Mayfield, 1986.
Nieman, D. C. *The sports medicine fitness course.* Palo Alto, Calif.: Bull Publishing, 1986.
North, M. *Personality assessment through movement.* Boston: Plays, 1972.
Nosanchuk, T. A. The way of the warrior: The effects of traditional martial arts training on aggressiveness. *Human Relations,* 1981, 34 (6), 435–444.
Ogilvie, B. Psychological consistencies within the personalities of high level competitors. *Journal of the American Medical Association,* 1968, 205, 156–202.
Oldridge, N. B. Adherence to adult exercise fitness programs. In J. D. Matarazzo, S. M. Weiss, N. E. Miller, and S. M. Weiss (Eds.). *Behavioral health: a handbook of health enhancement and disease prevention.* New York: wiley, 1984. Pp. 467–487.
Orwin, A. Treatment of a situational phobia – A case for running. *British Journal of Psychiatry,* 1974, 125, 95–98.
Orwin, A. »The running treatment«: a preliminary communication on a new use for an old therapy (physical activity) in the agoraphobia syndrome. In M. H. Sacks and M. L. Sachs (Eds.), *Psychology of running.* Champaign, Ill.: Human Kinetics, 1981. Pp. 32–39.
Paffenbarger. R. A., and Hyde, R. T. Exercise in the prevention of coronary heart disease. *Preventive Medicine,* 1984, 13, 3–22.
Paffenbarger, R. A., et al. A natural history of athleticism and cardiovascular disease. *Journal of the American Medical Association,* 1984, 252, 4911–495.
Paffenbarger, R. A. Physical activity, coronary heart disease and longevity. *Proceedings of the American College of Sports Medicine,* Las Vegas: May 1987.
Paffenbarger, R. A. Physical activity and cancer in college alumni. *Proceedings of the American College of Sports Medicine,* Las Vegas: May 1987.
Paffenbarger, R. A. Physical activity and cancer in college alumni. *Proceedings of the American College of Sports Medicine,* Las Vegas: May 1987.
Perkins, K. A., Dubbert, P. M., Martin, J. E. Faulstich, M. E., and Harris, J. K. Cardiovascular reactivity to psychological stress in aerobically trained versus untrained mild hypertensives and normotensives. *Health Psychology,* 1986, 5, 407–421.
Perri, T., and Templer, D. I. The effects of on aerobic exercise program on psychological variables in older adults. *International Journal of Aging and Human Development,* 1985, 20, 167–172.
Perry, S. W. and Sacks, M. H. Psychodynamics of running. In M. H. Sacks and M. L. Sachs (Eds.), *Psychology of running.* Champaign, Ill.: Human Kinetics, 1981. Pp. 69–79.
Pesman, C. Five athletic body types. *Esquire,* 1986, 105 (5), 109–118.
Powell, R. r. Psychological effects of exercise therapy upon institutionalized geriatric mental patients. *Journal of Gerontology,* 1974, 29, 157–161.
Powell, R. R., and Pohndorf, R. H. Comparison of adult exercisers and nonexercisers on fluid intelligence and selected physiological variables. *Research Quarterly,* 1971, 42 (1), 70–77.
Prestera, H., and Kurz, R. *The body reveals.* New York: Harper and Row, 1976.
Preston, V. *A handbook for modern educational dance.* London: MacDonald and Evans, 1963.
Price, W. A., Dimarzio, and Gardner, P. R. Biopsychosocial approach to premenstrual syndrome. *American Family Physician,* 1986, 33 (6), 117–122.

Pritchard, O. H. Movement and personality: a component analysis and descriptive mdoel. *Momentum,* 1980, 5 (3), 23–32.

Puretz, S. L. Modern dance's effect on the body image. *International Journal of Sport Psychology,* 1982, 13 (3), 176–186.

Pyecha, J. Comparative effects of judo and selected physical education activities on male university freshman personality traits. *Research Quarterly,* 1970, 41 (3), 425–431.

Redfern, H. B. *Concepts in modern educational dance.* London: Henry Kimpton, 1973.

Reich, W. *Character analysis.* New York. Farrar, Strauss, and Giroux, 1949.

Reid, J. G., and Thomson, J. M. *Exercise prescription for fitness.* Englewood Cliffs, N. J.: Prentice-Hall, 1985.

Ribisl, P. M. Developing an exercise prescription for health. In J. D. Matarazzo, S. M. Weiss, N. E. Miller, and S. M. Weiss (Eds.), *Behavioral health: a handbook of health enthancement and disease prevention.* New York: Wiley, 1984, Pp. 448–465.

Rice, P. L. *Stress and health.* Monterey, Calif.: Brooks/Cole, 1987.

Rosenberg, M. *Conceiving the self.* New York: Basic Books, 1979.

Rosenthal, M. M., and Beutell, N. J. Movement and body image: a preliminary study, *Perceptual and Motor Skills,* 1981, 53 (3), 758.

Roth, D. L., and Holmes, D. S. Influence of physical fitness in determining the impact of stressful life events on physical and psychologic health. *Perceptual and Motor Skills,* 1980, 50 (2), 395–401.

Rummele, E. Sexuality in marathon runners. *Leitungssport,* 1985, 15 (5), 23–26.

Rushall, B. S. Personality profiles and a theory of behavior modification for swimmers. *Swimming Techniques,* 1967, 4, 66–71.

Sachs, M. L. Running addiction. In M. H. Sacks and M. L. Sachs (Eds.), *Psychology of running.* Champaign, Ill.: Human Kinetics, 1981. Pp. 116–126.

Sachs, M. L. The runner's high. In M. L. Sachs and G. W. Buffone (Eds.), *Running as therapy.* Lincoln, Neb.: University of Nebraska Press, 1984. Pp. 273–287.

Sachs, M. L., and Buffone, G. W. (Eds.), *Running as therapy.* Lincoln, Neb.: University of Nebraska Press, 1984.

Sachs, M. L., and Pargman, D. Running addiction. In M. L. Sachs and G. W. Buffone (Eds.), *Running as therapy.* Lincoln, Neb.: University of Nebraska Press, 1984. Pp. 231–252.

Sacks, M. H. Running addiction: a clinical report. In M. H. Sacks and M. L. Sachs (Eds.), *Psychology of running.* Champaign, Ill.: human Kinetics, 1981. Pp. 127–130.

Sacks, M. H., and Sachs, M. L. *The psychology of running.* Champaign, Ill.: Human Kinetics, 1981.

Schurr, K. T., Ashley, M. A., and Joy, K. L. A multivariate analoysis of male athlete personality characteristics: Sport type and success. *Multivariate Experimental Clinical Research,* 1977, 3 62), 53–58).

Schwartz, G. E., Davidson, R. J., and Goleman, D. J. Patterning of cognitive and somatic processes in the self-regulation of anxiety: effects of medication versus exercise. *Psychosomatic Medicine,* 1978, 40, 321–328.

Selye, H. *The stress of life.* New York: McGraw Hill, 1956.

Sharkey, B. J. *Physology of fitness* (second edition). Champaign, Ill.: Human Kinetics, 1984.

Sharp, M. W., and Reilley, R. R. The relationship of aerobic physical fitness to selected personality traits. *Journal of Clinical Psychology,* 1975, 31 (3), 428–430.

Sheehan, G. Body and soul. In M. H. Sacks and M. L. Sachs (Eds.), *Psychology of running.* Champaign, Ill.: Human Kinetics, 1981. Pp. 189–190.

Sheldon, W. H. *The varieties of human temperament.* New York: Harper und Row, 1942.

Sheldon, W. H. *The varieties of human physique.* New York: Harper and Row, 1940.

Shephard, R. J. *Economic benefits of enhanced fitness.* Champaign, Ill.: Human Kinetics, 1986.

Siegel, B. S. *Love, medicine and miracles.* New York: Harper and Row, 1986.

Sime, W. E. Psychological benefits of exercise training in the healthy individual. In J. D. Matarazzo, S. M. Weiss, N. E. Miller, and S. M. Weiss (Eds.), *Behavioral health: a handbook of health anhancement and disease prevention.* New York: Wiley, 1984. Pp. 488–507.

Simons, A. D., Epstein, L. H., McGowan, C. R., and Kupfer, D. J. Exercise as a treatment for depression: an update. *Clinical Psychology Review,* 1985, 5, 553–568.

Sleet, D. Typecasting: does your body type affect your personality? *Shape,* 1982, 2 (1), 40–42; 90–91.

Slusher, H. Personality and intelligence characteristics of selected high school athletes and non-athletes. *Research Quarterly,* 1964, 35, 539–543.

Smith, E. W. *The body in psychotherapy.* London: McFarland, 1985.

Solomon, H. A. *The exercise myth.* New York: Harcourt Brace Jovanovich, 1984.

Solomon, E. G., and Bumpus, A. K. The running meditation response: an adjunct to psychotherapy. In M. H. Sacks and M. l. Sachs (Eds.), *Psychology of running.* Champaign, Ill.: Human Kinetics, 1981.

Sonstroem, R. J. Exercise and self-esteem. In R. Terjung (Ed.), *Exercise and sport science reviews.* (volume 12). Lexington, Mass.: D. C. Heath, 1984. Pp. 123–155.

Sours, J. A. Running, anorexia nervosa and perfection. In M. H. Sacks and M. L. Sachs (Eds.), *Psychology of running.* Champaign, Ill.: Human Kinetics, 1981. Pp. 80–91.

Spielberger, C. D. *Anxiety and behavior.* New York: Academic Press, 1966.

Special Report. The great American shape-up. *Life,* 1987, 10 (2), 22–30.

Spence, A. P. *Basic human anatomy.* Menlo Park, Calif.: Benjamin/Cummings, 1982.

Standardized test of fitness: Operations manual. (Second Edition). Ottawa.: Fitness and Amateur Sport Canada, 1981.

Stone, M. H., and Wilson, G. D. Resistive training and selected effects. *Medical Clinics of North America,* 1985, 69 (1), 109–122.

Sutton, R. *Body worry.* New York: Viking, 1987.

Swami Rama, Ballentine, R., and Swami Ajaya. *Yoga and psychotherapy: the evolution of consciousness.* Glenview, Ill.: Himalayan Institute, 1976.

Sweigard, L. E. *Human movement potential.* New York: Harper and Row, 1974.

Teshima, H., et al. Psychosomatic aspects of skin diseases from the standpoint of immunology. *Psychotherapy and Psychosomatics,* 1982, 37, 165–175.

Toufexis, A. Getting an F for flabby. *Time,* January 26, 1987. Pp. 54–56.

Thune, J. B. Personality of weight-lifters. *Research Quarterly,* 1949, 20, 296–306.

Todd, M. E. *The thinking body.* New York: Dance Horizons, 1972.

Tucker, L. A. Weight training experience and psychological well-being. *Perceptual and Motor Skills,* 1982, 55 (2), 553–554.

Tucker, L. A. Muscular strength and mental health. *Journal of Personality and Social Psychology,* 1983, 45 (6), 1355–1360.

USA *Today,* Walkers outpacing joggers. May 28, 1987.

Valliant, P. M. Personality and injury in competitive runners. *Perceptual and Motor Skills,* 1981, 53 (1), 251–253.

Valliant, P. M., Simpson-Housley, P., and McKelvie, S. J. Personality in athletic and non-athletic college groups. *Perceptual and Motor Skills,* 1981, 52 (3), 963–966.

VanDyke, R. R. Aggression in sport: its implications for character building. *Quest,* 1980, 32 (2), 201–208.

Vanek, M., and Cratty, B. J. *Psychology and the superior athlete.* London: Collier-Macmillan, 1970.

Vaughan, B. L. *Body talk,* Allen, Tex.: Argus Communications, 1982.

Weltman, A. Exercise and diet to optimize body composition. In J. D. Matarazzo, S. M. Weiss, N. E. Miller, and S. M. Weiss (Eds.), *Behavioral health: a handbook of health enhancement and disease prevention.* New York: Wiley, 1984. Pp. 509–523.

Wiggins, D. K. The history of sport psychology in North America. In Silva, J. M., and

Weinberg, R. S. (Eds.), *Psychological foundations of sport.* Champaign, Ill.: Human Kinetics, 1984. Pp. 9–34.

Williams, J. M., and Getty, D. Effect of levels of exercise on psychological mood states, physical fitness, and plasma beta-endorphin. *Perceptual and Motor Skills,* 1986, 63 (3), 1099–1105.

World Health Organization. *World Health Organization's Expert Committee on Mental Health.* (Report No. 13). New York: WHO, 1964.

Wrenn, M. Running to extremes. *Life,* 1987, 10 (2), 46–53.

Yates, A., Leehey, K., and Shisslak, C. M. Running – An analogue of anorexia? *New England Journal of Medicine,* 1983, 308 (5), 251–255.

Young, R. J., and Ismail, A. H. Personality differences of adult men before and after a physical fitness program. *Research Quarterly,* 1976, 47 (3), 513–519.

Young, R. J., and Ismail, A. H. Ability of biochemical and personality variables in discriminating between high and low physical fitness levels. *Journal of Psychosomatic Research,* 1978, 22, 193–199.

Zarski, J. J., West, J. D., and Bubenzer, D. L. Social interest, running, and life adjustment. *Personnel and Guidance Journal,* 1982, 61 (3), 146–149.

Zeitchick, N. Who plays tennis and why. *Tennis,* May 1987, 42–43.

Zillman, D., Katcher, A. H., and Milavsky, B. Excitation transfer from physical exercise to subsequent aggressive behavior. *Journal of Experimental Social Psychology,* 1972, 8 (3), 247–259.

Zuckermann, M. Sensation seeking and sports. *Personality and Individual Differences,* 1983, 52 (2), 511–516.

Register

Unterstrichene Wörter sind Hauptbegriffe